LA VOIE CHINOISE

MICHEL AGLIETTA
GUO BAI

LA VOIE CHINOISE

Capitalisme et empire

Traduit de l'anglais (États-Unis)
par Christophe Jaquet

Odile
Jacob

Ouvrage publié originellement par Routledge
sous le titre : *China's Development. Capitalism and Empire*

Pour la traduction française

15, RUE SOUFFLOT, 75005 PARIS

www.odilejacob.fr

ISBN : 978-2-7381-2846-1

Avant-propos

Ce livre est issu d'une longue gestation. Le travail a débuté dès 2010, alors que Guo Bai était attachée au service de l'ambassade de France à Pékin et que Michel Aglietta suivait continûment l'économie chinoise pour Groupama-Asset Management.

Les auteurs partageaient la conviction que l'histoire est une méthode irremplaçable pour éclairer le futur ; d'où l'importance des analyses historiques dans un livre qui est essentiellement prospectif.

Nous remercions le traducteur Christophe Jaquet pour son excellent travail sur le manuscrit écrit en anglais. Nous remercions également Sophie de Salée pour la fabrication de l'index et Catherine Blum pour sa lecture attentive et exhaustive du manuscrit. Les erreurs qui pourraient subsister sont de notre seule responsabilité.

Introduction

DE L'HISTOIRE IMPÉRIALE AU DÉVELOPPEMENT *SUI GENERIS* DU CAPITALISME

Depuis le début, en 1978, de ce qu'on appelle généralement la réforme économique chinoise, la majorité des économistes occidentaux est restée perplexe devant la soutenabilité des performances économiques de la Chine. Il est vrai qu'ils évaluent le mélange de contradictions, de succès, d'inégalités et de tensions sociales à l'aune d'un modèle particulier d'institutions sociales considéré comme universel, le modèle économique libéral. Depuis la contre-révolution monétariste des années 1970, ce modèle n'a cessé d'exercer une influence de plus en plus grande dans le champ intellectuel. Il est même devenu hégémonique avec l'avènement de l'école des anticipations rationnelles, qui a proclamé *urbi et orbi* la théorie de l'efficience du marché. Dans le champ politique, le libéralisme économique règne sans partage sur le monde anglo-saxon depuis les contre-révolutions de Reagan et de Thatcher, dans les années 1980.

Cette théorie affirme que le capitalisme et l'économie de marché sont équivalents. Conceptuellement totalitaire, elle soutient que le marché est le mode universellement le plus efficace de coordination des interactions sociales. Pour autant que les individus soient des anticipateurs rationnels, prétend-elle, la coordination par le marché fournit toujours le meilleur résultat. Il s'ensuit que les interactions du gouvernement avec le marché doivent être aussi limitées que possible et, quand elles existent, être aussi prévisibles que possible pour mieux se conformer au marché.

Ce courant de pensée a reçu une impulsion nouvelle après la chute du mur de Berlin et l'effondrement de l'Union soviétique. Au début des années 1990, Francis Fukuyama, un philosophe politique de l'Université de Georgetown, à Washington, a même prédit la « fin de l'histoire ». Le monde entier allait adopter les institutions de marché anglo-saxonnes : le droit de propriété, l'autorité de la loi, la flexibilité des prix, l'ouverture totale aux échanges internationaux, etc. L'ensemble de ces préceptes a été baptisé le « consensus de Washington ». Un grand nombre de pays en développement a adopté ce programme jusqu'à ce qu'une série de crises dévastatrices, entre 1997 et 2002, éclatent en Asie, en Russie et en Amérique latine.

Dans ce climat idéologique, la Chine fait figure de franc-tireur. Elle n'a pas, à l'évidence, suivi les recettes libérales, tout en continuant de jouir d'une très forte croissance. Face à cette anomalie, les économistes occidentaux formés à la pensée néoclassique se sont divisés en deux camps : les optimistes et les pessimistes. Les optimistes invoquent la magie du marché pour expliquer la croissance chinoise. Ils croient que des réformes promarché sont en cours et que la Chine est donc en train de se convertir au capitalisme de marché. Le pays se rapprochera de plus en plus des économies de marché occidentales et adoptera la démocratie représentative, identifiée généralement au régime parlementaire. Les pessimistes soulignent le fossé existant entre le système politique chinois et les institutions qui, selon l'idéologie qui leur a été enseignée, sont censées convenir à l'économie de marché. Chaque fois que le pays a dû faire face à une situation de crise dans une période de transition entre deux phases de son développement, ils ont annoncé son effondrement social et politique. Ces prophètes de malheur sont devenus à la mode après les événements tragiques de la place Tiananmen, en 1989, puis lors des soubresauts de la crise asiatique. Ils dressent à nouveau leurs têtes de Cerbères pour affirmer que la Chine ne saura pas trouver sa propre voie vers un développement durable.

Ce livre réfute ces idées manichéennes sur les réformes en Chine et rejette les principes théoriques de la théorie économique néoclassique. Il se fonde sur des présupposés théoriques tout autres, qui ne font pas du capitalisme l'équivalent de l'économie de marché.

Le capitalisme est un système de relations de pouvoir, dont la régulation exige des institutions sociales non soumises au marché

Si le capitalisme et l'économie de marché ne sont pas équivalents, ils sont cependant étroitement liés, car les marchés du travail et les marchés financiers diffèrent profondément des marchés de biens ordinaires. L'économie de marché se fonde sur la division des activités humaines : les individus sont séparés les uns des autres et ne connaissent *a priori* ni les désirs ni les besoins d'autrui. Un médium social, extérieur à tous les individus, appelé la monnaie, est né de la confiance commune pour rendre les échanges possibles. En est issue une unité commune, appelée valeur, qui mesure les produits des activités humaines en fonction du désir des autres de les acheter contre de l'argent. L'accès à la monnaie en tant que pouvoir d'achat universel et la capacité de la dépenser de diverses façons déterminent les valeurs. Les individus sont égaux par statut. Des différences quantitatives apparaissent avec des nuances dans l'intensité des désirs individuels. Elles ne font pas systématiquement naître des inégalités.

Le capitalisme se fonde sur une seconde séparation, d'un principe différent parce que asymétrique dans l'accès à la monnaie, qui crée une relation de pouvoir entre les capitalistes et les travailleurs. Les capitalistes ont accès à la monnaie pour financer l'acquisition de moyens de production. Les travailleurs ont accès à la monnaie en louant leurs capacités de travail. Cette séparation change fondamentalement la logique du système. L'objectif des capitalistes est d'accumuler la monnaie pour elle-même, car elle leur donne du pouvoir sur autrui. Plus on peut mobiliser d'argent, plus on a de pouvoir sur la société. Parce qu'ils sont privés des moyens de production, les travailleurs ne peuvent pas en tant que groupe social devenir des producteurs privés pour le marché. En principe, chacun est libre individuellement de louer ses capacités au capitaliste de son choix. C'est pourquoi il y a un marché du travail. Mais la classe des travailleurs est subordonnée, dans son ensemble, à ceux qui possèdent les moyens de production. Il s'ensuit que le salaire n'est pas le prix du travail réalisé. Il est le prix monétaire de la location de la capacité de travail du travailleur pour un temps donné.

On comprend maintenant pourquoi le contrat de travail et le contrat d'échange sont totalement différents. Les individus sont autonomes dans l'exécution d'un contrat d'échange. Le producteur indépendant prend un risque économique lié à l'incertitude de la demande du consommateur pour les produits et les services qu'il vend ; son revenu dépend ainsi de la validation de l'activité de production par la vente sur le marché contre de la monnaie. Quand elles réussissent, les innovations technologiques favorisent la demande et permettent donc des marges plus élevées. Elles offrent un profit supplémentaire à l'heureux inventeur, qui peut exploiter sa découverte sur le marché. Le contrat de travail, en revanche, nécessite la subordination du travailleur dans l'exécution du contrat, parce que le travailleur vend aux firmes capitalistes le droit d'utiliser comme elles le veulent ses capacités, sous l'autorité de managers qui maximisent les intérêts capitalistes. Il vend un certain nombre d'heures de travail, et non pas le travail réellement accompli, dont la valeur qui dépasse le salaire vient accroître le profit de la firme. L'intensité du travail, qui accroît la quantité de travail pour un temps de travail donné, est une fonction des règles de travail, définies unilatéralement par le management. La rémunération du travail est basée sur le temps de travail, modulée par une incitation au travail, baptisée salaire d'efficience, en fonction d'un benchmark standard. L'innovation technologique accroît souvent cette subordination afin de réduire les coûts du travail, les gains de productivité et la plus forte intensité du travail venant abonder les profits de la firme. Pour accroître leurs profits, les firmes capitalistes recourent davantage au financement par la dette, lequel renforce l'accumulation intensive du capital.

La finance est au cœur de la coordination capitaliste, car chaque firme doit y recourir pour accumuler du capital et accroître l'emploi. Mais les marchés du crédit ne sont pas des marchés ordinaires. Ce sont des marchés de promesses futures, irrémédiablement grevés d'incertitude. Les prix n'y sont pas déterminés par l'offre et la demande provenant d'agents économiques aux buts distincts et bien séparés. Sur les marchés ordinaires, comme le marché des voitures, les producteurs et les consommateurs ne sont pas les mêmes personnes. Les variations de prix sont objectivement limitées par l'inertie des coûts de production du côté offre, du pouvoir d'achat des acheteurs potentiels du côté demande, enfin de l'utilité marginale décroissante de l'utilisation du véhicule. Il n'en va pas ainsi sur les marchés financiers. Chacun peut y être, à chaque instant, vendeur ou acheteur, selon les anticipations qu'il fait à propos des anticipations des autres. Les prix peuvent varier entre zéro et l'infini. L'argent n'étant pas seulement le médium d'échange mais l'objet même de la transaction, la demande, sous l'effet contagieux de l'euphorie, peut pousser les prix aux extrêmes. L'interdépendance subjective entre les participants sur le marché fait émerger une croyance collective fluctuante, appelée convention de marché. C'est la raison pour laquelle les marchés financiers sont le foyer privilégié de jeux d'argent qui dégénèrent souvent en bulles spéculatives, suivies d'un effondrement. C'est un lieu où le capitalisme apparaît dans toute sa nudité : de l'argent faisant de l'argent. De même que la monnaie ne connaît pas la saturation, la cupidité n'a pas de limite. C'est pourquoi les marchés financiers ne peuvent se réguler eux-mêmes dans le sens du bien commun. Ils doivent être encadrés par les institutions de l'État.

La viabilité du capitalisme exige que la société crée et développe un réseau d'institutions sociales permettant de réguler les marchés, piliers du capitalisme. Il faut des institutions sociales pour réguler les marchés du travail, instituer la législation sociale, protéger les droits des travailleurs, atténuer la violence inhérente aux rapports de pouvoir et organiser les négociations entre les intérêts collectifs des employés et les employeurs. L'État doit s'impliquer directement ou indirectement dans les relations sociales non marchandes. Il doit fournir les infrastructures du marché mais aussi réguler la distribution du revenu, car la coordination sur le marché du travail est loin de pouvoir réaliser la cohésion sociale. Comme le montre Douglas North dans son monumental ouvrage, le réseau des institutions sociales, qui évolue tout au long de l'histoire, affecte les comportements des agents économiques et façonne les mécanismes de marché de façon propre à chaque pays. La vision de la prospérité de l'économie de marché est, toutefois, largement incomplète, car le théorème d'impossibilité d'Arrow montre qu'il est impossible d'agréger les préférences individuelles en une fonction de bien-être social. L'intérêt commun, sans lequel aucune société ne peut tenir, vient des processus de délibération politique, qui sont très différents des processus de marché.

La cohésion sociale d'un pays dépend de la cohérence de ses institutions, qui détermine son mode de régulation sur une période de temps donnée. Même si les institutions qui contiennent les tensions sociales inhérentes au travail et aux marchés financiers sont similaires, leur complémentarité diffère d'un pays à l'autre. Les modes de régulation interagissent toujours avec les perturbations potentielles engendrées par l'accumulation du capital. Tant que le mode de régulation peut canaliser les tensions et permettre aux jeux de pouvoir d'avancer de compromis en compromis, il parvient à maintenir un régime de croissance qui a une certaine stabilité. Quand le renouvellement des tensions fait pencher trop lourdement et trop longtemps le pouvoir du côté des intérêts capitalistes à travers le médium de la finance, les institutions établies ne sont plus en mesure de maintenir la cohérence du régime de croissance. Le mode de régulation est perverti et une crise éclate. Elle ouvre une transition au cours de laquelle il faut rebâtir les institutions, jusqu'à ce que les nouvelles forces innovatrices de l'accumulation du capital puissent être réordonnées dans un nouveau régime de croissance. Le capitalisme s'enracine donc dans des régimes de croissance qui varient selon les pays et dépendent du chemin emprunté au cours de l'histoire.

En résumé, un mode de régulation est un ensemble de médiations qui assurent que les distorsions créées par l'accumulation du capital restent dans des limites qui soient compatibles avec la cohésion sociale de chaque nation. Cette compatibilité s'observe toujours dans des contextes spécifiques et dans des moments historiques donnés. Le meilleur test pour toute analyse des changements que le capitalisme a traversés est de décrire cette cohésion dans ses manifestations locales. Elle nécessite aussi de comprendre pourquoi cette cohésion n'est ni universelle ni éternelle dans la vie des nations, et pourquoi l'efficacité du mode de régulation finit toujours par péricliter. Il faut également appréhender les processus qui se produisent en temps de crise et l'évolution des schémas de comportement. Il faut enfin essayer de percevoir les germes du nouveau mode de régulation au beau milieu de la crise qui frappe l'ancien.

La diversité du capitalisme dans une perspective historique

Comme les institutions sociales de base et les fondements culturels des comportements peuvent jouir d'une grande longévité, et même si la cohérence d'un mode de régulation dure généralement moins longtemps, l'histoire sur longue période est le meilleur guide pour l'avenir. Elle peut servir de test aux principes analytiques de la théorie de la régulation et faire prendre conscience aux économistes de la diversité des modèles de capitalisme et de leur « dépendance au chemin ».

Les principes analytiques élémentaires de la théorie de la régulation que nous venons de rappeler sont compatibles avec les enseignements de Fernand Braudel, qui a apporté une contribution exceptionnelle à l'étude de l'essor du capitalisme européen entre le XIIIe et le XVIIIe siècle. Braudel a tiré cinq principes de ses vastes travaux historiques. Premièrement, le capitalisme a toujours été global et s'est toujours enraciné dans les structures sociales. Dans le même esprit, le sociologue Karl Polanyi a montré de manière convaincante que l'enracinement des rapports économiques dans les structures sociales était une caractéristique essentielle de leur fonctionnement. C'est ce qui produit des différenciations structurelles toujours renouvelées dans les modèles capitalistes. Deuxièmement, le capitalisme et l'économie de marché sont intrinsèquement liés, mais il ne faut pas les confondre, comme nous l'avons rappelé en définissant la relation entre le capital et le travail. Le capitalisme est une capacité d'accumulation. Sa logique n'est pas le bien-être social ; elle consiste à faire de l'argent avec de l'argent. C'est pourquoi il ne peut se réguler lui-même dans le sens du bien-être social et il ne converge pas vers un modèle idéal prédéterminé. L'inégalité est son essence. C'est un processus évolutionnaire qui par, conséquent, construit son sentier d'évolution. Chaque étape atteinte dépend du chemin qui y a conduit. Celui-ci aurait pu être autre si la configuration des forces avait été différente. Il n'est aucunement attiré vers un état idéal qui lui préexisterait virtuellement. Il n'y a ni vue téléologique d'un monde idéal futur ni conception mécanique d'un ajustement convergeant vers un équilibre. Troisièmement, il n'y a pas d'indépendance et encore moins de suprématie des marchés. L'argent est, en effet, un bien public et le travail salarié est loin d'être réductible à une marchandise. Le capitalisme est un phénomène historique total, dans lequel institutions et structures de marché coévoluent. Quatrièmement, sur longue période, les institutions l'emportent, parce que ce sont elles qui guident la régulation d'ensemble des sociétés. Les plus importantes, car les plus durables, sont les institutions informelles, c'est-à-dire les croyances collectives. Elles incarnent le bien commun d'une société, par exemple le sentiment d'appartenance, dans la culture d'une population. Les croyances culturelles diffèrent d'une société à l'autre et imprègnent les institutions des États souverains. C'est pourquoi la raison d'être de l'État est le bien commun. Seul le soutien de la population à travers ses croyances communes, quel que soit leur mode d'expression, donne une légitimité au pouvoir d'État. Cinquièmement, le capitalisme mondial est une confrontation de pouvoirs politiques asymétriques. Il n'a rien à voir avec un modèle général d'équilibre concurrentiel. Les interdépendances entre les États-nations sont à la fois hiérarchiques et arbitrées par la finance. C'est pourquoi les centres financiers dominants sont les lieux privilégiés de la captation de la valeur.

La Chine : une nation capitaliste ?

Le capitalisme du XXIe siècle est né de la crise asiatique, qui a fait voler en éclats le fantasme d'universalité du capitalisme occidental. Depuis la crise financière mondiale de 2007-2008, une bifurcation naissante n'a cessé de s'accentuer, comparable à toutes celles qui ont ponctué l'histoire du capitalisme.

La finance mondiale ne doit donc pas être considérée comme un processus d'homogénéisation du capitalisme. L'ampleur de la crise financière qui a commencé en 2007 et qui a rebondi dans tout le monde occidental a mis fin à cette illusion. La finance est un instrument de pouvoir politique que la Chine peut utiliser pour protéger son économie, sécuriser ses approvisionnements et acquérir des technologies cruciales. Nous allons montrer dans ce livre que la Chine a développé son système financier intérieur largement à l'abri de l'instabilité du marché mondial et qu'elle a transformé un centre financier historique, celui de Hong Kong, pour projeter sa puissance financière dans le monde.

L'essor de la puissance de la Chine dans les trente dernières années doit donc être examiné dans le cadre de l'appareil théorique de la théorie de la régulation. Pour comprendre les racines du processus autoalimenté de croissance, il faut explorer le formidable héritage culturel et politique du passé de la Chine. Il faudra poser des questions difficiles qui ne sont pas abordées par les économistes qui voient dans la réforme chinoise l'œuvre miraculeuse du marché. Comme l'ont montré Dany Rodrik (*The Globalization Paradox*, 2011) et d'autres, l'adoption d'institutions de marché est loin de suffire à lancer un processus de croissance soutenue dans un pays en développement. L'histoire de la Chine en offre un bel exemple. En 1911, après la chute de l'empire Qing, la République de Chine fut créée. Tous les ingrédients du capitalisme libéral semblaient réunis : une bourgeoisie dirigeante, des élections parlementaires en 1913, l'ouverture aux capitaux, la volonté de moderniser le pays. Or il ne s'est pas passé grand-chose, tout au moins en matière d'industrialisation. Les immenses masses rurales ne s'y sont pas intéressées. Elles étaient si profondément enracinées dans l'ordre impérial traditionnel qu'il n'a pas été possible de les mobiliser pour lancer un processus d'industrialisation au niveau national. Nous essaierons donc de répondre dans cet ouvrage à une question à laquelle il n'a jamais été répondu dans la multitude de livres économiques publiés en langue anglaise sur la réforme économique chinoise : pourquoi ce qui ne s'est pas produit dans les premières décennies du XXe siècle a-t-il pu se produire dans les années 1980 ?

Cette question a d'ailleurs longtemps préoccupé les historiens, mais sous une autre forme : pourquoi la Chine n'a-t-elle pas su prendre le train de la révolution industrielle à la fin du XVIIIe et au début du XIXe siècle, malgré le raffinement de sa culture, son avance technologique jusqu'au XVIIIe siècle et la longévité de ses institutions politiques ? Dans un livre récent qui utilise une approche comparative de l'économie politique de la Chine et de l'Europe, Rosenthal et Wong (*Before and Beyond Divergence. The Politics of Economic Change in China and Europe*, 2011) avancent une explication convaincante qui va de la politique à l'économie. Nous allons utiliser une méthode similaire pour revisiter la question historique de la prétendue « arriération » de l'industrialisation de la Chine et de l'avancée des années 1980. Plus loin, nous proposerons un modèle formel fondé sur l'hypothèse d'une économie rurale autoalimentée et basée sur une structure familiale étroitement soudée, pour expliquer pourquoi cette structure sociale a fortement entravé le transfert de main-d'œuvre rurale vers l'industrie urbaine à grande échelle.

La dialectique de la réforme chinoise : un capitalisme sui generis

Fidèle aux découvertes méthodologiques de Braudel, ce livre entend montrer la coévolution des structures économiques et des institutions sociales. Pour des raisons théoriques expliquées plus haut, la réforme sera mise dans une perspective historique regardant vers le passé, puis étendue de façon prospective sur les vingt prochaines années. Nous offrons ci-après le fil d'Ariane qui pourra guider les lecteurs de ce livre, en soulignant le principe et la logique essentiels de la réforme, en en résumant les étapes jusqu'à aujourd'hui et en posant nos hypothèses sur la direction future de la croissance durable.

Le principe le plus fondamental est la permanence de la souveraineté impériale pendant plus de deux millénaires. La Chine est un État unitaire central dans la continuité de l'empire. Le Parti communiste a restauré la légitimité personnifiée auparavant par l'empereur. Le Parti veut préserver son contrôle absolu sur le système politique. Pour atteindre cet objectif général, il doit aligner les intérêts des bureaucrates sur le bien politique commun, à savoir la stabilité, et fournir à la population un revenu réel croissant et de meilleures conditions de vie. L'État doit donc avoir une stratégie et viser le développement. L'autorité politique doit gérer l'économie de façon à produire plus de richesses plus efficacement. D'où deux conséquences : l'économie de marché est un instrument, pas une finalité ; l'ouverture est une condition d'efficacité et conduit à cette directive économique opérationnelle : rattraper et dépasser l'Occident.

Le chapitre 1 explique le mélange de tradition et de modernité présent dans la culture chinoise, et qui permet de comprendre la résilience des institutions sociales. Tout au long de l'histoire impériale, des réseaux sociaux omniprésents, fondés sur les structures familiales, interagissaient avec la structure centrale de l'empire, qui, la plupart du temps, a pu tenir grâce au système du mandarinat bureaucratique. Une structure politique et administrative légère a été capable de fournir les biens collectifs qui reliaient les nombreuses communautés dispersées dans les campagnes. À partir de cette caractérisation de la structure sociale, le chapitre 2 revisite les travaux des historiens qui se sont longuement penchés sur les raisons pour lesquelles cette structure sociale a entravé l'industrialisation. Nous proposerons un modèle macroéconomique formel pour montrer pourquoi elle a, de fait, empêché la concentration de la force de travail dans les villes, condition *sine qua non* de l'essor du capitalisme industriel.

Après la chute de l'empire, l'État unitaire s'est trouvé très affaibli. Aussi la première moitié du XXe siècle a-t-elle été une période de chaos social et de recul économique : le revenu réel moyen a ainsi subi, en cinquante ans, une régression en termes absolus. La souveraineté de l'État a été restaurée grâce à la victoire, après la guerre civile, du Parti communiste, dirigé par Mao Tsé-toung. La période socialiste qui suivit est examinée et réévaluée dans le chapitre 3. Contrairement aux analyses économiques superficielles généralement faites à ce sujet, nous montrerons que la période socialiste 1950-1978 est essentielle si l'on veut comprendre l'économie politique de la réforme et le succès de la première étape dans les années 1980. La planification centrale et la concentration vigoureuse des ressources sous l'autorité du Parti communiste ont permis la mobilisation de la force de travail et l'industrialisation du pays, non sans effets positifs sur la productivité de l'agriculture dans les années 1970.

Une partie du chapitre 3, le chapitre 4 et le chapitre 5 se penchent sur la logique de la réforme, ses contradictions et la manière dont elles ont été surmontées. Comme on l'a vu, notre interprétation est très différente de celle de l'économie standard. La réforme est la transformation conjointe des structures économiques et des institutions. Pluraliste, elle se nourrit des contradictions qu'elle engendre dans un processus sans fin. Elle ne se réfère à aucun modèle idéal. Le sens de la réforme n'est pas téléologique : il est immanent à la pratique. Grâce à la continuité de l'autorité politique, la réforme est graduelle, guidée par une vision à long terme, évaluée de façon pragmatique et expérimentale. La planification stratégique vise l'harmonie, c'est-à-dire l'équilibre des forces contribuant à renforcer la souveraineté de l'État. Ainsi, les intérêts capitalistes ne doivent jamais être assez puissants pour menacer la suprématie incontestée de l'État. C'est pourquoi celui-ci conserve un large secteur de propriété souveraine et régule étroitement la finance.

Parce qu'elle se nourrit de ses contradictions, la réforme traverse des crises, qui sont des transitions d'une phase à une autre. Elle change au fil des étapes, mais son objectif conserve la même légitimité politique. La dynamique de la réforme est une sorte de spirale. À la phase n, un chemin de croissance est pris, qui provoque des contradictions latentes, certes endogènes, mais que peuvent amplifier des chocs exogènes. En période de croissance ralentie, ces contradictions sont visibles dans les tensions sociales, qui menacent l'harmonie. Politiquement, elles se répercutent dans le Parti, et ses 84 millions de membres, ce qui favorise un processus opaque de délibération, jusqu'à ce qu'un compromis soit trouvé, le pouvoir passant éventuellement d'un groupe d'intérêts à un autre, tous étant unis par l'objectif général : l'intégrité de l'État unitaire.

Les chapitres 3 à 5 montrent que la réforme a connu deux étapes très différentes, et qu'elle est passée par une période de transition conflictuelle entre 1989 et 1993. Les chapitres 3 et 4 traitent de l'économie intérieure. Le chapitre 5 examine l'ouverture extérieure au commerce, puis à la finance. La seconde étape de la réforme ayant fortement dévié, après l'entrée dans l'OMC, vers l'accumulation intensive de capital, des contradictions endogènes sont apparues, entraînant une suraccumulation et des tensions sociales. La crise financière mondiale, qui a atteint son apogée à l'automne 2008, a amplifié les contradictions internes du régime de croissance en cours, provoquant une nouvelle et périlleuse transition. Chaque transition étant un processus ouvert, la réforme chinoise entre dans une phase qui ne peut être abordée que par l'élaboration de scénarios prospectifs basés sur la dynamique induite par le jeu des contradictions sociales. Ces perspectives sont étudiées dans les chapitres 6 et 7. L'analyse systématique des changements de politique, qui occupe le chapitre 7, guidée par une vision globale de la direction prise par la réforme dans le cadre d'un modèle de croissance soutenable décrit au chapitre 6, constitue une tentative originale pour comprendre la planification stratégique en Chine pour notre décennie et au-delà.

La transition vers un régime de croissance soutenable est fondée sur une croissance moins intensive en capital et en énergie, et sur un contrat social visant la réduction des inégalités et la création d'une couverture santé universelle. La fourniture de biens publics et le développement d'une urbanisation soucieuse de l'environnement sont les piliers de la planification stratégique qui doit transformer le régime de croissance des vingt prochaines années. Les implications politiques pour la structure du gouvernement, et les conflits d'intérêts à dépasser, seront soulignées. L'ampleur des réformes à accomplir en matière de structure des prix, de système fiscal, de propriété foncière et de transferts sociaux ne sera pas sous-estimée.

Le chapitre 8, enfin, revient à notre point de départ : la diversité des modèles de capitalisme et leur dépendance vis-à-vis des institutions politiques. Nous affirmons que la culture des réseaux sociaux en Chine est suffisamment forte pour stimuler la société civile de manière à faire pression sur le mécanisme politique à l'œuvre dans le Parti, ce qui doit permettre une réforme viable du capitalisme et favoriser l'harmonie sociale. Notre ouvrage justifie ainsi amplement son titre : *La Voie chinoise. Capitalisme et empire.*

Chapitre 1

LE RÔLE DE L'HISTOIRE ET DE LA CULTURE DANS LA RÉSILIENCE DU CADRE INSTITUTIONNEL CHINOIS

Durant les trente premières années de la réforme, la plupart des économistes occidentaux peu familiers de la Chine ont, à maintes reprises, annoncé son déclin. On envisageait un retour à la planification d'État ou, à l'opposé, un effondrement à la soviétique du régime politique. Ses politiques et ses performances économiques ont souvent été jugées à l'aune de l'idéologie de l'équilibre du marché de concurrence parfaite, soutenue par la rationalité individuelle sans limites. La réalité a toutefois remis en cause cette perspective erronée. La réforme chinoise n'est pas, à l'évidence, un processus de convergence vers un concept normatif d'équilibre économique optimal. C'est un processus permanent de coévolution des structures économiques et des institutions sociales.

Contrairement à la pensée économique orthodoxe qui élève le marché au rang de mécanisme tout-puissant de coordination, la théorie de la régulation du capitalisme reconnaît que les institutions de la société civile, placées entre les marchés et l'État, interagissent constamment avec les dynamiques économiques. Elles n'ont pas seulement pour fonction d'atténuer les tensions entre les acteurs économiques et d'établir des conventions et des règles informelles de comportement favorisant la confiance et réduisant l'incertitude. Leur cohérence et les conflits qui les font s'affronter contribuent à définir un mode de croissance économique qui évolue avec le temps. Ces institutions sont enracinées dans le passé et ancrées dans la culture que se transmettent les générations. Façonnant les croyances et les schémas de comportement, elles ont une importance non négligeable dans l'absorption des chocs. Il est donc nécessaire, pour comprendre et explorer le chemin de la Chine aujourd'hui, de reconnaître les particularités de l'histoire du pays ainsi que son tissu social et sa mémoire collective, qui, s'ils plongent dans une culture très ancienne, exercent encore une forte influence sur le comportement de la population et la configuration de la société.

À partir du processus de formation de l'État dans la Chine impériale, ce chapitre tente d'identifier les principales institutions sociales qui, dans la tradition chinoise, ont joué un rôle éminent de stabilisation de l'ordre social, tout en étant des vecteurs continus de créativité et de changement. Ces institutions sociales ont évolué au fil du temps, mais elles forment, ensemble, un système cohérent qui a fortement contribué à la continuité relativement ininterrompue de la civilisation chinoise. Elles sont d'une importance cardinale si nous voulons comprendre où réside en Chine le sentiment d'appartenance collective et comment celui-ci véhicule à la fois un mode de légitimation de l'État très différent de celui des États occidentaux démocratiques et une dynamique économique dont la logique diverge des modèles classiques de croissance fondés sur les expériences européennes.

Histoire de la formation de l'État dans la Chine impériale

La civilisation chinoise est loin d'être la plus ancienne de l'histoire de l'humanité. L'Égypte et la Mésopotamie antiques sont toutes deux apparues bien avant la Chine. Mais, comme civilisation présentant des similitudes et restant reconnaissable depuis la période préchrétienne jusqu'aux temps modernes, la Chine se distingue de toutes les autres. La période la plus longue de son histoire est l'époque impériale, commencée avec l'unification sous la dynastie Qin (221-206 av. J.-C.) puis consolidée sous la dynastie Han (202 av. J.-C.-220 ap. J.-C.). Les régimes qui se sont succédé pendant les deux millénaires suivants ont maintenu les principales institutions impériales des Han. Nombre de traits culturels, sociaux et politiques dits « chinois » se sont formés au cours de cette période impériale et exercent aujourd'hui encore une grande influence sur le comportement des Chinois. La plupart des traits synthétisés dans ce chapitre prennent racine dans cette période historique.

La Chine impériale n'est pas seulement un empire centralisé et unifié. Sa véritable identité réside dans le maintien et la reproduction de certains ordres politiques et sociaux. La formation de ces ordres a suivi un processus complexe, en évolution permanente, façonné par les circonstances autant que par des facteurs de chance. Nous allons décrire dans cette partie du livre les premières étapes de la formation des principaux ordres de la Chine impériale, en rappelant l'histoire qui va des Zhou occidentaux (1122-770 av. J.-C.) et surtout des Zhou orientaux (770-256 av. J.-C.) aux premiers Han (202 av. J.-C.-220 ap. J.-C.). Pendant cette période, et en particulier au moment du tournant de l'unification sous les Qin (221 av. J.-C.), la civilisation chinoise a connu des évolutions sociopolitiques fondamentales qui ont modifié les processus d'interaction et de coordination dans la population chinoise. Ces évolutions ont permis l'apparition d'un ordre sociopolitique que nous identifions à la Chine impériale et même à la civilisation de la Chine d'aujourd'hui.

LE DÉCLIN DU SYSTÈME FÉODAL

Sous le règne des Zhou occidentaux, la Chine ressemblait beaucoup à l'Europe féodale. Les premiers monarques Zhou ont divisé le royaume en larges fiefs répartis entre leurs fils et leurs frères, qui portaient des titres équivalents à ceux de duc, de marquis ou de comte. Le roi, aussi appelé le « fils du Ciel », détenait un fort pouvoir monarchique et fut en mesure d'allouer des territoires nouvellement conquis à ses parents et à ses partisans fidèles.

Pendant la période des Zhou orientaux, ce système féodal entama son déclin. Certains vassaux, de plus en plus indépendants, virent leurs pouvoirs s'accroître. Ils défièrent l'autorité du « fils du Ciel » en annexant les fiefs plus petits et en se faisant la guerre. Ce fut une période de fragmentation politique. Durant la première moitié de celle-ci, connue sous le nom de période des Printemps et Automnes (770-404 av. J.-C.), les rois Zhou continuèrent à régner par défaut. Au fil du temps, les conflits militaires se firent de plus en plus fréquents et féroces, si bien que la seconde moitié de l'âge des Zhou orientaux porte le nom de période des Royaumes combattants (403-221 av. J.-C.). Le roi Zhou a désormais perdu la totalité de son pouvoir, et tous les fiefs les plus modestes ont été conquis et absorbés par les sept États les plus grands, dont les chefs, en 335 av. J.-C., commencèrent à se donner le titre de roi, marquant le rejet définitif de la souveraineté des Zhou.

Les Royaumes combattants

Sous les Royaumes combattants, le comportement de la Chine a été entièrement différent de ce qu'il sera pendant la période impériale à venir. Il est d'ailleurs exagéré de donner à ces royaumes le nom de « Chine », car toute identité chinoise unifiée fut délibérément détruite. La permanence et la brutalité des guerres conduisirent les populations des royaumes à se poser sérieusement la question de qui appartenait à un « nous ». Les fortes identités nationales qui se sont alors développées renvoyaient à l'État d'où l'on était originaire, et non au royaume Zhou. Chacun de ces grands États avait donc une identité distincte, fondée sur une histoire et une culture propres. La singularité de ces identités était encore accentuée pour susciter un vif patriotisme et favoriser une étroite unité militaire. Les liens familiaux naturels furent délibérément minimisés, voire coupés, surtout dans les États particulièrement agressifs comme celui des Qin. L'état de guerre permanent nécessitait une main de fer du gouvernement sur la terre et la population. L'organisation sociale, fondée sur la famille, était trop lâche pour cela. Souvent, même, la force des liens familiaux entravait la domination directe de l'État sur les individus, compromettant l'efficacité de l'armée et la mobilisation économique. Le plus fameux exemple de mesures prises contre les liens familiaux dans la période des Royaumes combattants est celui des réformes de Shang Yang (390-338 av. J.-C.), dans l'État Qin. En plus d'imposer un système d'enregistrement du domicile à chaque habitant, il brisa par la force le lignage patrilinéaire. Deux hommes adultes – un père et son fils, ou deux frères – n'avaient pas le droit de vivre sous le même toit. Les impôts étaient doublés pour ceux qui ne se pliaient pas à cette règle. Les royaumes combattants ont joué un rôle actif de soutien aux échanges et au commerce, dans le but de prélever des recettes fiscales plus élevées, d'entretenir leurs armées et de construire de fortes murailles défensives. L'apparition d'une monnaie frappée par le gouvernement témoigne de cet intérêt pour le commerce. Politiquement, le contrôle bureaucratique centralisé avait la faveur des princes, ce qui fit naître une demande d'administrateurs de métier. Pour les aristocrates qui avaient perdu leurs fiefs et leur statut, l'ouverture de ces postes offrait de belles opportunités d'avancement social. Nombre d'entre eux créèrent des écoles prônant diverses théories sociopolitiques. Ils voyageaient de cour en cour à la recherche d'un prince assez sage pour mettre ces idées en pratique ou, au moins, leur donner un emploi. C'est ainsi que fleurirent la pensée philosophique et les théories politiques. Les plus grands philosophes de l'histoire chinoise font partie de ces penseurs itinérants : Lao-Tseu (vers 600-470 av. J.-C.), Confucius (vers 551-479 av. J.-C.), Mencius (vers 370-290 av. J.-C.), Tchouang-Tseu (369-286 av. J.-C.).

Même si le confucianisme et le taoïsme ont profondément marqué la civilisation chinoise de la période impériale, ils n'étaient pas, sous les Royaumes combattants, les principales écoles de philosophie. Le premier concurrent de Confucius s'appelle Mozi, né peu après ou à l'époque de la mort de Confucius. Les théories de Mozi recèlent des éléments proches des enseignements chrétiens et même puritains. Mozi prêchait un « amour universel », opposé à l'« amour hiérarchisé » de Confucius, qui dépendait du type de relations existant entre individus. Mozi pensait que l'intérêt de tous serait mieux servi si « chacun aimait autrui autant qu'il s'aime lui-même » (Mozi, IV, 14). Il était également strictement utilitariste. Il prônait des mesures pour enrichir le pays et la population, et mettre l'ordre dans l'État. Il imaginait des organisations étroitement disciplinées, où le subordonné, à chaque niveau, obéit, quoi qu'il en coûte, à son supérieur. Il est possible que ses idées aient été, au moins un temps, plus répandues que celles de Confucius (Fairbank et Reischauer, 1979, 51).

L'autre école de pensée qui a dominé d'abord dans l'État Qin, puis dans toute la Chine après l'unification sous les Qin, est celle dite des Légalistes. C'étaient des étatistes intransigeants. La seule chose qui importait à leurs yeux était de construire un État national fort, prospère et militarisé. Et la seule façon d'atteindre cet objectif était pour eux d'édicter des lois sévères et de prévoir des châtiments exemplaires. Chaque aspect de l'existence devait être réglementé dans le but de produire le maximum de richesse et de puissance militaire. Il aurait été cependant naïf de compter pour cela sur les vertus morales du peuple. Cette école connut son apogée avec le « grand autodafé », immédiatement après la fondation de l'empire centralisé des Qin : tous les livres des autres écoles de pensée furent détruits ; ne subsistèrent que ceux des Légalistes.

Si l'histoire et la civilisation chinoise avaient poursuivi la tendance que nous venons de décrire, il serait possible d'imaginer une Chine (et plus probablement *des* Chines) similaire à l'Europe et à ses États nationaux. La permanence de menaces extérieures pesant sur les classes dirigeantes et sur leurs régimes aurait inspiré des sentiments nationalistes et de fortes ambitions politiques. L'organisation de la société dans l'État aurait été bien plus compacte que celle des sociétés agraires fondées sur la famille. Une société plus pluraliste serait apparue. Les principaux rapports sociaux ne se seraient pas faits entre les membres des familles organiques mais au sein d'organisations explicitement institutionnalisées (religions, cités-États, États nationaux). Les villes, protégées par d'épais remparts, auraient joué un rôle central dans la construction de l'État, à la place de zones rurales mal défendues. Une division stricte entre les citadins et les paysans serait apparue, ainsi, probablement, qu'une classe supérieure de guerriers. Le pouvoir politique aurait été exercé par les pouvoirs militaires et financiers locaux, afin de renforcer le régime, mais il aurait aussi été récupéré par ces mêmes pouvoirs. Des règles formelles, dont des lois écrites, auraient constitué le principal mécanisme de régulation et de coordination de la population, au lieu des mécanismes régulateurs souvent inertes et arbitraires qui ont prévalu dans la Chine impériale, comme les personnes investies d'une autorité, le *guanxi* (les réseaux sociaux) et les valeurs morales. Le confucianisme, enfin, ne serait pas devenu la philosophie dominante, car il n'aurait guère été opérant pour rassembler la population face aux menaces extérieures. Une école mieux organisée, comme celle de Mozi, aurait pu servir utilement d'idéologie unificatrice. À un moment de son histoire, la Chine aurait même pu avoir sa « Renaissance » et produire son Montesquieu.

Or il se trouve que l'histoire chinoise n'a pas emprunté ce chemin.

L'unification sous les Qin et les Han

En 221 av. J.-C., le roi Qin, Ying Zheng (259-210 av. J.-C.), a unifié la Chine. Il s'est donné le nom de Huang Di (littéralement le « Premier Empereur »). Suivant les conseils de son Premier ministre, un « légaliste », Li Si (?-208 av. J.-C.), il était déterminé à ne pas diviser le pays davantage. Il adopta des réformes drastiques pour faire naître une identité chinoise unifiée et créer une structure politique centralisée. Les États féodaux furent abolis et des provinces, plus petites, furent créées et placées sous l'autorité directe de l'empereur. Les poids, les mesures, la monnaie et même la longueur des essieux des chariots furent standardisés. Grâce à lui, la langue écrite chinoise prit une seule et même forme, qui n'a presque pas changé depuis. Il établit un système de routes à travers tout l'empire, vainquit les barbares du Nord, fit bâtir le système de défense de la Grande Muraille, qui marqua la frontière septentrionale de la Chine. Il conquit le Sud lointain, la région de Canton, qui n'avait jamais fait partie de la Chine. Si la dureté de son règne finit, peu après sa mort, par anéantir sa dynastie, le pays, durant les onze années de son règne, se transforma profondément.

Après plusieurs années de guerre civile, quand Liu Bang, mieux connu sous le titre posthume de Han Gao Zu, eut fondé la dynastie des Han (206 av. J.-C.-222 ap. J.-C.), une nouvelle ère s'ouvrit dans l'histoire chinoise. La population, des dirigeants aux paysans, se trouva placée dans un contexte fort différent de celui où avaient vécu leurs ancêtres. Une population nombreuse (un recensement réalisé en l'an 2 de notre ère donne le chiffre de 59 594 978 habitants), partageant la même langue, cohabitait sur un territoire qui n'avait jamais été aussi vaste.

Les batailles sanglantes, naguère si fréquentes, disparurent de la vie des Chinois. Les seuls voisins dangereux se concentraient sur la frontière nord. Il s'agissait d'un peuple nomade, les Tartares. Le gouvernement central y plaça de fortes troupes pour garder la frontière, avec l'aide de la formidable Grande Muraille. À l'ouest, la Chine était protégée naturellement par la chaîne de l'Himalaya, alors habitée par

Figure 1.1. CARTE DE LA CHINE DES HAN.

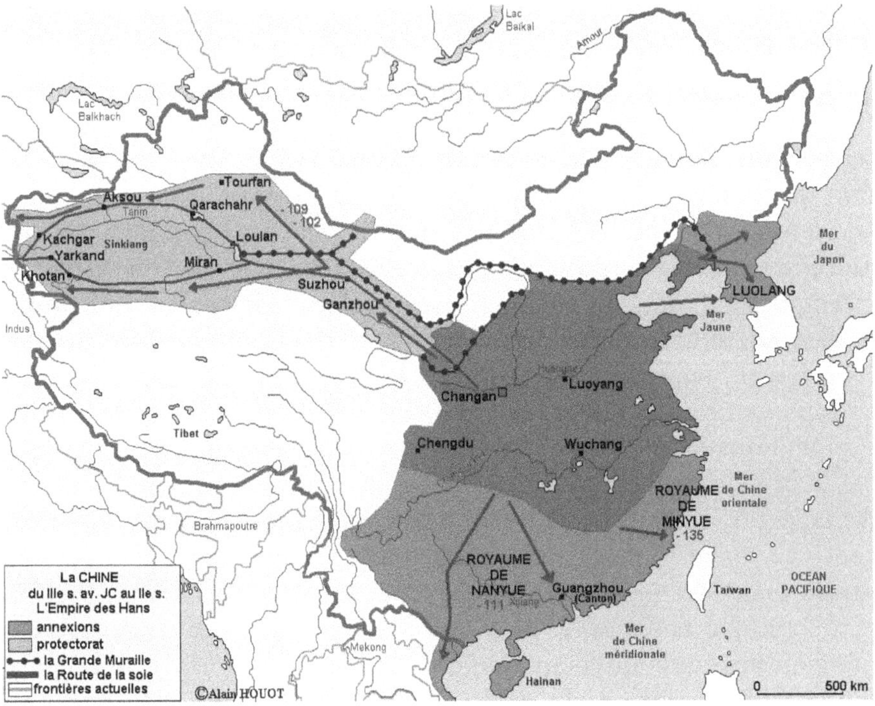

des tribus sauvages, faibles ou paisibles. La longue côte méridionale était tout aussi calme, car il était encore impossible de traverser l'océan Pacifique. Au sud, les Chinois allèrent jusqu'à ce qui est aujourd'hui le Vietnam, absorbant en route les tribus plus petites.

Les guerres étant rares, l'identité chinoise put être unifiée, et la Chine n'eut plus qu'un seul gouvernement. Les structures sociales et politiques du pays s'en trouvèrent profondément altérées, et la civilisation put prendre un chemin entièrement nouveau.

La survie de l'empire et la continuité du régime monarchique de la famille des Han ne dépendaient plus de l'accroissement permanent de la force militaire, mais du maintien de l'ordre social. La dynastie hérita du système bureaucratique centralisé des Qin. Les fonctionnaires, qui formaient un large corps, étaient recrutés au mérite, et non selon la naissance[1]. L'empereur avait une autorité directe et totale sur l'ensemble du personnel de cette immense administration. En intégrant

1. Au Ier siècle avant notre ère, on estime que la bureaucratie se composait de 130 285 fonctionnaires, répartis en 18 grades (Fairbank, 1979).

les élites éduquées dans un système bureaucratique centralisé, on faisait d'une pierre deux coups. L'empereur avait un appui solide pour gouverner et privait les élites locales de leurs ressources humaines et de leur indépendance politique. La maison royale chinoise, durant la majeure partie de l'histoire de l'empire, s'efforça avec succès d'établir un contrôle politique direct sur la population, tout en affaiblissant le pouvoir des autres groupes institutionnels, qui auraient pu se forger une identité politique indépendante. Cette extrême centralisation de l'organisation politique formelle, tout en sapant les bases d'une société pluraliste, mit également fin aux causes profondes de fragmentation politique de l'État. Au lieu d'être contraints, comme les monarques européens, de trouver un compromis avec les groupes aristocratiques, religieux et financiers intermédiaires, les empereurs chinois préféraient se reposer directement sur les paysans, en particulier sur les petites exploitations familiales autosuffisantes. La fiscalité agricole a toujours été la principale source de recettes budgétaires de l'empire. En dehors de la petite couche de lettrés fonctionnaires, les paysans formaient l'énorme majorité de la population. La plus large part de la richesse privée était aux mains de grands propriétaires, mais aucun système aristocratique héréditaire, ni aucun système de caste, ne déterminait qui était paysan et qui était landlord. Cela dépendait de l'ordre naturel du marché, du travail, du mérite et du tour que prenait la fortune.

Un tissu social fondé sur la famille

Compte tenu des limites technologiques du IIe siècle avant notre ère, et quel qu'ait été le nombre de lettrés fonctionnaires au service de l'empereur, gouverner un territoire géographique aussi vaste que la Chine était sans doute une tâche fort difficile. Mais le gouvernement Han n'avait pas pour mission de fournir les services qu'offrent aujourd'hui les gouvernements. En plus de soutenir le train de vie et l'autorité de la maison royale, l'administration Han consacrait l'essentiel de ses ressources aux biens et aux services publics d'importance nationale. Pour être plus précis, la bureaucratie gérait la collecte de l'impôt (principalement l'impôt censitaire et l'impôt agricole) et la défense du territoire, et arbitrait certains litiges civils. Les cérémonies relevaient de sa responsabilité, ainsi que les grands projets publics : construction de canaux et de routes, contrôle des inondations. Le seul contact de la population avec le gouvernement était le paiement de l'impôt et, pour les paysans, chaque année, le don d'un mois de main-d'œuvre gratuite. La micro-organisation de la société chinoise, dans ce contexte, était relativement spontanée. Les organisations intermédiaires institutionnalisées entre la population et l'État étant strictement surveillées, la Chine a vu prospérer une société civile forte, fondée sur des institutions informelles et des structures organiques, en partie fondées sur le lignage. Il est donc indispensable, pour comprendre la société chinoise traditionnelle, de comprendre le rôle que la famille et le lignage jouaient dans l'organisation sociale et la vie quotidienne de la population. Ces institutions jouent encore un rôle essentiel dans la gouvernance locale en Chine aujourd'hui (Tsai, 2007).

Autrement dit, la Chine impériale était constituée de deux grandes strates de population : le gouvernement impérial Han, et ceux qui lui ont succédé pendant deux millénaires, formait un groupe concentré qui régnait sur un océan de communautés agraires locales auto-organisées (Fairbank et Reischauer, 1979, p. 61), fondées pour la plupart sur la famille ou, plus exactement, sur un système de filiation patrilinéaire dominé par la relation père-fils. Ce type d'organisation sociale ne semble pas correspondre aux formes prises par l'État national « moderne » dans la tradition occidentale. Il serait donc inapproprié de juger la structure économique, le système politique et la légitimité de la Chine impériale à l'aune des expériences européennes.

POURQUOI UNE FAMILLE PATRIARCALE ?

Il y a plusieurs raisons pour lesquelles les Chinois de la période Han ont spontanément adopté une organisation sociale fondée sur la famille patriarcale. Les caractéristiques géographiques et politiques du pays, la minimisation de l'intervention de l'État et la relative rareté des menaces extérieures ont favorisé la constitution d'un espace propice à l'essor d'un système familial. Les structures économiques y ont sans doute également contribué. La Chine des Han reposait bien plus sur l'agriculture vivrière que l'Europe. L'élevage et le commerce du bétail ont ainsi joué un rôle moins important dans l'économie chinoise. De ce fait, la population avait moins d'occasions de se déplacer à travers le pays. L'agriculture vivrière fixe la population à sa terre. Comme le souligne le professeur Feng Yu-Lan (1895-1990), « les paysans, comme les grands propriétaires lettrés, doivent vivre sur leurs terres, qui sont inamovibles. À moins qu'on ait un talent particulier, ou de la chance, chacun doit vivre là où son père et son grand-père ont vécu, et c'est là que les enfants continueront à vivre. C'est donc pour des raisons économiques que la famille, au sens le plus large, doit vivre ensemble. Ainsi s'est développé le « système familial chinois »

(Feng, 1948, p. 21). Les structures économiques ne sont peut-être pas l'unique déterminant du tissu social, mais leur influence ne peut être occultée.

Organiser la société sur un système fondé sur la famille présentait également une certaine cohérence avec les idéaux sociaux et politiques des grandes écoles philosophiques de la période Zhou, qui n'ont cessé, depuis, d'influencer la civilisation chinoise. La plus extrême est celle de Lao-Tseu, le fondateur du taoïsme, qui prônait un laisser-faire absolu, si bien que chaque famille pouvait fonctionner de façon autonome, sans subir les pressions de groupes sociaux ou politiques dépassant la taille d'un village. C'est cependant le confucianisme qui, en établissant un lien complexe entre l'ordre familial patriarcal, l'ordre politique et l'ordre social, a le plus consolidé le système familial chinois.

Comme beaucoup d'autres philosophes chinois, Confucius avait pour principal objectif politique, ici-bas, partout, sous le ciel (*tian xia*), la paix et la stabilité. Il pensait que la stabilité sociale ne pouvait être durable qu'à condition de respecter la psyché naturelle de l'être humain. Pour lui, le sens de l'humain (*ren*) est le principal ciment à même de lier une personne à une autre et de fonder l'ordre social. Or c'est entre proches, c'est-à-dire entre membres d'une même famille, que ce sentiment est, en général, le plus fort. Plus on est éloigné et étranger, et moins on se soucie de l'autre. La société confucéenne ressemble ainsi à des milliards de cercles enchevêtrés, chaque individu étant au centre d'un cercle. La force du sentiment d'empathie (du lien social) que l'individu éprouve pour autrui diminue à proportion de la distance qui l'en sépare. C'est l'« amour hiérarchisé » déjà évoqué. Ce concept, même s'il paraît à première vue très autocentré, poursuit en réalité un objectif altruiste : personne n'est seul, tout le monde est dans une relation sociale, si élémentaire soit-elle. « *Ren* consiste à aimer les autres » (Analects, XII, p. 22). Si tous les pères aiment leurs fils, si tous les fils aiment et respectent leur père, si le frère aîné et le frère cadet, l'époux et l'épouse, le jeune et l'ancien, le dirigeant et le subordonné, bref, si chacun aime les personnes qui comptent pour lui et fait ce qu'il doit faire pour elles, alors chacun remplira ses obligations dans la société et sera digne d'en être membre. En outre, comme chacun appartient à différents cercles sociaux, joue divers rôles sociaux et est entouré de personnes différentes, cet amour hiérarchisé va former une toile enserrant l'ensemble de la société, servir de lien universel entre tous et poser les fondements de la paix et de la stabilité sociale.

La structuration de la société idéale doit donc être fondée, dans l'esprit de Confucius, sur la famille et, plus précisément, sur la famille patriarcale. Les relations sociales en dehors de la famille sont souvent personnalisées. Les Chinois aiment à comparer l'enseignant au père, et donnent à leurs meilleurs amis le nom de frère ou de sœur. Le système politique est, lui aussi, un ordre familial en miniature. L'empereur a l'autorité suprême sur le pays comme le père sur la famille. C'est peut-être pour cette raison que Han Wudi (156-87 av. J.-C.), un des empereurs Han les plus influents, et qui était, en réalité, un Légaliste, fit des classiques de Confucius un critère de sélection des fonctionnaires. Il est étonnant que l'histoire chinoise ait pu, en moins de cent ans, changer entièrement de cours. Les Légalistes, qui avaient, sous les Qin, l'exclusivité du pouvoir, se sont vu barrer l'accès à toute position officielle par Han Wudi, et le confucianisme fut promu au rang d'enseignement officiel de l'empire. Ce fait idéologique et politique renforça la légitimité et la popularité de la famille patriarcale en tant que principal mode d'organisation sociale. Ces deux processus historiques, la prédominance du confucianisme et celle du système familial, se sont mutuellement renforcés. Les fondations morales du confucianisme ont consolidé le système familial chinois, en ont fait l'organisation sociale la plus résiliente à ce jour, et le tissu social fondé sur la famille a permis, en retour, à la civilisation chinoise d'arriver à la maturité sur la base des idéaux éthiques confucéens.

Ce long développement tente d'expliquer pourquoi le type de tissu social qui a triomphé en Chine se fondait sur la famille et non sur un autre groupe. Nous ne saurions pourtant en énumérer toutes les raisons. On ne peut refaire l'histoire sur le papier, et la formation d'une culture n'est pas un processus linéaire ou mécanique. Le hasard a joué ici et là son rôle. Mais quel qu'ait été celui-ci, la civilisation chinoise, après la période des Zhou orientaux, n'a cessé de se fonder davantage sur la famille et sur d'autres systèmes de lignage. Cette organisation sociale a trouvé ses justifications théoriques dans le système moral confucéen, qui s'est étendu à d'autres domaines, comme les organisations économiques, juridiques et politiques. À partir des Song (960-1279 ap. J.-C.), les institutions sociales de cette civilisation étaient si abouties et si compactes qu'elles ont pu perdurer jusqu'au milieu du XIXe siècle. Même les conquêtes mandchoues et mongoles n'ont pas provoqué de changements sociaux significatifs. Ce tissu social unique est ce qui a donné à la Chine sa trajectoire historique.

LES IMPLICATIONS D'UN TISSU SOCIAL FONDÉ SUR LA FAMILLE

Le fait qu'une société se fonde sur la famille a des implications profondes. Nous allons examiner ci-après les grandes caractéristiques de la société impériale concernant la structure politique, la mobilité sociale, les unités économiques et la notion de droit de propriété. On rappellera, cependant, que la logique et les mécanismes de structuration de cette société diffèrent grandement des paradigmes occidentaux, souvent considérés comme allant de soi. En Chine, la famille est au centre de la vie de chacun. Les institutions sociales qui ont eu le plus d'importance dans la tradition européenne, comme l'individu, la guilde, la cité et plus tard l'État national et qui ont émergé au cours du long Moyen Âge, n'ont pas pris racine en Chine après l'unification de l'empire. En Chine, c'est la société civile, une société étendue, étroitement tissée de liens économiques et sociaux entremêlés, qui est devenue la principale forme d'organisation sociale.

Cela signifie d'abord que les fonctions de la famille devaient être plus larges et englober les services qualifiés aujourd'hui de « publics » ou « sociaux ». À la différence de la « famille nucléaire » actuelle, la famille chinoise traditionnelle idéale était étendue. Quand les parents étaient en vie, aucun enfant, quel que fût son âge, ne pouvait vivre séparé d'eux. Quand les grands-parents étaient en vie, alors les trois générations vivaient ensemble. Dans cette famille étendue, presque tous les biens étaient communs. Si un de ses membres avait des difficultés ou était dans le besoin, le reste de la famille était dans l'obligation de l'aider. À côté de la famille immédiate, il y avait aussi d'autres parents, dont on connaissait les ancêtres sur cinq générations. La terminologie de ces liens de parenté était extrêmement complexe. Dans le dictionnaire chinois le plus ancien, *Er Ya*, ils donnent lieu à plus d'une centaine de termes (Feng, 1948, p. 21). En dehors de la famille, il y avait encore les clans et d'autres systèmes de lignage, souvent chargés de l'entretien des temples ancestraux, des bâtiments communs, des greniers à usage caritatif et des écoles claniques. C'est auprès de ces systèmes familiaux et des réseaux interpersonnels qu'ils incarnaient, et non avec une Église ou un État, que le Chinois de l'âge impérial trouvait sa principale source de subsistance économique et de sécurité, ainsi que des services sociaux indispensables comme l'éducation et la santé. Ce sont aussi ces systèmes qui fournissaient contacts sociaux et consolation morale, qui arbitraient les conflits, qui aidaient les pauvres et les esseulés, et qui, à travers le culte des ancêtres, servaient même de corps religieux.

En second lieu, c'est la famille, et non l'individu, qui était l'unité la plus petite de la société [1], ce qui ne manquait pas de brouiller les identités individuelles. Le contact direct entre un individu et une organisation institutionnalisée formelle comme l'État était donc minimal.

1. C'est particulièrement vrai dans le domaine juridique et en matière de droit de propriété.

Comparé à l'Europe, cela modifiait considérablement le comportement des individus et la nature de l'État. Contrairement au citoyen de l'Athènes antique, un Chinois de l'âge impérial n'avait pas besoin de se rendre sur le forum de la cité pour voter les lois. Peu habitué aux organisations institutionnalisées, il était plutôt timide dans l'expression de ses droits sociaux. La décision politique était laissée aux lettrés fonctionnaires, et la « dictature de la majorité », même au sein de la famille, n'était pas un mécanisme de décision très prisé.

Dans le système familial chinois, la logique de coordination sociale était elle-même différente de la tradition européenne. Pour un Chinois de l'âge impérial, les relations humaines (*guan xi*), surtout entre membres d'une même famille, étaient au centre de l'existence. Dans ce filet tissé de liens personnels complexes où chacun voyait le jour et d'où il ne pouvait s'échapper, l'harmonie était cruciale. La coordination y était donc assurée par la négociation, le compromis et, plus important encore, par le biais de vertus morales exigeant de chacun de « se conduire correctement », de remplir ses obligations familiales en fonction de sa position, conférée soit par la naissance, soit par le mariage. Cette correction du comportement est ce que Confucius appelait le « *li* ». Comme l'écrivent Fairbank et Reischauer (1979, p. 16), « dans une société pluraliste, comme celle de l'Occident moderne, les forces nombreuses de l'Église et de l'État, du capital et du travail, du gouvernement et de l'entreprise privée trouvent un équilibre dans l'autorité de la loi. En Chine, ce sont les vertus personnelles de probité et de loyauté, de sincérité et de bienveillance, inculquées par le système familial, qui constituaient les normes du comportement social. La loi est un outil nécessaire d'administration, mais la moralité personnelle est le fondement de la société. Loin d'être anarchique à cause de la faiblesse de la notion de loi, la société chinoise est solidement unie par le confucianisme. Cette grande institution éthique occupait en Chine l'essentiel de la place occupée en Occident par la loi et par la religion ».

Même si la Chine moderne s'est considérablement transformée, et que la relation père-fils n'est peut-être plus le lien social dominant, ces deux mille ans de prévalence du système familial et ce réseau interpersonnel influencent encore la façon dont les Chinois se perçoivent et conçoivent les valeurs, le gouvernement, les droits, les inégalités sociales, etc. Il est donc indispensable de comprendre ce système si l'on veut comprendre l'histoire de la Chine et la Chine d'aujourd'hui.

Le système politique bureaucratique : autorité centrale absolue et administration centralisée

Si l'on remonte dans l'histoire de l'Europe, il semble impossible de concilier régime autocratique et décentralisation. Depuis le Ve siècle, l'histoire européenne n'a cessé de souffrir des luttes de pouvoir entre une myriade d'entités politiques (lignées aristocratiques, unités ecclésiastiques et, plus tard, bourgeoisies urbaines). Ces organisations institutionnelles distinctes ont été en mesure de défier l'autorité souveraine pour préserver et accroître leurs propres forces. Elles pouvaient remettre en cause les prétentions de la maison régnante sur les terres et affaiblir ses ressources fiscales en collectant elles-mêmes l'impôt. Elles réussirent aussi à intégrer l'influence qui était la leur sur l'autorité souveraine dans le processus politique lui-même. Les monarques qui se sont succédé se sont souvent appuyés sur certains groupes de pouvoir pour établir leur autorité sur un territoire. Leur légitimité politique nécessitait donc l'accord de ces groupes, qui purent faire entendre leurs voix et leurs intérêts à travers différents principes comme la représentation politique. Quand le délicat équilibre entre le régime autocratique et ces autres entités se délitait dans le dédale des réseaux de pouvoir, ou bien le régime tombait par manque de légitimité, ou bien les rapports de pouvoir étaient redistribués. Le régime centralisé et les autres groupes institutionnalisés étaient, de ce point de vue, dans une relation de rivalité, et la monarchie s'est souvent montrée réticente à déléguer davantage de pouvoir aux élites locales, notamment quand les ressources dont pouvait disposer le gouvernement central étaient déjà limitées par l'importance des dépenses militaires.

Dans un autre contexte, toutefois, autorité centrale et décentralisation ne sont pas forcément incompatibles. Si la société n'est pas pluraliste, si la légitimité du pouvoir politique repose sur une autre base, si l'autorité centrale, enfin, est suffisamment forte et incontestée, non seulement elle peut coexister avec la décentralisation, mais toutes deux peuvent aussi se renforcer mutuellement. La délégation de certains pouvoirs politiques au niveau local, bien gérée, et aidée par des institutions particulières, peut émanciper les forces économiques locales, et donc accroître l'assiette et les recettes fiscales. Par ailleurs, les charges administratives pesant sur le gouvernement central peuvent être transférées à des groupes locaux qui maîtrisent la situation locale et sont en capacité de fournir des services sociaux de qualité. L'amélioration du bien-être de la population peut, à son tour, favoriser la légitimité du pouvoir central. La Chine impériale, notamment dans sa seconde moitié, nous offre un exemple de ce modèle alternatif.

Nous allons examiner plus loin le système politique impérial. Si ce système a connu, en deux millénaires, une évolution considérable, la logique politique du pays et le panorama institutionnel sont demeurés peu ou prou inchangés. Nous verrons que la base de la légitimité, les mécanismes de gouvernement et les institutions sont inconnus de la tradition occidentale. L'autorité indépassable de l'empereur et l'existence d'une administration hiérarchisée, centralisée et efficace, ont supprimé peu à peu toutes les entités formelles ayant une identité indépendante et exerçant une autorité politique en dehors du système bureaucratique. Or c'est justement du fait de cette absence de lutte pour l'autorité absolue que les rapports entre le gouvernement central et les élites locales étaient si différents dans la Chine impériale de ce qu'ils étaient en Europe. Cela a notamment permis au gouvernement central chinois de déléguer de plus en plus volontiers ses responsabilités sociales locales.

UNE AUTORITÉ CENTRALE UNIQUE ET ABSOLUE

L'autorité absolue de l'empereur chinois repose d'abord sur la vision traditionnelle chinoise de l'ordre familial. L'ordre hiérarchique patriarcal de la famille se retrouve ainsi dans le domaine politique. De même que le père est au centre de l'ordre familial, le souverain autoritaire est au centre de l'ordre politique idéal. L'empereur, le père incontesté de la population, est au sommet de la hiérarchie. La vertu la plus élémentaire étant, dans la famille chinoise traditionnelle, la piété filiale, la morale politique de la Chine impériale est fondée sur la fidélité à l'empereur, qui organise la coopération hiérarchique comme le père au sein de la famille. La position de l'empereur a encore été renforcée par les théories cosmologiques d'un grand philosophe confucéen, Dong Zhongshu (179-104 av. J.-C.). En vertu de sa capacité à relier le ciel, qui symbolise l'ordre naturel de l'univers, à la terre, qui symbolise la société, l'empereur occupe une position unique parmi les humains. Même s'il n'intervient pas directement dans les affaires quotidiennes, les récoltes, la prospérité publique et la paix sont à mettre à son crédit. Mais, s'il s'avère moralement corrompu ou ne remplit pas son rôle, l'équilibre entre le ciel et la terre est rompu et des catastrophes naturelles, inondations, sécheresses, tremblements de terre, ne peuvent manquer de se produire. Dès la dynastie des Han, le double rôle de père de la population et de lien entre le ciel et la terre est devenu un élément intrinsèque de l'idéologie impériale chinoise. Ce double rôle mettait l'empereur dans une position supérieure à tous les autres habitants du pays et lui donnait une autorité sans équivalent.

Une question, toutefois, demeure : comment l'empereur Han a-t-il pu promouvoir l'idéologie politique évoquée ci-dessus, qui favorisait son autorité de façon aussi exclusive ? Pour y répondre, il faut examiner la répartition du pouvoir dans le pays, la logique et la légitimité de l'ordre impérial, et les mécanismes de maintien de l'ordre social.

S'agissant de la répartition du pouvoir, on rappellera qu'en Europe le pouvoir politique était divisé entre trois groupes : les aristocrates, l'Église et les élites urbaines. Le monarque devait rivaliser ou négocier avec eux pour conserver sa légitimité et ses prétentions sur la terre et sur l'impôt. La situation en Chine impériale est tout autre. Après l'unification sous le Premier Empereur, les dirigeants n'ont plus de rivaux légitimes pouvant prétendre au pouvoir d'État. Dans le système bureaucratique, les lettrés fonctionnaires et les généraux sont les subordonnés de l'empereur. L'aristocratie a donc décliné. Quant aux corps religieux, ils n'ont jamais été totalement séparés du pouvoir laïque[1], et les intrusions étrangères dans le pays ont été, le plus souvent, contenues. L'autorité de l'empereur sur la totalité du territoire était absolue. Or c'est un territoire singulier : il n'a pas de frontières. Il s'étend à chaque pouce de sol « sous le ciel ». Aux yeux des Chinois, quand le gouvernement réussissait à incorporer un territoire dans l'ordre politique et culturel de la Chine impériale, il était considéré comme faisant partie du pays. Et, une fois l'intégration faite, l'empereur devenait l'unique propriétaire du sol. Cela permettait d'éviter qu'une quelconque localité, en particulier dans les dernières périodes de l'empire, revendique un pouvoir indépendant. Au début de l'âge impérial, le gouvernement central a dû faire face aux menaces de puissantes localités, dont certaines furent même reconnues par le gouvernement central. Sous les Tang, des villes militaires ont ainsi joui d'une forte autonomie. Mais, les institutions impériales arrivant à maturation, ces cas se sont faits de plus en plus rares. En 969, le premier empereur de la dynastie Song, au cours d'un banquet, supprima le pouvoir de tous les généraux des villes militaires restées autonomes. Après cela, les autorités locales indépendantes se sont peu à peu éteintes en Chine.

---

1. Depuis le commencement de l'histoire de la Chine, les grands chefs politiques jouaient aussi le rôle de prêtres. Il y eut donc très peu de luttes entre le pouvoir religieux et le pouvoir temporel.

UN SOUVERAIN NON CONTESTÉ DANS LE POUVOIR DE LEVER L'IMPÔT ET SANS DETTE

Le contrôle de l'empereur était total en matière fiscale. Il était le seul à avoir la capacité juridique de créer des impôts. Sous la Chine impériale, les recettes fiscales reposaient principalement sur l'impôt censitaire et sur l'impôt agricole. Le monopole du sel, à la fin de la période, produisait aussi des recettes considérables. La composition des recettes fiscales reflétait le caractère agraire de l'économie impériale, mais aussi la volonté politique de la dynastie régnante. Faire du paysan la première source de recette fiscale a permis de minimiser les menaces pesant sur le régime. Les exploitations familiales, dispersées et de petite taille, étaient moins à même de défier le pouvoir central que les grandes familles possédantes. Les États européens apportent ici un contre-exemple. Confrontés à une pénurie chronique de recettes fiscales du fait du poids des dépenses militaires, les États européens avaient eu tendance à prélever autant de ressources fiscales que possible. Mais, comme le clergé et les aristocrates locaux possédaient généralement la terre, la collecte des impôts agricoles était souvent ineffective. Les maisons régnantes durent ainsi souvent recourir à un impôt commercial ou devenir les proies de la dette publique. Il en résulta soit une perte d'indépendance politique des régimes au profit des financiers ou de la bourgeoisie des villes, soit une expansion sans fin des prélèvements. Les empereurs chinois n'ont jamais eu à souffrir de cela. Même en temps de crise budgétaire, le gouvernement a toujours su préserver la structure de ses recettes fiscales. Grâce à la relative modestie des dépenses militaires, les maisons royales ont résolu les problèmes de déficit en réduisant les dépenses. Citons, parmi les mesures les plus fréquentes, la baisse des coûts administratifs, la baisse du budget de la famille royale et la suspension des grands projets de construction. La collecte de l'impôt était également renforcée en période de difficulté budgétaire. Grâce à un système bureaucratique efficace, un strict contrôle des terres et une fiscalité basée sur la terre, les gouvernements impériaux ont presque toujours réussi à combler leurs besoins financiers. Sauf peut-être sous les Song. Constamment menacée sur sa frontière nord, la dynastie dut recourir à l'impôt commercial, qui fournissait alors plus de la moitié des recettes fiscales de l'administration (Won, 1997, p. 95). Si la structure de l'impôt n'a pas fondamentalement changé avec le temps, le mécanisme de collecte a évolué. Les principales variations concernent le taux et la forme de l'impôt, et divers types de fiscalité du capital. En général, le taux d'impôt agricole est resté faible tout au long de la période impériale :

il s'agissait de protéger d'abord la base fiscale. Sous les Han, l'impôt agricole était une part de la production agricole de l'année, 1/15 ou 1/30 ; les dynasties postérieures ont souvent prélevé un quota en fonction de la superficie et de la qualité de la terre. La fiscalité sur le capital a évolué avec l'essor de l'économie commerciale : en général, on est passé du travail aux produits primaires, puis aux produits artisanaux, puis finalement à la monnaie, après la réforme fiscale du XVIe siècle. Selon l'impôt, l'unité fiscale était l'individu, le ménage ou d'autres groupes locaux.

La principale différence de nature entre l'État européen et la Chine impériale semble donc évidente. Les États européens, pris dans le réseau complexe de pouvoirs politiques hétérogènes, et devant faire face à la rivalité sans fin des pays voisins, ont dû passer des compromis avec la noblesse, le clergé et les groupes urbains, et négocier pour obtenir le maximum de recettes fiscales afin d'atteindre leur principal objectif : accroître leurs forces militaires et assurer leur autorité sur leur territoire. La légitimité du gouvernement central dépendait ainsi du consentement de ces puissantes élites. Leurs intérêts et leurs revendications devaient être non seulement entendus, mais encore satisfaits. Cette logique est à l'origine de nombreux principes politiques modernes, en particulier le système représentatif. La Chine impériale, elle, se fonde sur une logique tout autre. Les empereurs avaient pour principal objectif de préserver et de reproduire un certain ordre social. « L'empereur œuvre à développer et entretenir une bureaucratie capable de remplir les tâches routinières de l'administration et de répondre efficacement et rapidement aux crises » (Wong, 1997, p. 102). La légitimité du régime impérial ne reposait pas sur la représentation politique de grands acteurs sociaux, mais sur le bien-être élémentaire de la population. La plupart des dynasties impériales, des empereurs et des lettrés fonctionnaires ont toujours eu à cœur d'accroître la place de l'agriculture. La protection de celle-ci s'est parfois faite au détriment d'autres secteurs, en particulier le commerce. Sous les Han, pour permettre aux zones rurales de se remettre de plusieurs années de guerre, le taux de l'impôt agricole fut réduit à 1/30. Pour combler les déficits et compenser cette baisse, on imposa lourdement les marchands. Les industries les plus lucratives, la production d'acier et de sel, par exemple, étaient des monopoles d'État. Pour stimuler la performance du secteur agricole, les gouvernements impériaux ont aussi consacré bien plus d'efforts à la construction et à l'entretien de grands travaux d'infrastructures publiques que les régimes européens de l'époque. Les plus remarquables sont les systèmes d'irrigation, les projets contre les inondations, en particulier sur le fleuve Jaune, et le Grand Canal, qui reliait le delta du Yangzi, très fertile, à Pékin. Les gouvernements impériaux sont également intervenus sur les marchés des biens de consommation, qui avaient une importance critique pour la vie de la population, et donc la stabilité de la société. C'est sous les Han que le gouvernement a mis en place un système de distribution de céréales à grande échelle, qui atteignit une taille impressionnante sous les Qing. On construisit ainsi un grand système de grenier national. À l'apogée de la dynastie des Qing, ce système était en mesure de stocker plusieurs millions de tonnes de céréales (Will et Wong, 1991).

LA HIÉRARCHIE BUREAUCRATIQUE : COURROIE DE TRANSMISSION ENTRE L'EMPEREUR ET LE PEUPLE

Pour consolider cette autorité suprême et centralisée, les empereurs créèrent des mécanismes élaborés de gouvernement permettant de préserver et de reproduire l'ordre politique et social. L'échec du Premier Empereur avait montré que l'extrême concentration du pouvoir administratif, l'absolutisme du processus de décision et la priorité donnée à l'autorité de la dynastie et non au bien-être de la population, accroissait la fragilité de l'empire et mettait en péril la survie de la maison régnante. À la disparition du chef charismatique, tout le système s'était effondré. Les Han tirèrent les leçons de leurs prédécesseurs. Ils comprirent que, pour construire un ordre politique durable sur un territoire aussi vaste que la Chine, on ne pouvait pas s'appuyer uniquement sur des décrets rigides adoptés au sommet et sur l'obéissance inconditionnelle du peuple. Il fallait créer des institutions politiques permettant de maintenir une autorité centrale absolue sur les pouvoirs administratif, fiscal et judiciaire, mais tirer avantage des délégations administratives contrôlées par l'empereur et consenties à la société civile. Et tout cela au nom du bien-être de la population. L'ordre politique impérial a donc adopté, à cette fin, trois mécanismes associés de gouvernement :

1. un système bureaucratique singulier mais massif qui centralisait la gestion de tous les fonctionnaires ;
2. un ensemble d'instructions morales étendues, conformes aux doctrines confucéennes, auxquelles devaient se soumettre le peuple et les officiels ;
3. des mesures coercitives permettant d'assurer l'autorité centrale et de garantir l'ordre social.

La structure formelle du gouvernement a peu varié pendant la période impériale. Contrairement à l'Europe, la Chine a très tôt développé un système bureaucratique. L'empire était gouverné par une hiérarchie de plus de dix mille fonctionnaires professionnels, dont la supériorité n'était pas due à la naissance, contrairement à l'aristocratie héréditaire en Europe. L'empereur était au sommet de cette pyramide et tout fonctionnaire était à son immédiate disposition. Le gouvernement central se divisait en trois branches : l'exécutif, le militaire, le censorat. La branche exécutive s'occupait de l'administration quotidienne ; la branche militaire gérait les actions et le déploiement de l'armée ; le censorat transmettait les plaintes à l'empereur, critiquait les mesures et surveillait les actions des officiels et de l'empereur lui-même. Au début, l'Empire chinois n'avait que deux niveaux d'administration locale. Les plus hautes administrations sous-nationales étaient les commanderies (*zhou*) [1]. Ces commanderies furent par la suite subdivisées en comtés (*xian*). Leur nombre et leur répartition géographique ont changé selon les époques, mais la Chine a conservé ces deux niveaux d'administration locale jusqu'aux Tang, qui ajoutèrent un niveau (*dao*) au-dessus des commanderies. Les très nombreuses villes et les très nombreux villages, à l'intérieur du comté, n'avaient pas de gouvernement formel et étaient donc largement autonomes.

En dehors de certaines tâches routinières, aucun officiel, au niveau central ou local, ne pouvait, à lui seul, prendre une décision importante. Même l'empereur, qui avait toutefois le dernier mot, ne devait pas dicter la décision. Tout officiel avait le droit et le devoir de proposer et de critiquer une mesure. Critiques et propositions étaient transmises, par des canaux formalisés, à la cour impériale. Là se tenaient, chaque matin, des discussions collectives, présidées par l'empereur, jusqu'à ce qu'on arrive à un consensus. Une fois la décision prise, tout officiel était responsable de sa mise en œuvre. Les officiels étaient étroitement encadrés par une réglementation exhaustive, devaient se conformer à des codes administratifs et avaient l'obligation de rendre des comptes. La conformité aux orientations décidées au sommet était un des critères essentiels d'évaluation, et c'est sur cette base qu'étaient promus, rétrogradés, mutés, renvoyés ou même soumis à des peines pénales les lettrés fonctionnaires. Le contrôle absolu du gouvernement central ou, pour être plus précis, de l'empereur sur le personnel de l'administration garantissait l'application des décisions prises au niveau de l'État, ainsi que l'accomplissement normal d'autres missions cruciales de l'État, comme l'organisation de l'armée et la collecte de l'impôt. Celle-ci était elle-même indispensable au maintien de l'autorité impériale sur cet immense système bureaucratique.

1. Sous les Qin, il y avait 36 commanderies.

UNE BUREAUCRATIE CONTRÔLÉE SELON LES PRINCIPES ÉTHIQUES DU CONFUCIANISME

L'intégration profonde et étendue des enseignements moraux dans le fondement même de la souveraineté politique est un autre trait saillant du mécanisme de gouvernement de la Chine impériale. Une des raisons pour lesquelles les empereurs chinois ont pu exploiter la persuasion idéologique pour affirmer leur autorité – bien plus que leurs homologues européens à la même époque – vient sans doute du fait que le pouvoir religieux et le pouvoir laïque, dans la Chine impériale, n'étaient pas séparés. L'empereur, le souverain absolu sur « terre », était aussi l'unique lien avec le « ciel » et le seul prêtre ayant le droit de présider les grandes cérémonies religieuses nationales (le culte des ancêtres, le culte du ciel). Ainsi, le gouvernement des corps et celui des esprits n'étaient pas séparés. L'éducation, sans conteste possible, est tombée aux mains du gouvernement impérial et devait servir son règne. Les principes éthiques permettant de remplir cette fonction prônaient donc la stabilité et la hiérarchisation de l'ordre social et politique, où chaque individu doit se comporter selon sa position dans la hiérarchie. Le confucianisme, après le règne de plusieurs empereurs Han, apparut comme l'enseignement le mieux adapté à cette fin. L'empereur Wu des Han (Han Wu Di), qui était un Légaliste, l'imposa sur les autres écoles et créa un système éducatif étatique et un système de sélection des fonctionnaires fondé sur l'œuvre de Confucius. Cinq ouvrages compilés par Confucius ou qui lui sont attribués (le *Classique des mutations*, le *Classique des documents*, le *Classique des vers*, le *Livre des rites*, les *Annales des Printemps et Automnes*) furent choisis pour servir de manuels officiels à l'Académie impériale, le plus prestigieux institut éducatif du pays, et le processus de sélection des lettrés fonctionnaires favorisait les candidats ayant reçu une éducation confucéenne. Devenu une porte d'entrée vers le pouvoir politique, l'enseignement confucéen s'est rapidement répandu dans tout le pays. À la fin de la dynastie des Han, l'idée que tout officiel devait avoir assimilé les classiques de Confucius allait de soi, et le nombre d'étudiants à l'Académie impériale était passé de quelques douzaines à plus de trente mille (Ebrey, 1996, p. 78).

Les doctrines confucéennes avaient plusieurs atouts pour favoriser le régime impérial en Chine. En plus de qualités évidentes comme le sens des responsabilités, le respect des principes et la loyauté vis-à-vis des supérieurs, les officiels confucéens accordaient une grande importance à l'éducation. Ils offraient à la Chine impériale, outre un personnel instruit capable de remplir une fonction bureaucratique, un réservoir d'éducateurs fervents désireux d'enseigner à la population l'obéissance, le respect et le zèle. Une des grandes contributions de cette doctrine à la stabilité de l'Empire chinois n'est cependant pas due à un choix conscient de Han Wudi. Le confucianisme apprit aux officiels que leur fonction ne se limitait pas au service de l'empereur, mais qu'ils avaient l'obligation morale de contribuer au bien-être du peuple et de la nation. La fidélité à l'empereur relevait donc de la discipline, et le respect ne signifiait pas une obéissance aveugle. L'intégrité du fonctionnaire confucéen résidait dans sa capacité, le cas échéant, à tenir tête à l'empereur, à critiquer de façon pertinente les décisions et la conduite du souverain et d'autres officiels, et à prendre des mesures favorisant le bien-être de la population et la stabilité du pays. La morale confucéenne créait ainsi un contrepoids au pouvoir apparemment illimité de l'empereur et une incitation à veiller à la prospérité d'une population apparemment privée de représentation. Cet équilibre du pouvoir fut le meilleur soutien de la légitimité politique du régime. Quand il était rompu, le renouveau cyclique des dynasties avait souvent pour but de le restaurer.

L'instruction morale dans la Chine impériale concernait toute la population. À l'exception de l'Académie impériale, les gouvernements ont parrainé un réseau d'écoles confucéennes dans le pays. Tout jeune garçon de bonne réputation avait le droit d'y entrer. Ceux qui excellaient dans l'étude de Confucius étaient sélectionnés pour la bureaucratie à travers des mécanismes de parrainage et un système d'examens. Sous les Ming et les Qing, ce réseau d'écoles publiques déclina et fut remplacé par des écoles financées par les communautés ou les élites locales. Pendant toute la période impériale, l'éducation de l'élite a toujours été orientée vers le confucianisme. Pour la population, des brochures de vulgarisation expliquaient les vertus confucéennes et indiquaient la conduite à suivre en famille et en société. On apprenait aussi à respecter le savoir, et les lettrés confucéens étaient souvent considérés comme des autorités locales, même s'ils ne réussissaient pas à entrer dans l'administration. Ils avaient enfin la responsabilité d'instruire les habitants locaux et de guider leur conduite. Le gouvernement impérial chinois réussit ainsi à manipuler le contenu de l'éducation des élites et du peuple, et la morale fut un élément fondamental de son autorité.

Les empereurs chinois ne se sont certes pas appuyés que sur le *soft power* des normes morales pour gouverner le pays. L'autorité centrale a été renforcée par diverses mesures de coercition. Comme dans la plupart des monarchies, tout défi et toute trahison à l'égard de l'empereur étaient sévèrement punis, souvent de la mort. Les déplacements de population et les associations institutionnalisées étaient considérés comme des sources d'instabilité : ils pouvaient fournir un aliment à des groupes d'opposition. Grâce à la tradition légaliste, l'Empire chinois disposait d'un système complet de lois écrites réglementant l'ordre économique, politique et social. Le gouvernement utilisait habilement le tissu social fondé sur la famille pour mieux surveiller la population. Comme la famille constituait la plus petite unité juridique, une mauvaise action n'entraînait pas la seule punition de l'individu qui l'avait commise, mais celle de toute la famille. Si un individu commettait un crime, la famille était collectivement punie, et parfois le voisinage. Ce dispositif institutionnel renforçait grandement le contrôle coercitif exercé sur la population. Malgré des infrastructures judiciaires limitées, la pression de la famille et des voisins modérait la conduite des individus, limitant à la fois la criminalité et tout ce qui risquait d'affaiblir le régime impérial ou l'ordre social et politique.

UN SYSTÈME ADMINISTRATIF DÉCENTRALISÉ (FORMEL ET INFORMEL)

La relation entre centralisation et décentralisation en Chine impériale ressemble aux notions chinoises, souvent citées, de yin et de yang. La forte concentration du pouvoir a conduit, paradoxalement, à un schéma décentralisé de comportement dans les apports entre fonctionnaires centraux et notables locaux.

Car l'extrême centralisation du code administratif et de la réglementation n'était pas sans poser des problèmes pratiques aux officiels locaux. D'un côté, ils devaient se conformer, pour leur carrière, aux décisions du pouvoir central ; de l'autre, les disparités régionales étaient souvent si grandes que ces décisions ne pouvaient pas être appliquées partout. Certes, les officiels locaux n'avaient pas le pouvoir d'adapter localement les mesures décidées par le système bureaucratique centralisé, mais ils apprirent à développer un code informel de comportement. Les décisions et les réglementations centrales étaient souvent considérées comme des formalités. On passait parfois un compromis entre les instructions venant du sommet de l'État et les coutumes locales, pour qu'à la fois l'empereur et la population locale puissent les accepter. Tant que les fonctionnaires locaux se montraient coopératifs, les organes de censure fermaient les yeux sur la multitude d'« interprétations » locales d'une même mesure. Les administrations locales de la Chine impériale n'avaient donc rien d'uniforme, et la décision politique était, *de facto*, décentralisée.

Le système fiscal semblait, lui aussi, très centralisé. Les gouvernements locaux n'étaient que les collecteurs d'impôts qui étaient établis au niveau national. Ils n'avaient donc leur mot à dire ni sur le taux d'imposition ni sur l'utilisation des recettes. Côté dépenses, le budget local était défini par le gouvernement central et couvert par le budget de l'État. C'était là le système formel. En réalité, le budget alloué par le gouvernement était souvent insuffisant pour couvrir même les dépenses administratives locales les plus élémentaires. Ces fonds ne couvraient qu'un petit nombre de dépenses, comme le salaire nominal des officiels, la paie des conseillers, les frais de sacrifices (Ch'u, 1962, p. 193-199). Les gouvernements locaux, à tous les niveaux, recouraient donc lourdement à différents honoraires. Ce système d'honoraires, hors budget, fut très répandu sous plusieurs dynasties. Le système de financement public était donc, en pratique, largement décentralisé.

Même s'agissant du personnel administratif, en principe placé sous le contrôle étroit du gouvernement central, la décentralisation régnait en pratique. Comme les administrations locales de la Chine impériale étaient souvent le « gouvernement d'un homme », les employés officiellement recrutés n'étaient souvent pas assez nombreux. Les autorités locales recrutaient donc, pour la plupart, des conseillers et des fonctionnaires pour les aider à faire face à leurs responsabilités administratives. N'étant pas des employés du gouvernement, ces conseillers et ces fonctionnaires entretenaient avec l'officiel local des liens à la fois personnels et informels. La gestion, entièrement aux mains des officiels locaux, était ainsi décentralisée. Ils constituaient pourtant un élément indispensable des gouvernements locaux chinois. Leurs services ont joué un rôle important dans les opérations courantes de nombreux gouvernements locaux.

Si l'on examine non plus seulement le système bureaucratique formel mais l'ensemble de la Chine impériale, on constate que l'administration du pays était très décentralisée. Les villes et les villages n'avaient pas tous un gouvernement et étaient dirigés *de facto* par des organisations informelles comme les temples ancestraux et autres « groupes de solidarité », comme les appelle Lily Tsai (Tsai, 2007). Dans les cas extrêmes, il n'y a pas d'organisation du tout. Les élites locales, souvent des lettrés confucéens respectés pour leur supériorité intellectuelle et morale, étaient les véritables dirigeants chinois au niveau local. Leur légitimité ne venait pas de l'élection ou d'une procédure légale, mais de la même logique politique que celle qui légitimait le souverain national, et la morale confucéenne venait la conforter. Le prestige de ces élites informelles était reconnu tant par les gouvernements locaux que par la population, et elles remplissaient de nombreuses fonctions dans les communautés locales. Ils avaient un pouvoir d'arbitrage dans les conflits locaux. Ils géraient les fonds caritatifs collectifs. Ils contrôlaient la fourniture de biens publics et de services publics locaux, dirigeaient les cérémonies religieuses régionales et servaient de lien entre les gouvernements locaux et la population. D'un côté, les gouvernements locaux déléguaient leurs fonctions administratives aux élites locales pour minimiser leurs propres dépenses. Les impôts, par exemple, étaient souvent collectés d'abord par ces élites dans les communautés, avant de contribuer aux besoins des officiels locaux. De l'autre, les élites locales contrôlaient la conduite des officiels locaux et intervenaient auprès d'eux pour qu'elles fournissent des biens et des services publics convenables. Avec la consolidation de l'autorité centrale et le renforcement de l'influence de la morale confucéenne, l'Empire chinois a délégué de plus en plus volontiers ses pouvoirs administratifs à ces élites locales, et le niveau de décentralisation administrative s'est, en retour, approfondi avec le temps.

Ainsi, la structure politique de la Chine impériale n'était pas, comme on le dit souvent, strictement verticale. Sans doute l'autorité centrale était-elle exceptionnellement forte. Mais le système politique formel de la Chine ne s'attachait plus ou moins qu'à la stabilité globale de l'empire. Il avait pour responsabilité de préserver et de reproduire l'ordre social au niveau national, et d'amortir les effets négatifs des crises d'une ampleur telle qu'aucune localité ne pouvait y faire face. Au niveau local, des administrations autonomes et décentralisées, mêlant des institutions formelles et informelles, étaient le pilier du système. L'exemple de la Chine impériale montre ainsi que les institutions informelles et les réseaux interpersonnels peuvent être d'une importance essentielle pour le fonctionnement normal de l'État et peuvent être complémentaires, et non pas incompatibles, avec la structure bureaucratique formelle. Ces structures informelles décentralisées n'étaient pas seulement répandues dans la Chine impériale. On les retrouve largement dans la gouvernance de la Chine contemporaine.

Mobilité de la richesse et du prestige social

Le pire cauchemar des empereurs chinois ne venait pas de la structure politique du pays. La famille royale, les lettrés fonctionnaires à tous les niveaux et les élites locales, malgré les tensions qui pouvaient exister entre ces groupes et en leur sein, avaient un intérêt commun : assurer la stabilité de l'ordre social et politique. La principale menace pesant sur le régime impérial venait, en réalité, des paysans. Quand le mécontentement atteignait un niveau tel qu'il suffisait d'un cri de ralliement pour provoquer une rébellion, le régime n'était pas sans subir des dégâts. Lorsque Chen Sheng, le chef du premier soulèvement paysan de la période impériale, dut formuler, en 209 av. J.-C., son cri de ralliement, il s'écria : « Le sang [c'est-à-dire la naissance] doit-il décider de la destinée des hommes ? Si une personne, à force de travail, surpasse les autres en excellence, son origine doit-elle l'empêcher d'accéder au pouvoir et de jouir du prestige qui lui est attaché ? » Ce slogan suscita un retentissement immédiat dans le pays. Chen Sheng et sa bande succombèrent après six mois d'émeute qui eurent raison de la dynastie des Qin, et Liu Bang, un fils de paysan, monta sur le trône et créa la dynastie des Han, qui devait durer plus de quatre cents ans.

La durable popularité du slogan de Chen Sheng révèle deux choses. Elle montre d'abord que la population chinoise avait la conviction que la valeur d'un homme ne réside pas dans sa naissance. C'est la supériorité intellectuelle et morale qui détermine la véritable noblesse et qui doit être récompensée par un statut social et par des fonctions politiques et une richesse matérielle correspondantes. Le mérite doit être le principal critère de classification sociale, et la formation du mérite d'un individu, même s'il est lié à l'environnement dans lequel il a grandi, dépend du travail, de la discipline et de l'éducation. Il est donc possible à tout homme, grâce à la chance et à ses efforts, de monter et même d'accéder à la position la plus haute dans la société. Ce qu'il y a de plus intéressant dans la question posée par Chen Sheng, c'est l'intérêt qu'elle a suscité auprès des dirigeants et les réponses qu'ils lui ont apportées. La Chine impériale avait hérité de l'époque féodale un ordre social et politique très hiérarchisé, que la classe dirigeante entendait préserver à son bénéfice. La question de Chen Sheng montrait à cette classe que, s'il n'était pas remédié à l'injustice et à l'inégalité de cette hiérarchie, l'ordre social n'aurait plus la force de se reproduire et périrait inévitablement. Pour convaincre chaque membre de la société de se conduire correctement, c'est-à-dire de respecter la structure pyramidale du pouvoir, les dirigeants devaient trouver dans la société une justification suffisante. Si cette pyramide n'était fondée que sur la position occupée à la naissance, des frustrations similaires à celles que Chen Sheng avait exprimées finiraient par menacer la stabilité de l'ordre hiérarchique que l'empire s'efforçait de maintenir. La répression de ces frustrations sur le mode légaliste, comme l'avait fait le Premier Empereur, pouvait peut-être réussir avec un chef charismatique, mais, à long terme, la meilleure solution était de créer des canaux institutionnels permettant de soulager ces frustrations.

Le système bureaucratique unifié, placé sous une autorité centralisée, semblait offrir les conditions de ce soulagement institutionnel. Car, pour régner de façon durable et efficace, le système bureaucratique devait sélectionner ses membres en fonction de leurs mérites intellectuels et moraux, et non sur la base du prestige ou de la richesse de leur famille. Ce critère de sélection au mérite avait au moins trois avantages pour les empereurs. D'abord, la compétence et la loyauté des fonctionnaires favorisaient sa capacité de gouverner. Ensuite, aucune famille, aucun groupe social ne risquait de bénéficier d'une supériorité inconditionnelle indépendante de l'empereur. Enfin, la sélection au mérite, associée à l'enseignement moral confucéen, donnait une légitimité à l'autorité de la bureaucratie et offrait à la population des possibilités sans précédent de progression dans la hiérarchie sociale grâce au travail et à l'instruction. L'existence de lettrés fonctionnaires signifiait que la « classe dirigeante » de la Chine impériale n'était plus une classe fixée une fois pour toutes, mais une profession à laquelle tout un chacun pouvait accéder. La société impériale chinoise, si on l'observe à un moment donné de son histoire, abonde en disparités matérielles et sociales. Mais, si on l'observe dans une perspective longitudinale, comme le professeur Ping-ti Ho dans ses travaux exhaustifs sur la dernière période de la Chine impériale, on constate qu'il n'existe pas de réelles barrières juridiques contre le passage des individus et des familles d'un statut à un autre. On peut même dire que des « facteurs, institutionnalisés et non institutionnels ont influencé la mobilité : le nivellement social et économique des familles et des clans les plus importants, et la pénétration dans la population de mythes et de concepts sociaux propices à la mobilité sociale » (Ho, 1960, p. xii). Or c'est précisément cette mobilité verticale du statut politique et de la richesse qui a permis la justification des injustices du système hiérarchique impérial, encouragé le peuple à améliorer sa position et abouti à un ordre politique et social hiérarchisé jouissant d'une forte résilience.

LES MÉCANISMES DE MOBILITÉ ASCENDANTE ET DESCENDANTE DU POUVOIR POLITIQUE

La sélection, pour les besoins de l'administration, de personnes dotées d'une supériorité morale et intellectuelle a évolué avec le temps. Nombre de dirigeants et de philosophes chinois ont réfléchi à cette délicate question. Trois d'entre eux méritent de retenir notre attention. Il y a d'abord Confucius lui-même. Pour distinguer les hommes moralement et intellectuellement supérieurs du reste de la population, Confucius prônait une égalité totale des chances de chacun en matière d'éducation, indépendamment de la condition sociale et financière de la famille. Des confucéens, à sa suite, demandèrent à l'État de créer des écoles et d'éduquer à ses frais les enfants de toute origine. Nombreux étaient les lettrés qui finançaient des écoles privées ou qui enseignaient, comme l'avait fait Confucius. Avec le déclin de l'école publique, dans les dernières périodes de l'empire, ces institutions spontanées formèrent l'essentiel du système éducatif. Ce système étendu constituait la base du mécanisme de sélection. Les deux autres personnalités qui ont joué un rôle essentiel dans le développement de mécanismes de sélection des fonctionnaires fondés sur le mérite sont Dong Zhongshu, un philosophe confucéen qui proposa un certain nombre de techniques de sélection, et l'empereur Han Wudi, qui les adopta. Avant le règne de celui-ci, sous les Han, le processus de sélection bureaucratique était relativement primitif et présentait des vestiges de l'époque féodale. Les fonctionnaires étaient principalement issus de trois groupes. Le premier se composait de personnes proches de l'empereur : ses parents, ses domestiques, ses secrétaires, etc. Le deuxième était constitué des enfants des fonctionnaires en poste ; il ressemblait à un système aristocratique héréditaire. Le troisième groupe était constitué de fonctionnaires qui avaient acheté leur office. À partir de Han Wudi, ces techniques furent peu à peu laissées de côté et ne réapparurent qu'en période de difficulté financière ou de déclin dynastique[1]. Ce que Dong Zhongshu proposa et que Han Wudi adopta, c'est un système de parrainage du talent. Les officiels ayant un certain rang étaient obligés de recommander deux jeunes talents chaque année pour le service du gouvernement. Ces jeunes talents étaient soumis à un examen par l'empereur lui-même, puis on leur confiait un poste mineur pour tester leurs compétences d'administrateur. La preuve faite de leurs capacités, ils étaient officiellement nommés. Ce système n'excluait pas la possibilité d'abus et de favoritisme, mais des règles morales et juridiques s'efforçaient d'y remédier. Moralement, les fonctionnaires devaient être compétents et intègres. Recommander quelqu'un d'incompétent humiliait donc autant le protégé que le parrain. Juridiquement, la compétence de ces jeunes protégés entrait pour une bonne part dans l'évaluation de ceux qui les avaient recommandés. La carrière politique des parrains et celle de leurs protégés étaient donc liées, et chacun était responsable de la conduite de l'autre. Ainsi, recommander une personne aux compétences et à la moralité douteuses, c'était se mettre en danger, et le cas était rare. Ce système de parrainage permit d'étendre le système de sélection à l'échelle nationale avec un minimum de coûts de transaction. Il joua un rôle considérable au début de la période impériale.

Sur le conseil de Dong Zhongshu, Han Wudi créa également une école nationale pour former une élite consacrée à son service. Il s'agit

1. Ainsi, la vente d'offices était très populaire à la fin de la dynastie Ming : il s'agissait d'apporter des recettes fiscales pour faire face aux lourdes dépenses militaires, dues à l'invasion mandchoue (Ho Ping-ti, 1960).

de l'Académie impériale, déjà évoquée. Ses étudiants furent une source très importante de talents sous les Han et les dynasties suivantes. Ils étaient promus en fonction de leurs résultats à des examens écrits portant sur les études confucéennes, et en fonction de leur moralité.

Au milieu de la période impériale, le système d'examen devint la principale méthode de sélection officielle. Des examens nationaux étaient organisés chaque année et tout homme pouvait s'y présenter. Les gagnants étaient promus à certaines positions officielles. Ce système apparut sous les Sui (581-618) puis fut amélioré sous les Tang (619-907). Au début de cette dynastie, le système d'examen produisait moins de dix diplômés chaque année (Kracke, 1964). Il fut considérablement étendu sous le règne de l'impératrice Wu Zetian (624-705), qui trouva là un moyen efficace de recruter des talents issus des territoires nouvellement intégrés. À l'apogée des Song, on comptait chaque année, en moyenne, plus de deux cent cinquante reçus (Kracke, 1964). Les sujets, la forme et l'organisation de l'examen ont évolué avec le temps, parfois en fonction des préférences personnelles de l'empereur. Les classiques et la pensée de Confucius en ont toujours constitué le cœur. Ce système a duré treize cents ans, de 605 à 1905, et fut la principale méthode de sélection institutionnalisée des fonctionnaires de la Chine impériale.

Une fois sélectionnés, l'individu et sa famille passaient de la masse de la population à la classe dirigeante et jouissaient de somptueux privilèges. La richesse matérielle et le prestige social n'étaient pas sans « déformer » ces membres de la classe dirigeante, mais il fallait déployer de grands efforts pour les conserver. Le pouvoir politique des lettrés fonctionnaires n'étant dû qu'à leur compétence, l'insuffisance de celle-ci pouvait leur coûter. Il y avait un principe clé dans le confucianisme : la « ratification du nom » (*zheng min*). Il s'appliquait à l'ensemble de la population, empereur inclus. Le principe de ratification du nom signifie que toute position sociale (le « nom ») devait correspondre à certains droits et devoirs sociaux (la réalité). Pour que le nom corresponde à la réalité, le détenteur d'une certaine position ne pouvait se contenter de jouir des droits et des privilèges que celle-ci lui conférait. Il devait aussi s'acquitter des responsabilités exigées de lui. S'il ne le faisait pas, il se révélait incapable de ratifier son nom et devait être privé de ses privilèges. L'empereur, par exemple, jouissait d'une autorité, d'un prestige et d'un pouvoir absolus. Le ciel lui avait confié le gouvernement de la terre, et il avait donc la responsabilité d'user de son pouvoir et de son influence pour favoriser le bien-être de son peuple. S'il échouait, non seulement le ciel le punissait par des catastrophes naturelles, mais son peuple était en droit de renverser son régime. Il n'avait pas ratifié son nom d'empereur, et toute personne à même de mieux remplir que lui ces obligations avait le droit de le remplacer, et devait à son tour ratifier son nom. Une même logique s'appliquait aux fonctionnaires. En tant qu'aides de l'empereur, ils avaient le devoir d'exercer fidèlement les pouvoirs administratifs qui leur étaient délégués et de faire à l'empereur des propositions et des critiques dans l'intérêt de la population. Toute erreur ou tout échec dans ce domaine mettait en péril non seulement le pouvoir politique et le prestige social que détenaient ces fonctionnaires, mais aussi la richesse matérielle et jusqu'à la vie, parfois, de leurs proches.

Même si un fonctionnaire réussissait à donner satisfaction tout au long de sa carrière politique, le prestige et la richesse de sa famille restaient menacés par de nombreux facteurs de mobilité sociale descendante. Le statut politique d'une famille n'était garanti par aucun mécanisme héréditaire. Si le père avait été un personnage politique éminent, sans doute ses fils bénéficieraient-ils de meilleures chances de recevoir une éducation de qualité et d'être parrainés par d'autres officiels. Mais, si ces facteurs favorisaient le succès politique des fils, ils ne le garantissaient pas. Si les fils ne montraient pas de capacités intellectuelles particulières, ou s'ils échouaient aux examens, la plupart d'entre eux ne recevaient pas de poste officiel. Le concept de « yin », c'est-à-dire le droit des fils à un poste mineur en vertu des œuvres du père, existait bel et bien, mais il se limitait aux officiels ayant occupé une position élevée dans la hiérarchie. Les postes attribués par ce mécanisme ne conféraient aucun pouvoir politique réel, et il ne pouvait durer que quelques générations.

LES FACTEURS ENTRAVANT LA CONCENTRATION À LONG TERME DE LA PROPRIÉTÉ

S'agissant de la richesse matérielle, sa concentration, dans la Chine impériale, était particulièrement fragile. Cela est dû principalement à la définition ambivalente et à la protection insuffisante du droit de propriété, sans oublier l'absence de primogéniture. Comme on l'a vu, la Chine impériale n'était pas une société pluraliste. Elle était constituée de deux grandes strates : la classe des fonctionnaires entourant le chef absolu, l'empereur, et celle des petites familles propriétaires, dispersées et inorganisées. Cela ne facilitait pas, ni au niveau micro ni au niveau macro, la définition claire d'un droit de propriété. Au niveau micro, la propriété ne se rattachait pas à l'individu, mais à la famille étendue, ce qui n'était pas sans créer une confusion juridique sur l'identité du détenteur de la propriété. Au niveau macro, en raison de la structure sociale à deux strates, les groupes intermédiaires, concentrant la propriété, étaient rares. Il n'y avait donc pas d'entités assez fortes pour former un contre-pouvoir face à l'État. Et, si la terre était privatisée et s'échangeait librement sur le marché, la dispersion des propriétaires empêchait ceux-ci de s'organiser pour défendre leur droit de propriété face au pouvoir de l'État.

En un sens, l'État était le propriétaire en dernier ressort de toute chose. Il n'était rien qui ne fût accordé à une famille par la bienveillance de l'empereur. Symbole concret de cette propriété ultime, chacun payait à l'empereur un loyer inconditionnel. Légalement, la plupart des propriétés, y compris les terres, pouvaient être échangées librement sur le marché et étaient, depuis la dynastie des Han, enregistrées comme une richesse personnelle. En pratique, cependant, le droit de propriété n'était protégé que par rapport aux autres familles-individus, tandis qu'en tant que propriétaire en dernier ressort le gouvernement avait tout pouvoir de lever des impôts fonciers, de saisir les terres privées pour un usage « public » ou d'exproprier, pour la punir, une famille. Contrairement aux systèmes juridiques occidentaux issus des révolutions françaises et américaines, qui accordent une place centrale au droit de propriété privée et à sa protection, le système juridique impérial ne s'intéressait qu'à la loi pénale. Pour les empereurs, le maintien de l'ordre et de la stabilité politique était la priorité absolue. La protection de la propriété privée contre les violations de l'État était secondaire.

L'ambivalence et la fragilité du droit de propriété servaient également les intérêts des empereurs, car il était ainsi plus facile de démanteler les éventuelles concentrations de richesses. Préférant la petite propriété, les dirigeants ont toujours eu tendance à s'opposer à la concentration de la propriété. Cela ressort nettement de leurs choix politiques. Au début et au milieu de la période impériale, il existait plusieurs mécanismes visant à distribuer les terres du domaine public aux paysans sans terre. Les changements de dynastie ont aussi souvent servi à la redistribution des richesses, généralement de façon plus égalitaire. Mais l'État n'a jamais cessé de s'en prendre à la concentration de richesses. Lorsqu'un officiel avait commis une erreur politique, sa famille perdait souvent l'ensemble de ses biens. Dans les cas extrêmes, de grands propriétaires trop influents et leurs familles durent s'exiler, à seule fin de supprimer une menace politique potentielle. Même si les familles extrêmement riches pouvaient échapper à l'intervention de l'État, l'absence de primogéniture fut un facteur permanent d'entrave à la concentration de richesse. Selon la tradition, avant la mort des parents, la famille devait vivre ensemble, et l'ensemble des biens et des dépenses étaient mis en commun. Après la mort des deux parents, les biens de la famille n'allaient pas au fils aîné ; ils étaient répartis également entre tous les fils. Ce dispositif avait un fort effet de dispersion de la richesse, qui pesait à la fois sur les familles aisées et sur les petits paysans.

Comparé à l'agriculture, le commerce permet une accumulation de richesses sur une période de temps plus courte. Le capital commercial échappait-il à la mobilité descendante de la Chine impériale ? Les exemples empiriques semblent montrer que non. La structure du pouvoir en deux strates, l'Empereur et les fonctionnaires d'un côté, les familles dispersées de l'autre, ne laissait pas de place à l'apparition durable de grands propriétaires et freinait encore davantage l'essor du capital commercial. On distinguait à l'époque quatre grands secteurs d'activité : l'administration, l'agriculture, l'artisanat et le commerce. Le commerce venait en dernier. Comme on l'a vu, en règle générale, l'Empire chinois ne dépendait pas financièrement des activités commerciales. Les marchands, traités comme des éléments instables de la société, étaient discriminés. Comme les familles paysannes, ils étaient trop faibles pour négocier avec l'État impérial. Les méthodes de sélection au mérite contribuèrent aussi à empêcher les riches marchands de traduire leur pouvoir financier en pouvoir politique[1]. Pire encore, l'État pouvait à son gré intervenir et établir un contrôle monopolistique sur une activité profitable. À partir des Han, plusieurs activités, comme la production et la distribution de sel, le commerce d'alcool, la fabrication de l'acier, le transport de l'eau, les opérations financières, devinrent des monopoles d'État. Le capital commercial chinois souffrit considérablement de ce processus de monopolisation étatique et ne put jamais devenir assez puissant pour échapper au cycle baissier d'accumulation.

Il faut rappeler cependant que, si la mobilité sociale verticale vers le haut et vers le bas de la société chinoise était rapide, le mouvement était individuel et dispersé. Cela veut dire qu'il n'impliquait jamais une classe entière, mais seulement des familles. Cette grande volatilité sociale avait ainsi plus d'importance pour le comportement de chaque individu que la transformation de l'ordre social. En détournant l'attention de tous des injustices du système hiérarchique, et en l'orientant sur l'effort de chacun pour améliorer son statut social et matériel, la mobilité sociale était une institution intégrée qui, loin de conduire au rejet de l'ordre impérial, contribuait fortement à sa stabilisation. Tout autre est la mobilité sociale issue de la lutte de classes telle qu'on peut l'observer dans la formation et l'essor du capitalisme occidental. En Chine impériale, la forte mobilité verticale, la dispersion de la propriété et la prédominance d'unités de

---

1. En période de déclin dynastique ou de difficulté financières, il était possible d'obtenir un office en payant. Les travaux de l'historien Ping-ti montrent que le système a été largement utilisé à la fin de la dynastie des Ming et tout au long de la dynastie des Qing.

production basées sur la famille ne permettaient guère, dans les zones rurales comme dans les zones urbaines, de tirer avantage des économies d'échelle et de développer un mode de production capitaliste. En zone rurale, le village chinois ne disposait pas d'une organisation productive collective, comme c'était le cas dans de nombreux villages d'Europe. Au lieu d'être intégré de façon verticale, le village chinois n'était qu'un regroupement d'unités de production familiales et séparées. Cette structure n'était pas propice à l'essor du progrès technique, qui, en agriculture, nécessite de grandes surfaces foncières. Pour les zones urbaines, l'exploitation agricole basée sur la famille permettait une relation plus souple entre la terre et la population que l'exploitation basée sur le village. Tant que le produit de la terre suffisait à la subsistance des membres de la famille, personne n'était forcé de quitter les zones rurales pour chercher du travail en ville. Cette structure contraignit l'offre de main-d'œuvre pour la production commerciale, centralisée dans les zones urbaines, ce qui compromit les possibilités de développer une production concentrée à grande échelle de biens marchands. La production de produits agricoles et de biens marchands était donc dispersée dans les campagnes. Seuls les échanges se faisaient dans les zones urbaines. Comme on va le montrer dans le chapitre 2, ce dispositif explique pourquoi il n'y eut pas de révolution industrielle endogène dans la Chine impériale.

Conclusion

UNE STRUCTURE SOCIALE SINGULIÈRE À DEUX STRATES

La Chine impériale, où la formation de l'État a suivi une trajectoire singulière, repose sur une structure sociale très particulière, constituée de deux strates. La première strate est constituée de la classe dirigeante, c'est-à-dire des lettrés fonctionnaires qui entourent l'autorité centrale absolue de l'empereur. La seconde, constituée d'une population étendue et d'un minimum d'associations formelles, forme un tissu très dense de relations sociales. La principale différence entre cette structure sociale et celle de l'État occidental, c'est que les groupes intermédiaires influents qui peuvent faire contrepoids à l'État – familles aristocratiques, églises, villes – n'existaient pas. À partir de là, la source de la légitimité politique et les mécanismes servant à maintenir l'ordre politique différaient largement.

Cette structure à deux strates libérait l'État de l'obligation de négocier en permanence avec les groupes intermédiaires. La légitimité du pouvoir central ne dépendait donc pas de compromis passés avec les autres pouvoirs représentatifs. La légitimité du souverain se fondait au contraire directement sur la satisfaction du peuple et la prospérité publique. L'État chinois impérial n'était pas menacé par les intérêts des groupes de pouvoir intermédiaires et se trouvait théoriquement mieux placé pour prendre des décisions impartiales visant l'amélioration du bien-être de la population. L'absence de contre-pouvoir institutionnalisé renforçait considérablement, toutefois, l'autorité et le pouvoir de l'État, qui avait la capacité d'intervenir lourdement dans le domaine privé. Tout groupe doté d'un statut social élevé et de richesses matérielles indépendantes de l'État pouvait ainsi être regardé comme une menace et anéanti, en conséquence, par celui-ci. Cette attitude de l'État a été extrêmement dommageable pour l'essor de l'accumulation privée du capital et a incité les marchands à s'associer au pouvoir étatique dans la recherche de profits.

Les actions collectives des paysans sont le défi le plus considérable auquel le pouvoir impérial ait dû faire face. Quand le bien-être élémentaire de la population n'était pas satisfait, des soulèvements ont montré que celle-ci pouvait fragiliser le régime ou, du moins, remettre en cause sa légitimité, et donc affaiblir la position de toute la classe dirigeante. Pour remédier à cela, même en l'absence de contre-pouvoirs, les souverains les plus avisés ont créé des mécanismes d'autocensure. C'est ainsi que les règles morales et l'institution du censorat, une des branches du système bureaucratique, étaient, dans la Chine impériale, les contraintes les plus significatives. Ces mécanismes d'autocontrôle, en général, fonctionnaient mieux en début de dynastie, quand les empereurs étaient encore assez consciencieux et avisés. Quand la dynastie déclinait, les effets de ces mécanismes diminuaient.

Dans cette société à deux strates exempte de rivalités pluralistes, quand un soulèvement populaire réussissait à renverser l'ancien régime, les « révolutionnaires » se contentaient de s'élever au rang de la classe dirigeante et maintenaient intacte la logique de la structure sociale et politique. C'est une des raisons pour lesquelles, en plus de deux mille ans, la Chine impériale n'a connu que des changements cycliques. Si les institutions ont considérablement mûri et évolué avec le temps, il n'y eut pas, dans cette période, de révolution véritable du système politique ou de la structure de la société.

Cela ne veut pas dire pour autant que la Chine impériale n'avait pas un sens aigu du changement et de la créativité. Contrairement à ce que l'on croit souvent, l'autorité n'y était pas extrêmement centralisée. Le système bureaucratique formel ne gérait, en général, que les problèmes d'ordre national. La société civile, très animée, composée d'une grande diversité de familles, de réseaux sociaux, d'organisations spontanées, jouait un rôle considérable dans la vie quotidienne de la population. D'importants travaux historiques montrent que les marchés, sur la plus grande partie du territoire, étaient extrêmement dynamiques. La mobilité sociale verticale, très rapide, offrait aux familles de fortes incitations à travailler dur, à investir (en particulier dans l'éducation des enfants) et à augmenter leur productivité. Ces traditions existent encore dans la Chine d'aujourd'hui et ne sont pas sans rapport avec le succès de la réforme commencée en 1978.

LA CHINE, LES NATIONS OCCIDENTALES ET LE DÉFI DÉMOCRATIQUE AU XXIe SIÈCLE

La Chine et l'Occident ont une croyance commune concernant le fondement de la démocratie : le peuple est la source première de la souveraineté. L'autorité politique y trouve sa légitimité dans la volonté du corps des citoyens et non dans celle, supposée, d'un dieu, comme c'est le cas dans les régimes théocratiques. Elle ne procède pas non plus d'une classe ayant hérité du pouvoir de diriger les autres, comme dans les régimes aristocratiques, pas plus que du rayonnement d'un leader charismatique, comme dans les régimes dictatoriaux. Ce principe philosophique holiste, dit démocratique, a cependant posé un problème insoluble, dès lors que la taille et la complexité des ensembles humains ne permettaient plus de réunir le peuple en un lieu de débat public. Comment représenter la volonté collective du peuple ? Comme il est impossible, compte tenu de la mosaïque vaste et complexe d'individus qui constituent une nation, de célébrer en réunion l'unité et la volonté commune, il faut s'accorder sur des règles de délégation de la souveraineté qui permettent de donner une légitimité au gouvernement. C'est ici que la Chine et l'Occident diffèrent.

Comme on l'a vu, la représentation politique de l'unité en Chine trouve sa légitimité dans une tradition bimillénaire qui a institué l'autorité centrale de l'empereur. La République populaire repose encore sur cette tension entre l'autorité centrale du Parti communiste et la diversité de la société. En Occident, le principe de souveraineté populaire ne jouit pas d'une tradition aussi ancienne. Il est principalement le fruit d'un long travail intellectuel des philosophes libéraux britanniques et français aux XVIIe et XVIIIe siècles. La volonté commune est fondée, selon eux, sur la liberté et l'égalité des individus. Ces principes n'ont été établis qu'après de brutales révolutions aux États-Unis et en France. Mais la tension entre le principe holiste de souveraineté et l'autonomie des individus n'a été surmontée que de façon procédurale par un principe électif qui institue le gouvernement de la majorité. Selon ce principe, le gouvernement de la majorité, issu du résultat d'élections pluralistes périodiques, exprimerait la volonté de la totalité.

Cela ne résout pas le problème fondamental : comment éviter que le gouvernement de la majorité ne dégénère en dictature sur les minorités ? Par la loi, peut-on répondre, retrouvant ainsi le point de vue des Légalistes chinois. Mais cela ne suffit pas à définir et à réaliser le bien commun, comme le montre Pierre Rosanvallon dans *La Société des égaux* (2011). Ce raccourci congénital, selon lequel la majorité vaut pour la totalité, a rencontré bien des avatars pour assumer les responsabilités de l'État dans la fourniture des biens collectifs et pour procurer à la population les garanties collectives contre les risques économiques et sociaux. L'incapacité du principe majoritaire à représenter le peuple entier ne fut surmontée qu'après la Seconde Guerre mondiale par une conception de l'égalité sociale transcendant la division partisane et par le développement d'administrations publiques compétentes et largement détachées des joutes politiques.

Cette époque est révolue. Le pacte fondateur qui avait permis le progrès social de l'après-guerre a volé en éclats sous les coups de boutoir de l'expansion du capitalisme dans l'espace mondial. La prépondérance des intérêts financiers privés sur l'intérêt général a bouleversé les règles du jeu politique. Le dénigrement de l'État est devenu le cri de ralliement des forces politiques inféodées aux lobbies de la finance devenue hégémonique. Le phénomène s'est exacerbé à partir des années 1980, d'abord dans les pays anglo-saxons, avec le triomphe d'une idéologie prônant le totalitarisme du marché comme mode prépondérant de relations sociales. Au début du XXIe siècle, la lutte entre des visions politiques irréconciliables, dans des sociétés de plus en plus complexes, a pris la forme d'une véritable guerre des tranchées. Aux États-Unis, par exemple, la démocratie est paralysée par des conceptions contraires du bien commun qui affectent le contenu même des politiques adoptées. En Europe, la promesse de souveraineté, intégrée dans la longue construction de l'Union, a cédé la place à d'âpres conflits d'intérêts qui ont étouffé toute avancée politique vers une souveraineté européenne après la chute du mur de Berlin.

Si l'on revient à l'efficacité de l'État dans la préservation du bien commun et l'amélioration du bien-être social, la démocratie occidentale a suivi une voie analogue à celle de l'Empire chinois. Il faut une administration fondée sur le mérite et la compétence. Garantissant la continuité du bien public, elle est un élément de réconciliation essentiel entre l'ensemble de la nation et la diversité de la société. Comme on l'a vu, la très longue tradition administrative procédant du mérite individuel et d'une sélection strictement contrôlée est à la base de la cohésion sociale de la Chine impériale, et demeure une condition fondamentale de légitimité du Parti communiste. En Chine comme en Occident, l'efficacité de l'administration publique est un pilier indispensable du bien-être de la population ; ce qui distingue ces nations de la plupart des pays en développement où l'État est défaillant et l'administration, incompétente, quand il y en a une.

Dans les vingt dernières années toutefois, la dynamique du capitalisme a affaibli la légitimité des administrations publiques, qu'elles avaient pourtant contribué à réguler. La mondialisation a libéré des forces qui ont promu une idéologie néolibérale, impatiente de s'attaquer à l'État et de faire du marché l'unique vecteur de l'intérêt général. Ce processus mondialisé de déstabilisation de la souveraineté nationale a provoqué une fragmentation de l'autorité publique, avec la création, en Occident, de deux types d'institutions : les institutions publiques indépendantes, dont les figures emblématiques sont les banques centrales indépendantes et, en Europe, les cours constitutionnelles. Ces institutions n'ont pas d'équivalent en Chine, même si des autorités de régulation, séparées de la structure hiérarchique de l'administration, ont été créées dans différents secteurs d'activité sociale, en particulier la finance.

Mais cette multiplication d'institutions en vue d'exprimer le principe de totalité n'est nullement en mesure de résoudre les contradictions qui menacent de déchirer les sociétés contemporaines. La mondialisation, en exacerbant les inégalités sociales en Chine comme en Occident, et en affaiblissant l'autorité des institutions publiques dont la responsabilité était de les traiter, met en péril la légitimité de l'ordre politique lui-même. La mondialisation a aussi durci les rivalités entre l'Occident et la Chine en aggravant les problèmes environnementaux et en creusant les déséquilibres mondiaux, tout en suscitant des réflexions radicalement opposées sur les causes, les remèdes et l'attribution des responsabilités. Les institutions légitimes censées promouvoir la démocratie et préserver la souveraineté nationale sont donc contestées à la fois au niveau infranational et supranational.

Au niveau infranational, le défi est d'approfondir la démocratie grâce à la participation concrète de la société civile. Il n'est pas facile de savoir quel régime politique, occidental ou chinois, sera le mieux outillé pour légitimer l'intervention des réseaux sociaux sur les problèmes qui font obstacle à une croissance durable. Dans la troisième partie de ce livre, qui porte sur la nouvelle étape de la réforme que doit inaugurer le 12e plan quinquennal, nous montrerons que la Chine a des atouts politiques pour réussir cette transformation.

Au niveau supranational, l'avènement de la Chine comme puissance mondiale pose la question de sa participation à une gouvernance internationale qui doit être améliorée pour éviter que ne s'aggravent les menaces planétaires en matière de rareté des ressources fossiles, de changement climatique, d'accroissement des inégalités dans les pays en développement et d'instabilité financière et monétaire. Pour y répondre, il faut comprendre ce que la réforme a déjà accompli au niveau intérieur et international. Toutefois, les conditions de la réforme ont été permises par la structure politique et sociale du pays, que nous venons de décrire, et par l'histoire de ses efforts, de ses reculs et de ses revers avant l'avènement de la République populaire en 1949. L'héritage historique du point de vue économique sera examiné dans le prochain chapitre.

Chapitre 2

LES RÉGIMES DE CROISSANCE DANS L'HISTOIRE DU CAPITALISME

Ce qui s'est passé en Chine entre 1820 et 1950 est une énigme qui a provoqué de nombreuses controverses chez les économistes et les historiens. Pourquoi l'Orient et l'Occident, et plus particulièrement, en ce qui nous concerne, la Chine et l'Europe occidentale, ont-ils emprunté des trajectoires divergentes entre le début du XIXe siècle et le milieu du XXe siècle ? Pourquoi la révolution industrielle, qui a propulsé les pays anglo-saxons à la tête de l'économie mondiale, s'est-elle produite ? Pourquoi la Chine l'a-t-elle manquée ? Quelle est la nature des obstacles à l'industrialisation qui, selon les sociétés, ont été ou non surmontés ? Cette divergence profonde est-elle due aux politiques menées par les États ou aux institutions sociales de base qui modèlent les motivations, les aspirations et l'esprit d'entreprise ?

Ces questions sont d'une grande importance si l'on veut comprendre les succès, les contradictions et la direction de la réforme chinoise, d'autant qu'elle est conçue comme un processus de rattrapage. Mais cette manière de penser est peut-être une fausse piste. Nous avons montré, au chapitre 1, que les fondements sociaux du droit de propriété et de la répartition des richesses en Chine étaient très différents de la philosophie de l'ordre naturel et du *Bill of Rights* élaborée à la fin du XVIIIe siècle en Europe occidentale. La singularité de la formation de l'État en Chine a eu une influence durable sur les comportements économiques, à la fois sous l'empire et sous les régimes qui lui ont succédé. De ce fait, le modèle de l'équilibre général optimal dans une économie de marché n'est pas un critère pertinent pour évaluer les succès et les revers de la réforme en Chine.

L'histoire sur longue période de la croissance économique chinoise – un lent déclin, suivi d'un redressement spectaculaire avant le lancement de la réforme en 1978 – est le meilleur guide pour remettre celle-ci dans la bonne perspective. Une mesure approximative de l'écart de croissance économique entre la Chine et les puissances occidentales entre 1850 et 1950 montre que les tentatives de réforme faites pour favoriser une industrie moderne à la fin du XIXe et au début du XXe siècle n'ont pas été efficaces. La révolution maoïste, en revanche, malgré ses errements, ses troubles sociaux et ses drames humains, a semé les germes de trente ans de réforme profonde, qui ont fait se lever l'aube d'une ère nouvelle.

L'analyse et l'interprétation du matériau historique conduisent à la question théorique du rôle des innovations institutionnelles. Quelles sont celles qui peuvent permettre de dépasser les limites d'un certain régime de croissance et de poser les bases d'un autre régime ? Ce sont ces outils que nous utiliserons dans la seconde partie de ce livre pour examiner les différentes phases de la réforme.

Cinq siècles d'histoire économique : une vue d'ensemble

Comme on l'a vu dans le chapitre 1, la société chinoise traditionnelle était presque entièrement rurale et plus de 90 % de la population vivaient dans les campagnes. L'agriculture reposait sur la petite exploitation familiale. Il n'y avait ni grands domaines ni système de métayage.

Cette agriculture intensive en travail était très efficace. Les paysans atteignaient de hauts rendements par unité de terre. Ils utilisaient une technologie à trois facteurs : une sélection soigneuse des variétés de semences, des engrais organiques, un système d'irrigation dense. Cette fonction de production avait un rendement moyen élevé par unité de terre, mais un faible rendement moyen par unité de travail utilisé (Naughton, 2007). Dans le bas Yangzi, le rendement par hectare de maïs était 2,7 fois plus élevé que celui obtenu en Angleterre au XVIIIe siècle (Huang, 2002).

L'économie rurale ne se limitait pas aux activités agricoles. Des micro-entreprises fabriquaient des produits artisanaux : textiles, articles en cuir, denrées alimentaires, outils en fer. Il y avait même une division verticale du travail dans la production de soierie. L'élevage du ver à soie, le filage et le tissage de la soie étaient l'œuvre de familles spécialisées ou de petites entreprises. Mais ces activités « industrielles », loin de se concentrer dans les villes, étaient largement dispersées dans les zones rurales.

La coordination de cette économie où fourmillaient les petites unités de production se faisait par des réseaux de marchés, gérés par un grand nombre de marchands. L'école californienne de l'histoire globale qualifie ce type de société rurale hautement marchande d'économie proto-industrielle (Wong, 1999). Cette société faisait aussi preuve d'une grande souplesse dans l'allocation des ressources humaines et matérielles. Comme il n'y avait ni aristocratie, ni castes, ni accumulation de richesses héritées, les barrières institutionnelles à la mobilité sociale ascendante et descendante n'existaient tout simplement pas.

Cette petite économie de marché utilisait extensivement la monnaie papier et la monnaie argent. Elle était régulée, bien avant l'Europe occidentale, par des contrats écrits, des cours de justice, des associations de marchands. Dès le IXe siècle, les fonds circulaient dans tout le pays par lettre de crédit.

La société rurale chinoise était donc un bon exemple de ce qu'Adam Smith appelle l'économie naturelle de marché. Dans ce type d'économie, les échanges s'accroissent entre les nations, stimulés par la croissance de la population et l'accumulation du capital, grâce à des firmes nombreuses et spécialisées. L'économie prospère jusqu'à ce que la concurrence du côté de l'offre et les limites de la demande de produits manufacturés dans les campagnes réduisent le taux de rendement du capital. C'est le fameux piège de l'équilibre stationnaire dont nous reparlerons plus loin. Pour le moment, disons que la solution de Smith pour le dépasser repose sur un commerce international qui cherche naturellement de nouveaux canaux d'échange pour absorber la surproduction artisanale et industrielle.

Du côté de l'artisanat et de la manufacture, la fragmentation de l'activité en petites unités de production empêchait l'augmentation de la productivité. Le capital concentré faisait défaut et la propriété familiale de la terre protégeait les ouvriers agricoles de la prolétarisation. Ainsi, la soumission marxienne d'une main-d'œuvre libre et non protégée à une bourgeoisie propriétaire des moyens de production ne s'est pas instaurée (Won, 1999). Même si le coton a presque toujours été tissé dans le pays, aucune fabrique de textile à grande échelle n'a vu le jour. L'économie proto-industrielle, si efficace qu'elle fût selon ses propres critères, ne disposait pas des institutions permettant de lui donner l'élan suffisant pour se transformer en une véritable économie industrielle. La Chine n'a pas davantage été à même de produire sa propre révolution industrielle que de l'importer de l'Occident.

La Chine, le Japon, l'Inde et les puissances occidentales : une analyse quantitative comparative

Grâce aux travaux de toute une vie du grand historien britannique de l'économie Angus Maddison, il est possible d'avoir une estimation de la population, du PIB et du PIB par tête des grands pays et des grandes régions du monde, et de procéder à une analyse comparative sur une très longue période. Ces chiffres sont synthétisés dans le tableau 2.1. Ce qu'ils nous disent est assez fascinant. Selon Maddison (2007), la Chine était, jusqu'en 1500, la première économie du monde en termes de revenu par habitant. Regardant la performance économique, elle dépassait l'Europe occidentale dans tous les domaines : niveau technologique, mobilisation des ressources, capacité du gouvernement. Après le début de la dynastie Ming (1368-1644), la population chinoise a crû au rythme de 0,4 % par an pendant quatre cents ans. Elle a quintuplé entre 1400 et 1820. Grâce à cet essor démographique beaucoup plus rapide qu'en Europe occidentale, le poids de la Chine dans le PIB mondial a atteint son plus haut niveau en 1820. Mais le PIB par tête stagnait déjà depuis longtemps. Dépassé par celui de l'Europe occidentale dès 1500, il est resté au même niveau de 1500 à 1820. En conséquence, même si la Chine, en 1820, restait de loin la plus grande économie du monde en termes de PIB, elle n'a cessé, au cours de ces trois cents années, de perdre du terrain sur l'Europe occidentale en termes de PIB par tête (tableau 2.1). Elle a pu rester à hauteur de l'Inde, dont le PIB par tête a, lui aussi, stagné.

Tableau 2.1. PIB et PIB par tête.

Pays ou régions	*1500*	*1700*	*1820*	*1913*	*1950*	*1973*	*2003*
PIB (mds de $PPA 1990)							
– Chine	61,8	82,8	228,6	241,4	245	739,4	6 187,9
– Japon	7,7	15,4	20,7	71,7	161	1 242,9	2 699
– Inde	60,5	90,7	111,4	204,2	222,2	494,8	2 267,1
– Europe de l'Ouest	44,2	81,2	159,8	902,3	1 396,2	4 096,5	7 857,4
– États-Unis	–	–	12,5	517,4	1 455,9	3 536,6	8 430,8

Pays ou régions	*1500*	*1700*	*1820*	*1913*	*1950*	*1973*	*2003*
PIB par tête (mil de $PPA 1990)							
- Chine	0,60	0,60	0,60	0,55	0,45	0,84	4,8
- Japon	0,50	0,57	0,67	1,39	1,92	11,43	21,22
- Inde	0,55	0,55	0,53	0,67	0,62	0,85	2,16
- Europe de l'Ouest	0,71	1,00	1,20	3,46	4,58	11,41	19,91
- États-Unis	–	–	1,26	5,30	9,56	16,69	29,04
Ratio des PIB							
- Chine/Europe de l'Ouest	1,40	1,02	1,43	0,27	0,18	0,18	0,79
- Chine/E.-U.	–	–	18,29	0,47	0,17	0,21	0,73
Ratio des PIB par tête							
- Chine/Europe de l'Ouest	0,85	0,60	0,50	0,16	0,10	0,07	0,24
- Chine/E.-U.	–	–	0,48	0,10	0,05	0,05	0,16

Source : Maddison 2007 : p. 117 et 174.

Puis la Chine a entamé un déclin de 130 années. Entre 1820 et 1913, le PIB a crû au taux moyen annuel de 0,06 %, pour tomber à 0 % entre 1913 et 1950. À cette date, la Chine était de loin le pays le plus pauvre du monde. Son PIB par tête atteignait, en moyenne, la moitié environ de celui de l'Afrique et moins des trois quarts de celui de l'Inde. Par ailleurs, l'impact des guerres napoléoniennes ayant été absorbé dans les années 1830 par l'Angleterre et dans les années 1840 par la France, la révolution industrielle battait son plein en Europe. Au total, mesuré en parité des pouvoirs d'achat (PPA) en dollars, le PIB a connu en Europe occidentale, tout au long du XIXe siècle et jusqu'en 1914, une croissance forte de 4,8 % en moyenne, tandis que le PIB par tête était presque triplé. Les États-Unis ont connu un décollage explosif, notamment durant les cinquante années séparant la guerre de Sécession et la Première Guerre mondiale. En 1950, malgré la crise des années 1930, et grâce à la Seconde Guerre mondiale, les États-Unis étaient au sommet de leur hégémonie et dominaient le monde. Entre 1913 et 1950, la croissance européenne est tombée à 1,5 % annuel en moyenne, très loin des 4,9 % des États-Unis.

Ces évolutions ont été pressenties par les économistes occidentaux qui ont commenté les tendances de long terme de la Chine sur la base d'indicateurs épars. Il est devenu courant de minimiser l'effondrement du pays après la désintégration de l'empire Qing, en 1911, et de dénigrer la période maoïste. Or, malgré sa politique chaotique, la révolution socialiste a su contenir, en termes relatifs, la contraction de l'économie chinoise, en termes de PIB sinon de PIB par tête. Le rapport du PIB chinois au PIB de l'Europe occidentale s'est stabilisé à 0,18 et est passé, par rapport aux États-Unis, de 0,17 à 0,21. Les années 1950-1973 étant les années de plus forte croissance de l'histoire de l'Europe occidentale (environ 6 % en PPA en dollars), ce n'était pas, en termes purement économiques, un si mauvais résultat. Le PIB par tête chinois augmenta de 2,8 % par an en moyenne, soit un peu plus qu'aux États-Unis, tandis que l'Europe occidentale, avec 4,5 % de croissance annuelle, vivait un âge d'or. La croissance chinoise n'était toutefois pas orientée vers la consommation individuelle, c'est le moins qu'on puisse dire. Aussi le niveau de PIB par tête n'a-t-il jamais été aussi bas en termes relatifs : il ne représentait que 7 % du niveau du revenu moyen par tête de l'Europe occidentale et 5 % de celui des États-Unis.

En outre, la performance économique générale de la Chine durant ces vingt-trois années n'a pas été au niveau d'autres pays d'Asie de l'Est. Le Japon a vu ainsi sa croissance exploser pour atteindre plus de 10 % par an, et le pays, en matière de PIB moyen par tête, a rattrapé l'Europe occidentale dans les années 1970. Des pays plus petits en Asie de l'Est (Singapour, Taïwan, la Corée du Sud) ont, eux aussi, connu un plein essor. Même si ces pays étaient très différents de la Chine, le décollage et la convergence de leur économie vers celle des pays avancés montraient que des régimes politiquement autoritaires, où l'État s'impliquait lourdement, pouvaient réussir. Les leçons de cette expérience n'ont pas été sans influencer la réforme chinoise de 1978.

Pourquoi ce long déclin de la Chine ?

Comme nous l'avons vu, la croissance de la population exerçait de fortes pressions sur l'étendue des terres arables. Il fallait de plus en plus de main-d'œuvre dans chaque exploitation pour éviter une baisse de la productivité par hectare. On développa la production intensive du riz le long et autour du Yangzi, où la population se concentrait depuis le XIIIe siècle. La stabilité du revenu par tête entre le XIVe et le XIXe siècle, alors que la population quadruplait sur la même période, fut un remarquable succès. Conformément à la théorie de Smith, la Chine se tourna vers l'extérieur pour accroître les débouchés de ses produits manufacturés. Les Sung, dès le XIIIe siècle, puis les Yuan, au XIVe, avaient déjà créé une marine. Le troisième empereur de la dynastie Ming, Yung-lo, élargit l'échelle des échanges internationaux en décidant sept expéditions navales entre 1405 et 1433 (Needham, 1971). Elles furent placées sous le commandement de l'amiral Cheng-lo, un eunuque de la maison impériale des Ming.

Un mystère demeure : après le succès de ces expéditions, pourquoi les empereurs Ming ont-ils finalement décidé de réduire la flotte, de fermer les chantiers navals et même d'interdire l'ensemble des échanges extérieurs privés ? Pourquoi les dernières dynasties impériales n'ont-elles pas tenté de sortir du piège smithien en élargissant leurs marchés extérieurs et en faisant progresser leurs technologies navale et militaire ?

LA FERMETURE DE L'EMPIRE

On peut interpréter les choix stratégiques de la dynastie Ming en fonction de la trajectoire particulière de la formation de l'État en Chine (*cf.* chapitre 1). Les gouvernements chinois, impériaux et post-impériaux, partageaient un même objectif politique : construire un État unitaire. La définition chinoise de l'État unitaire suppose un souverain central unique qui exerce une autorité suprême absolue sur les organisations locales et non gouvernementales. Les empereurs chinois ont si bien su conforter leur autorité qu'après la dynastie Tang aucun groupe dans le pays n'avait la capacité ou la légitimité de défier le souverain impérial. En outre, grâce à son étendue géographique, à sa supériorité économique et à ses performances technologiques, la Chine impériale était relativement à l'abri des menaces extérieures. Contrairement à ce qui se passait à la même époque dans les monarchies européennes, la logique de gouvernement n'était pas fondée sur des oppositions ou des rivalités pour le territoire et pour les ressources fiscales de la part de groupes de l'intérieur ou de l'extérieur du pays. Pour maintenir leur autorité absolue, les gouvernements impériaux ont édifié leur structure politique sur une économie agraire relativement égalitaire. Les besoins budgétaires étaient satisfaits principalement par la collecte directe de l'impôt agricole auprès des paysans, avec l'aide d'un vaste système bureaucratique. En offrant à de petites exploitations agricoles dispersées la sécurité, la stabilité et un soutien infrastructurel, la classe dirigeante bénéficiait de ressources financières et d'une légitimité politique. En d'autres termes, les empereurs ont assis leur autorité, non sur l'expansion militaire et financière, mais sur le maintien de l'ordre intérieur, fondé sur une économie agraire.

Ainsi, l'État impérial ne considérait pas l'expansion des dépenses et du commerce extérieurs comme une source prometteuse de ressources budgétaires, ni comme un moyen d'accélérer la croissance économique, qui n'entrait pas dans ses finalités. L'objectif des expéditions de Cheng-lo n'a jamais été de créer un empire colonial, ni d'ouvrir des ports permanents pour les produits chinois. C'était d'affirmer le *soft power* ou l'hégémonie douce de la Chine par des relations tributaires étendues sur une zone élargie allant de la Corée et du Japon, à l'est, jusqu'à la côte orientale de l'Afrique, à l'ouest. Le commerce de ces expéditions était strictement réglementé. Des marchands privés y participaient et pouvaient échanger des marchandises sur les lieux visités, mais pas selon leur bon plaisir. Ils étaient contrôlés par des officiels de l'administration impériale. Le commerce n'était pas un objectif purement économique : c'était aussi un moyen d'échanger des cadeaux avec les souverains étrangers et d'accompagner l'accréditation des ambassadeurs. Il avait donc un caractère formel, car il s'agissait, en créant des relations tributaires, d'affirmer la suzeraineté de la Chine sur de vastes territoires. Le commerce était subordonné à la quête de sécurité.

Mais cette politique n'a pas duré. Les lettrés fonctionnaires ont bientôt constaté les contradictions que ces expéditions créaient au regard de l'ordre établi. Un des problèmes qui risquaient de se poser, c'était l'essor d'entités économiques liées au commerce extérieur, en particulier des marchands. Du fait de leur mobilité géographique et de leur propension à accumuler de larges richesses sur une courte période de temps, les personnes associées aux activités commerciales ont été considérées, tout au long de l'histoire impériale, comme un élément instable de la société et comme une menace à l'unité de l'État. L'autre préoccupation, c'était l'exposition plus grande à la menace extérieure. Si la souveraineté de la Chine n'a pas été menacée par l'Occident avant 1820, les lettrés fonctionnaires des Ming et des Qing avaient une aversion instinctive pour la piraterie, alors en plein essor, et pour l'arrivée des religions étrangères. La controverse la plus vive concernait l'allocation des recettes fiscales. La maison impériale Ming et la bureaucratie des mandarins ne s'accordaient pas sur le coût de financement des expéditions. C'est à cette époque que furent décidés le transfert de la capitale de Nankin à Pékin et la reconstruction du Grand Canal. Ces deux projets étaient très importants pour le maintien de l'ordre dans le pays, que les dirigeants impériaux considéraient comme le fondement de leur gouvernance. Le déplacement de la capitale vers le

Nord renforçait la défense de la frontière septentrionale contre les invasions possibles de la Mongolie et de la Mandchourie, d'où venaient en général, à l'époque, les ennemis extérieurs les plus immédiats de la Chine. Le Grand Canal était vital pour la stabilité intérieure, car il reliait le bas Yangzi, qui fournissait les surplus alimentaires, à la plaine du Nord, déficitaire (Naughton, 2007, p. 36). Les deux projets, notamment le canal, exigeaient de lourds investissements. Pour alléger la charge fiscale, l'empereur Yung-lo fit imprimer beaucoup de monnaie-papier. D'où une hyperinflation de celle-ci, qui réduisit la valeur de la monnaie-papier pour les transactions privées et perturba l'économie. La monnaie-papier disparut presque totalement. À partir de 1430, la monnaie d'argent devint l'instrument d'échange, tant pour les transactions privées que pour le paiement de l'impôt. Cette crise budgétaire et monétaire renforça le pouvoir de la bureaucratie dans le débat sur les expéditions étrangères. Comme on l'a vu au chapitre 1, les gouvernements impériaux, en cas de crise budgétaire, préféraient couper les dépenses marginales plutôt que chercher de nouvelles ressources fiscales. En regard du maintien de la sécurité et de la stabilité intérieure, tout le reste était secondaire. C'est là que le mystère trouve son explication. La Chine a renoncé à l'exploration étrangère et au commerce extérieur pour être en mesure, financièrement, de maintenir l'ordre dans le pays. Et elle s'est entendue avec les marchands européens et leur a consenti des comptoirs de commerce pour concentrer son effort de défense contre les ennemis du Nord, considérés, à l'époque, comme le danger le plus éminent.

LA PÉNÉTRATION DU CAPITALISME OCCIDENTAL ET L'AFFAIBLISSEMENT PRODUCTIF DE L'EMPIRE

Si les empereurs Ming avaient lu dans l'avenir, ils auraient peut-être regretté leur décision. La fin des expéditions navales est une des grandes raisons de la stagnation du progrès technique dans les derniers siècles de l'Empire chinois. La Chine se serait aussi rendu compte que le capitalisme européen était d'une nature bien plus agressive que les tribus tartares. Loin de convoiter seulement des territoires, l'Europe voulait intégrer la Chine dans l'ordre économique capitaliste mondial. Cette force étrangère n'était pas seulement la rivale directe de l'autorité indépendante et sans précédent des empereurs chinois. Elle promettait la destruction de l'ordre impérial. Malheureusement, les Ming ne lisaient pas dans l'avenir. En privilégiant l'ordre intérieur, ils firent, alors, le bon choix. Mais, en l'absence de réaction à l'émergence des forces européennes, la chute de l'empire n'était plus qu'une question de temps.

Dès 1557, les Portugais se sont vu accorder le droit d'établir une base à Macao. Ce comptoir devint le principal centre de commerce européen avec la Chine. Les Portugais importaient principalement du poivre et des épices. Ces achats ont d'abord été financés par des chargements de lingots, puis par les profits du commerce chinois de la soie, payés par le Japon en monnaie-argent, qui durèrent jusqu'en 1650 environ.

Le commerce portugais déclina au XVIIe siècle. Les Hollandais, suivis des marchands britanniques et français, prirent le relais. La composition des échanges passa du poivre et des épices à la soie et au thé. En 1750, les Britanniques avaient supplanté les Hollandais. Ils finançaient leurs achats de thé à Canton par des chargements d'opium venus d'Inde. La Chine ne réagit pas à ce défi. Ayant longtemps bénéficié, avant l'afflux massif d'opium, d'un excédent commercial, l'Empire du Milieu sous-estimait les Européens. Les élites chinoises disposaient de revenus confortables qui auraient pu être investis de façon productive. Mais le mode de reconnaissance et de récompense du statut social et des efforts individuels au sein de l'élite était étranger au profit financier qui, selon l'esprit du capitalisme résumé par Max Weber, est la première motivation des entrepreneurs.

Malgré tout, jusqu'au milieu du XVIIIe siècle, la Chine impériale réussit à maintenir l'ordre intérieur, et le souverain contrôlait sans faiblesse son territoire et sa base fiscale. La crise éclata quand le dernier gouvernement Qing ne fut plus en mesure d'apporter un appui infrastructurel suffisant au bien-être de la population. Les biens publics nécessaires à l'unification d'un empire aussi vaste n'étaient plus assurés. Les réserves alimentaires des greniers publics diminuèrent à partir de 1790. Les réseaux d'irrigation commencèrent à se détériorer (Elvin et Liu, 1998). Avec la pression de la croissance démographique, la vulnérabilité écologique s'accrut dans les zones rurales. Du fait de la moindre efficacité du système public, la population rurale subit des inondations et des sécheresses qui causèrent de terribles famines. En 1855, à cause de la négligence de l'entretien du système d'irrigation, le fleuve Jaune sortit de son lit, provoquant des inondations dévastatrices. L'État s'impliquant moins, l'économie n'avait plus de soutien. Comme l'économie rurale devenait plus fragile et devait faire face à une pression permanente de la population, de terribles fléaux sociaux se sont abattus sur les zones pauvres. Dans les fermes trop petites pour faire vivre toute la famille, le produit marginal du travail s'effondra, ce qui provoqua des famines récurrentes et le déclin démographique de la plupart des régions touchées.

Mais le coup le plus dur porté au régime mandchou fut la révolte de Taiping, qui ravagea la moitié de la Chine entre 1850 et 1864. C'était un de ces soulèvements paysans qui ont souvent précipité la fin des régimes impériaux chinois. Cette révolte était due au mécontentement accumulé des paysans face à l'incapacité du gouvernement à aider matériellement la population. Son objectif était clair : renverser un souverain ayant perdu toute légitimité. La répression de la révolte, érigée au rang de priorité par la maison royale des Qing, dégrada sérieusement l'équilibre financier du royaume. Elle nécessita des dépenses militaires extrêmement élevées. Les charges militaires annuelles étaient à l'époque d'un peu plus de 20 millions de taels, soit à peu près la moitié des recettes fiscales nationales. Pour les quinze années allant de 1850 à 1875, on les estime à 850 millions de taels (Peng, 1983, p. 137). Par ailleurs, la révolte de Taiping a fortement érodé la base fiscale du gouvernement Qing. À son paroxysme, ses chefs ont occupé plus de dix-huit provinces, y compris le riche delta du Yangzi. Pour faire face à cette perte et combler des besoins financiers croissants, le régime impérial taxa très lourdement les régions encore placées sous son autorité. Le taux de l'impôt agricole augmenta d'au moins 50 %. Entre 1850 et 1877, dans la province du Sichuan, les impôts sur les activités agricoles ont ainsi été multipliés par 4,9 (Li 1956, p. 372, 306). À partir de 1853, les Qing se sont mis à prélever le *lijin*, une sorte d'impôt commercial. À l'origine, c'était un impôt temporaire, destiné à répondre aux dépenses militaires contre la révolte de Taiping. Son taux était fixé assez bas, à 1 % du chiffre d'affaires. Mais la collecte a été très vite institutionnalisée et le taux augmenta. Il pouvait atteindre 20 % pour certaines opérations commerciales. En 1870, les impôts issus du *lijin* représentaient 25 % des recettes fiscales totales. La forte pression fiscale continua de dégrader l'ordre intérieur du régime mandchou.

La crise interne s'aggravant, l'intrusion étrangère se fit plus insistante. Des défaites désastreuses ne tardèrent pas à s'enchaîner. Cela commença en 1839, avec la guerre de l'Opium menée par les Britanniques. Ceux-ci voulaient obtenir le libre accès à Canton pour sécuriser l'échange juteux d'opium indien contre le thé chinois. Ne rencontrant guère de résistance, la Grande-Bretagne imposa le traité de Nankin en 1842, obligeant la Chine à céder Hong Kong et à ouvrir cinq de ses ports au contrôle étranger. Ce fut le premier des traités inégaux ; d'autres suivirent qui dépecèrent l'empire. En 1858-1860, une seconde attaque, cette fois anglo-française, ravagea le palais d'été de Pékin et imposa un traité qui ouvrait l'intérieur du pays au libre-échange impérialiste – la Mandchourie jusqu'à Harbin, le fleuve Yangzi jusqu'à Chongqing. La Chine fut forcée de maintenir des tarifs douaniers très bas. Le commerce de l'opium fut légalisé. Les étrangers bénéficièrent de droits extraterritoriaux.

Outre ces empiétements occidentaux sur la souveraineté chinoise, de nouveaux envahisseurs, tout aussi rapaces, firent leur apparition après 1860. Le réseau d'États tributaires de la Chine fut entièrement démantelé et le pays subit d'immenses pertes territoriales. La Russie s'empara d'une vaste portion de terre sur la côte du Pacifique et y créa Vladivostok. Elle agrandit également son empire en Asie centrale. Puis le démantèlement de l'empire s'accéléra. L'Indochine fut cédée à la France en 1885, et la Birmanie à l'Angleterre en 1886. Le Japon s'empara de Taïwan et imposa un protectorat en Corée en 1895, après avoir remporté sa guerre contre la Chine, conclue par le traité de Shimonoseki. La révolte des Boxers, dans les années 1890, servit de prétexte aux puissances occidentales pour lancer une force alliée punitive réunissant huit pays. Elle occupa Pékin et força le gouvernement chinois à signer le protocole des Boxers en 1891. S'agissant de ses ressources financières, le gouvernement Qing était placé sous tutelle étrangère. La collecte de l'impôt se fit féroce. Les recettes fiscales passèrent d'environ 40 millions de taels par an au début des Qing à plus de 80 millions entre 1886 et 1896. En 1908, elles dépassaient 200 millions. Mais ce n'était pas assez pour financer les dépenses militaires massives et payer les énormes indemnités exigées de la Chine[1]. La chute du gouvernement Qing ne surprit personne. Lors de l'effondrement de l'empire, en 1911, le Tibet proclama son indépendance et expulsa la population chinoise. En 1915, la Russie étendit encore sa souveraineté en Mongolie extérieure. En 1931-1933, le Japon militariste occupa la Mandchourie et créa le fantoche Mandchoukouo ou État mandchou. Enfin, en 1937, l'armée japonaise envahit la Chine, où elle commit des atrocités inimaginables jusqu'à sa défaite dans la guerre du Pacifique.

Après la fin du régime Qing, déchiré par des crises continuelles et privé de l'espace nécessaire pour retrouver et restaurer son autorité, le pays proclama la république à l'initiative de Sun Yat-Sen, chef du courant politique progressiste visant à moderniser la Chine. Mais les premières élections de 1913 furent aussi les dernières. Très vite le pays fut dévasté par une âpre lutte de pouvoir entremêlée de guerres civiles. De 1911 à 1927, la Chine fut la proie d'une politique de fragmentation et des rivalités des seigneurs de guerre. En 1927, le Kuomintang, un parti autocratique nationaliste, placé sous la direction autoritaire de Tchang Kaï-chek, prit le contrôle du pays et l'unifia jusqu'à la conquête japonaise de 1937.

1. Le total des indemnités fixées par les Japonais et par les vainqueurs de la guerre des Boxers était de 650 millions de taels, sans compter les intérêts.

L'héritage mitigé de la modernisation avant la révolution communiste

Compte tenu de ce survol de l'histoire chinoise, il n'est guère étonnant que le revenu réel par tête de la Chine, entre 1820 et 1950, ait baissé en termes absolus et chuté en termes relatifs (*cf.* tableau 2.1). Cela ne correspond pourtant pas au schéma optimiste de la globalisation que défendent la plupart des économistes. Après les années 1830, en pleine révolution industrielle, l'expansion capitaliste entraîna la globalisation de la période classique du capitalisme industriel, qui s'est poursuivie jusqu'à la Première Guerre mondiale. La division internationale du travail créée par l'afflux de capitaux était censée, avec l'aide des investissements étrangers, répandre ses bénéfices aux pays périphériques.

Or la Chine n'était pas un pays périphérique, mais l'Empire du Milieu. Les puissances étrangères, qui avaient affaibli ses institutions, y ont aussi provoqué plusieurs crises sociales. S'agissant du commerce, l'échange forcé d'opium contre de la monnaie-argent pour payer les exportations chinoises a privé la Chine de son métal monétaire et créé dans le pays une grave addiction à l'opium. Il y a de meilleurs exemples pour montrer que le commerce est toujours mutuellement bénéfique ! En outre, l'empire a dû mener des guerres répétées pour enrayer la perte de ses territoires. Il les perdit toutes et sa légitimité fut encore affaiblie par la révolte de Taiping, puis par celle des Boxers. La Chine perdit aussi ses ressources financières. Il lui fallut payer des réparations et elle fut privée de la part la plus rentable de son économie, dont se sont emparées les puissances étrangères en créant des enclaves économiques, appelées ports de traité, placés sous leur contrôle. Shanghai était le plus important.

Une question se pose : quelles ont été les tentatives de modernisation industrielle avant la fin de l'empire et après la promulgation de la république, notamment sous la direction du Kuomintang, entre 1923 et 1937 ? Des germes de croissance future ont-ils été semés ? La question n'est pas purement factuelle. Elle permet de mieux comprendre la nature du capitalisme chinois, et permettra donc de mieux comprendre, dans la seconde partie du livre, la dynamique continue de réforme.

LES TENTATIVES DE MODERNISATION ET LEURS ÉCHECS

D'où est venue l'incitation à la modernisation ? Jusqu'à la défaite de 1895, pas du gouvernement central. Dans certaines provinces, ce sont de hauts dignitaires, vice-rois ou gouverneurs finançant les industries militaires, qui ont donné l'impulsion. Dans les ports ouverts, c'est l'élite marchande compradore. Leur collaboration a permis de donner le jour à des entreprises mixtes associant intérêts privés et officiels locaux (Bergère 2007). Il y eut aussi, après 1860, un capitalisme bureaucratique naissant, motivé par la doctrine de l'« autorenforcement ». Les leaders du mouvement de modernisation, qui appartenaient à l'élite des mandarins, s'étaient distingués dans la répression de la révolte de Taiping. Grâce aux impôts sur les échanges levés localement, les gouverneurs des provinces abritant les ports ouverts disposaient des moyens fiscaux de financer les projets industriels qu'ils promouvaient.

C'est ainsi qu'a été financée la création d'arsenaux et de chantiers navals. Mais le développement est resté limité. L'industrie militaire doit en effet pouvoir s'appuyer sur les industries minières du fer et de l'acier et sur l'industrie de la machine-outil, dont aucune n'existait. La faiblesse de la structure industrielle chinoise apparaissait au grand jour.

Avec l'échec de l'autorenforcement, il ne restait, à l'époque, qu'une seule voie praticable : la modernisation industrielle dans les ports ouverts, qui bénéficiaient de transferts de technologie et de capitaux étrangers, et qui pouvaient produire pour l'exportation. Une civilisation urbaine moderne est ainsi apparue sur la côte est, à Tianjin d'abord, puis à Canton et Shanghai. Cette activité industrielle était totalement coupée des campagnes agricoles et arriérées. Protubérance étrangère, elle n'était pas en mesure de réveiller l'économie du pays. D'un côté, les entreprises étrangères qui tentaient de pénétrer l'intérieur de la Chine se heurtaient à de farouches résistances. De l'autre, les compradores étaient considérés comme les valets d'étrangers volontiers haïs, d'autant que leurs activités d'intermédiaires leur permettaient d'amasser des richesses sans précédent dans le pays.

Un mouvement intellectuel est cependant apparu entre 1872 et 1895 : le mouvement des affaires occidentales (Bergère, 2007). Il voulait tirer les leçons de l'échec de l'autorenforcement. Nationaliste, il entendait réagir à l'humiliation infligée par la pénétration étrangère. On l'a dit, l'idée était de créer des entreprises mixtes associant, dans l'industrie lourde, la finance et les transports, des officiels de l'État et des actionnaires privés. Ces nouvelles entreprises devaient imiter la technologie et l'organisation des entreprises occidentales pour les concurrencer sur un pied d'égalité. À cette fin, les élites économiques devaient être formées dans des écoles spécialisées modernes. Pour être acceptés par les membres de l'élite intellectuelle traditionnelle, ces nouveaux experts devaient être recrutés comme conseillers techniques auprès des mandarins favorables à l'idée de modernisation. Ceux-ci choisissaient l'orientation générale de l'affaire, nommaient des directeurs et négociaient les privilèges de l'État. Mais ils n'intervenaient pas dans la gestion, la levée de fonds ou le contrôle actionnarial de la profitabilité de l'entreprise.

Malgré son intérêt conceptuel, le mouvement des affaires occidentales a été, lui aussi, un échec. Peu d'entreprises viables ont été créées, et celles qui virent le jour n'ont pas été en mesure d'instiller la modernité dans la société chinoise. Les actionnaires exigeaient des garanties de dividendes élevées, ce qui nuisait à la profitabilité et à la capacité d'investissement. Népotisme et corruption étaient, par ailleurs, répandus. Mais le frein le plus important pour leur développement, c'était la faiblesse de l'État. Les provinces avaient relâché fortement leurs liens avec le pouvoir central. La modernisation dépendait beaucoup trop des rivalités entre les gouverneurs provinciaux et des caprices de leurs carrières. Aussi les premières tentatives de modernisation industrielle en Chine se sont-elles limitées aux zones urbaines côtières. Contrairement aux élites urbaines, qui, tout au long de ces années d'humiliation étrangère, ont nourri de vifs sentiments nationalistes, la vaste Chine rurale était encore profondément enracinée dans les traditions et la logique impériales. Les élites rurales se sont montrées dubitatives vis-à-vis de ces entreprises « modernes ». Il y avait une lutte silencieuse entre la Chine rurale intérieure, symbolisant le vieil ordre impérial, et la nouvelle Chine urbaine capitaliste. Quant au régime Qing, outre qu'il n'avait ni la capacité ni le savoir-faire pour mobiliser les ressources rurales dans un processus d'industrialisation, il ne pouvait pas non plus faire table rase. Après tout, les souverains Qing étaient formés pour être des empereurs. Rebâtir un État unitaire sur une économie industrialisée, dans un environnement international belliqueux et complexe, était une tâche par trop ardue. Ainsi, tant que le régime a pu maintenir un contrôle ferme sur les principales régions du territoire, le gouvernement central Qing est resté insensible au changement.

Le choc est venu de la défaite de la Chine contre le Japon en 1895 et du traité de Shimonoseki. Cet échec a rallié le gouvernement central à la politique de réforme. Mais cette volonté de modernisation est venue trop tard pour sauver la dynastie Qing.

L'AGONIE DE L'EMPIRE

En juillet 1901, un décret impérial lança une nouvelle politique, inspirée de la réforme meiji, au Japon. Mais le pouvoir central était trop faible et trop impécunieux pour la faire appliquer. Toutes les fonctions du gouvernement étaient concernées par la réforme. Le système impérial d'examens, une des institutions les plus importantes, fut aboli en 1905. Mais la réforme portait principalement sur la recentralisation de l'autorité du gouvernement, sur l'intervention de l'État dans l'économie et sur la coordination du pays, par l'intermédiaire d'agences étatiques placées sous la seule autorité du gouvernement central, afin de dominer les intérêts conflictuels des gouvernements locaux. Le gouvernement central n'avait toutefois plus les moyens d'imposer ses réformes. Des rivalités éclatèrent partout. Les nouvelles entreprises s'avérèrent ingérables. Elles étaient nombreuses à manquer des financements nécessaires. L'empire finit par s'effondrer en 1911, ouvrant une nouvelle période de chaos, où l'on vit émerger de nulle part un éphémère capitalisme privé, confiné aux régions côtières.

Les années 1911 à 1927 ont été une époque étrange. La république, créée en 1912, n'a jamais été en mesure d'imposer une autorité unifiée, et elle s'est écroulée dès 1916, laissant un pays divisé entre des seigneurs de guerre rivaux au Nord et dans le Centre, et le gouvernement révolutionnaire de Sun Yat-Sen au Sud. La disparition de l'État unitaire a cependant permis plusieurs années de capitalisme privé dynamique et spontané, entièrement centré sur les exportations et dépourvu de tout lien avec l'économie rurale de la Chine profonde.

En avril 1927, le coup d'État de Tchang Kaï-chek réunit le pays sous l'autorité du Kuomintang, et ce, jusqu'à l'invasion japonaise de 1937. La capitale fut transférée à Nankin. Le coup d'État marqua le début d'une guerre civile endémique entre le Kuomintang et les communistes de Mao Tsé-toung, qui dura jusqu'en 1949. Entre la reddition du Japon d'août 1945 et la proclamation de la République populaire de Chine, le 1er octobre 1949, cette guerre civile se transforma, dans tout le pays, en guerre ouverte pour le pouvoir. L'idéologie du Kuomintang n'ayant pas d'affinités particulières avec le capitalisme privé, et la crise de 1929 ayant frappé l'économie chinoise en 1932, le capitalisme bureaucratique avait fait son retour, dans une économie mixte qui limitait strictement la liberté de l'entreprise privée.

Nous allons rappeler brièvement les principales caractéristiques de l'économie chinoise de ces deux périodes, pour mieux souligner tout ce qu'elles ont légué à la réforme d'aujourd'hui.

L'EFFERVESCENCE DU CAPITALISME PRIVÉ DANS LA PÉRIODE D'ANARCHIE 1912-1927

Un système industriel dual s'est développé sans guère d'interconnexions ni de renforcements mutuels entre secteur moderne et secteur traditionnel. En Mandchourie, l'exploitation du charbon et du minerai de fer a permis la création d'une industrialisation lourde et la construction d'un réseau très dense de voies ferrées qui servaient les intérêts militaires du Japon. Les équipements et les managers venaient de ce pays. La sous-traitance à des entreprises chinoises restait limitée. Dans et autour des ports ouverts, la Première Guerre mondiale s'avéra une formidable opportunité pour créer des petits groupes d'entreprises privées dans les industries légères.

À cause de la guerre, la concurrence étrangère diminua fortement. Les entreprises chinoises, auxquelles les traités inégaux interdisaient de produire pour les marchés domestiques, se livrèrent à des importations de substitution dans l'industrie textile et alimentaire. En même temps, les exportations bénéficiaient de la demande mondiale de biens primaires et de produits de l'industrie légère. Comme la monnaie des pays asiatiques (notamment la Chine et l'Inde) était en argent, le bond des exportations des pays asiatiques accrut la demande mondiale d'argent. L'augmentation du prix relatif de ce métal augmenta le taux de change réel du tael (la monnaie chinoise), accroissant à son tour le pouvoir d'achat chinois et réduisant le coût du service de la dette extérieure.

La grande poussée des entreprises privées chinoises s'est poursuivie après la guerre, au cours des tumultueuses années 1920. Ce capitalisme confucéen était l'œuvre de familles étendues dont les ressources, les compétences et les clients venaient du réseau de solidarité qui était à la base de la société chinoise. Les entrepreneurs de cet « âge d'or » surent combiner efficacement tradition et modernité. Les familles fournissaient le capital financier et humain. Le secret des affaires était un « must ». La plupart des entreprises n'étaient pas enregistrées, ou sous la forme du partenariat et non de la société par actions. L'autorité restait patriarcale. Elle était exercée par le chef de la famille, qui centralisait les informations sensibles en matière financière avec l'aide d'un étroit conseil privé. Dans l'entreprise, les relations sociales se basaient sur les principes confucéens. Hiérarchie et devoirs réciproques, fidélité et obéissance du côté des employés, bienveillance et protection du côté des patrons : voilà quels étaient les liens qui unissaient l'entreprise selon une culture familiale.

Quel fut l'impact de ce type de capitalisme sur les zones rurales ? Faible, sauf à proximité des grandes villes côtières. Même dans ces zones privilégiées, cependant, la production agricole n'était pas assez élastique pour nourrir, dans une période de forte demande, à la fois la population des villes (alimentairement) et les entreprises (en biens primaires). Bien des régions ont ainsi perdu pied. Les nouvelles machines à tisser ont évincé le tissage manuel. Seules les zones suburbaines ont connu à la fois davantage d'opportunités d'emploi dans l'industrie et une demande accrue de produits agricoles. Dans le reste du pays, le revenu réel rural a continué de diminuer. Comme l'économie traditionnelle pesait d'un poids plus lourd dans le PIB, le déclin du revenu réel s'est poursuivi à un rythme rapide, comme le montre le tableau 2.1.

La finance était une autre source de fragilité de ces entreprises. Ceux qui possédaient des richesses avaient peur de prêter. Ils exigeaient des intérêts et des dividendes très élevés. Les coûts financiers absorbèrent la plupart des profits, laissant les entreprises vulnérables aux baisses de la demande. Leur cash-flow dépendait de prêts bancaires à court terme. La spéculation, largement répandue dans les ports ouverts, bouleversait le cycle des affaires. Les industriels et les marchands ne pratiquaient pas la couverture du risque de change dans leurs transactions extérieures. Ils préféraient spéculer sur le prix mondial de l'argent, profitant juste après la guerre de gains à court terme, avant de subir des pertes catastrophiques en 1923. Cet environnement financier n'était donc guère favorable aux stratégies à long terme dont avait besoin le développement de la Chine.

Par ailleurs, le régime politique était très incertain. Non seulement les seigneurs de guerre luttaient pour conquérir le pouvoir, mais il y avait aussi un mouvement ouvrier très puissant, placé sous la férule du Parti communiste, nouvellement créé. En 1921, à ses débuts, le Parti participa à une coalition anti-impérialiste avec des associations d'employeurs. Les grèves dans les entreprises étrangères et le boycott des biens fabriqués à l'étranger étaient l'expression d'un nationalisme économique qui voulait affaiblir la concurrence étrangère et mettre fin aux traités inégaux. Politiquement, le mouvement nationaliste était dirigé par le Kuomintang. En 1926, les communistes mobilisèrent les syndicats et les organisations paysannes pour aider Tchang Kaï-chek à vaincre les seigneurs de guerre et conquérir les provinces du centre du pays, unifiant *de facto* la Chine, à l'exception de la Mandchourie, occupée par les Japonais. Mais, le 12 avril 1927, Tchang Kaï-chek trahit ses alliés communistes. Financé par des banquiers, il recruta des voyous, issus de gangs clandestins, pour assassiner des dirigeants syndicaux à Shanghai et réprimer les grévistes. En finançant le coup d'État de Tchang Kaï-chek, les lobbies d'affaires crurent faire d'une pierre deux coups. Ils brisèrent une fois pour toutes les grèves insurrectionnelles menaçant leurs intérêts et contribuèrent à restaurer un État unifié susceptible de rétablir une certaine stabilité politique. Le résultat fut loin de combler leurs attentes : les capitalistes furent entièrement subordonnés au gouvernement et à la bureaucratie du Kuomintang.

LE CAPITALISME D'ÉTAT ET L'OCCUPATION JAPONAISE, 1927-1949

La crise économique mondiale est la cause la plus immédiate qui a mis fin à l'« âge d'or » du capitalisme chinois. De 1928 à 1931, le prix de l'argent sur le marché mondial s'est effondré, entraînant avec lui la valeur du tael. Dans les premières années de la crise, la dévaluation considérable (environ 50 %) et imprévue qui s'est ensuivie a protégé le commerce extérieur chinois de l'impact de l'effondrement du commerce mondial. La grande dépression frappa toutefois le pays en 1932. Le prix de l'argent retrouva son niveau antérieur en septembre 1931, après que la livre sterling eut abandonné l'étalon-or, provoquant, au pire moment, une réévaluation de la monnaie chinoise. Pendant ce temps, le gouvernement avait négligé de soutenir les entreprises privées. Le régime du Kuomintang était un État unitaire partiel. Il devait coexister avec des seigneurs de guerre régionaux, et la plupart de ses ressources venaient de la Chine urbaine (Wong, 1997, p. 164), le seul territoire où son contrôle était effectif. En outre, ce parti n'a ni proposé ni, moins encore, mis en œuvre de mécanismes nationaux de gouvernement. Ses dirigeants ne souhaitaient ni appliquer le régime parlementaire ni restaurer les traditions confucéennes. Le caractère partiel de l'unification eut les pires effets. D'un côté, l'État était trop faible pour protéger le pays de l'influence étrangère et des rivalités intérieures, si bien que les objectifs militaires restaient au premier plan et étouffaient l'économie. De l'autre, la logique unitaire écrasait l'économie privée, déjà en grande difficulté. Le renforcement de l'autorité politique et la nécessité d'exploiter efficacement les ressources économiques faisaient ainsi du capitalisme d'État le meilleur choix possible.

Face au durcissement de la guerre contre le Japon, le Kuomintang était déterminé à centraliser les ressources économiques. Une agence de planification (la Commission de défense nationale, plus tard Commission des ressources naturelles), créée en 1932, reçut la mission de mettre sur pied, sous le contrôle de l'État, une industrie lourde. Les banques furent nationalisées en 1934. Dans les autres secteurs industriels, le gouvernement imposa aux entreprises privées de se transformer en entreprises mixtes, contrôlées par l'administration. En 1934, le tael fut aboli, et le lien entre la monnaie et l'argent (le métal), rompu. Le système monétaire adopta une monnaie-papier inconvertible (le yuan fabi). Grâce à l'expansion inflationniste de la monnaie, le gouvernement put financer librement son déficit.

L'invasion japonaise commença à l'été 1937. La bataille pour Shanghai dura trois mois. La ville tomba en novembre, Nankin, à la fin de l'année. Le gouvernement nationaliste se retira dans les provinces centrales, mais l'ennemi poursuivit son offensive et prit le contrôle du Wuhan en octobre 1938. Tchang Kaï-chek fut obligé de s'installer dans l'Ouest lointain, à Chongqing. Mais même cette ville éloignée n'était pas à l'abri des bombardements dévastateurs des forces japonaises. La Chine resta *de facto* coupée en deux jusqu'en 1945. Ce fut aussi le sort réservé aux capitalistes. Certains, restés dans les régions occupées, collaborèrent, volontairement ou non, avec les Japonais. D'autres, non sans en subir le coût, déplacèrent leurs entreprises en zone libre.

Durant toute la guerre, l'industrie de la zone libre demeura entièrement dans le secteur public. Après la reddition japonaise, Shanghai retrouva sa prééminence, d'autant que les enclaves impérialistes avaient été supprimées. Le gouvernement nationaliste ne réussit toutefois pas à faire face à deux menaces létales : l'hyperinflation et la guerre civile qui reprit durant l'été 1946.

Après la fin de la guerre mondiale, l'inflation élevée que connaissait le pays s'est encore aggravée, désorganisant totalement l'activité économique. Au lieu d'investir, on stockait le métal précieux et les biens rares immédiatement échangeables. Plus la zone de combat approchait de Shanghai, plus l'inflation grimpait. En août 1948, le gouvernement, faible et désespéré, tenta une réforme monétaire. La monnaie-papier, sans valeur, fut remplacée par une nouvelle monnaie, le yuan-or, au taux de conversion de 3 millions pour 1. L'émission de billets dans cette nouvelle monnaie devait être strictement contrôlée. On prit des mesures annexes pour décourager la spéculation et contrôler les prix. Dès la fin octobre, le gouvernement mit fin à son engagement et renonça à sa réforme. À partir de cette date, la confiance s'effondra complètement. La défaite générale du Kuomintang et la prise de contrôle du pays par les communistes n'étaient plus qu'une question de mois. Une ère nouvelle allait se lever, avec un régime économique radicalement différent.

La période maoïste : instabilité politique et industrialisation forcée

Malgré ses multiples méandres, la politique du régime communiste était guidée par deux grandes idées : une industrialisation intensive en capital dans l'industrie lourde et une croissance interne reposant le moins possible sur les échanges extérieurs. D'aucuns lui ont donné le nom de « grande poussée de l'industrialisation » (Naughton, 2007, p. 55-59). C'était une économie dirigée, où les forces du marché étaient strictement encadrées, quand elles ne devaient pas disparaître entièrement à un moment ou à un autre. L'agriculture et l'industrie n'ont cependant pas été traitées de la même façon. En 1950, une réforme radicale des terres a collectivisé la production agricole dans tout le pays. Mais il fallut attendre 1956 pour engager l'ensemble des exploitations familiales dans un système de coopératives. Les marchés agricoles déclinèrent et l'État devint le seul acheteur. Des quotas obligatoires de production furent fixés, en fonction des ressources, pour les biens de base. Les paysans devaient vendre au monopole une quantité donnée de céréales, à un prix bas. Ainsi les salaires ont-ils pu rester bas et stables. Seuls subsistaient les échanges informels. Des marchands ambulants, tolérés aux marges de l'économie planifiée, les maintenaient en vie.

Quand le Parti communiste a pris le contrôle du pays, l'économie était à son nadir. La production industrielle avait chuté de moitié et la production agricole, d'un quart. En Mandchourie, les équipements industriels avaient été pillés par les Soviétiques en 1945-1946. Nombre de propriétaires et de gestionnaires d'entreprises privées, dans les grandes villes de la côte est, s'étaient enfuis. La monnaie nouvelle, le renminbi, ne fut pas tout de suite acceptée. Face à ces difficultés, le Parti communiste envisagea une lente transition vers la planification industrielle de type soviétique. Mao Tsé-toung parlait de doctrine du Front unifié, guidé par la « dictature démocratique du peuple ». Les capitalistes nationaux, qui avaient choisi de se joindre à la guerre anti-impérialiste, furent invités à participer à la reconstruction du pays. Les entreprises privées désireuses de coopérer reçurent des prêts de la Banque populaire de Chine et des allocations de biens primaires devenus rares, et bénéficièrent des achats de l'État. Le gouvernement modéra également les revendications des travailleurs au nom du renouveau de l'économie nationale. Des comités réunissant les représentants des travailleurs et des managers d'entreprise négociaient les conditions de travail et les objectifs de production, sous l'arbitrage des officiels du Parti.

De 1949 à 1952, cette politique fit merveille. En proportion du PIB, le taux d'investissent augmenta de 26 %, un niveau plutôt élevé pour un pays aussi pauvre. 80 % des investissements étaient consacrés à l'industrie, de sorte que la production industrielle augmenta de 54 %. Les entreprises d'État connurent une croissance encore plus rapide, si bien que la part du secteur privé dans la production industrielle passa, durant ces trois ans, de 63 % à 39 % (Bergère, 2007, p. 201). Le Parti, encouragé par des résultats meilleurs que ceux attendus et préoccupé par la menace de l'impérialisme américain après l'implication de la Chine dans la guerre de Corée en 1950, décida d'accélérer la transition vers une économie entièrement socialiste. À compter de cette époque, la stratégie de développement chinoise s'éloigna nettement du modèle de croissance du Japon de l'après-guerre (tableau 2.2).

Tableau 2.2. Les différentes stratégies d'industrialisation de la Chine et du Japon, 1952-1978.

Caractères	*Chine*	*Japon*
Régime politique	Dictature démocratique du peuple mais instabilité à l'intérieur du Parti communiste	Démocracie représentative avec un seul parti au pouvoir (LDP) toute la période
Stratégie globale	Priorité aux industries lourdes intégrées verticalement	Amorce par l'industrie légère et intégration vers l'amont
Agriculture	Collectivisation et prélèvements d'État à bas prix	Privée avec réglementation du prix du riz à un haut niveau
Principales sources de demande	Investissements de l'État dans le secteur public	Consommation privée interne et exportations induisant un investissement élevé
Revenu des ménages	Croissance faible	Croissance rapide
Degré d'ouverture	Minimal	Faible mais augmentant avec la compétitivité
Coordination économique	Planification centrale sous la direction du Parti communiste	Économie de marché avec collusion entre le MOF, le MITI et les associations professionnelles

En 1952, le Parti lança la campagne des « Cinq Anti » (fraude, pots-de-vin, évasion fiscale, détournement de fonds, prise illégale d'informations classées secret d'État). Cette campagne se termina par la nationalisation totale des entreprises privées en 1956. Entre 1952 et 1956, elles avaient été forcées de se transformer en entreprises mixtes. Le contrôle de l'État sur l'économie s'en trouva considérablement accru. La bourgeoisie chinoise avait cessé, concrètement, de jouer un rôle social significatif. En 1953, le Parti lança le premier plan quinquennal, dont l'objectif était de créer un véritable capitalisme d'État. Comme le montre Barry Naughton, même si la croissance fut loin d'être régulière, le plan connut un franc succès. Il y eut, en 1953 et en 1956, deux pics d'investissement, séparés par deux années de tassement.

Le grand bond de 1955-1956 entraîna des tensions récurrentes entre l'agriculture et l'industrie. Des millions de travailleurs avaient migré des villages ruraux vers les villes et la production agricole ne pouvait pas soutenir le rythme de l'augmentation rapide de la demande.

En septembre 1956, le 8e congrès du Parti communiste reconnut les risques d'un changement à tout-va et prôna la modération. Il y eut l'épisode des « Cent Fleurs ». Un rôle subsidiaire fut accordé aux mécanismes de marché et l'on permit la coexistence de différentes formes de propriété. C'était une variante chinoise de la NEP (nouvelle économie politique) soviétique. La décentralisation de la planification favorisait cependant les investissements irrationnels, aggravant encore les tensions entre agriculture et industrie. Cette tentative de réforme finit par dégénérer pour devenir l'expérience la plus désastreuse qu'eût connue la Chine. Ce « Grand Bond en avant » dura de 1958 à 1960. En réduisant massivement l'offre de travail et de terres disponibles pour la production alimentaire, et en augmentant les quotas obligatoires fournis à l'État, le virage à gauche de Mao condamnait les campagnes à la famine. Une famine réelle éclata en 1960 et dura jusqu'en 1962, alors que 20 millions de travailleurs avaient déjà été renvoyés dans les campagnes en 1961. Les communes rurales furent restructurées en groupes plus petits de familles et les fabriques rurales, inefficaces, furent supprimées. En même temps, l'industrialisation se focalisa pour des raisons militaires sur la création d'une base industrielle dans les provinces de l'intérieur. Ce « Troisième Front » fut brutalement interrompu en 1967, avec le lancement, par Mao, de la Révolution culturelle. En ce qui concerne l'économie, toutefois, celle-ci ne perturba guère la production agricole. Quant à la production industrielle, elle baissa modérément. En 1969, la révolution ayant atteint son terme, le déséquilibre entre la croissance industrielle et la croissance agricole refit surface. La première était bien trop rapide par rapport à la rigidité de l'offre de biens alimentaires. Et il y avait trop de main-d'œuvre attachée à des projets d'investissement trop longs.

Au sein du Parti, la lutte politique se poursuivait avec des oscillations entre les « gauchistes », partisans d'une grande offensive pour accélérer l'avènement de la société communiste, et les « droitistes », qui plaidaient pour une transition longue et patiente. Ce sont ces derniers qui eurent le dessus quand le Premier ministre Zhou Enlai revint sur les priorités du Troisième Front et tira parti de l'amélioration des relations diplomatiques avec Washington pour autoriser l'importation d'équipements industriels et accueillir les investissements étrangers afin de construire des usines d'engrais. En 1973, Deng Xiaoping retrouva une position officielle. Après une dernière péripétie politique, en 1976, la mort de Mao, en septembre, permit enfin de sortir de l'impasse. En décembre 1978, le 3e plénum du comité central changea à jamais la logique de la politique économique. Le temps de la réforme structurelle était enfin venu.

Si l'on oppose souvent la période de Mao aux réformes d'après 1978, il ne faut pas oublier que c'est elle qui posa, en réalité, les bases des incroyables performances économiques ultérieures. Dès ses premières expériences dans les campagnes pendant les invasions japonaises, le Parti réussit en effet à mobiliser les régions rurales du pays. Les tentatives de restructuration profonde de la Chine rurale en collectivités communistes, après 1949, ont certes privé les paysans d'incitations au travail et provoqué des catastrophes, mais elles ont aussi secoué les campagnes chinoises, si bien que les institutions rurales, après mille ans de traditions impériales, ont été plus enclines à évoluer vers des modèles hybrides et sont devenues les moteurs de la première phase de réforme (1978-1994).

En même temps, au moyen d'une planification centrale stricte et d'une distorsion considérable des prix (en particulier pour les biens et la main-d'œuvre agricoles), le Parti réussit à briser le goulot d'étranglement que la faible productivité agricole imposait à l'effort national d'industrialisation. Le taux d'investissement industriel demeura élevé, ce qui permit la construction d'une large base industrielle. Les projets adoptés dans le cadre du Troisième Front favorisèrent la modernisation de l'industrie, des côtes du pays jusqu'à l'intérieur profond.

Mais la différence la plus importante du régime de Mao par rapport aux autres régimes postimpériaux est d'ordre politique. L'État a su se montrer assez fort pour dissoudre toutes les identités externes et internes indépendantes de l'autorité centrale, qu'elles soient militaires, politiques ou économiques. Le vieux système unitaire fut ainsi rétabli. Une nouvelle idéologie unitaire est apparue, fondée sur une tradition confucéenne mais avec un visage communiste. La dictature démocratique du peuple était une réaffirmation de l'autorité centrale absolue, dont la légitimité se fondait sur un niveau minimal de bien-être de la population.

Il y a une ironie de l'histoire : le capitalisme et le confucianisme sont les tendances jumelles que Mao a combattues toute sa vie. La Révolution culturelle a été sa dernière guerre, la plus désespérée, pour détruire la tradition bureaucratique confucéenne et briser la dynamique capitaliste en Chine. Cette guerre, il l'a perdue. Mieux encore, c'est lui qui a semé les germes de revitalisation de ces deux tendances en Chine. Une fois le rejet des mécanismes de marché progressivement amendé, la Chine fit un formidable bond en avant, avec un mélange d'institutions capitalistes et confucéennes. Nous reviendrons sur ce paradoxe dans le chapitre 3.

De l'histoire économique de la Chine à la théorie de la croissance

On retrouve dans ce que la révolution socialiste a légué à la réforme de 1978 les principales caractéristiques de l'histoire économique de la Chine. Comme le montre Barry Naughton, chaque fois que le système a commencé à accélérer, il s'est heurté à des problèmes insurmontables. Le principal, c'était l'incapacité de l'agriculture à produire des excédents alimentaires suffisants pour entretenir un secteur industriel en plein essor. La dynamique de croissance imaginée par Adam Smith, dans laquelle la division sociale du travail engendre des gains de productivité qui accroissent le revenu et la demande pour de nouveaux marchés, lesquels, à leur tour, entraînent une division du travail accrue (figure 2.1), a donc été très tôt contrariée en Chine.

Figure 2.1. LA DYNAMIQUE DE CROISSANCE D'ADAM SMITH.

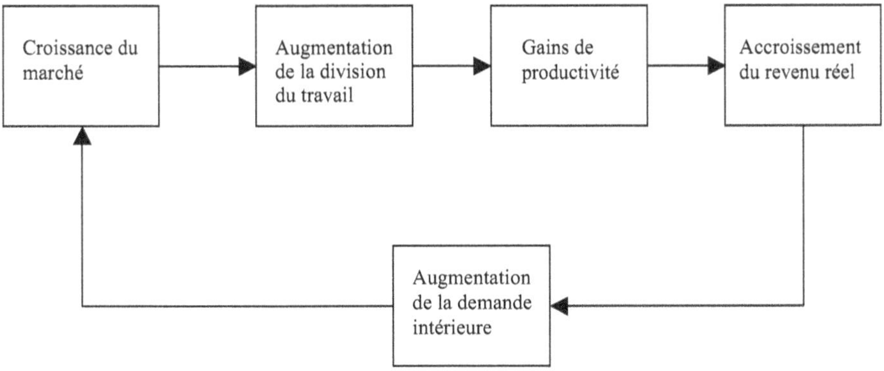

Si les gains de productivité dans l'agriculture n'augmentent pas assez vite pour fournir des excédents croissants pour les villes et libérer de la main-d'œuvre pour les industries naissantes, le revenu réel cesse de progresser et l'économie reste piégée dans un équilibre stationnaire : la croissance de l'économie ne dépasse pas la croissance de la population, et le revenu réel par tête stagne.

Quels sont les obstacles à une croissance soutenue ? La Chine est-elle tombée dans le piège, alors que l'Europe a pu l'éviter grâce à la révolution industrielle. Pourquoi l'Europe a-t-elle rompu le nœud gordien au début du XIXe siècle et pourquoi la Chine a-t-elle fait du surplace ? Nous avons souligné précédemment certaines raisons institutionnelles propres à la Chine. Nous allons nous intéresser ici à la dynamique économique, à partir des enseignements tirés de l'école de l'histoire globale.

Kenneth Pomeranz (2002) montre qu'à la fin du XVIIIe siècle ni l'Asie de l'Est ni l'Europe n'étaient prêtes à lancer la révolution industrielle. C'est une bifurcation considérable du cours de l'histoire, provoquée par l'expansion du commerce vers les nouveaux territoires américains, qui a permis de supprimer les obstacles en matière de ressources primaires. Pomeranz montre de façon convaincante qu'avant la forte migration de colons européens et l'exportation d'esclaves africains aux Amériques les économies nationales européennes disposaient d'une offre limitée de terres arables et de bois, celui-ci étant alors la seule source d'énergie existante. L'Europe occidentale était ainsi encore plus handicapée que la Chine. En important massivement de la nourriture et du coton venant de terres à bon marché, et de la main-d'œuvre esclave, la Grande-Bretagne s'est trouvée en mesure de mettre fin à l'augmentation du coût de la production agricole. Elle a aussi su exploiter les mines de charbon qui se trouvaient à proximité des nouvelles villes industrielles de Manchester et de Liverpool, alors qu'en Chine l'exploitation des mines de charbon, éloignées du bas Yangzi, nécessitait des coûts de transport élevés. La combinaison de la combustion du charbon et de la machine à vapeur fut le pilier de la première révolution industrielle.

En dehors des obstacles écologiques, le piège de l'équilibre stationnaire a été aggravé par les contraintes institutionnelles déjà mentionnées par Adam Smith. En Chine, les marchands n'étaient pas au sommet de la hiérarchie sociale. Même si les marchés étaient dynamiques, la richesse monétaire n'était pas une valeur prisée dans la société. Dans son histoire éclairée de l'économie européenne, Fernand Braudel observe qu'une économie de marché n'est pas une économie capitaliste. Le capitalisme ne peut naître et se développer qu'à l'abri d'une puissance étatique qui défend les intérêts de la bourgeoisie naissante. En Europe occidentale, les souverains ont unifié politiquement leurs territoires nationaux en combattant les seigneurs féodaux et en sécurisant leurs frontières par des guerres sans fin avec les États voisins. La modernisation technique s'est d'abord faite dans l'armée. Et, pour financer leurs dépenses militaires, les monarques européens ont fait preuve d'un insatiable goût pour la dette. Ils sont ainsi devenus durablement dépendants des financiers, qui ont peu à peu acquis des privilèges et de l'influence politique. Des alliances conflictuelles entre le prestige public des monarques et les intérêts privés des financiers, dans les années 1690 lors de la révolution anglaise et dans les années

1790 lors de la Révolution française, ont bouleversé les liens anciens entre la noblesse et le souverain. En Grande-Bretagne, toutefois, la *Magna Carta*, dès 1215, plaçait les finances du royaume sous le contrôle du Parlement.

Sugibara observe que l'État était, en Asie de l'Est, d'un tout autre type (2003). En Chine, l'économie décentralisée de marché était coordonnée de façon assez souple par l'élite bureaucratique, dont le système de recrutement et de reproduction empêchait la cristallisation d'une classe bourgeoise. Les dépenses du gouvernement central représentaient une faible part du PIB et étaient financées par la fiscalité intérieure et par les tributs étrangers. Après la fin des expéditions navales, l'armée ne fut pas l'aiguillon de l'innovation technique en Chine.

À ce stade de notre enquête, nous rappellerons que les deux piliers de l'industrialisation qui permettent d'éviter le piège de l'équilibre stationnaire de Smith sont, d'un côté, un État fort qui, en mobilisant des fonds pour construire une armée, stimule l'innovation technique, et, de l'autre, des échanges et des investissements sur longue distance, qui ont pour effet de globaliser les marchés. À la fin du XVIIIe siècle, la Chine n'avait ni le premier ni les seconds. Il nous faut maintenant procéder à une analyse plus formelle pour mieux cerner le lien entre l'agriculture et l'industrie. Si l'on veut comprendre pourquoi, à partir de 1978, la Chine a su franchir les obstacles que l'économie rurale opposait à la croissance, des notions théoriques sur les liens entre agriculture et industrie sont indispensables.

Cependant, comme nous le montrerons dans les chapitres suivants, la réforme en Chine, loin de s'arrêter, a connu de considérables déséquilibres. Ceux-ci ne sont pas sans soulever des interrogations sur le modèle de croissance capitaliste adopté au début des années 1990. Ainsi, nous commencerons par revisiter, dans le cadre d'un modèle formel, la théorie de la croissance nationale limitée d'Adam Smith. Puis nous nous pencherons sur la théorie de la croissance capitaliste mondiale infinie de Marx et de Schumpeter. Leur modèle de croissance endogène pèche par l'oubli des contraintes écologiques, réapparues aujourd'hui en raison de l'épuisement des ressources primaires et de la menace du changement climatique. Le capitalisme a atteint le stade où il se heurte à la limite planétaire imposée par la nature. Ce défi nous conduira à présenter, dans les trois derniers chapitres du livre, le concept de croissance durable, qui doit, dans les vingt prochaines années, guider la nouvelle étape de la réforme.

LES DIFFÉRENTES DYNAMIQUES DU DÉVELOPPEMENT CAPITALISTE : ADAM SMITH ET LA BARRIÈRE DES RESSOURCES PRIMAIRES

La théorie standard de la croissance est le modèle de Solow. Elle suppose que l'ensemble des activités productives soient représentées par des combinaisons de facteurs de production substituables et librement mobiles d'une activité à l'autre. Toutes ces activités affichent des rendements d'échelle constants et, s'agissant des facteurs de production, des rendements marginaux décroissants. Dans ce cadre, la croissance est intensive en capital. L'accumulation du capital augmente la quantité de capital par travailleur, et celui-ci accroît la productivité du travail. Comme la productivité marginale du capital diminue avec l'accumulation du capital, l'investissement productif net diminue jusqu'à ce que le rendement net sur le capital (la productivité marginale moins la dépréciation) atteigne zéro. À ce point, le ratio du capital sur l'output est optimal. Si la croissance dure sur le long terme, elle sera totalement exogène : elle est due en effet à la croissance de la force de travail et à un progrès technique censé ne rien coûter.

Dans un monde de libre-échange, où toutes les combinaisons de facteurs de production sont disponibles partout, et où le capital est totalement mobile, les échanges produisent un système de prix relatifs d'équilibre unique. C'est le fameux théorème de Stolper-Samuelson. De ce fait, chaque pays atteint le même ratio optimal capital/output. Comme le progrès technique exogène est un bien libre, le PIB par tête converge progressivement vers un niveau commun dans tous les pays du monde. Ainsi, la convergence des économies nationales est tenue pour un processus automatique et résultant de la vertu du libre-échange généralisé à l'ensemble des biens et services.

Ce modèle de croissance est tout à fait inadapté pour rendre compte des évolutions historiques. Le tableau 2.3 donne les niveaux de PIB par tête en termes absolus et relatifs par rapport aux États-Unis au XXe siècle, d'après les statistiques de Maddison.

Que constate-t-on ? Au lieu de connaître une convergence vers le haut, l'Afrique a souffert, tout au long du siècle, d'une divergence persistante ! Dans la première moitié du siècle, toutes les régions du monde, à l'exception de l'Amérique latine, ont perdu pied par rapport aux États-Unis, qui étaient déjà, en 1900, le pays le plus développé du monde. L'Amérique latine a toutefois divergé dans la seconde moitié du siècle. En Europe et au Japon, la convergence s'est faite entre 1950 et 1990, puis le processus s'est arrêté en Europe occidentale et inversé

Tableau 2.3. Disparités de développement et convergence conditionnelle.

	PIB par tête (mil de $PPA 1990)				*PIB par tête (% vis à-vis des E.-U.)*			
	1900	1950	1990	2000	1900	1950	1990	2000
Europe de l'Ouest	2 893	4 579	15 966	19 256	70,7	47,9	68,8	68,9
États-Unis	4 091	9 561	23 201	27 948	100,0	100,0	100,0	100,0
Japon	1 180	1 921	18 789	20 683	28,8	20,1	81,0	74,0
Amérique latine	1 109	2 506	5 053	5 811	24,4	26,2	21,8	20,8
Chine	545,0	439,0	1 858	3 583	11,0	4,6	8,0	12,8
Autre Asie	802,0	918,0	3 084	3 997	19,6	9,6	13,3	14,3
Afrique	601,0	894,0	1 444	1 489	14,7	9,3	6,2	5,3

Source : Maddison, 2003.

au Japon. Ce n'est qu'en Chine et dans d'autres pays d'Asie que l'on observe un rattrapage, il est vrai partant de très bas, dans la seconde moitié du siècle. Il nous faut donc un autre modèle de croissance pour comprendre le développement de sociétés fondamentalement rurales et agraires. La convergence, à l'évidence, est conditionnelle, mais par rapport à quoi ? Pourquoi le capitalisme a-t-il pu prendre racine dans une partie du monde et pas dans d'autres ?

Il y a deux caractéristiques fondamentales du développement qui sont totalement étrangères à la théorie néoclassique de la croissance économique. D'abord, le système de production est hétérogène et les activités sont plus complémentaires que substituables. Ensuite, l'hétérogénéité la plus importante dans les premières phases du développement industriel, ce sont les rendements marginaux décroissants dans l'agriculture et les rendements croissants dans l'industrie. Ces caractéristiques mènent à une dynamique irréversible où l'état du système économique dépend de l'histoire passée. Contrairement à la fonction traditionnelle de production, il n'est pas possible d'inverser les combinaisons des facteurs de production qui ont été adoptées au fil du temps.

Observons maintenant deux secteurs : l'agriculture et l'industrie. Dans l'industrie, il y a des rendements d'échelle croissants, si bien que le salaire réel est une fonction croissante du travail utilisé. Dans l'agriculture, le facteur « terre » est fixe et il existe deux sous-secteurs. Le premier sous-secteur est exogène, et le niveau de production et de prix y est fixe. Il produit des biens de subsistance, surtout pour l'autoconsommation de la population rurale, dont les excédents sont « exportés » vers l'économie urbaine. En termes de bien de subsistance, le salaire réel dans l'économie rurale est fixe. Le second sous-secteur produit des biens marchands qui sont « exportés » vers l'économie industrielle urbaine (encadré 2.1).

Inversement, l'économie rurale importe des biens manufacturés produits par le secteur industriel. Nous supposons l'homogénéité du secteur industriel. Ainsi, le bien manufacturé importé par l'économie rurale peut être en partie un bien de consommation de subsistance, en partie un bien d'investissement. La quantité de travail pouvant être utilisée productivement dans l'agriculture est limitée. La limite est en partie une contrainte naturelle, en partie le résultat du mode d'appropriation de la terre. Nous observons que la prédominance de la propriété familiale en Chine permet une intensité du travail bien supérieure au métayage ou au fermage. L'encadré 2.1 pose les équations structurelles dans l'économie duale, urbaine et rurale, et les équations réduites à résoudre.

Le principal résultat est le suivant. La conjonction d'un salaire de subsistance exogène dans l'économie rurale et de rendements marginaux décroissants dans les biens agricoles « exportables » fait du taux de rendement dans l'agriculture « capitaliste » une fonction décroissante du salaire de subsistance. Inversement, l'industrie bénéficiant de rendements d'échelle croissants, le salaire réel urbain et le taux de rendement dans l'industrie sont des fonctions croissantes de la production industrielle, donc du niveau de production de biens agricoles importés par l'industrie à titre d'inputs. Le salaire minimal de subsistance en termes de biens de subsistance dans l'économie rurale fait donc peser une contrainte sur la production industrielle. On peut ainsi se trouver dans une situation où le plein-emploi de la force de travail disponible dans l'industrie implique une surproduction relative de produits industriels par rapport à l'offre disponible de produits agricoles. C'est le piège de l'équilibre stationnaire d'Adam Smith. Il est également à l'origine de la grande coupure entre ville et campagne identifiée par Arrighi (2000).

Il est possible de comprendre théoriquement pourquoi il s'agit d'un piège. L'encadré 2.1 en fournit une démonstration formelle. L'ajustement du marché à ce déséquilibre consiste en une hausse du prix des produits agricoles par rapport aux prix industriels. Il y a un prix qui donne un certain niveau de profit aux propriétaires fonciers et qui leur permet d'absorber l'excédent d'offre de produits industriels. Ce raisonnement ignore cependant le caractère spécifique de la force de travail, dont le prix ne peut baisser en dessous d'un minimum en termes de subsistance. En outre, le sous-secteur de subsistance n'est pas orienté vers le marché. C'est un mode de production qui préserve plutôt le réseau social des interrelations dans les communautés rurales. Il est insensible à l'influence du marché.

Kenneth Pomeranz montre que l'Europe occidentale a été victime de ce piège à la fin du XVIIIe siècle. Toutefois, la nature des États-nations rivaux, dont la priorité était la puissance militaire, et qui étaient très perméables aux intérêts financiers, a conduit la Grande-Bretagne et, dans une moindre mesure, la France à améliorer les technologies navales et à développer le commerce de longue distance à un coût plus bas et dans de meilleures conditions de sécurité. Pesant lourdement sur leurs empires coloniaux, ces pays ont exporté des esclaves africains vers les Amériques afin d'exploiter pleinement les terres fertiles nouvellement disponibles. Le commerce entre le Vieux et le Nouveau Continent s'est accéléré après l'accès à l'indépendance des États-Unis. Il a considérablement réduit le coût des produits alimentaires et textiles importés en Europe par rapport aux biens manufacturés exportés en Amérique. Le coup de fouet donné à la mondialisation économique a été si fort que celle-ci est devenue une condition *sine qua non* de l'industrialisation européenne.

Ainsi, l'expansion internationale des échanges et de l'investissement dans de nouveaux territoires a eu un effet équivalent à l'innovation technique radicale dans l'agriculture. Elle a permis à la Grande-Bretagne de sortir de l'impasse des rendements marginaux décroissants. L'adoption de lois libre-échangistes, en 1844, a couronné la victoire complète de la bourgeoisie industrielle et marchande sur les landlords. L'importation de nourriture et de coton à bon marché venant des plantations d'esclaves aux Amériques a fait office d'instrument de réduction des coûts, ce qui a permis de baisser le coût du travail dans les usines textiles et alimentaires de Grande-Bretagne. Ainsi, l'ignominie politique et morale sur laquelle le capitalisme industriel s'est construit est trop facilement occultée. C'est cette amnésie qui autorise les bonnes âmes occidentales à s'insurger contre les violences de la révolution socialiste chinoise.

Le revenu produit en Amérique par la vente de produits primaires a considérablement élargi la demande adressée à l'industrie britannique. Comme le salaire de subsistance définit un prix plancher en termes de produits agricoles, le commerce transatlantique a créé un multiplicateur du commerce extérieur pour les biens manufacturés britanniques. Ce multiplicateur a provoqué une hausse du taux de profit dans l'industrie. Les industriels britanniques ont tiré profit des rendements croissants en élevant leur taux d'investissement. Un nouveau régime de croissance, basé sur une accumulation soutenue dans l'industrie, a pu ainsi démarrer, ouvrant l'ère de la révolution industrielle. La Chine, elle, n'a pas complètement réussi à le mettre en place sous Mao. Il lui fallut atteindre la seconde phase de la réforme dans les années 1990 et 2000, après une réforme foncière réussie, les grandes avancées de la productivité agricole dans les années 1970 et une large ouverture au commerce extérieur dans les années 1980.

ENCADRÉ 2.1.
UN MODÈLE SMITHIEN BISECTORIEL DE LA COUPURE URBAIN-RURAL

Équations structurelles :

L'industrie dans l'économie urbaine :

$$Py = (wl + kPy + jP * y)(1 + r)$$

$$y = l^{\alpha}$$

$$\frac{w}{P} = (l^{\alpha-1})^{\sigma}$$

$$sy = ky + b\left(\frac{P}{\underline{P}}\right)(1 - s^*)y^*$$

L'agriculture dans l'économie rurale :

Un sous-secteur de subsistance à bien exogène et un sous-secteur à bien exporté dans l'économie urbaine en tant qu'input industriel et bien de consommation :

$$Py^* = P\bar{x} + P^*x^*$$

$$x^* = l^{*\beta}$$

$$\bar{x} = \left[1 - b\left(\frac{P}{\underline{P}}\right)\right](1 - s^*)y^*$$

$$x^* = jy$$

$$P^*x^* = (w^*l^* + k^*Px^*)(1 + r^*) + R$$

$$R = P^*(1 - \beta)x^*$$

$$\bar{w} = \bar{\varpi}P$$

Équilibre de la « balance des paiements » entre les économies rurale et urbaine :

$$P^*x^* = k^*Px^* + b\frac{P}{\underline{P}}(1 - s^*)y^*$$

Coefficients structurels et variables exogènes :

k et k* sont les coefficients d'input, j est la propension à importer de l'industrie à l'agriculture ;

α et β sont les élasticités des facteurs dans les fonctions de production ; α > 1 puisque l'industrie est à rendement marginal croissant ; β < 1 puisque l'agriculture est à rendement marginal décroissant.

s et s* sont les taux d'épargne respectivement dans les économies urbaine et rurale.

σ est l'élasticité du salaire réel à la production dans l'industrie.
Le secteur de subsistance est entièrement exogène en termes de production, prix et salaire :

$\bar{x}, P, \bar{\varpi}$

Variables endogènes :

Production par personne : y (production de l'industrie urbaine), x* (production de l'agriculture exportatrice) et y* (production totale dans l'économie rurale).

Quantité de travail par personne : l et l*.

Prix nominaux : P, P*, $\bar{P}$.

On introduit trois prix relatifs :

$\varpi = \frac{w}{P}$ salaire réel dans l'industrie ;

$e = \frac{P}{\bar{\bar{P}}}$ taux de change réel urbain/rural ;

$\tau = \frac{P^*}{P}$ termes de l'échange de la production agricole exportable à la production industrielle.

r et r* taux de rendement respectivement dans l'industrie et dans l'agriculture.

Équations réduites :

En éliminant les variables nominales, on aboutit à un modèle structurel de 9 équations avec les 9 variables réelles endogènes : y, l, x*, l*, τ, e, ω, r, r*.

$$y = (\varpi l + ky + j\tau y)(1 + r)$$
$$y = l^\alpha$$
$$\varpi = (l^{\alpha-1})^o$$
$$sy = ky + b(e)(1 - s^*)(\bar{x} + \tau e x^*)$$
$$x^* = l^{*\beta}$$
$$\bar{x} = [1 - b(e)](1 - s^*)(\bar{x} + \tau e x^*)$$
$$x^* = jy$$
$$\tau e x^* = (\bar{\varpi} l^* + k^* e x^*)(1 + r^*) + \tau e(1 - \beta)x^*$$
$$\tau x^* = k^* x^* + b(e)(1 - s^*)(x + \tau e x^*)$$

En éliminant y, l, l*, τ, ω, un système réduit de 5 équations peut être dérivé :

$$(1)\ \frac{1}{1+r} = \left(\frac{x^*}{j}\right)^{-\frac{(\alpha-1)(1-\sigma)}{\alpha}} + k + j\tau$$

$$(2)\ \beta\tau e = \left(\bar{\varpi} x^{*\frac{1-\beta}{\beta}} + k^* e\right)(1 + r^*)$$

$$(3)\ \bar{x} = [1 - b(e)](1 - s^*)(\bar{x} + \tau e x^*)$$

(4) $\tau x^* = k^* x^* + b(e)(1 - s^*)(\bar{x} + \tau e x^*)$

(5) $\tau = \dfrac{(s-k)}{j} + k^*$

Résolution :

On voit que τ (les termes de l'échange de l'agriculture par rapport à l'industrie) est la variable directrice car elle ne dépend que des coefficients structurels. Ils s'améliorent quand il y a un excès d'épargne dans l'économie rurale (s > k), quand les techniques de production dans l'industrie permettent d'économiser l'input primaire issu de l'agriculture (j↓) et quand il faut plus d'input industriel pour produire une unité d'output agricole exportable (k*↑). En remplaçant la valeur de τ dans l'équation (1), on voit que r (le taux de rendement dans l'industrie) est une fonction croissante de x*, car plus d'input agricole signifie plus de production industrielle, ce qui implique des coûts de travail unitaires plus faibles et des rendements marginaux croissants. Mais c'est évidemment une fonction décroissante de τ.

Les équations (3) et (4) déterminent x* :

$$x^* = \frac{[s^* + (1 - s^*)b(e)]\bar{x}}{\tau(1 - s^*)e[1 - b(e)]}$$

x* dépend des prix relatifs. C'est une fonction décroissante de τ et une fonction décroissante de e si s > k.

Enfin l'équation (2) détermine r* :

$$r^* = \frac{(\beta\tau - k^*)e - \bar{\varpi} x^{*\,\frac{1-\beta}{\beta}}}{\bar{\varpi} x^{*\,\frac{1-\beta}{\beta}} + k^* e}$$

Le conflit des intérêts capitalistes dans l'industrie et dans l'agriculture est flagrant. r est une fonction croissante de x* et r* une fonction décroissante de x*. Le revenu dû à une production plus élevée en produits agricoles exportables est accaparé par une augmentation des rentes. Les salaires industriels sont, par ailleurs, une fonction croissante de x* :

$$\omega = (l^{\alpha - 1})^{o} = y^{\frac{(\alpha - 1)\sigma}{\alpha}} = \left(\frac{x^*}{j}\right)^{\frac{(\alpha - 1)\sigma}{\alpha}}$$

Lorsque x* augmente avec le commerce international, $\frac{\varpi}{\bar{\varpi}}$ croît avec x* la croissance tirée par les exportations induit des inégalités de salaires entre les économies rurale et urbaine au détriment de la première.

LES DYNAMIQUES CONTRASTÉES DU DÉVELOPPEMENT CAPITALISTE : LA CROISSANCE GLOBALE AUTO-ENTRETENUE DE MARX ET DE SCHUMPETER

Dans la représentation de l'accumulation capitaliste, Marx s'éloigne décisivement de Smith pour ce qui concerne la transformation de la monnaie en capital. Chez Smith, le modèle du marché se fonde sur l'échange simple M_A_M, où M est la marchandise et A l'argent. La monnaie n'est considérée ici que comme un médium d'échange. Marx, lui, montre comment le capitalisme transforme le marché en A_M_A' ; où A' > A. L'essence du capitalisme peut alors se déployer. C'est le processus d'auto-accroissement, pour lui-même, de la valeur abstraite sous forme de monnaie. Ce processus est sans limite dans son objet car il n'y a pas de limite à la recherche de la richesse monétaire. Pourquoi ? Parce que la monnaie met le pouvoir aux mains des financiers. La croissance sans limite suppose donc une condition nécessaire (mais non suffisante) : une société où le pouvoir de la monnaie est aussi le pouvoir de l'État ou influence de façon déterminante celui-ci. Condition complémentaire : le développement de libres marchés des capitaux englobant le monde entier. Il permet à une élite financière, gérant des institutions financières oligopolistiques, de circonvenir la régulation de l'État et/ou de dicter ses intérêts à celui-ci. Dans ce type de société, ce n'est pas la finitude des ressources naturelles qui menace le capitalisme, mais la lutte des classes.

Dans des marchés mondiaux sans frontières, la force de travail est coupée de ses racines rurales. Idéalement, du point de vue capitaliste, elle tend à devenir une libre-marchandise. Quand cet état des choses est atteint grâce à l'expansion du marché, la division du travail dans les entreprises remplace la division du travail entre les entreprises comme source principale de gains de productivité. Marx lui donne le nom de recherche de la plus-value relative. Elle est rendue possible par la spécialisation du travail et par la coordination, au moyen de machines, d'emplois segmentés. Ce sont les rendements d'échelle croissants dans les grandes firmes industrielles, apparues aux États-Unis à la fin du XIXe siècle à la suite d'une grande vague de fusions, qui ont fait naître dans ce pays le type le plus efficace de capitalisme (Aglietta, 1980). Le management « scientifique », dont le principe de base est le taylorisme, a changé radicalement les relations capital-travail et s'est répercuté sur le marché du travail. Un marché du travail dual s'est établi : d'un côté, un marché interne de travailleurs qualifiés, bénéficiant de salaires élevés et d'emplois relativement protégés ; de l'autre, un marché externe de travailleurs non qualifiés et prolétarisés.

La direction des entreprises et les représentants syndicaux des travailleurs qualifiés ont négocié des contrats collectifs sur les conditions de travail et des formules de rémunérations liées aux progrès de la productivité du travail. Cette institutionnalisation des relations de travail a renforcé la segmentation du marché du travail.

Marx pensait néanmoins que ces masses immenses de travailleurs non qualifiés, privés de droits sociaux, deviendraient encore plus pauvres. Elles s'unifieraient dans une lutte de classes internationale qui se ferait de plus en plus dure à mesure que le capitalisme conquerrait le monde. Marx ne croyait donc pas que les limites smithiennes à l'accumulation du capital, dues aux ressources primaires, pouvaient réapparaître au niveau mondial. Il pensait que la lutte de classes menée par les forces anticapitalistes allait déclencher une révolution mondiale et abolir le capitalisme avant que la rareté des ressources naturelles ne dresse des obstacles insurmontables à une croissance galopante.

L'optimisme de Marx venait du fait que la croissance était, à ses yeux, endogène, contrairement à la croissance exogène, décrite par le modèle de Solow. Le théoricien le plus connu de la croissance endogène est Schumpeter. Il était d'accord avec Marx sur la logique autoréalisatrice de l'accumulation du capital, capable de produire des rendements croissants sans se heurter à aucune limite naturelle. Il ne pensait pas, en revanche, que la prolétarisation des travailleurs s'accentuerait et que cela provoquerait une révolution mondiale.

Marx voyait dans l'aggravation de la lutte de classes un effet collatéral de la manière dont les capitalistes augmentent la plus-value en exploitant le travail. Pour obtenir une plus-value encore plus élevée, les entreprises doivent introduire des technologies de plus en plus intensives en capital. La plus-value est produite par le processus du travail : le travail met le capital fixe en mouvement, tandis que celui-ci ne transmet sa valeur au produit que progressivement, à travers la dépréciation. Ainsi, une hausse de la plus-value signifie un accroissement de la part des profits dans le PIB. Mais, en vertu de la concurrence entre capitalistes, le profit doit être accumulé et non pas consommé. Quand il y a accumulation du capital, l'investissement en actifs immobilisés augmente plus vite que les profits. De ce fait, le capital augmente plus vite que le profit et le taux de rendement chute, provoquant une crise de suraccumulation du capital fixe. Comme l'essentiel de l'accumulation du capital est financé par le crédit, dans l'attente de rendements élevés sur le capital investi, la barrière auto-engendrée à la croissance régulière provoque une crise financière. Dans la récession qui en résulte, le capital fixe est fortement dévalué. Après la destruction de l'excédent de capital, le taux de profit recommence à croître et une nouvelle vague d'accumulation du capital peut repartir. Mais, comme l'échelle de l'accumulation du capital croît d'un cycle financier à l'autre, les crises financières sont de plus en plus dévastatrices et précipitent de plus en plus de gens dans la misère. D'où une lutte de classes de plus en plus féroce.

Schumpeter concevait tout autrement l'innovation technologique. Il pensait que le champ de l'innovation est très large. Selon lui, l'innovation n'englobe pas seulement les innovations dans les processus de production, qui accroissent la productivité en augmentant la part des profits, mais également les innovations de produits dans les modes de consommation, les méthodes d'organisation et les règles sociales. Dans ces derniers types d'innovations la classe des travailleurs n'est pas exclue, mais incluse. Elle peut obtenir des salaires réels plus élevés et de meilleures conditions de travail, et recevoir des avantages sociaux. Mais, au niveau agrégé, l'impact combiné de ces flux d'innovations ne se traduit pas nécessairement par une baisse du taux de profit. De nouveaux processus et de nouveaux produits, intensifs en capital humain, et qui matérialisent une évolution des connaissances, permettent d'économiser le capital fixe et le travail non qualifié. De ce fait, l'innovation dope la productivité totale des facteurs, si bien que le ratio du capital agrégé sur l'output reste stable (encadré 2.2).

Le tableau 2.4 résume l'opposition entre croissance exogène et croissance endogène.

Tableau 2.4. Croissance exogène et croissance endogène.

Croissance exogène	*Croissance endogène*
Productivité marginale du capital globale décroissante avec l'accumulation	Productivité marginale du capital globale constante avec l'accumulation
Dans l'équilibre de long terme le taux de croissance par tête dépend seulement de facteurs technologiques exogènes	Croissance dépendante du sentier : un niveau d'investissement plus élevé en permanence élève en permanence le taux de croissance
La diffusion du progrès technique exogène conduit à une convergence universelle	La convergence est conditionnelle aux processus sociaux qui assimilent les technologies disponibles

La croissance endogène fait de l'accumulation du capital un processus qui n'est pas forcément contraire au modèle de Solow. L'innovation vient de l'esprit de l'entrepreneur et est encouragée ou découragée par les institutions sociales formelles et informelles. Ainsi, les pays peuvent assimiler un nouveau savoir, suivre les leaders et converger, ou rester en arrière. Ce que nous apprend Schumpeter, ce sont les conditions de la convergence conditionnelle. Par ailleurs, tant que l'innovation permet de combattre la rareté du capital naturel, le cycle vertueux de la productivité totale des facteurs, du salaire réel et de la croissance de la consommation peut amener une croissance durable.

ENCADRÉ 2.2.
FONDEMENTS DE LA CROISSANCE ENDOGÈNE

Croissance endogène : le modèle AK.

Comme on l'a vu, les processus de production changent avec le temps, mais sont, à un moment donné, plus complémentaires que substituables. Quand certaines combinaisons ont été retenues et d'autres écartées, il n'y a pas de réversibilité des combinaisons de facteurs de production.

Les complémentarités sont rendues par la fonction de production suivante : $Y_t = \min(AK_t, BL_t)$. K est le stock de capital et L la quantité de travail disponible. Tant que le capital est rare en ce qui concerne les productivités moyennes A et B, la fonction est $Y_t = AK_t$

L'accumulation du capital dépend de la dépréciation et de l'équilibre épargne-investissement, (σ) étant le taux agrégé d'épargne :

$K_t = -\delta K_t + I_t$

$I_t = \sigma Y_t$

La croissance potentielle est :

$$g = \frac{Y_t}{Y_t} = \frac{K_t}{K_t} = \sigma A - \delta \text{ tant que AK > BL}$$

C'est le modèle AK de croissance endogène. Il est « dépendant du chemin », car un taux d'épargne plus élevé tend à conduire à un taux de croissance durablement plus élevé. Cela est dû au rendement marginal non décroissant du capital.

L'innovation schumpéterienne soutient la productivité marginale du capital :

L'innovation technologique est un phénomène social. Elle est issue de l'échange de connaissances et d'apprentissages, qui tisse un réseau d'externalités entre firmes. C'est un mix d'organisation institutionnelle en vue de réaliser des progrès dans la recherche et les échanges informels.

Son impact se répercute dans le réseau d'externalités entre les firmes participantes. Individuellement, pour chaque entreprise, la fonction de production présente une productivité marginale décroissante :

$Y_{it} = K_{it}^{\alpha}$ avec $\alpha < 1$

Mais la productivité marginale du travail de chaque firme appartenant au réseau est stimulée par la technologie, c'est-à-dire par le capital de ce groupe d'entreprises, qui est une fonction croissante de l'accumulation de technologies de la connaissance dans l'agrégat d'entreprises :

$A_t = AK_t^{\beta}$

En conséquence, la production de chaque entreprise dépend de son propre capital et du capital accumulé dans l'ensemble du réseau.

$Y_{it} = AK_t^{\beta}K_{it}^{\alpha}$

Dans le cas simple où toutes les entreprises auraient la même taille, la production agrégée du réseau d'entreprises est :

$Y_t = AK_t^{\alpha+\beta}$

Si $\alpha + \beta = 1$, le rendement marginal du capital est constant. C'est le modèle AK.

Conclusion : la Chine à la veille de la réforme

La révolution socialiste a obligé la Chine à s'industrialiser. Mais, tant que la contrainte de l'output agricole, que nous avons analysée plus haut, a pesé sur l'industrie, la Chine n'a pas été en mesure d'engager la dynamique de l'industrialisation. Dans les années 1970, une « révolution verte » a tranquillement fait son chemin en Chine. Le piège de la faible productivité agricole a finalement été déjoué. Les possibilités d'un nouveau régime de croissance sont apparues.

S'agissant de l'économie urbaine, l'État, dans la période socialiste, a surtout investi dans les industries lourdes. La consommation est restée limitée, que ce soit dans les services ou dans l'industrie légère. Mais le pays disposait d'un atout majeur pour une croissance future : le bon niveau de santé et d'éducation de sa population. Malgré l'instabilité politique, l'unité du pays a par ailleurs été préservée et les institutions étatiques sont restées fortes.

Ainsi, contrairement aux premières années du XXe siècle, qui ont vu échouer toutes les tentatives de modernisation en Chine, les bases d'un décollage économique étaient enfin posées.

Chapitre 3

SUR L'ÉCONOMIE POLITIQUE DE LA RÉFORME

Depuis trente ans, le monde ne cesse de s'émerveiller de la réussite économique de la Chine. Durant ces trente années, l'économie chinoise a crû de façon spectaculaire. Entre 1978 et 2009, la croissance moyenne du PIB a dépassé 9,7 %. Grâce à une progression maîtrisée de la population, le PIB par tête a crû de façon rapide, soit un taux annuel moyen de 8,5 % sur la période. Le taux d'investissement est resté élevé et la productivité a augmenté régulièrement. Quant à la part de la population vivant dans la pauvreté absolue, elle est passée de 75,7 % de la population totale en 1980 à 12,49 % en 2001. La quasi-totalité des indicateurs de l'économie chinoise atteste ainsi, au cours de ces trois décennies de réforme, de considérables progrès.

Mais le succès le plus remarquable de cette période, c'est que la Chine, après plus d'un siècle d'efforts, a finalement réussi à mettre en route un processus d'industrialisation dynamique et durable. Pour comprendre la véritable « alchimie » de la réforme chinoise, il ne suffit donc pas de comparer la situation avant et après 1978. Il faut également identifier les mécanismes qui sont à la base du dynamisme chinois, et répondre à ces deux questions : pourquoi la Chine a-t-elle finalement réussi à emprunter la voie de l'industrialisation à l'échelle nationale ? Comment a-t-elle pu entretenir un tel rythme de croissance pendant plus de trente ans ?

Pour répondre à la première de ces deux questions, il nous semble nécessaire de réexaminer l'histoire du pays entre 1949 et 1978. Lorsqu'on regarde en arrière, on est étonné de voir à quel point 1978 a été une année « ordinaire ». Steven Cheung (2008) a synthétisé les deux décisions prises lors de la 3e session plénière du 11e comité central, que l'on considère, généralement, comme la naissance officielle de la réforme : *primo*, la Chine devait s'ouvrir pour mieux se développer ;

secundo, Deng Xiaoping était réinstallé au pouvoir. Aucune de ces deux annonces ne laissait présager la mystérieuse transformation de la Chine dans les années à venir. Une ambition similaire de développer l'économie avait déjà été affirmée par le passé, et c'était la troisième fois que Deng retrouvait le pouvoir. À l'époque, personne ne savait quelles politiques seraient mises en œuvre, ni ce qui pouvait arriver à Deng Xiaoping dans les années à venir. Rien ne permettait de dire que le Parti communiste chinois avait soudain découvert, en 1978, une thérapie miracle.

On peut certes avancer que la réforme chinoise est un processus graduel, et que ce qui s'est passé en 1978 n'est pas l'essentiel. L'impulsion décisive serait plutôt venue d'un changement de perspective politique et d'un ensemble de mesures ayant introduit ou permis l'introduction croissante dans l'économie chinoise de caractéristiques relevant du « libre marché ». L'argument le plus communément avancé à ce sujet est celui-ci : « Le socialisme chinois maintenait l'économie très en deçà de sa frontière de production, tout en limitant sévèrement tout mouvement au-delà de cette frontière... Toute réforme limitée supprimant les entraves aux incitations, à la mobilité, au marketing, à la concurrence, à la flexibilité des prix, à l'innovation peut accélérer la croissance » (Brandt et Rawski, 2008, p. 8). Cette observation explique peut-être le contraste saisissant entre la planification socialiste et le système de marché. Mais, si nous étendons l'horizon historique de notre observation, des questions autrement plus ardues apparaissent. Comme nous l'avons vu dans les deux premiers chapitres, l'économie de la Chine traditionnelle et celle de la Chine moderne jusqu'en 1949 étaient des systèmes de marché. Or non seulement la Chine n'a pas été en mesure de lancer sa propre révolution industrielle dans la période glorieuse de l'empire, mais, malgré des efforts constants entre 1850 et 1950, elle n'a pas non plus réussi à s'industrialiser et à rattraper l'Occident.

Il faut donc bien comprendre qu'économie de marché et production industrielle sont deux concepts différents. Si l'économie de marché crée des stimuli économiques qui peuvent être favorables au développement économique, la production industrielle n'est pas le fruit automatique et nécessaire de l'économie de marché, sauf si des institutions sociales et politiques décident ou permettent d'accumuler des ressources massives (en capital et en travail). L'accumulation peut interagir avec de nouvelles technologies, capables de créer un système capitaliste de production et de distribution, et donc de dépasser les limites du modèle smithien et de déclencher le processus d'industrialisation. De même, pour introduire la Chine dans un processus d'industrialisation auto-entretenue, l'innovation industrielle et la concentration de ressources matérielles et humaines étaient également indispensables, en plus des mécanismes de marché.

Malheureusement, les institutions chinoises traditionnelles opposaient des obstacles sérieux à la transformation industrielle. L'un des plus importants, c'était le flux particulièrement limité de ressources allant de la Chine rurale vers la Chine urbaine. La contrainte de la production agricole sur le développement d'une industrialisation urbaine n'est certes pas propre à la Chine. Le premier input de la production agricole, la terre, est souvent considéré comme un facteur donné. La productivité marginale décroissante impose des limites à la croissance économique et, dans le modèle smithien, conduit au piège de l'équilibre stationnaire (*cf.* encadré 2.1, p. 90). Mais, contrairement au système de métayage dans les villages européens, l'économie chinoise traditionnelle se fondait sur des unités familiales dispersées, qui étaient soit de petits propriétaires, soit des paysans ayant un contrat de fermage. Dans le système du métayage, le village constitue généralement l'unité d'organisation et l'exploitant doit verser une part de son revenu agricole au propriétaire des terres. Quand la productivité augmente, le propriétaire s'approprie ainsi la plupart des gains. L'exploitant ne peut obtenir plus de nourriture et la population rurale demeure relativement stable. Dans le cadre de leurs activités productives, les familles rurales chinoises étaient cependant totalement autonomes et, grâce au loyer fixe et à l'autopropriété, elles ont été généralement en mesure de garder la totalité des gains de productivité. En ce cas, tant que l'output d'une unité de terre donnée était suffisant pour satisfaire les besoins de subsistance, les familles préféraient garder tous leurs membres sur cette unité de terre, même s'il y avait un excédent de main-d'œuvre. Grâce à ce dispositif, la Chine a mieux toléré la croissance de sa population rurale que l'Europe, tout en étant plus vulnérable au piège smithien. Cela explique pourquoi, malgré une forte productivité par unité de terre dans la dernière période de l'empire, la productivité du travail, elle, a stagné. À partir du début de la dynastie Ming (1368-1644), la population a crû au rythme annuel de 0,4 %, et ce, pendant plus de quatre cents ans. Entre 1400 et 1820, la population chinoise a ainsi été multipliée par cinq. Cet essor démographique a été soutenu par l'amélioration de la productivité par unité de terre. Durant la même période, le PIB a, lui aussi, quintuplé. Mais la hausse concomitante de la population et de la productivité a gelé la croissance du PIB par tête.

La forte tolérance de la Chine rurale à l'excédent de main-d'œuvre a eu trois grands effets, qui ont compromis les chances d'industrialisation du pays. Le premier concerne le travail. L'essentiel de l'offre de travail (et de son surplus) étant dispersé dans les campagnes, les zones urbaines n'ont pu bénéficier de fortes concentrations de main-d'œuvre. Le deuxième effet porte sur l'« exportation » limitée de production agricole vers les villes, la population rurale supplémentaire absorbant les gains de productivité par unité de terre. Ainsi, la Chine urbaine n'a pas non plus bénéficié de concentration de ressources matérielles. Le troisième effet du fort excédent de main-d'œuvre dans les campagnes, c'est le faible niveau du coût du travail, et donc l'absence d'incitation à créer et à adopter des technologies permettant des méthodes de production intensive en capital. La relation zones urbaines-zones rurales en Chine traditionnelle a ainsi empêché que soient réunies les principales conditions nécessaires à une industrialisation moderne. Le pays ne pouvait lancer un processus dynamique d'industrialisation qu'en transformant cette relation.

La Chine manquait également d'institutions politiques et sociales propices à une industrialisation à grande échelle. Le système politique traditionnel mettait l'accent sur le maintien de l'ordre intérieur. Pour maintenir l'autorité absolue de la famille impériale, aucun espace n'était laissé à la constitution d'une classe bourgeoise forte. L'accumulation de richesses au-delà d'un certain seuil était considérée comme une menace pour le pouvoir royal, qui finissait généralement par y mettre fin. Pour conserver sa légitimité politique, les expéditions maritimes outremer ont été totalement arrêtées sous la dynastie Ming (*cf.* chapitre 2). Le pouvoir central a pu ainsi utiliser ses ressources fiscales limitées pour construire des infrastructures essentielles au bien-être de la population. L'État, en privilégiant la politique intérieure, ne pouvait pas non plus apporter au pays un soutien suffisant pour sortir du piège de l'équilibre stationnaire à travers l'expansion internationale.

En résumé, le régime économique et le système politique de la Chine traditionnelle ont dressé des obstacles majeurs au démarrage du processus d'industrialisation. Mais les seuls mécanismes de marché ne pouvaient éliminer ces obstacles et faire sortir le pays du piège smithien. L'État devait jouer ici un rôle essentiel. Après les guerres de l'Opium, la Chine a subi une véritable désintégration politique. Avant 1949, aucun régime n'a été en mesure de mobiliser les ressources de l'immense Chine rurale, ni d'unifier le pays pour qu'il puisse prendre place, en toute indépendance, dans l'arène internationale. Même pendant les années dorées (1920-1930), le développement industriel au niveau national s'est limité à quelques villes côtières et à quelques industries légères. Enfin, le manque de ressources indispensables, à commencer par les ressources naturelles (énergie) et l'industrie lourde (acier), a constitué, pour la croissance industrielle, un frein supplémentaire.

Si la Chine populaire n'a pas trouvé de remède miracle en 1978, il a donc été nécessaire, pour qu'elle réussisse à s'industrialiser au niveau national, que certaines conditions fondamentales aient changé entre 1949 et 1978. Un réexamen de la période socialiste est donc indispensable si l'on veut comprendre le commencement du processus d'industrialisation et la nature de la réforme chinoise.

S'agissant de la deuxième question, c'est-à-dire de la robustesse et de la rapidité de la croissance chinoise, nous souhaitons également adopter une approche empirique. La constance de la croissance chinoise tend à donner l'impression que la réforme serait un processus linéaire, monotone, et consécutif à l'ouverture et à la « marchandisation » du pays. Un examen attentif des performances chinoises montre que la trajectoire de développement de la Chine ne s'apparente en rien à un processus de convergence vers des valeurs supposées universelles ou des formes idéales occidentales, mais procède au contraire d'une transformation de ses institutions et de ses structures économiques. L'une des principales caractéristiques de la réforme chinoise, c'est qu'elle a été mise en œuvre par un régime bureaucratique hiérarchique et au nom du socialisme. Au début, l'objectif désigné de la réforme était d'améliorer la planification (Gong, 2009) ! Si l'avènement rapide de l'économie de marché a fini par provoquer la chute de la planification, et si la Chine a dû passer par une transformation profonde et générale, l'économie de marché chinoise n'a jamais présenté toutes les caractéristiques institutionnelles de l'économie occidentale de marché, et le système politique a joué un rôle actif dans le processus de réforme. Comme l'écrit Barry Naughton, « pendant la transformation économique, la hiérarchie du Parti n'est pas restée à l'écart, immobile, tandis que tout le reste changeait en Chine. Le système politique hiérarchique a, au contraire, façonné le processus de transition vers le marché, et la hiérarchie politique elle-même a été remodelée en réaction aux forces libérées par la transition économique » (2008, p. 115).

Au cours des trente années de réforme, la dynamique économique et la gouvernance de l'État sont passées par différentes phases ou « régimes de croissance ». Chaque régime de croissance se fonde sur un contexte démographique, économique, social et politique particulier et connaît sa propre impulsion au développement. Chacun conduit aussi à des crises et des tensions intrinsèques qui forment le catalyseur du régime suivant. La « marchandisation » ne peut, à elle seule, répondre à la question de savoir comment la Chine a su réagir si habilement aux tensions et aux crises, et a permis à une économie aussi vaste de passer à la phase de croissance suivante avec une si grande stabilité. L'analyse de la logique endogène, sous-jacente aux transitions relativement douces que la Chine a connues au cours des trente dernières années entre chaque régime de croissance, doit nous permettre de mieux comprendre pourquoi la réforme chinoise dure depuis si longtemps.

Nous montrerons, dans ce chapitre, le chemin *sui generis* emprunté par la Chine, ainsi que les traits endogènes du processus d'industrialisation chinois. Nous partirons de 1949. Les soixante années écoulées depuis lors seront, pour les besoins de l'analyse, divisées en trois phases. La dynamique économique propre à chacune d'entre elles (ou « régime de croissance ») repose sur différents mécanismes de mobilisation des ressources humaines et matérielles en vue de la production de biens et de services. On trouvera une continuité entre la logique qui a permis la transition d'une économie dirigée (1949-1978) vers un modèle smithien intensif en terre et en travail (années 1980), puis vers un modèle marxien caractérisé par une accumulation intensive en capital et une croissance tirée par les exportations (du milieu des années 1990 à la crise financière de 2008). L'analyse des transitions entre ces régimes de croissance n'a pas seulement un intérêt pour les économies en développement ; elle permet aussi de comprendre le rôle que jouent le tissu social et les mécanismes politiques dans ce qui permet et même ce qui motive ces transitions. Cette analyse est indispensable pour aborder des questions plus prospectives. Si la réforme chinoise est bien un processus *sui generis*, à quoi ressemblera la prochaine phase de réforme, et quels ajustements la Chine devra-t-elle faire pour assurer un développement futur durable ?

Les fondements de la réforme : la Chine entre 1949 et 1978

LE MYTHE DES SUCCÈS DE LA RÉFORME CHINOISE APRÈS 1978

On oppose souvent très fortement la période 1949-1978 aux années postérieures. Il est vrai qu'en termes de résultats et d'institutions économiques le contraste est incontestable.

Du côté des résultats économiques, les études sérieuses montrent que le taux de croissance moyen du PIB a été d'environ 4 % entre 1949 et 1978 ; il est passé à 9,5 % entre 1978 et 2005 (Perkins et Rawski, 2008, p. 855). Le taux de productivité a crû de 0,5 % par an durant la première période et de 3,8 % durant la seconde. Mais le contraste le plus saisissant concerne l'offre de biens agricoles et de biens de consommation. Avant 1978, la Chine n'avait jamais été en mesure de nourrir sa population. Elle a même connu, en 1959-1961, la pénurie alimentaire la plus grave de son histoire. Après le Grand Bond en avant, une famine tragique, d'une durée de trois ans, a provoqué la mort de 10 millions de Chinois [1]. Il faut rappeler que les achats de pratiquement tous les biens de consommation vitaux, que ce soit la nourriture ou les vêtements, ont été rationnés à partir des années 1950. Ce n'est qu'à partir de 1978 que les pénuries ont peu à peu totalement disparu.

S'agissant des institutions économiques, le contraste est également sensible. En matière de propriété, par exemple, la Chine est passée d'un mode presque uniformément public à des modes plus variés. En 2008, 57,7 % des entreprises chinoises étaient privées, et 95 % n'appartenaient pas à l'État. S'agissant des prix, un système de marché, réglementé par l'État, s'est substitué au système rigide de planification. Si le « système du *hukou* [2] » subsiste encore, les migrations pour des raisons de travail ou d'éducation ont touché, dans les vingt dernières années, de 150 à 200 millions de personnes par an. La Chine s'appuie de plus en plus sur les mécanismes de marché pour mobiliser ses ressources humaines et matérielles.

Que cette croissance économique dynamique et cette libéralisation institutionnelle progressive aient constitué un processus pratiquement simultané donne naturellement à penser que les deux sont liées par une forte corrélation positive. Alors pourquoi ce processus vertueux ne s'est-il pas produit avant 1978 ? L'évolution des institutions économiques est-elle la seule explication du succès de la réforme ou celui-ci est-il dû à d'autres conditions fondamentales ?

Comme nous l'avons vu dans les deux premiers chapitres de ce livre et souligné dans l'introduction, l'un des principaux obstacles ayant empêché la Chine d'emprunter le chemin de l'industrialisation n'est pas l'absence d'une économie de marché, mais l'incapacité de dépasser les limites de l'« exportation » rurale de main-d'œuvre et de ressources vers la production industrielle urbaine. On ne sort pas du piège de l'équilibre stationnaire par le seul développement de l'économie de marché ou marchande. D'autres conditions sont nécessaires, souvent endogènes à chaque société. L'une des principales est le soutien de l'État. En Europe, grâce à l'exploration et à l'expansion outremer, et à la découverte des Amériques, de nombreux États-nations comme

1. Différentes estimations ont été faites sur le coût humain de cet événement catastrophique. L'estimation du nombre total de morts en excès de la mortalité naturelle s'étale entre 14 et 26 millions (Penny, 1988).

2. Le système du *hukou* est un enregistrement officiel qui assigne l'identité d'une personne à une aire géographique de résidence. Encore aujourd'hui, il est difficile à une personne de nationalité chinoise de changer son *hukou* pour un autre lié à une localisation autre que son lieu de naissance.

l'Espagne, l'Angleterre et les Pays-Bas ont pu disposer de ressources naturelles, de main-d'œuvre et de produits agricoles en quantités illimitées. Cet essor géographique est une des principales raisons pour lesquelles l'industrialisation capitaliste a eu lieu en Europe. L'État chinois reposait, quant à lui, sur une tout autre logique. En l'absence de rivalité militaire directe et permanente avec les pays voisins, l'Empire chinois a privilégié l'ordre intérieur. C'est en raison de cette logique qu'il a sacrifié les progrès réalisés dans le domaine des expéditions navales au XVe siècle pour concentrer ses ressources fiscales à des fins internes.

Quand le Parti communiste chinois a fondé la République populaire de Chine, la contrainte de l'output agricole sur l'industrialisation urbaine n'avait jamais été aussi puissante. Après douze années ininterrompues de guerre, c'est-à-dire neuf années de guerre contre le Japon (1937-1945) et trois années de guerre civile (1945-1949), la Chine était de loin le pays le plus pauvre du monde.

Ces guerres ont gravement endommagé les infrastructures agricoles, en particulier les réseaux d'irrigation ; ce qui a compromis gravement la production et la productivité agricoles (Naughton, 2007, p. 50). La Chine rurale était si appauvrie qu'elle pouvait à peine assurer la survie de sa population, sans parler de soutenir le développement industriel des villes. Les conditions industrielles étaient encore plus désastreuses. Le début de développement de l'industrie dans les villes côtières n'avait touché que les industries légères, et, après le chaos de l'invasion japonaise (1937-1945) et de la guerre civile (1945-1949), il n'en restait pas grand-chose. Seul le cœur de l'industrie lourde, en Mandchourie, demeurait viable. Les Japonais l'y avaient développée. À la fin de la Seconde Guerre mondiale, ces installations industrielles ont été saisies par l'armée soviétique, avant d'être remises au Parti communiste chinois après 1949.

Sur le plan international, le monde était, en 1949, en pleine guerre froide. Il était donc impossible pour la Chine de s'appuyer sur l'aide ou le commerce international afin de suppléer la pénurie de produits agricoles ou de tout autre type de ressources, de technologies ou d'équipements vitaux. Du fait de son orientation communiste, non seulement le parti dirigeant ne disposait pas d'une légitimité politique reconnue au niveau international, mais la sécurité nationale de la Chine était même sous la menace des États-Unis et de leurs alliés. L'hostilité atteignit son apogée après le déclenchement de la guerre de Corée (1950-1953).

Cependant, si les conditions de l'industrialisation étaient extrêmement défavorables, la nécessité d'industrialiser la Chine était des plus urgentes. La menace potentielle des pays occidentaux exigeait que le jeune État souverain acquît des équipements militaires suffisants. Les infrastructures totalement détruites (systèmes d'irrigation et de transport, logement, etc.) devaient être restaurées ou reconstruites. Sans aide internationale, la Chine devait développer son propre système industriel aussi rapidement que possible, en particulier dans le domaine des industries lourdes.

Les autres besoins que la Chine avait à combler, il est vrai moins urgents, venaient de la population. En 1949, elle était d'environ 550 millions de personnes. Si cela représentait, en termes absolus, moins de la moitié de la population chinoise d'aujourd'hui, c'était tout de même 30 % de la population mondiale de l'époque (20 % aujourd'hui). La nécessité de nourrir cette population était extrêmement pressante. En outre, cette population massive était en mauvaise santé et peu instruite. Du fait de la malnutrition et des mauvaises conditions d'hygiène, ainsi que de la persistance de graves épidémies, le taux de mortalité était des plus élevés : 18 ‰. L'espérance de vie moyenne était d'une quarantaine d'années. Le taux de mortalité infantile était très élevé lui aussi, entre 130 et 146 ‰. Le taux d'analphabétisme, enfin, atteignait 80 %. Pire encore, les guerres ininterrompues et les immenses changements de la société avaient pratiquement détruit les réseaux traditionnels d'éducation et de santé. Pour améliorer la vie des Chinois, il fallait en créer de nouveaux, aussi rapidement que possible.

Dans ce contexte, le lancement du processus d'industrialisation sur la base de mécanismes de marché et d'une faible réglementation de l'État ne pouvait que se heurter aux pires difficultés.

Au début de la période socialiste, pour développer l'économie et industrialiser le pays, le Parti communiste décida d'utiliser, pendant dix ou quinze ans, l'économie de marché et la propriété mixte : ce fut la « nouvelle période démocratique ». Des difficultés surgirent aussitôt. L'une des plus importantes concernait le marché des produits agricoles, en particulier les céréales. La pénurie alimentaire qui touchait le pays alimentait la spéculation. Entre avril 1949 et février 1950, soit en seulement onze mois, les prix des produits agricoles quadruplèrent. Pour préserver l'ordre social, le nouveau gouvernement réagit rapidement. Entre 1950 et 1952, il mit ainsi une large quantité de réserves de céréales sur le marché (30 à 40 % du volume total). Cette mesure fut très efficace. En 1952, le prix des céréales n'était que de 2,8 % plus élevé qu'en 1950. Mais cette intervention sur le marché s'avéra d'un coût élevé pour le Parti, peut-être même trop élevé. Il est difficile de mesurer le fardeau qu'elle représenta pour le tout nouveau gouvernement. On peut s'en faire une idée en rappelant qu'entre 1949 et 1952 la totalité des impôts agricoles ont été acquittés en céréales. Cela ne représentait que 7,5 % de la production totale de céréales, mais environ 40 % des recettes fiscales de l'époque.

À partir de 1953, les limites de la production agricole pour répondre à la demande des villes se sont faites de plus en plus contraignantes. Avec le premier plan quinquennal commencèrent les investissements et les constructions à grande échelle. Le nombre d'habitants urbains augmenta fortement, et avec eux les besoins alimentaires. Parallèlement, la productivité agricole par unité de terre relevait la tête et le problème de la survie se faisait moins aigu pour les paysans. Il était naturel pour eux de commencer à espérer un meilleur standard de vie. Ils se mirent à diversifier leur production, passant des céréales à des cultures vivrières et à l'élevage. Or l'élevage et la production vivrière sont plus intensifs en énergie, et la majorité de cette production allait à l'autoconsommation des ruraux. La restauration de la productivité agricole ne s'est donc pas traduite par une augmentation suffisante des « exportations » de produits agricoles vers les zones urbaines. La contradiction entre la Chine rurale et l'industrialisation urbaine est devenue radicale, encore aggravée par le secteur de la distribution. Quand les distributeurs constataient une pénurie dans les zones urbaines, ils stockaient les céréales, espérant une hausse des prix et, par conséquent, des profits plus élevés.

En Chine urbaine, la propriété mixte a commencé à provoquer de plus en plus de mécontentement au Parti communiste. Ne disposant pas des institutions nécessaires à l'évaluation et au prélèvement des impôts sur la consommation et sur la production, le nouveau gouvernement avait du mal à collecter efficacement les ressources fiscales auprès des entreprises privées. Entre 1948 et 1953, les recettes fiscales sur la consommation et la production n'ont ainsi augmenté que de 20 %, tandis que les profits des entreprises appartenant à l'État (EAE) augmentaient, eux, de 171 % (MoF, 1987). À Wuhan, grand centre marchand de la Chine centrale, seules quelques entreprises adoptèrent une comptabilité à double entrée. L'administration fiscale n'était ainsi pas en mesure d'obtenir des informations exactes sur les revenus et les profits des entreprises privées (Zhang et Wu, 2010). Ainsi, tandis que les profits des EAE de Wuhan augmentaient de plus de cent quatre-vingts fois entre 1949 et 1953, les recettes fiscales, dans la même période, ne faisaient que doubler (Bureau statistique de Wuhan, 1989).

Dans ce contexte, les partisans de la « grande poussée » de l'industrialisation, sur le mode soviétique, ont commencé à prendre le dessus dans le débat politique. En 1953, quatre ans seulement après la création de la nouvelle Chine, le Parti communiste mettait fin à la « nouvelle période démocratique » et poussait tout le pays, régions rurales comme régions urbaines, dans l'économie contrôlée et la propriété publique.

Cette « transformation socialiste » fut accomplie en moins de cinq ans (1953-1957). Le Parti communiste avait désormais le contrôle de l'économie et était prêt à accélérer, à tout prix, le processus d'industrialisation du pays.

L'INDUSTRIALISATION PAR LA MAIN VISIBLE

La clé de la « grande poussée » de l'industrialisation ou, comme on l'appelle ici, de l'industrialisation « par la main visible », ce fut le contrôle absolu du prix du travail dans tout le pays. L'ensemble de la population, urbaine et rurale, reçut un salaire proche du niveau de subsistance. En déterminant le salaire des actifs, l'État put alléger les contraintes de la productivité agricole pesant sur l'industrialisation et maximiser, à travers un système de planification, les « exportations » de produits agricoles vers les villes. Selon le modèle détaillé dans le chapitre 2, encadré 2.1, le salaire de subsistance dans le secteur agricole n'était pas flexible et avait un plancher fixe. Du fait de son immense population agricole (et de vastes excédents de main-d'œuvre rurale, dus à une organisation du travail fondée traditionnellement sur la famille), la Chine était obligée d'utiliser une large part de sa production agricole pour combler les besoins de subsistance des campagnes. La part des « exportations » vers les zones industrialisées était, de ce fait, limitée. Pour garantir un excédent primaire au secteur urbain, le Parti dut centraliser la gestion des activités agricoles, de sorte que la population rurale ne cultive que les céréales nécessaires et les plus efficientes énergétiquement. Il fallait également que la part de l'autoconsommation en produits agricoles reste au niveau le plus bas possible, afin de maximiser les « exportations » agricoles vers la Chine urbaine.

Dans les zones urbaines, également, les salaires ont été maintenus à un niveau bas (le niveau de subsistance). Après la transformation socialiste, presque 80 % des employés urbains travaillaient, d'une façon ou d'une autre, pour l'État. Cela permit de priver les entreprises de leur pouvoir de décision en matière de rémunérations. La réforme des salaires, en 1956, prévoyait que les salaires et autres primes devaient être alloués aux actifs en fonction d'un système de classification fondé sur le métier, la région, le secteur industriel, le type de propriété (État ou collectivité), le niveau administratif (central ou local), la taille et le niveau technologique de l'entreprise (Bian, 1994). Il y avait huit niveaux de salaire pour les ouvriers et les techniciens, vingt-quatre niveaux pour les emplois d'administration, de direction et de gestion. Avec ce système de planification, les salaires industriels n'ont pas suivi les gains de productivité, ce qui a permis au secteur industriel naissant de réaliser de considérables profits. Comme la priorité était donnée à l'industrie lourde (qui bénéficia de 80 % des investissements entre 1953 et 1978), il n'était pas nécessaire que l'output industriel soit absorbé par la consommation. Profits et outputs servaient à l'accumulation du capital (à l'époque indispensable). Au niveau macroéconomique, les problèmes de déconnexion entre le salaire et la productivité étaient donc dissimulés. Cependant, comme la population n'avait pas les moyens de consommer à volonté, l'industrie légère et les services sont restés sous-développés.

Cette stratégie d'industrialisation a eu des résultats remarquables. Pour la première fois dans l'histoire de la Chine, le gouvernement a été « en mesure de mobiliser ses ressources fiscales et autres pour financer un effort soutenu d'investissement » (Naughton, 2007, p. 57). C'est ainsi que les ressources ont commencé à se concentrer durablement dans la Chine urbaine pour des usages industriels. Comme le montre la figure 3.1 ci-dessous, malgré de fortes fluctuations dues à l'instabilité politique, le taux d'investissement a atteint un niveau très élevé pour un pays aussi pauvre. D'un peu plus de 20 % du PIB en 1952, il est passé à 35 % dans les années 1970. Entre 1952 et 1978, l'output industriel a connu un taux de croissance annuel moyen de 11,5 %. Cette croissance industrielle ultrarapide a transformé la structure de l'économie chinoise. Au total, la part de l'industrie dans le PIB est passée de 18 à 44 %, tandis que celle de l'agriculture chutait de 51 à 28 %. La Chine s'était enfin dotée d'une base industrielle digne de ce nom.

Cependant, comme la « grande poussée de l'industrialisation » reposait sur le contrôle rigide des salaires, dans le secteur tant urbain que rural, cette stratégie eut deux effets négatifs. D'un côté, sans un mécanisme des prix, un instrument majeur d'incitation économique faisait défaut. La société ne pouvait s'appuyer que sur des incitations non matérielles. Cela explique en partie pourquoi le président Mao était si préoccupé par les incessants « mouvements sociaux ». D'un autre côté, pour maintenir le contrôle absolu de l'État sur les comportements économiques, toute possibilité de gagner un revenu en dehors du système de planification salariale – « système de responsabilité familiale » ou micro-entreprise privée – devait être strictement supprimée. En effet, de fortes incitations économiques risquaient d'altérer le comportement de la population, de la détourner des buts poursuivis par la « stratégie de la grande poussée » et de provoquer l'effondrement du système de planification salariale. Une fois que le Parti aurait perdu le contrôle des salaires, c'est toute l'économie dirigée qui se serait écroulée, et la croissance industrielle rapide, dont bénéficiait en particulier l'industrie lourde, aurait été considérablement affaiblie. Cela explique pourquoi les tentatives de réforme d'avant 1978

Figure 3.1. PART DE LA FORMATION BRUTE DE CAPITAL DANS LE PIB.

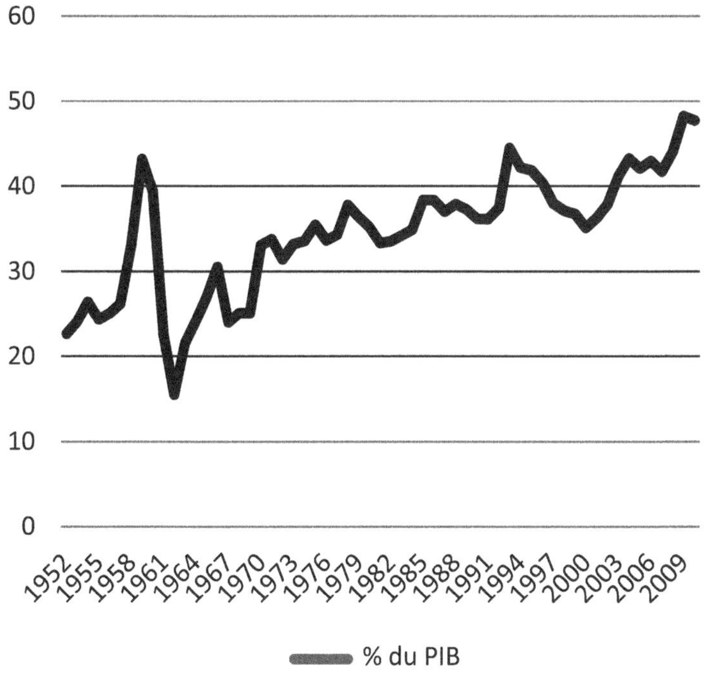

Source : CEIC.

ont toujours pris la forme d'une « décentralisation administrative » et non d'une « décentralisation économique [1] ».

En effet, contrairement à ce que l'on croit en général, la Chine socialiste a lancé plusieurs réformes avant 1978. Comprenant pleinement les effets négatifs de l'absence d'incitations économiques sur l'ardeur au travail de la population, le Parti communiste était prêt à en intégrer quelques-unes dans la planification salariale. Mais la crainte d'interrompre le processus d'industrialisation forcée, fondé sur le

1. Inspirés par les théories de Schurmann (1966) et de Bornstein (1967), des économistes chinois (Wu, 1986, 1988, 2010 ; Zhou, 1986) ont argumenté que les réformes d'avant 1978 s'occupaient de l'organisation des pouvoirs et des partages de responsabilités entre le gouvernement central et les gouvernements locaux. En s'inspirant des termes de Bornstein, ils appellent ce type de partage des pouvoirs « décentralisation administrative ». Or les réformes post-1978 appliquent une logique de « décentralisation économique », ce qui veut dire donner aux acteurs économiques le droit de prendre des décisions économiques. Ce type de réforme a visé à engager le pays dans la voie d'une économie de marché régulée, donc d'une économie mixte. Celle-ci est censée être la clé d'une évolution vers la prospérité économique à long terme selon ces auteurs.

contrôle des salaires, ne permettait pas d'allouer un quelconque revenu en dehors de ce système. On décida d'un compromis en introduisant dans le système un peu de concurrence et de décentralisation ou, plus précisément, en décentralisant le pouvoir de planification. Mais ce dispositif créa des distorsions : loin de favoriser une concurrence loyale, il provoqua des luttes pour la rente économique et l'influence politique. Il dilua aussi des ressources indispensables à la construction d'infrastructures clés et perturba d'importants programmes de développement industriel. Les tentatives de réforme de 1956 et 1965 ont suivi ce schéma. Examinons la première. En 1956, Mao publiait un article intitulé « Lun shida guanxi » (论十大关系). Il traitait des « dix relations majeures » pour le développement de l'économie chinoise. Mao insistait sur la nécessité d'adapter les relations entre l'État, les entreprises et les individus. Des incitations économiques devaient leur être données afin d'accroître la vitalité de l'économie. En 1957, Chen Yun dirigea la rédaction de trois documents qui visaient à réformer la gestion de l'industrie, du commerce et du système financier. Il s'agissait de décentraliser la prise de décision et le pouvoir de gestion à des localités et à des entreprises. Le mouvement fut radical. Le gouvernement central renonçait à son contrôle direct sur 8 100 entreprises, soit 88 % des entreprises qu'il contrôlait auparavant. La planification économique était assouplie. Les autorités locales avaient le droit d'adapter les objectifs de production agricole et industrielle. Par ailleurs, les droits en matière de fiscalité, de finance, d'investissement et de gestion des ressources humaines étaient libéralisés pour les localités et les entreprises. Ces tentatives de réforme tournèrent malheureusement à la farce tragique du mouvement du Grand Bond en avant. Une myriade de projets d'investissement et d'infrastructure répétitifs et inefficaces lancés par les localités compromit les ressources financières et matérielles limitées qui étaient nécessaires pour des projets d'importance nationale. Du fait de la décentralisation de la gestion des ressources humaines, le nombre d'actifs travaillant dans les entreprises appartenant à l'État passa, pour la seule année 1958, de 24,5 à 45,3 millions. En 1960, le nombre d'actifs urbains atteignait 59,7 millions, soit 43,5 % de plus qu'en 1957. Le nombre total d'habitants urbains augmenta également de plus de 30 millions, passant de 99,5 millions en 1957 à 130 millions en 1960 (Zhou, 1984, p. 73-75). Comme les entreprises industrielles recrutaient de plus en plus, les zones rurales subirent soudain une perte de main-d'œuvre. Ce transfert massif de travail des régions rurales vers les régions urbaines mit fin à l'équilibre fragile entre ces deux Chine. La Chine rurale devait satisfaire une demande de plus en plus grande de produits agricoles avec une force de travail très amoindrie. Ce déséquilibre explique largement la famine catastrophique de 1959-1961.

C'est pourquoi le Parti décida, en 1961, de recentraliser la plupart des pouvoirs économiques et de rétablir l'économie planifiée centrale.

Les expériences ratées de réforme antérieures à 1978 montrent ceci : sans une forte hausse de la productivité agricole ou un environnement international plus favorable en matière de commerce, la Chine n'avait pas d'autre choix, pour s'industrialiser, que la stratégie de la « grande poussée ». En même temps, tant que cette dernière était indispensable, l'État devait maintenir un système de contrôle strict des salaires, bien que celui-ci ne répondît pas à la nécessité de fournir des incitations économiques efficaces. Cette contradiction intrinsèque, véritable malédiction de l'économie planifiée, explique pourquoi les réformes de « décentralisation administrative » d'avant 1978 ont toutes échoué. Pour abandonner l'industrialisation forcée et adopter la décentralisation de marché, la Chine devait attendre la réunion de deux conditions préalables : une forte hausse de la productivité agricole et un environnement international plus favorable en matière d'échanges. Fort heureusement, ces deux conditions se sont trouvées remplies à la fin des années 1970, et la réforme de la « décentralisation économique » a pu enfin être mise sur pied. Nous analyserons ce processus de réforme un peu plus loin.

UN ÉTAT UNITAIRE FORT, LÉGITIMÉ PAR LA LOGIQUE DE LA RÉVOLUTION

Les changements économiques radicaux de la Chine à partir de 1949 se sont appuyés sur des changements tout aussi radicaux dans le domaine politique. Le plus notable fut le rétablissement d'un régime bureaucratique hiérarchique et d'une souveraineté indépendante. Plus de cent ans après le début des guerres de l'Opium (1840-1843, 1856-1860), la Chine disposait à nouveau d'un gouvernement efficace, capable de mobiliser les ressources économiques et politiques à l'échelle nationale. Si le gouvernement socialiste était fondé sur des principes entièrement différents, le système politique présentait toutefois des similitudes avec la Chine impériale. Le président Mao reprit ainsi à son compte le rôle des empereurs pour incarner l'autorité absolue. Sauf qu'on ne l'appelait pas le « père » ou le « fils du dragon ». On préférait le comparer au « soleil », au « timonier » ou au « grand sauveur ». S'affirmant les représentants fidèles des intérêts de tous les travailleurs et de tous les paysans, le Parti et l'État, sous le règne de Mao, disposaient de la légitimité pour améliorer le bien-être général de la société à travers une meilleure sécurité nationale, de meilleurs services sociaux et une distribution des terres plus équitable. La « transformation socialiste » fit disparaître totalement les landlords et les propriétaires d'entreprises privées. La Chine revenait *de facto* à la société à deux strates de la période impériale. La base d'une société pluraliste s'évanouissait à nouveau.

Le gouvernement socialiste avait toutefois ses propres caractéristiques. Dans la Chine d'après 1949, le système bureaucratique était bien plus étendu que celui de la période impériale. Pour la première fois, le pouvoir d'État touchait le domaine privé et contrôlait directement les activités économiques. La Chine rurale, qui, en dessous du niveau du bourg, avait été laissée en dehors du système bureaucratique, était désormais intégrée dans le système centralisé au niveau des collectivités rurales. La nouvelle souveraineté accordait également une priorité beaucoup plus grande au pouvoir militaire que les régimes de la Chine impériale. Au cours du processus, une part du bien-être dont aurait pu profiter la population fut cependant sacrifiée. Ainsi, le gouvernement socialiste d'avant 1978 s'est largement fondé sur une logique révolutionnaire pour assurer sa légitimité. L'environnement international était à dessein décrit comme extrêmement hostile et les sentiments nationalistes étaient activement cultivés. Mao s'est montré expert dans le lancement de mouvements politiques et dans la manipulation d'incitations non matérielles en vue de contrôler la population. Entre 1953 et 1978, on a vu ces mouvements se succéder, la Révolution culturelle en constituant le délirant sommet.

Nous évaluerons un peu plus loin l'influence de ce système politique sur l'évolution du processus de réforme en Chine. Nous souhaitons tout d'abord souligner l'importance qu'a prise pour le lancement du processus d'industrialisation l'établissement d'un gouvernement fort et reconnu au niveau national. Sans lui, tous les efforts d'industrialisation auraient été vains.

AUTRES PRÉPARATIFS DE LA RÉFORME DE 1978

La « grande poussée de l'industrialisation » n'a pas été, et ne pouvait pas être, un processus dynamique d'industrialisation. Mais, en créant une base industrielle complète et un État unitaire en capacité d'apporter un soutien conséquent et durable, elle a toutefois aidé la Chine à en poser les fondements. Ces deux succès ont été, dans l'histoire de la Chine, une véritable refondation. Mais l'impasse entre la Chine rurale et la Chine urbaine subsistait. La Chine a-t-elle donc pris d'autres mesures, entre 1949 et 1978, pour sortir du piège smithien ?

La réponse est oui. À commencer par un changement radical de l'unité de production dans la Chine rurale. Après la « transformation socialiste », l'essentiel de la production agricole n'était plus organisé par des familles dispersées, mais par des collectivités agricoles (aussi appelées communes). Ce dispositif ne permit pas seulement au pays d'exploiter les ressources agricoles sur une échelle plus grande. Il lui apporta également un cadre institutionnel qui (1) intégrait la Chine rurale dans un réseau national où les progrès technologiques pouvaient être diffusés rapidement, (2) créait un cadre pour la fourniture de services sociaux à la population rurale et (3) permettait d'organiser sur une plus grande échelle la production dans les immenses campagnes. Lorsque nous analyserons la première étape de la réforme, nous verrons pourquoi ces changements ont joué un rôle clé dans la réussite de l'industrialisation de la Chine.

L'autre progrès crucial concerne l'investissement en capital humain. Grâce à la distribution relativement égale des ressources en matière de santé et d'éducation, et le coût proche de zéro de ces services à l'époque socialiste, la population chinoise a bénéficié, dans ces deux domaines, de progrès rapides. L'espérance de vie est ainsi passée de 42,2 (45,6) ans en 1950 à 66,4 (69,4) ans en 1982 pour les hommes (pour les femmes) (Wang et Mason, 2008, p. 138). Des mesures préventives au niveau national permirent d'éradiquer les épidémies les plus mortelles. Les progrès en matière d'éducation touchèrent tous les niveaux, mais le plus important concerna l'éducation primaire. La part de Chinois âgés de 16 à 65 ans qui n'était pas allée à l'école primaire passa de 74 à 40 % entre 1952 et 1978 (Brandt et Rawski, 2008, p. 5) et la part de la population analphabète, de 80 à 16,4 %. Le succès de ces investissements en capital humain est remarquable, surtout comparé aux pays qui étaient dans le même état de développement que la Chine.

L'une des contributions les plus importantes de la période socialiste, et qui n'est pourtant jamais évoquée, c'est la distribution relativement égale des richesses et des moyens de production. Même si les salaires ont été maintenus à un niveau faible, les services sociaux étaient gratuits. Dans les campagnes, la disponibilité des terres était garantie aux paysans. Pendant la période socialiste, le peuple chinois a bénéficié *de facto* d'une richesse implicite massive. La distribution égale des richesses et des moyens de production est un élément fondamental qui a permis à la réforme de se faire, pendant les dix premières années, « sans perdants ». La réforme immobilière, lancée en 1994 dans les régions urbaines, permit aux citadins de transformer cette richesse implicite (logement gratuit) en richesse explicite (logement commercialisable). Cette transformation a donné une grande vitalité à la seconde étape de la réforme. La propriété implicite des terres par les paysans doit encore, il est vrai, prendre une forme explicite, mais il y a de fortes raisons de penser que cette transformation, si elle se produit, permettra à la réforme et à la croissance économique chinoise de franchir une nouvelle étape.

De grandes choses ont ainsi été accomplies entre 1949 et 1978. Certes, la Chine n'avait pas encore engagé un processus endogène et auto-entretenu d'industrialisation guidé par des incitations économiques. Cependant, au cours de ces années, des adaptations structurelles et des infrastructures institutionnelles cruciales ont été mises en place. Dès que la Chine connaîtrait une avancée technologique dans la production agricole, ou bénéficierait d'une détente de l'environnement international, elle pourrait espérer accomplir une grande transition.

CHANGEMENTS DES CONDITIONS CRITIQUES À LA FIN DES ANNÉES 1970

Les années 1970 ont été pour la Chine une décennie de tensions, de transitions et d'opportunités. La stratégie de la grande poussée industrielle a produit des gains substantiels. Mais les contradictions engendrées par ce régime de croissance se sont accumulées et radicalisées tout au long de ces années. Les inefficacités de l'économie dirigée, dues à l'absence d'incitations au travail, au manque d'innovations et aux disparités dans l'allocation des ressources, devinrent flagrantes. Après plus de vingt ans de stagnation des revenus, la population chinoise se montrait impatiente face à la lenteur de l'amélioration de son niveau de vie. La pression sur le gouvernement pour qu'il fournisse davantage de biens agricoles et de biens de consommation, et d'une meilleure qualité, se faisait plus forte. Par ailleurs, les dix années de folie de la Révolution culturelle avaient convaincu de plus en plus de responsables politiques chinois qu'il ne fallait plus utiliser la logique révolutionnaire pour diriger le pays. La plupart d'entre eux avaient été les victimes directes de l'arbitraire des mesures prises et de la violence des mouvements politiques. Il s'agissait de fonder la légitimité de l'État sur une base plus durable, à savoir l'amélioration du bien-être de la population. Le décès du chef charismatique, le président Mao, en 1976, a facilité ce changement nécessaire. Et la croissance rapide de plusieurs pays d'Asie du Sud-Est contraignit les dirigeants politiques chinois à réaliser à quel point la Chine était restée en arrière et le demeurerait si elle ne s'ouvrait pas et ne convergeait pas vers la frontière technologique internationale.

Fort heureusement, les années 1970 avaient également eu leur lot de changements positifs et fondateurs. Internationalement, une nouvelle phase de la mondialisation avait commencé et les tensions entre le bloc socialiste et le bloc capitaliste s'étaient apaisées. En 1971, la

République populaire de Chine prenait la place de Taïwan parmi les cinq membres permanents du Conseil de sécurité de l'ONU. En 1972, le président Richard Nixon se rendait en voyage en Chine. En 1978, les États-Unis reconnaissaient enfin la légitimité du gouvernement du Parti communiste chinois. Trente ans après sa naissance, la Chine communiste ne faisait plus face à aucune menace militaire immédiate et la voie était libre pour qu'elle participe aux échanges économiques et technologiques mondiaux, tout en préservant son indépendance politique. Sur le plan intérieur, une silencieuse « révolution verte » faisait son chemin, qui ne devait pas transformer la seule Chine rurale, mais toute l'économie du pays. À partir de 1964, les scientifiques chinois commencèrent à rencontrer des succès dans la reproduction de variétés naines de riz à haut rendement. En 1974, le professeur Yuan Longping créa une variété à haut rendement de riz pouvant être cultivée dans tout le pays. En 1975, la Chine commença à développer les technologies permettant l'emploi de ces variétés. Les nouvelles semences furent immédiatement introduites à grande échelle en 1976, avec l'aide du gouvernement. En 1973 et 1974, Pékin se lança également dans le développement de l'industrie d'engrais azotés en achetant à l'étranger treize grandes usines d'urée et d'ammoniac synthétiques. À partir de là, la Chine était en mesure de construire peu à peu une grande industrie des engrais (Naughton, 2007, p. 260-61). Le système d'irrigation ayant été progressivement restauré à partir de 1949, les progrès réalisés dans la reproduction des semences et la production d'engrais transformèrent totalement le secteur agricole chinois. La productivité agricole connut une croissance explosive. Avant les années 1970, l'output agricole chinois par tête plafonnait à 300 kilos. Après les innovations des années 1970, la production par tête atteignait 400 kilos et ce chiffre allait continuer à progresser les années suivantes.

Les progrès technologiques et la propagation rapide des semences à haut rendement étaient liés aux infrastructures institutionnelles rurales établies pendant la période socialiste. La reproduction des semences nécessite des investissements dans la recherche agricole qu'il était impossible de réaliser au niveau des exploitations individuelles. Dans les années 1950, la Chine a créé un système de recherche à plusieurs niveaux qui est, de loin, le plus grand au monde. L'Académie chinoise de sciences agricoles est au sommet de ce système. Il y a aussi des académies au niveau des provinces et un service d'extension agricole dans chaque comté. Le centre national de recherche s'intéresse davantage aux sciences de base, et les branches locales aident à adapter aux conditions locales les semences nouvelles et les autres technologies (Naughton, 2007, p. 261). Ce système étendu et à plusieurs niveaux a également joué le rôle de distributeur des nouvelles générations de semences auprès de chaque exploitation. Cela est essentiel pour l'application des variétés à haut rendement, car les plantes ne sont pas capables de s'autoreproduire. Le maïs hybride a été introduit en 1961, et, trente ans plus tard, environ 90 % des zones cultivées utilisaient cette variété. Dans les années 1970, les progrès technologiques et l'essor de l'industrie chimique sont parmi les principales causes des progrès de la productivité agricole en Chine.

L'autre changement majeur qui se produisit dans les années 1970 est d'ordre démographique. Dans les années 1950 et 1960, la forte baisse du taux de mortalité et la forte hausse du taux de natalité avaient provoqué une explosion de la population chinoise. Entre 1952 et 1982, celle-ci est ainsi passée de 552 à 1 017 millions d'habitants, c'est-à-dire qu'elle a presque été multipliée par deux. Dans les années 1970, la croissance de la population n'a pas ralenti beaucoup. Une population jeune et nombreuse entrait alors dans l'âge de la reproduction. La démographie de la Chine a ainsi connu, tranquillement, une mutation profonde. Après les politiques de natalité des années 1950, le gouvernement adopta, dans les années 1970, un programme efficace de planification familiale qui promouvait le mariage tardif, la diminution du nombre de naissances et de plus longs intervalles entre les naissances (Wang et Mason, 2008, p. 137). L'âge moyen des femmes au premier mariage passa de 19,7 à 22,8 ans, et le taux de fécondité de 5,7 naissances par femmes en 1970 à 2,8 en 1979 (Coale et Chen 1987). Ainsi, quand la réforme commença, à la fin des années 1970, c'est-à-dire avant même la mise en œuvre de la politique « un couple, un enfant », la Chine avait terminé sa transition de fécondité selon les normes internationales (Wang et Mason, 2008, p. 138). L'autre évolution concerne la structure d'âge. Quand la première génération de baby-boomers des années 1950 atteignit l'âge adulte, le nombre des jeunes actifs, la réserve de main-d'œuvre chinoise, explosa. S'ajoutant au déclin prononcé du taux de fécondité, cela signifiait que la Chine entrait dans une période de faible ratio de dépendance[1]. Autrement dit, la Chine, à la fin des années 1970, entrait dans son « âge d'or » démographique. La population active avait moins de fardeaux sociaux à supporter, que ce soit du côté de la population jeune ou de la population âgée.

Les trois changements ici résumés (amélioration de l'environnement international, commencement de la « révolution verte », existence d'une population jeune et en bonne santé) ont été d'une importance cruciale pour la direction qu'allait prendre l'économie et la société

1. Le ratio de dépendance est le rapport entre la population dépendante (en dessous de 16 ans et au-dessus de 65 ans) et la population d'âge actif (16 à 65 ans).

chinoises à la fin des années 1970. Ce qui a d'abord changé, ce sont les relations entre Chine rurale et Chine urbaine. Dans la période socialiste, la productivité agricole n'ayant pas progressé, l'output agricole total suffisait à peine à assurer la survie de la population. Afin de maximiser les « exportations » de ressources matérielles et de main-d'œuvre de la Chine rurale vers la Chine urbaine, l'économie planifiée était nécessaire pour maintenir les salaires agricoles et industriels sous un contrôle strict et faire en sorte que la production de céréales et les investissements dans les industries lourdes, les deux priorités du Parti, puissent être maximisés. Cette stratégie de la « grande poussée » permit de lever les contraintes de la productivité agricole sur l'industrialisation, mais elle ne les supprima pas. La Chine ne pouvait donc pas lancer un processus dynamique endogène d'industrialisation. En revanche, pour un pays aussi pauvre et aussi isolé, cette stratégie permit de former l'embryon des structures institutionnelles nécessaires à la phase suivante de croissance.

Dans les années 1970, la diffusion de nouvelles technologies agricoles et la restauration des infrastructures rurales ont fortement favorisé la productivité de la Chine rurale et augmenté, en conséquence, les « capacités exportatrices » de celle-ci pour soutenir l'industrialisation urbaine. L'environnement international se faisant plus amical, la Chine a pu également se tourner vers le commerce international pour remédier aux pénuries alimentaires temporaires. Les raisons d'un contrôle strict de la production et de la distribution agricoles commencèrent à disparaître. En Chine urbaine, la réduction des menaces extérieures sur la sécurité nationale du pays permit également au gouvernement de sortir de son obsession pour l'expansion rapide des industries lourdes. En même temps, l'expansion de la population créait une demande intérieure plus forte pour les produits de l'industrie légère, et sa jeunesse donnait à la Chine un avantage comparatif de plus en plus grand, sur le marché international, pour les industries intensives en travail. À la fin des années 1970, la structure industrielle de la Chine était à la veille d'adaptations profondes.

Ainsi, à la fin des années 1970, les changements fondamentaux en matière de productivité agricole, d'environnement international et de structure démographique avaient radicalement changé les bases de l'économie chinoise. Pour entrer dans un nouveau régime de croissance, la Chine n'avait plus besoin que d'une politique capable d'intégrer tous ces changements dans un processus harmonisé.

Le processus politique de la première étape de la réforme

LA LOGIQUE POLITIQUE DE LA RÉFORME

En 1978, la République populaire de Chine avait déjà passé presque trente ans sous le régime du Parti communiste. Ces trente années ont été entrecoupées de soubresauts et de changements considérables, sur le plan à la fois politique et économique. Mais c'est également pendant cette période qu'un système bureaucratique hiérarchique et une autorité centralisée ont été restaurés et consolidés dans le pays. Même si l'un des principaux objectifs de la Révolution culturelle fut de secouer le système, les bouleversements qu'elle a provoqués, pourtant profonds, n'ont pas réussi à altérer la structure fondamentale de la hiérarchie. Ainsi, après la mort de Mao, la première réaction des dirigeants de la Chine fut de réhabiliter l'équilibre bureaucratique et hiérarchique. Les vétérans du Parti ayant survécu à la Révolution culturelle retrouvèrent leur place dans le pouvoir politique.

La résilience de la bureaucratie hiérarchique et d'une forte autorité centrale vient de la longue tradition de gouvernance impériale en Chine. Dans un tel système politique, la société se compose de deux grandes strates : les bureaucrates, qui gouvernent, et la société, organisée en familles dispersées. En 1978, la Chine correspondait tout à fait à ce modèle. La logique politique de ce type de société est tout à fait différente de celle de la société pluraliste. Le premier objectif du régime politique dans une structure sociale duale n'est pas de gagner la bataille politique en remportant des élections représentatives, mais de remplir les trois missions suivantes.

Première mission, assurer le bien-être élémentaire de la population. Là se trouve la source première de la légitimité du régime. Faillir en ce domaine accroît les risques de soulèvement de masse, principale cause d'effondrement de ce type de régime politique. Deuxième mission : le régime, pour assurer l'application de ses décisions, doit faire en sorte que les bureaucrates se conduisent conformément à la ligne définie par le gouvernement. Pour ce faire, le comité central doit contrôler le pouvoir des bureaucrates. Dans la Chine impériale, on enseignait les valeurs morales confucéennes pour encourager la fidélité et l'intégrité. Mais la véritable incitation à la loyauté des bureaucrates vient en général du parrainage politique. Des récompenses doivent être données aux soutiens loyaux du régime, sous la forme d'avantages matériels ou politiques, de sorte que l'intérêt du gouvernement central à la préservation du régime politique soit aussi celui des bureaucrates. Troisième mission, enfin : un régime politique hiérarchique doit faire en sorte que n'existe aucune autre organisation susceptible de remettre en cause l'autorité du système bureaucratique existant. Si ces organisations ne peuvent être supprimées, elles seront liées au régime politique existant d'une façon ou d'une autre.

Telle était la véritable logique de la réforme chinoise : soutenir le régime politique de l'administration issue du Parti communiste. Mais, pour y parvenir, en 1978, la Chine devait introduire des mécanismes de marché permettant de dynamiser son économie, et elle en fut capable. Cela ne signifie pas que la logique fondamentale de la réforme était calquée sur des « valeurs universelles » de type occidental. Si nécessaire, l'économie pouvait également passer d'une économie de marché à une économie planifiée, comme cela s'était produit au début des années 1950. La véritable logique des réformes (en 1978 et après) ou, plus exactement, la véritable logique du gouvernement chinois, a toujours été d'un très grand pragmatisme. Toutes les mesures prises ont toujours eu pour fin ultime de préserver le régime politique. Pour ce faire, le gouvernement central a dû améliorer le niveau de bien-être de la population (objectif explicite) et prendre, en même temps, sérieusement en considération le parrainage politique des bureaucrates (objectif souvent implicite). De ce fait, tout changement politique devait être progressif et poursuivre les objectifs suivants : permettre à un consensus de se former au sommet de la hiérarchie, identifier les vulnérabilités du système bureaucratique, récompenser les soutiens et trouver un équilibre politique. Ainsi, dans un régime politique de ce type, même si l'autorité est absolue et centralisée, le processus de décision n'est pas dictatorial. Les mesures nationales les plus importantes sont décidées collectivement. Il y a parfois des tensions dues à des contraintes réciproques, tant dans l'organisme central de décision qu'entre le pouvoir central et les pouvoirs locaux. Mais tous ces groupes ou fractions politiques sont unis par un intérêt commun : la durabilité de leur régime. Et cet équilibre a souvent été assuré à travers le partage de la rente politique. L'avantage d'un tel système, c'est (1) qu'il est possible que les décisions prises poursuivent des objectifs de long terme et (2) que la violence de l'État permet de contrebalancer celle du capital. Il y a aussi des inconvénients : les inefficacités créées par la recherche de la rente politique et le pari, souvent périlleux, sur l'intégrité des dirigeants nationaux. Nous examinerons, dans le dernier chapitre de ce livre, l'influence de ce régime politique sur l'avenir de la Chine et les ajustements qui lui seront nécessaires. Nous allons nous attacher pour le moment à expliquer le processus de la réforme entre 1978 et 2008, en utilisant la logique politique que nous venons d'identifier.

LES PROBLÈMES LES PLUS URGENTS EN MATIÈRE DE STABILITÉ POLITIQUE EN 1978

Au cours des années 1970, le régime de la République populaire de Chine a eu de plus en plus de difficulté à fonder sa légitimité sur une logique révolutionnaire. Pour maintenir un taux d'investissement élevé, en particulier dans les industries lourdes, la population chinoise, au gré des passions révolutionnaires encouragées par le Parti, a consenti d'immenses sacrifices. Le revenu de la population a ainsi stagné pendant près de trente ans, dans la Chine urbaine comme dans la Chine rurale. Au fil du temps, le mécontentement de la population face à cette absence d'amélioration des conditions de vie matérielles et spirituelles est devenu très vif. Pour préserver la légitimité du pouvoir, le comité central du Parti a subi une pression de plus en plus forte pour améliorer les conditions de vie de la population.

Parallèlement, le Parti a organisé des voyages d'étude à l'étranger. En 1977, treize hauts dirigeants, dont Deng Xiaoping, ont visité cinquante et un pays. Dans la seconde moitié de l'année, plusieurs ministres envoyèrent aussi des délégations à l'étranger. Il ne faut pas sous-estimer l'importance de ces voyages. Grâce à eux, les dirigeants de la Chine ont en effet fini par réaliser l'ampleur du fossé entre l'état de développement du pays et le reste du monde. Il y eut alors un consensus au sommet pour acheter des technologies et des équipements nouveaux aux pays développés, afin de rapprocher la Chine de la frontière technologique. Lors de ces visites, de grands contrats d'importations de biens agricoles, d'équipements et de technologies furent conclus. Pour faire face à ces achats, le comité de planification centrale décida d'emprunter, sur huit ans, 18 à 20 milliards de dollars. La Chine devait vite se procurer des devises étrangères.

C'est pourquoi on ne peut pas dire que la Chine ait choisi de réformer en 1978. Ce sont plutôt les crises interne et externe qui ont exigé des avancées. Des mesures radicales sont devenues nécessaires pour fournir des incitations au travail aux paysans et ouvrir le pays aux échanges extérieurs afin d'augmenter les exportations de biens chinois.

La difficile question à laquelle le pouvoir chinois devait répondre était la suivante : quels sont les changements nécessaires et par quoi commencer ? Personne n'avait de réponse explicite à cette question. Du fait des deux crises évoquées plus haut, les dirigeants chinois savaient qu'il était désormais temps de soulager le fardeau des paysans, de donner de l'autonomie aux activités industrielles, d'ouvrir la Chine au commerce international. Quant à savoir comment y arriver et quels changements réaliser, il n'y avait pas de mode d'emploi. De surcroît, si le besoin de réforme avait été largement accepté, le changement du système existant soulevait de vives réserves, voire l'opposition de certains bureaucrates. Ces derniers, qui disposaient d'un contrôle maximal sur l'économie et sur la société, étaient protégés par la planification de l'économie. Si l'on donnait plus d'autonomie aux exploitations agricoles et aux entreprises à l'intérieur du pays, et si l'on ouvrait l'économie à des acteurs extérieurs en matière d'échanges et d'investissements, le pouvoir monopolistique des bureaucrates chinois finirait par disparaître et les intérêts particuliers de nombre d'entre eux en seraient passablement affectés. Dans ce contexte, le processus de réforme ne pouvait qu'être expérimental et les changements les plus profonds seraient réalisés dans les secteurs où les intérêts particuliers étaient les plus faibles.

LA GRANDE TRANSFORMATION DE LA CHINE RURALE DANS LES ACTIVITÉS AGRICOLES ET INDUSTRIELLES

Le secteur agricole, tout en étant d'une importance vitale pour le pays, était à la périphérie du système de pouvoir chinois. Les organisations rurales étaient en bas du système hiérarchique, et les rentes politiques y étaient relativement faibles et dispersées. Cette situation faisait de la Chine rurale le secteur le plus adapté à la libéralisation. Le plus grand souci des dirigeants du pays en la matière, c'était l'approvisionnement en céréales. Mais, après la diffusion de la « révolution verte » et la hausse de l'offre de produits alimentaires importés, le gouvernement était prêt à prendre des risques, au moins dans les régions les moins importantes pour la production céréalière. C'est ainsi que fut prise la décision, lors de la 3e session plénière du 11e comité central du Parti, d'encourager les paysans à se procurer un revenu en dehors des collectivités rurales. Pour garantir aux villes une offre alimentaire suffisante, le prix des céréales fut augmenté de 20 % durant l'été 1979 par rapport à 1978. Sur cette base, si une collectivité rurale vendait plus de céréales à l'État, le surplus vendu était payé 50 % de plus que le prix normal. Cette forte hausse des prix ne se limita pas aux céréales. Tous les produits agricoles bénéficièrent de la même procédure. En même temps, grâce aux nouvelles technologies et aux équipements achetés auprès des pays industrialisés, la Chine réussit à réduire considérablement les coûts de production d'inputs agricoles très importants comme les engrais, les pesticides, les plastiques agricoles, etc. Grâce à la planification, elle put traduire immédiatement ces réductions de coût en baisses de prix : entre 1979 et 1980, les prix de ces inputs agricoles ont ainsi baissé de 10 à 15 %. Cette baisse a fortement amélioré les revenus en Chine rurale. Grâce au système de distribution égalitaire des revenus, la vie du paysan chinois s'est fortement améliorée, ce qui a renforcé, en retour, les incitations à produire davantage.

Ces mesures d'assouplissement permirent également à la Chine de transformer l'organisation de la production agricole. Deux innovations importantes sont apparues dans ce domaine. La première fut le « système de responsabilité familiale ». Avec lui, la Chine rurale renouait avec son système de production traditionnel : l'exploitation familiale remplaçait l'exploitation collective. Compte tenu de la forte tradition d'économie familiale, d'autres tentatives de retour à l'exploitation familiale avaient été faites avant 1978, en particulier dans des provinces comme l'Anhui, le Hubei et le Sichuan, où la population est dense et où les exploitations agricoles sont extrêmement fragmentées. Après 1978, cependant, le gouvernement, au lieu d'arrêter ces efforts, décida de les systématiser. Même sans réforme de marché, la suppression des collectivités rurales donnait immédiatement à chaque famille un intérêt pour travailler plus dur et plus intelligemment. Elle avait en effet la possibilité, dans le système de responsabilité familiale, de conserver l'output qu'elle avait produit à son intention. Cette motivation augmenta fortement l'efficacité de la production agricole.

Ce ne sont pas là les seuls changements qui se sont produits dans la Chine rurale. Une fois que les familles ont pu bénéficier du plein retour de leur travail, les paysans ont commencé à chercher par tous les moyens à utiliser leurs excédents de main-d'œuvre pour procurer des revenus supplémentaires à leur famille. Cette incitation permit l'apparition d'une autre innovation institutionnelle majeure dans les campagnes : les entreprises de bourg et de village (EBV). Malgré leur manque de compétences professionnelles en matière de production industrielle et de gestion d'entreprise, les EBV ont su tirer pleinement parti de l'absence de marché intérieur des produits de l'industrie légère, du coût peu élevé du travail dû à la structure démographique du pays et de l'ouverture récente de la Chine au marché international. Entre 1985 et 1992, l'afflux soudain des EBV prit même la Chine par surprise. Si le système de responsabilité familiale était un renouveau de l'économie chinoise traditionnelle, les EBV étaient des reliques de la période socialiste. À partir des vestiges des structures des collectivités rurales, les villageois se rassemblaient à des fins de production commerciale. Les usines étant construites localement, les paysans n'étaient pas obligés de quitter leurs familles pour y travailler et n'avaient pas besoin d'y occuper un emploi à plein temps. L'apparition d'un très grand nombre d'EBV modifia fortement les rapports entre la Chine urbaine et la Chine rurale. Si les travailleurs des EBV habitaient les régions rurales et s'impliquaient toujours dans la production agricole, c'étaient des travailleurs industriels dans un habitat rural ! En 1993, les EBV employaient 123 millions d'actifs dans le pays. Cette innovation institutionnelle changeait toutes les variables du modèle smithien (*cf.* encadré 3.1). Sans migration à grande échelle, elle permettait un afflux important de travail et d'output de la Chine rurale vers la Chine urbaine.

ENCADRÉ 3.1.
UTILISATION DU MODÈLE SMITHIEN
POUR LE DÉCOLLAGE DU SECTEUR AGRICOLE.

Dans la première phase de la réforme, le gouvernement a donné aux agriculteurs la possibilité de vendre leurs excédents aux prix du marché. Ceux-ci ont réagi positivement à cette incitation, si bien que l'output sur le marché x* a augmenté par rapport à l'output $\bar{x}$ du secteur de subsistance de l'économie rurale. En posant l'équation déterminant x*, on voit qu'il s'agit d'une fonction croissante de s*, le taux d'épargne des paysans qui vendent leur output sur le marché.

$$x^* = \frac{[s^* + (1 - s^*)b(e)]\bar{x}}{\tau(1 - s^*)e[1 - b(e)]}$$

s* a augmenté parce que l'ouverture du secteur marchand aux produits agricoles a augmenté le revenu des paysans et leur a donné une incitation pour réinvestir ce revenu dans leur travail. Les paysans sont devenus les premiers capitalistes de l'ère Deng Xiaoping !

L'augmentation de x* a enclenché un cercle vertueux. Rappelons-nous que, pendant la Révolution culturelle, les villes n'étaient pas suffisamment approvisionnées en produits agricoles. Il y avait une demande insatisfaite élevée qui s'est exprimée dès que l'output agricole marchand a été disponible. Elle est représentée dans notre modèle par *j*, soit la propension du secteur urbain à « importer » du secteur rural.

Une augmentation de *j* conduit à un déclin de τ puisque :

$$\tau = \frac{(s - k)}{j} + k^*$$

Un déclin de $\tau = \frac{P^*}{P}$ le prix relatif des produits agricoles « exportables » par rapport aux biens industriels accroît le volume de production de x*. Cela stimule la production agricole marchande. À son tour, le secteur agricole demande des biens manufacturés, dont des équipements agricoles, et les paysans enrichis demandent des biens de consommation. La demande du secteur rural stimule la production de biens manufacturés y. Ainsi, avec des rendements d'échelle croissants, l'emploi et le salaire réel ω dans le secteur urbain augmentent, puisque ω est une fonction croissante de x*, tant que le cercle vertueux est en marche :

$$\omega = (l^{\alpha - 1})^{\sigma} = y^{\frac{(\alpha - 1)\sigma}{\alpha}} = \left(\frac{x^*}{j}\right)^{\frac{(\alpha - 1)\sigma}{\alpha}}$$

Grâce à tous ces changements prometteurs, la productivité réelle dans la Chine rurale augmenta fortement, tout comme le revenu relatif des agriculteurs chinois par rapport aux habitants des villes. La figure ci-dessous montre l'évolution des rapports entre les revenus des ménages urbains et ruraux. Le revenu relatif des ménages ruraux s'est accru jusqu'au milieu des années 1980.

Figure 3.2. RATIO DU REVENU DES MÉNAGES URBAINS SUR LE REVENU DES MÉNAGES RURAUX.

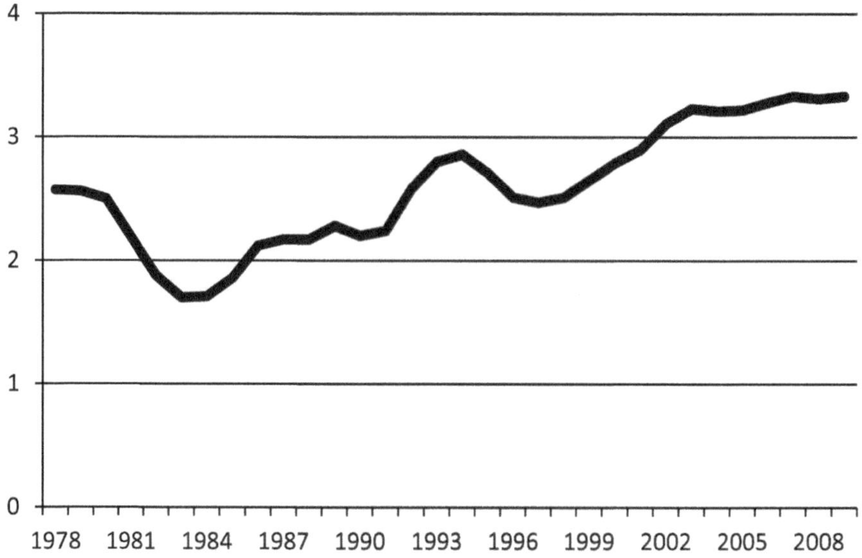

Source : Annuaire statistique de la Chine, 2010.

LES TENTATIVES DE RÉFORMES URBAINES

Comme le suggère le déclin relatif du revenu des citadins, les résultats des réformes urbaines des années 1980 ont été bien moins favorables par rapport à ce qui avait été accompli en Chine rurale. En 1978, les seuls acteurs économiques en Chine urbaine étaient des entreprises collectives ou appartenant à l'État. La Chine urbaine était, de ce fait, un champ de bataille traditionnel pour la rente politique et économique, et impliquait des rapports d'intérêts complexes entre les bureaucrates. Pour maintenir l'équilibre politique et protéger le système de parrainage dans les régions urbaines, les réformes ne pouvaient pas commencer par l'abaissement des barrières à l'entrée dans les activités économiques. Autrement dit, la Chine urbaine ne pouvait pas se permettre la liberté totale de création de petites et moyennes entreprises privées, similaires aux EBV dans les régions rurales. Aussi, bien que les réformes aient été lancées en même temps en Chine urbaine et en Chine rurale, elles ont pris ici et là une forme tout à fait différente. En Chine urbaine, l'introduction de l'autonomie de gestion aboutit à redistribuer les profits sans gains de performance économique. En 1978, la province du Sichuan lança ainsi une expérience. Elle choisit six EAE (entreprises appartenant à l'État) pour tester des mesures favorisant l'autonomie de gestion des entreprises. En 1980, des mesures similaires furent étendues à 6 600 EAE, représentant 60 % de la production industrielle du pays (Wu, 2010). La réforme n'apporta pas d'améliorations significatives de la productivité. Si certaines entreprises ont excellé dans le processus, ce cycle de réformes urbaines a conduit au chaos économique, comme les réformes d'avant 1978.

Si le premier cycle de la réforme urbaine n'a pas été un succès, les performances exceptionnelles de la Chine rurale ont néanmoins conforté l'opinion des bureaucrates vis-à-vis du changement. Ils ont ainsi commencé à observer que la libéralisation économique pouvait leur fournir une rente nouvelle et plus lucrative. De nouvelles tentatives de réforme du secteur industriel urbain ont donc été décidées. À partir de 1984, le gouvernement central a approfondi les réformes urbaines. Inspiré par le système de responsabilité familiale, le Parti communiste sous-traita la gestion des EAE à leurs dirigeants, déplaçant ainsi la responsabilité de gestion des branches sectorielles des ministères aux entreprises. Dans le cadre de contrats de partage des profits, les EAE avaient le droit de conserver les profits dépassant le niveau fixé par contrat. Au premier abord, la mesure était un schéma de partage des profits entre les entreprises et les organismes gouvernementaux qui les supervisaient. En réalité, il s'agissait d'un système de partage entre les bureaucrates et l'État qui canalisait les rentes économiques implicites entre les mains des managers des entreprises publiques. Naturellement, cette mesure a été bien accueillie et est devenue rapidement très populaire. Mais, là encore, les contrats de partage des profits n'ont pas amélioré significativement la productivité industrielle. En réalité, la contractualisation a donné aux managers l'incitation de maximiser les profits à court terme au détriment du développement à long terme des entreprises, parce qu'elle a découragé l'investissement.

En résumé, les tentatives de réforme urbaine sont loin d'avoir été un succès. Après les réformes, compte tenu des défis des autres acteurs sur le marché et du bond des coûts du travail sous réglementation d'État, de plus en plus d'EAE ont commencé à subir des pertes opérationnelles. Avant 1988, elles étaient moins de 20 % des EAE dans ce cas. Dans les années 1990, cependant, cette part est passée à près d'un tiers et même à la moitié en 1998. La situation était encore plus alarmante s'agissant du montant total des pertes (*cf.* tableau 3.1).

Tableau 3.1. Pertes et profits des EAE chinoises, 1990-1998.

Année	*% de EAE en perte*	*Total des pertes des EAE (mds RMB)*	*Profit total des EAE (mds RMB)*
1990	30,3	93,26	49,15
1991	28,0	92,59	74,45
1992	22,7	75,68	95,52
1993	29,8	47,94	166,73
1994	32,6	62,45	160,8
1995	33,3	80,21	147,02
1996	37,5	112,7	87,67
1997	43,9	142,09	53,98
1998	47,4	196,02	-7,8

Source : Annuaire financier de la Chine (différentes années).

LA DÉTÉRIORATION DU BUDGET DU GOUVERNEMENT CENTRAL

Malgré l'échec de ces tentatives de réforme urbaine, il était nécessaire, pour que l'offre accrue de biens de consommation et de produits agricoles pût bénéficier à l'ensemble de la population, que les résidents urbains voient leur revenu s'accroître, même en l'absence de gains visibles de productivité. Comme 80 % de la population active urbaine (le taux de chômage étant proche de zéro) étaient employés d'une façon ou d'une autre par l'État, ce dernier a pu, entre 1978 et 1984, augmenter à cinq reprises le salaire de la quasi-totalité de la population urbaine. Avec des gains limités de productivité, ces hausses de revenu ne pouvaient guère durer. Si les salaires étaient payés par les EAE et les autres entités publiques, les augmentations étaient, en un sens, payées par l'État. Au début, ces subventions se sont traduites par la baisse des profits des EAE. Peu à peu, une large part des EAE a été contrainte d'emprunter pour survivre. Au final, l'endettement des entreprises provoqua une crise bancaire et une inflation galopante.

Dans la première étape de la réforme, le gouvernement subventionna aussi la population urbaine à travers le prix des produits agricoles. En 1984, la production de céréales atteignit le pic historique de 400 millions de tonnes, et le marché assurait 30 % de la distribution. Le Parti estima que le temps était venu de renoncer à son contrôle sur les prix et sur l'approvisionnement en céréales. Le 1er janvier 1985, le Conseil d'État annonçait la suppression de l'approvisionnement obligatoire en céréales. La décision provoqua, cette année-là, une très forte croissance du prix des céréales sur le marché (10 %). Parallèlement, 80 % des ventes de céréales dans les zones urbaines se faisaient toujours par les canaux de distribution étatiques, où les prix étaient maintenus à un niveau bas. En d'autres termes, il y avait deux prix du « marché » des céréales : le prix du marché libre et celui du « marché » contrôlé par le gouvernement. C'était un marché bizarre. L'acteur principal, l'État, achetait des céréales sur le marché libre rural à un prix relativement élevé, puis vendait aux résidents urbains ce qu'ils désiraient à un prix subventionné. Le prix des céréales était ainsi moins élevé dans les villes que dans les campagnes.

Du fait des subventions accrues aux EAE et aux résidents urbains, et de l'incapacité de l'État de s'attaquer aux nouveaux acteurs économiques pour en faire une base fiscale viable, le budget du gouvernement central était en grave déséquilibre. Comme le montre la figure 3.3, à partir de 1978, les recettes fiscales de l'État ne cessèrent de diminuer, provoquant enfin, au début des années 1990, une prise de conscience. En 1995, elles atteignaient un bas niveau historique de 10,8 % du PIB, ce qui provoqua un déficit de 1 % du PIB. Si le déficit officiel n'était pas élevé, les énormes pertes de recettes apparaissaient dans le budget

Figure 3.3. Recettes et dépenses du gouvernement central en % du PIB, 1978-2011.

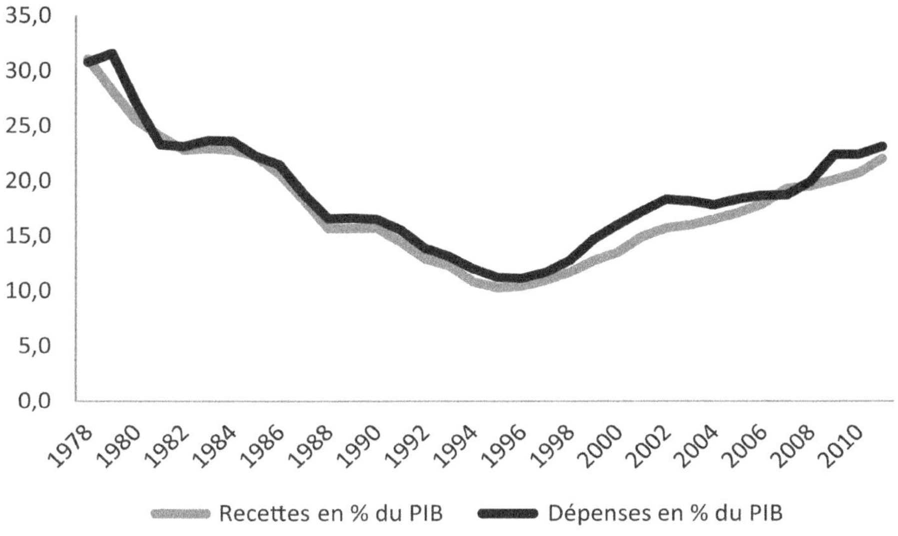

Source : CEIC.

des banques appartenant à l'État. Une crise bancaire se préparait, accompagnée d'une période de profonde instabilité politique et macroéconomique.

DE LA DÉCENTRALISATION BANCAIRE À L'INFLATION GALOPANTE (1984-1988)

Pendant la période socialiste, les activités bancaires étaient centralisées dans une monobanque, la Banque populaire de Chine, qui était un service du ministère des Finances. Cette structure était en cohérence avec la planification centrale. La monobanque s'apparentait davantage à un système de comptabilité qu'à un système de crédit. La planification centrale fixait les prix et les quantités produites, celles-ci déterminant la demande qui pouvait être satisfaite. La monobanque faisait donc partie du mécanisme de contrôle et vérifiait l'exécution du plan.

La première mesure de réforme fut prise à la fin de 1979, quand la Banque populaire de Chine se sépara du ministère des Finances pour devenir une entité distincte. Parallèlement, quatre banques spécialisées appartenant à l'État furent soit formées à partir d'anciens services de la monobanque, soit créées *ex nihilo* pour financer l'économie. La Banque de construction de Chine, créée en 1954, finançait les investissements fixes dans l'industrie. La Banque de Chine reçut le mandat de traiter les transactions liées aux investissements et aux échanges extérieurs. Dans les années 1980, pas grand-chose ne fut fait pour structurer le système financier en fonction d'une économie de marché. La Banque agricole de Chine fut créée en 1979 pour les zones rurales. Et la Banque industrielle et commerciale de Chine fut créée en 1984 pour s'occuper de ce qu'il restait des activités commerciales de la Banque populaire de Chine, celle-ci jouant désormais le rôle exclusif de banque centrale.

Ainsi, en 1984, la réforme bancaire avait atteint un stade où la Banque populaire de Chine était complètement séparée des banques sectorielles d'État et était devenue une banque centrale. En 1986, les quatre banques eurent le droit, et y furent même encouragées, de se faire concurrence pour prêter à tous les secteurs de l'économie. Elles ne reçurent toutefois pas le statut de banque commerciale avant 1995. Cela fera partie de la seconde étape de la réforme, commencée en 1994. D'un côté, l'autorité de la banque centrale a été renforcée, tout comme sa mission de contrôle de l'offre monétaire. De l'autre, la loi sur les banques commerciales leur a accordé l'autonomie dans la gestion de leurs activités de crédit, ainsi qu'une pleine responsabilité vis-à-vis de leurs déposants.

La réforme de 1984-1986 était tout aussi incomplète dans la finance que dans l'industrie. Les quatre banques n'avaient pas la possibilité de gérer leur activité dans un environnement concurrentiel. À la même époque, comme on l'a vu plus haut, le principe de responsabilité fut étendu des exploitations agricoles à toutes les autres entreprises. À la marge, quand celles-ci avaient rempli leurs obligations planifiées, elles pouvaient vendre leurs produits pour leur propre profit. Mais l'autonomie des grandes entreprises publiques avait affaibli le contrôle de l'État sans transformer pour autant leurs gestionnaires en entrepreneurs efficaces. Ils nouèrent des liens étroits avec les officiels des gouvernements locaux, si bien que le revenu des gestionnaires et des officiels locaux augmenta fortement au détriment des profits des firmes. Comme on l'a vu, nombre d'EAE survivaient par l'emprunt. Il s'agissait de prêts garantis par les banques. L'incapacité de celles-ci à substituer un contrôle financier efficace au contrôle planifié permit à ces entreprises de bénéficier d'une contrainte budgétaire molle.

Comme l'a bien montré Janos Kornaï, cette distorsion réglementaire exista aussi en Union soviétique à la toute fin de la période socialiste. Se sentant dégagées de leurs obligations financières vis-à-vis de l'État, les entreprises avaient alors recouru à des crédits bancaires à découvert pour socialiser leurs dettes, tout en privatisant les profits par des manipulations comptables et des prix négociés. En Chine, cependant, l'ouverture de l'économie aux marchés mondiaux a mis des entraves à la capture des marchés par des monopoles et introduit quelques contraintes concurrentielles, au moins dans l'industrie.

Il en est allé tout autrement dans le secteur bancaire. Les taux d'intérêt étant toujours totalement réglementés, il n'y avait pas de concurrence des prix, même à la marge. En outre, la forte concentration du système bancaire a protégé celui-ci de la concurrence étrangère, et rien n'est venu remplacer la direction donnée auparavant par la planification centrale à travers la monobanque. Aussi les grandes banques ont-elles pu alléger leurs contraintes budgétaires en lâchant la bride à leurs branches locales. Celles-ci, s'affranchissant du contrôle du siège, se sont exposées à la pression des officiels locaux, qui demandaient des prêts politiques. Les dirigeants des banques ont eu à cœur d'y répondre, parce que, du fait des taux d'intérêt fixes, leur revenu était une fonction positive du volume de prêts accordés en collusion avec les gouvernements locaux.

Parallèlement, ces derniers ont favorisé le développement de banques régionales, qu'ils possédaient en partie, la plupart dans les zones côtières où avaient été créées les zones économiques spéciales. Un réseau de coopératives de crédit rural a également été mis sur pied. Elles étaient censées être placées sous la supervision de la Banque agricole de Chine. Les coopératives de crédit urbain ont, elles aussi, proliféré.

Ce système ne pouvait fonctionner à grande échelle que si le contrôle monétaire était souple et s'il n'existait pas de contrôle prudentiel. En effet, le gouvernement avait offert aux banques la capacité de faire crédit en toute indépendance, sans admettre que les banques ne sont pas des entreprises ordinaires. Or les banques se distinguent par leur bilan. En gérant le système de paiement et en protégeant les dépôts, qui sont des contrats à terme fixe et à échéance indéterminée pour, potentiellement, l'ensemble de la population, les banques ont, du côté de leur passif, une fonction de bien public. Inversement, ce sont des entités qui prennent des risques du côté de leur actif en faisant des prêts qui sont risqués et qui s'étendent sur un large éventail d'échéances. Il s'ensuit que les banques se livrent à une transformation massive d'échéances qui fait courir des risques à leurs déposants, lesquels n'ont aucun moyen de les contrôler. En outre, les banques sont interconnectées dans un réseau. Tout prêt donne lieu en contrepartie à un risque interbancaire. Les banques ont donc une nature systémique, en particulier si le système bancaire est très concentré. Enfin, comme l'agrégat des dépôts bancaires constitue l'essentiel de l'offre monétaire, les banques influencent directement le niveau des prix et ses variations dans le temps, c'est-à-dire l'inflation.

Si l'on comprend la nature de l'activité bancaire, on ne sera donc pas surpris par les conséquences de la demi-réforme bancaire de 1984-1986. D'un côté, le crédit bancaire a explosé sans considération pour le risque ou le rendement des actifs financés par ces prêts. De l'autre, la banque centrale nouvellement créée manquait d'expérience et de doctrine en matière de politique monétaire. Elle validait les prêts accordés par les banques en créant la base monétaire nécessaire pour les maintenir à flot. Aussi l'inflation s'est-elle fortement accélérée pour atteindre 18 % en 1988.

Par ailleurs, les petites et moyennes entreprises urbaines se sont développées dès que l'activité privée a été tolérée. Elles se sont financées en partie auprès des coopératives de crédit, en partie par des crédits informels et par l'autofinancement. Leur expansion en nombre explique l'essentiel du pic exceptionnel d'épargne nationale dans les années 1980, passée de 20 % du PIB en 1981 à 30 % sept ans plus tard. Après 1984, le financement a été largement dû à la hausse des prix. L'inflation atteignit un pic en 1988 et en 1989, avec une augmentation de 18 % d'une année sur l'autre (*cf.* figure 3.4).

L'impact de l'inflation s'avéra dévastateur. En 1988, l'agitation sociale se répandit dans tout le pays. Le jeu gagnant-gagnant de la première étape de la réforme avait brutalement pris fin. L'inflation réduisait fortement le revenu réel parce que la plupart des salaires étaient encore réglementés par l'État et, donc, plus rigides que les prix.

Figure 3.4. TAUX D'INFLATION (%).

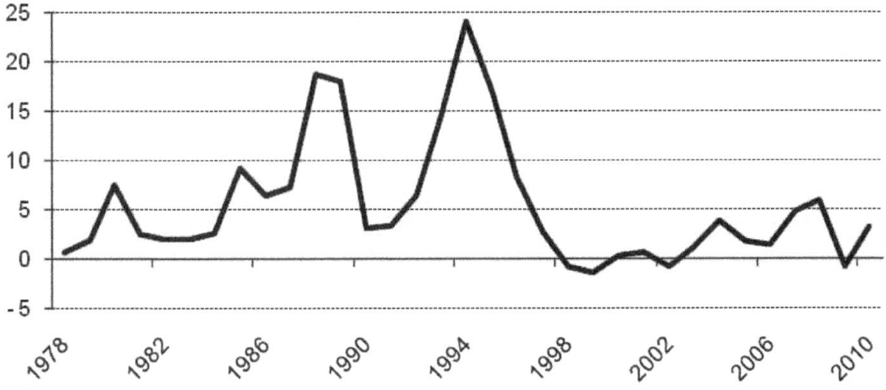

Source : CEIC.

Au printemps 1989, une alchimie improbable se produisit, déjà observée en France au printemps 1968. La forte agitation sociale interféra avec un soulèvement étudiant, la ligne de front la plus avancée d'un mouvement de jeunes qui réclamaient plus de libertés individuelles. Malheureusement, cela se termina par une tragédie, place Tiananmen, en juin 1989, sans doute en raison de graves dissensions politiques à l'intérieur du Parti à l'époque.

Le manque de régulation économique provoqua une forte instabilité du régime de croissance. La croissance du PIB passa de 6 à 16 % entre 1982 et 1986, tomba à 9 % en 1987 et rebondit à 12 % en 1988, avant de chuter à 4 % en 1992, suivie par un début de restauration à 14 % en 1994 (*cf.* figure 3.5), qui ne fit que redoubler l'inflation. C'est alors que la Chine réussit le lancement de la seconde phase de réforme et, dans les années suivantes, parvint à maîtriser l'inflation.

UNE RÉFORME RURALE QUI BÉNÉFICIE À TOUS, UNE RÉFORME URBAINE MAL CONÇUE QUI PRÉCIPITE UNE CRISE

Ce qui fait de la première étape de la réforme chinoise quelque chose d'unique, c'est que cette réforme, jusqu'à l'inflation de 1988, a bénéficié à tous. C'est aussi pour cette raison qu'elle a joui d'une forte légitimité dans toute la population. Le secret de l'amélioration générale du bien-être dans cette première phase, ce n'est donc pas une transition vers le capitalisme, mais ce qu'on peut appeler une réforme « postsocialiste ».

Dans cette phase de la réforme, la Chine rurale a connu une réelle hausse de la productivité agricole ; c'est moins vrai de l'industrie. Ces

Figure 3.5. Taux de croissance du PIB et du PIB par personne.

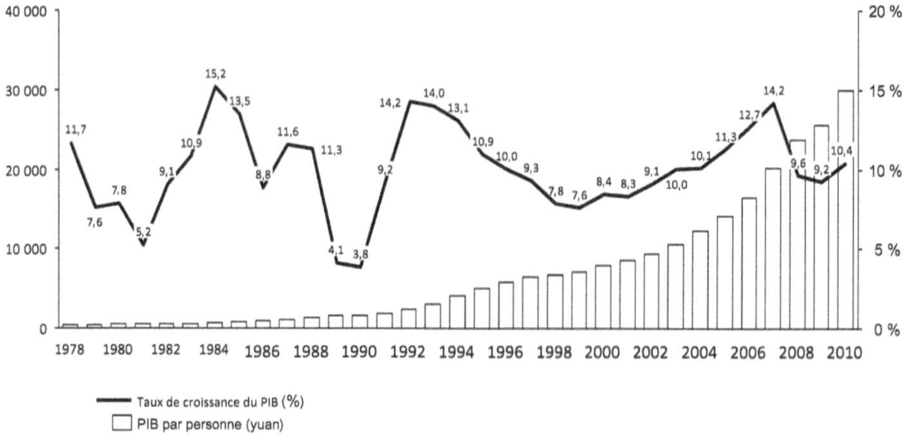

Source : Annuaire statistique de la Chine (différentes années).

gains de productivité ont été eux-mêmes permis par les infrastructures institutionnelles créées dans la période de la planification socialiste. Les bénéfices de ces gains ont pu être distribués de façon relativement égale à l'ensemble de la population, grâce au principe de distribution égalitaire hérité de la période d'économie planifiée.

La réforme a aussi été acceptée par les bureaucrates, qui constataient que la libéralisation accroissait les opportunités de traduire leur pouvoir politique en richesses économiques. Un nouveau système de parrainage politique était né.

L'inachèvement des réformes dans les régions urbaines créait toutefois pour le gouvernement central un véritable fardeau fiscal, qu'il transféra aux banques, qui n'avaient pas été totalement réformées. L'explosion du crédit provoqua une inflation galopante et des soubresauts politiques. La première étape de la réforme périclita dans la crise.

Conclusion

En réexaminant attentivement l'histoire de la Chine communiste et le commencement de la réforme de 1978, on voit que celle-ci n'avait pas pour logique politique la convergence vers la libéralisation de marché, mais le maintien du régime politique unitaire spécifique à la Chine. C'est cet objectif pragmatique qui était derrière la « grande poussée de l'industrialisation » et des réformes lancées en 1978.

En 1949, la Chine faisait face à une forte contrainte de l'output agricole sur l'industrie. Le pays, isolé sur la scène internationale, avait été dévasté par des guerres continues. À cette époque, la « grande poussée de l'industrialisation » était la meilleure stratégie pour minimiser les tensions dans l'agriculture et maximiser l'accumulation industrielle. Si l'économie dirigée n'a pas conduit et ne pouvait pas conduire la Chine sur la voie d'une dynamique endogène d'industrialisation, le pays, entre 1949 et 1978, a toutefois réussi à créer sa base industrielle, à améliorer la santé et l'éducation de sa population, et à restaurer un État fort et unitaire.

À la fin des années 1970, des changements fondamentaux en matière de productivité agricole, d'environnement international et de structure démographique ont offert à la Chine des conditions bien plus propices au lancement d'un processus dynamique d'industrialisation. En même temps, le mécontentement de la population par rapport à la stagnation de son niveau de vie mettait directement en cause la légitimité du régime politique communiste. Dans ce contexte, introduire des mécanismes de marché était tout à fait approprié pour dynamiser l'économie chinoise et protéger le régime politique. Cette évolution fut un très grand succès. Mais cela ne signifie pas que la logique fondamentale des réformes était dans la ligne des « valeurs universelles » de type occidental. Si nécessaire, l'économie pouvait aussi repasser du marché à la planification, comme cela s'était produit au début des années 1950. La véritable logique des réformes, en 1978 et avant, a toujours été de préserver l'unité du régime politique. Dans le prochain chapitre, nous montrerons que cette logique fut à l'œuvre également dans la seconde phase de la réforme, entre 1994 et 2008.

Chapitre 4

LA SECONDE PHASE DE LA RÉFORME

Comme on l'a vu dans le précédent chapitre, la logique politique ayant guidé la réforme chinoise n'est pas la convergence vers une libéralisation du marché, mais la préservation d'un régime politique unitaire spécifique. Aussi les mesures de réforme n'ont-elles pas cherché à procéder à une thérapie de choc pour atteindre un idéal préétabli, mais à réaliser des progrès graduels et cumulatifs à partir des conditions et des opportunités existantes. Les réformateurs chinois ont exprimé cette attitude pragmatique par une série de slogans largement diffusés au début des années 1980. La rumeur dit que la plupart d'entre eux sont l'œuvre de Deng Xiaoping. L'un des plus célèbres, la « théorie du chat », veut qu'il importe peu qu'un chat soit noir ou blanc, pourvu qu'il sache attraper les souris. Il y a aussi la métaphore qui compare le processus de réforme à la traversée d'une rivière en tâtant chaque pierre. Ces slogans visaient à encourager la population, sans contrainte idéologique, à accepter une réforme conçue comme un processus expérimental, destiné à résoudre les problèmes pragmatiques au jour le jour.

Compte tenu de ce pragmatisme, la première phase de la réforme (1978-1993) décrite dans le chapitre précédent n'a pas rompu de façon brutale avec les institutions socialistes. Elle a même hérité des caractéristiques du régime, tiré pleinement parti des fondements posés pendant la période socialiste et cherché à s'attaquer aux problèmes les plus pressants qui en résultaient. L'une des institutions héritées de la période socialiste qui a le plus influencé le déploiement de la première phase de réforme était le système de répartition relativement égalitaire du revenu national[1].

1. Il faut reconnaître que l'écart de revenu entre la Chine rurale et la Chine urbaine était sensible. En 1978, le revenu urbain moyen était 2,7 fois plus élevé que le revenu rural moyen.

En Chine rurale, cette répartition égalitaire était fondée sur la distribution égalitaire de la terre et sur la propriété collective des entreprises de bourg et de village (EBV). En Chine urbaine, elle était fondée sur un système d'emploi dépendant de l'État[1], dont les règles de rémunération étaient décidées au niveau national. Ce système permettait de distribuer les profits engendrés par les gains de productivité à une très large partie de la population. Il a permis à la première phase de réforme de se faire « sans perdants ». Grâce à l'amélioration générale du niveau de bien-être en Chine, le mot « réforme » a rencontré dans la population une large acceptation et bénéficié d'une légitimité politique qui conférait au Parti communiste assez de crédit pour pouvoir prendre des mesures encore plus radicales lors de la seconde phase de la réforme, à partir de 1994. Toutefois, c'est aussi ce système de répartition égalitaire, et la forte volonté du gouvernement de préserver l'amélioration du bien-être de la population, qui a provoqué la dégradation de plus en plus grande de l'équilibre budgétaire de l'État chinois. La dette publique ayant contaminé le système bancaire, l'inflation élevée et les soulèvements politiques que celle-ci suscita mirent fin aux « années dorées » de la « réforme sans perdants » et précipitèrent la Chine dans un autre régime de croissance.

Un système fiscal inadapté à l'avancée des marchés

Pour mieux comprendre pourquoi les mesures de réforme prises dans la première phase de réforme ont affaibli à ce point la capacité budgétaire de l'État central, un réexamen du système fiscal chinois, dans le cadre de l'économie planifiée, est ici nécessaire. L'économie planifiée chinoise, similaire à celle de l'Union soviétique, était un État-parti-entreprise. La totalité de l'économie nationale (et en particulier l'industrie urbaine) était dirigée par une seule entreprise, l'État faisant office de siège social et les entreprises publiques, d'unités opérationnelles. Dans ce système, les entreprises n'avaient aucun pouvoir managérial. Leur fonction était de remplir les quotas de production définis par l'organisme responsable de la planification centrale. Les ressources consacrées aux opérations de fonctionnement et aux investissements

1. 80 % de la population active travaillait pour l'État, soit en tant que fonctionnaires, soit comme employés des EAE. Le taux de chômage dans la Chine socialiste était extrêmement faible.

étaient allouées aux entreprises quand cela était nécessaire, et l'ensemble des outputs revenaient à l'État. Il y avait certes des prix, mais ils n'étaient qu'un outil de mesure comptable de la gigantesque entreprise-État-parti. Dans cette économie planifiée, la notion d'impôt n'existait apparemment pas. L'État collectait tous les revenus des entreprises publiques, qui constituaient la source de recettes fiscales la plus importante du gouvernement central. En tant que branches de l'État central, les exécutifs locaux, pour fournir les biens publics et les services locaux nécessaires, avaient un droit sur les recettes fiscales à travers un système de partage. Le taux de partage était défini chaque année après d'intenses négociations politiques.

Avant 1978, la rentabilité de la plupart des entreprises publiques reposait sur deux facteurs : (1) le système de prix était favorable à la production industrielle et défavorable à la production agricole ; (2) les entreprises publiques bénéficiaient d'un monopole total sur les marchés industriels. La profitabilité des entreprises publiques garantissait que l'État chinois était, lui aussi, riche. Au milieu des années 1950, le gouvernement était déjà en mesure de lever plus de 25 % du PIB national sous forme de recettes fiscales. Compte tenu du faible niveau de développement de la Chine à l'époque, et du faible pouvoir d'extraction fiscale du gouvernement nationaliste avant la guerre, c'était un résultat remarquable (Naughton, 2007, p. 60).

Après le lancement de la réforme, en 1978, ce système fiscal fondé sur le revenu a cependant commencé à s'éroder. En 1979, les prix du quota de produits agricoles ont augmenté de 20 % ; en même temps, pour la première fois, les échanges sur les marchés de produits agricoles étaient autorisés. Cette nouvelle politique indiquait le début d'une correction des prix pour les produits agricoles. L'avantage-prix des outputs industriels par rapport aux outputs agricoles se réduisit. Avec l'approfondissement de la réforme, la profitabilité des entreprises publiques a aussi été remise en cause par l'apparition de producteurs industriels en dehors de l'économie planifiée traditionnelle : petites et moyennes entreprises (PME) dans les régions urbaines, entreprises de bourg et de village dans les régions rurales, entreprises étrangères dans les régions côtières. L'apparition de ces nouveaux acteurs économiques, situés en dehors du système planifié, mit fin au monopole des entreprises publiques sur les marchés des biens industriels. Les entreprises publiques, ou même les bureaux de planification de l'État, n'avaient plus le contrôle absolu des prix de vente. Parallèlement, l'État a continué d'imposer des hausses de salaire pour les employés des entreprises publiques. La marge bénéficiaire de celles-ci était donc attaquée de toutes parts.

Avec un système fiscal fondé sur le revenu, le déclin de la profitabilité des entreprises publiques provoqua une forte diminution des recettes fiscales de l'État central. En même temps, la vive croissance économique en dehors du système de planification ne pouvait pas être imposée efficacement en raison de déficiences institutionnelles en matière de collecte fiscale. Des efforts furent donc faits pour stimuler la capacité fiscale de l'État central. La plupart échouèrent et placèrent le gouvernement chinois dans une situation budgétaire encore plus critique.

Il y eut, par exemple, le système de « contrat » de partage des profits, créé dans les années 1980. Dans le chapitre précédent, nous avons déjà évoqué le rôle que ce système de « contrat » a joué dans la réforme des entreprises publiques. Nous n'avons pas mentionné toutefois qu'en 1988, face à une forte baisse des recettes fiscales, et n'ayant pas la capacité suffisante de contrôler la collecte fiscale dans les provinces, le gouvernement chinois avait aussi introduit ces « contrats » pour réguler le taux de partage des recettes entre les gouvernements locaux et lui-même. Ce système de contrat a reçu le nom de « système de responsabilité budgétaire » (Wong et Bird, 2008, p. 431). Il fonctionnait de la façon suivante : les gouvernements provinciaux ne reversaient qu'un montant déterminé de recettes au gouvernement central et conservaient le reste pour leur usage. Ces contrats de partage des recettes ont encore affaibli la capacité fiscale de l'État chinois, et ce pour au moins trois raisons. D'abord, les versements des gouvernements locaux étant fixés par contrat, le gouvernement central n'a pu bénéficier de la forte croissance économique du pays. En 1988, les exécutifs locaux ont ainsi gardé pour eux 96,7 % des recettes fiscales supplémentaires et l'État central n'en a reçu que 3,3 % (Xin, 1996, p. 550). Cette répartition très inégale des ressources fiscales nouvelles est restée identique jusqu'à la réforme fiscale de 1994. La figure 4.1 témoigne sans ambiguïté de la chute de la part du gouvernement central dans les recettes fiscales totales. Deuxième facteur : le « système de responsabilité budgétaire » ne prenait pas en compte l'inflation. Or le pays, à partir de 1988, a connu une forte inflation (*cf.* chapitre 3). Comme les versements des gouvernements locaux étaient fixés en valeur nominale, l'inflation a entamé les revenus réels de l'État central et augmenté ses dépenses. En 1988, par exemple, si les recettes fiscales centrales nominales ont crû de 6,5 % par rapport à 1987, l'indice des prix à la consommation (IPC), lui, était de 18,5 %. Les revenus du gouvernement central ont donc fortement baissé en termes réels. L'autre défaut fatal du système de contrat, c'est que celui-ci n'avait pas de force contraignante sur les contractants en cas de pertes. Managers et officiels locaux n'ont eu aucune difficulté à garder pour eux les excédents quand il y en avait. Mais ils n'étaient pas tenus pleinement responsables en cas de déficit. Cette situation fut un terrain propice à l'« aléa moral ». La première phase de la réforme ayant hérité de caractéristiques socialistes, la faillite et le licenciement n'étaient pas politiquement tolérés. L'État central ne pouvait ni accaparer la totalité des versements promis par contrat ni s'abstenir d'agir en « dernier ressort » pour les entreprises publiques et les collectivités locales. Il n'est donc pas étonnant que la capacité fiscale de l'État central ait continué de baisser (*cf.* figure 4.1). À son point le plus bas, le budget central n'allouait ainsi que 3 % du PIB national (Wong et Bird, 2008, p. 432). Au milieu des années 1990, la moitié des dépenses de l'État central était financée par la dette. Les banques étaient obligées d'accorder des prêts sans gestion du risque adaptée. À cause de la montée des prêts non performants, et d'une inflation qui, avec la forte expansion de l'offre de monnaie, échappa à tout contrôle en 1993, une sérieuse crise bancaire se préparait.

Ces trois crises, c'est-à-dire la déficience fiscale de l'État central, l'accumulation accélérée de prêts non performants dans les banques

Figure 4.1. L'ÉVOLUTION DES CAPACITÉS FISCALES DE LA CHINE DE 1978 À 1993.

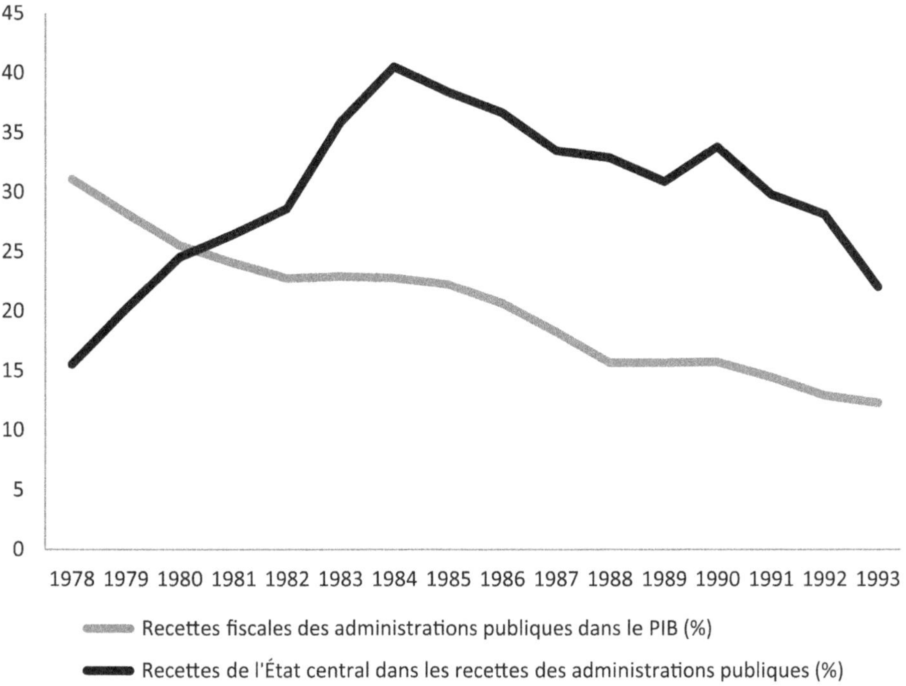

Source : CEIC.

et l'inflation galopante, ont éclaté simultanément à la fin de la première phase de la réforme et se sont traduites par une grave crise à l'intérieur du Parti communiste chinois. Les menaces pesant sur le régime politique sont alors venues de toutes parts. Nous avons rappelé, dans le précédent chapitre, trois des principales conditions de la durabilité d'un régime politique hiérarchique et unitaire dans une société à deux strates : offrir à la population un niveau de bien-être acceptable, aligner le comportement des bureaucrates sur les objectifs politiques du gouvernement central, interdire l'existence de tout groupe organisé susceptible de constituer un pouvoir politique indépendant. Dans la première phase de la réforme, pendant la période socialiste, l'amélioration du bien-être, attendue depuis longtemps, a contraint les réformateurs chinois de donner la priorité à la première condition, afin de préserver leur légitimité politique. Ce fut la période de réforme « sans perdants ». Le niveau de bien-être général de l'ensemble de la population a connu une amélioration sensible, et plus de 400 millions de Chinois sont sortis de la pauvreté absolue. Mais, entre la fin des années 1980 et le milieu des années 1990, ce régime de croissance a mis gravement en péril les trois conditions nécessaires à la préservation du régime politique socialiste. La condition la plus sérieusement menacée était le contrôle du gouvernement central sur le comportement de ses bureaucrates. Grâce au système de contrat de partage des recettes, les exécutifs locaux bénéficiaient d'une large autonomie financière. Et les recettes fiscales de l'État central étaient détournées par les collectivités locales, responsables de la collecte des impôts. L'affaiblissement de la capacité fiscale de l'État central a mis en danger la crédibilité du régime politique unitaire. Le système bureaucratique hiérarchique s'effondrait de l'intérieur. Parallèlement, un vaste secteur économique privé, né en marge du système bureaucratique, connaissait une croissance rapide. Durant la première phase de réforme, la Chine n'avait cependant pas suffisamment développé ses institutions de régulation pour être en mesure de guider les activités des nouvelles organisations économiques. De ce fait, celles-ci n'étaient pas seulement indépendantes du système bureaucratique : elles incitaient également les bureaucrates à quitter le système politique pour « sauter dans la mer [1] ». Autrement dit, l'économie privée commençait à menacer l'autorité absolue de l'État central, ce qui ne pouvait pas être toléré dans un régime politique fondé sur une société à deux strates. Pire encore,

1. « Sauter dans la mer » était une expression populaire à la fin des années 1980 et au début des années 1990, en référence au fait de renoncer à un emploi dans le système étatique pour en prendre un dans l'économie privée.

à la fin des années 1980, quand l'inflation échappa à tout contrôle, le bien-être de la population en souffrit fortement. Le régime du Parti communiste chinois dut alors faire face à une menace sérieuse. Sans mesures efficaces pour changer la situation, le régime aurait pu s'écrouler.

Cette situation critique appelait des mesures radicales et une poigne de fer pour les mettre en œuvre. Zhu Rongji, connu pour sa fermeté, fut nommé vice-Premier ministre en 1993, puis Premier ministre en 1998. Immédiatement après son accession au pouvoir, Zhu prit une série de mesures radicales qui firent entrer la réforme chinoise dans sa seconde phase. La logique de celle-ci restait cependant identique : préserver le régime politique hiérarchique unitaire du Parti communiste. Les mesures prises durant cette phase de réforme furent ainsi conçues pour répondre systématiquement à tous les défis auxquels devait faire face le régime socialiste et que nous avons décrits plus haut. Ce faisant, le régime de croissance s'en trouva profondément transformé.

Renforcer le contrôle politique du gouvernement central

UN NOUVEAU RÉGIME FISCAL

Pour restaurer le contrôle de l'État sur le système bureaucratique, une des mesures les plus urgentes était de renforcer la capacité fiscale du gouvernement central. Le premier objectif de la réforme fiscale de 1994 a donc été de recentraliser le contrôle fiscal. Cet objectif a été réalisé en trois étapes.

Du revenu à l'impôt

La première étape consista à créer un système d'imposition moderne, pour que les activités économiques échappant à la planification pussent être effectivement taxées. Après 1978, bien que des acteurs économiques non étatiques soient apparus et aient bénéficié d'une croissance rapide, la Chine n'avait pas créé de régime d'imposition moderne couvrant, à parts égales, l'État et les secteurs non étatiques. La réforme fiscale de 1994 fut la première tentative de transformation systématique du système fiscal chinois, qui passa d'un système fondé sur le revenu à un système fondé sur l'impôt. Si les mesures étaient encore grossières, et si le système était loin d'être complet, la naissance d'un embryon de système d'imposition moderne était cependant d'une grande importance.

Une taxe sur la valeur ajoutée (TVA), à taux unique, fut adoptée pour unifier tous les impôts pesant sur les activités industrielles [1]. Pour le secteur des services, on créa une taxe sur les ventes. Le taux allait de 3 à 20 % selon le type d'activité. Outre la TVA, onze segments de produits [2], considérés comme luxueux ou néfastes pour la santé publique, furent soumis à une taxe sur la consommation. Un impôt sur le revenu des entreprises fut aussi adopté [3]. À cet égard, les entreprises étrangères ont bénéficié de taux préférentiels, et ce traitement privilégié fut maintenu jusqu'en 2008. Le régime de l'impôt sur le revenu personnel connut également plusieurs ajustements en 1994 pour être plus en cohérence avec la nouvelle structure des revenus.

La création de principes d'imposition modernes était une condition préalable indispensable pour régler la question du partage fiscal entre les gouvernements locaux et le gouvernement central. La TVA unitaire et les mesures d'impôt sur le revenu ont permis de mettre sur un même pied l'ensemble des acteurs économiques, quel que fût le régime de propriété sous lequel ils étaient placés. La base fiscale industrielle était mieux définie que par le passé. L'évasion fiscale et la multitude d'impôts extrabudgétaires furent réduites. Grâce à l'unification des régimes fiscaux au niveau national, l'État central définissait désormais seul la politique fiscale. Une fois cette mesure prise, le gouvernement central retrouva rapidement l'initiative au détriment des gouvernements locaux.

Un nouveau plan de partage fiscal

La deuxième étape de la réforme fiscale de 1994 a consisté à abolir le « système de responsabilité » et à créer un système de partage fiscal bien codifié. Ce changement redéfinissait directement la relation budgétaire entre l'État central et les gouvernements provinciaux. La TVA, par exemple, fut définie comme un impôt partagé. Le gouvernement central prélevait 75 % et les 25 % restants revenaient aux gouvernements locaux. La TVA étant l'impôt le plus important du nouveau

---

1. Le taux de TVA pour les activités industrielles est de 17 %. Il existe aussi un taux préférentiel de 13 %.

2. Les onze segments comprennent : le tabac, le vin, l'alcool, les cosmétiques, les produits de soin pour la peau, les bijoux précieux, les bijoux en jade, les pétards et les feux d'artifice, l'essence, le diesel, les pneus automobiles, les motos et les voitures.

3. Le taux de l'impôt sur le revenu des entreprises fut fixé à 33 %.

Figure 4.2. Les transferts centraux par rapport aux dépenses locales, en %.

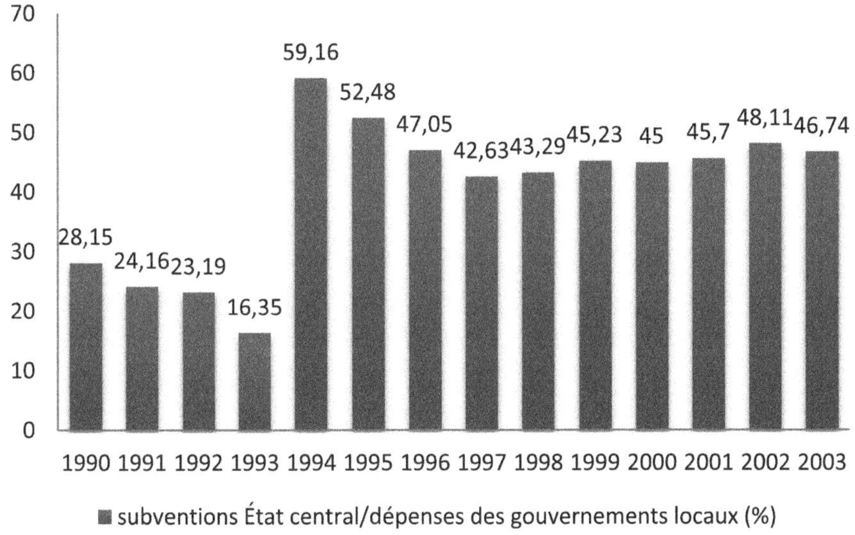

Source : Calcul avec les données de l'Annuaire statistique de la Chine.

régime fiscal, le partage 75/25 redonnait à l'État central la maîtrise du partage des recettes fiscales[1].

La réforme du partage fiscal eut un impact immédiat. La part de l'État dans la totalité des recettes fiscales bondit, en un an, d'un maigre 22 % à 55,7 %. Si cette part connut un léger ajustement à la baisse dans les années qui suivirent, elle resta pratiquement au même niveau tout au long de la seconde phase de la réforme. Parallèlement, le partage des dépenses budgétaires ne connut pas d'évolution majeure avant et après 1994. Les gouvernements locaux, qui avaient toujours assumé plus de 60 % des responsabilités budgétaires, sont devenus, pour la plupart, très dépendants des transferts fiscaux centraux[2] (*cf.* figure 4.2). Ce changement radical des relations de pouvoir s'est avéré tout à fait

1. D'après le régime fiscal de 1994, le gouvernement central prélevait aussi la totalité des impôts à la consommation, tandis que les gouvernements locaux prélevaient les impôts sur les bénéfices et les impôts sur le revenu. Depuis 2003, ces derniers sont partagés entre l'État central et les gouvernements locaux sur une base 60/40.

2. L'objectif principal de la réforme de 1994 étant de renforcer le contrôle fiscal de l'État central, le plan de transfert n'était lui-même pas conçu de façon soigneuse. C'est encore un aspect incomplet de l'actuel système de partage fiscal en Chine. Dans le chapitre 7, nous discuterons à nouveau des insuffisances du système de transfert et proposerons de possibles orientations pour la réforme future.

bénéfique au renforcement du contrôle du gouvernement central sur les collectivités locales.

La restructuration de l'administration fiscale

La dernière étape de la réforme de 1994 fut de restructurer, pour la renforcer, l'administration fiscale. Une fois que le régime fiscal et le système de partage fiscal étaient en place, il était nécessaire de créer une administration fiscale capable de faire appliquer les mesures prises. Pour protéger la part des recettes fiscales de l'État de toute manipulation locale, les anciens bureaux locaux des impôts ont été divisés en deux. La Chine créa un système fiscal unitaire, avec deux administrations fiscales. L'une a été placée sous le contrôle direct du gouvernement central. Cette administration fiscale nationale a la responsabilité de la collecte des impôts centraux et des impôts partagés. La seconde, contrôlée par les gouvernements locaux, collecte les impôts locaux, les impôts sur les sociétés et les impôts sur le revenu. Avec ce système d'administration fiscale « à deux niveaux », le gouvernement central maîtrise la collecte de la TVA, l'impôt le plus important, garantissant ainsi la sécurité fiscale de l'État contre tout risque d'érosion locale.

Si nous avons décrit la réforme fiscale de 1994 comme un processus en trois étapes, la mise en œuvre de celles-ci s'est en réalité doublée d'un processus politique poursuivant un seul et même objectif : renforcer le contrôle de l'État sur les collectivités locales par la recentralisation du pouvoir fiscal. Mesurée à cette aune, la réforme fiscale de 1994 fut un immense succès. Non seulement la part de l'État central dans les recettes fiscales est passée de 22 % en 1993 à 55,7 % en 1994, mais la part des recettes fiscales dans le PIB chinois a aussi bénéficié d'une croissance régulière tout au long de la seconde phase de la réforme (*cf.* figure 4.3). Le gouvernement central a enfin les pleins pouvoirs de décision en matière de politique fiscale et recueille près de 60 % de la totalité des recettes fiscales. Quant à l'autonomie fiscale des gouvernements locaux, elle est désormais, au moins côté recettes, durablement affaiblie.

Il faut noter que la réforme fiscale de 1994 reste cependant à mi-chemin de l'édification d'un système fiscal moderne. Son objectif premier étant de recentraliser le pouvoir fiscal, l'élaboration du régime fiscal, la méthode de calcul des transferts fiscaux, le plan de partage des dépenses budgétaires, etc., rien n'était encore précisé. Avec le temps, les défauts du système de 1994 se sont faits d'ailleurs de plus en plus sensibles, rendant nécessaires un certain nombre d'ajustements. Nous en parlerons dans le chapitre 7.

Figure 4.3. ÉVOLUTION DE LA CAPACITÉ FISCALE DE LA CHINE, 1990-2010.

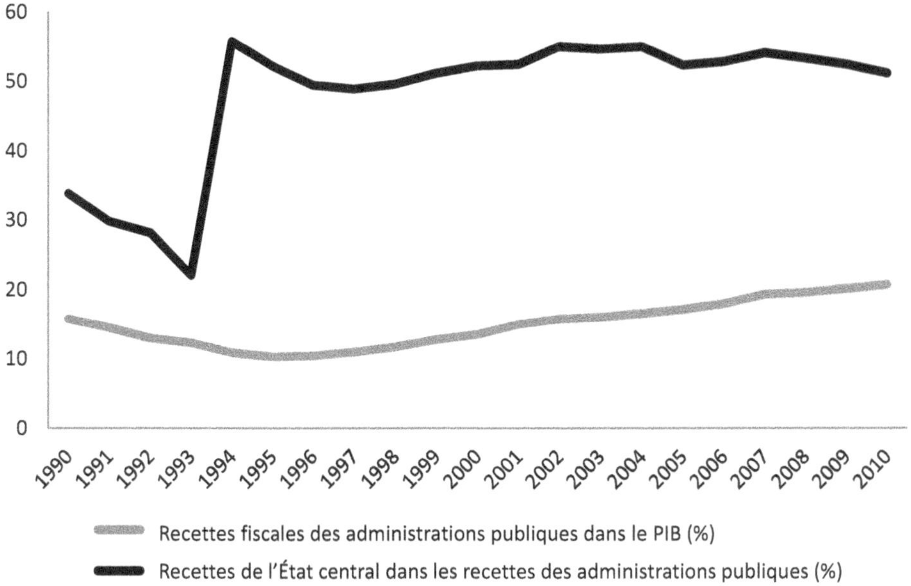

Source : CEIC.

REPOSITIONNER LES ENTREPRISES PUBLIQUES

Avec la mise en œuvre rapide de la réforme fiscale, le gouvernement central a pu renforcer sa position financière du côté des recettes. Mais la profitabilité agrégée des entreprises publiques a continué de baisser (perte de 7,8 milliards de renminbis en 1998). Étant propriétaire de ces entreprises, l'État central a dû faire face à des risques financiers croissants du côté des dépenses. De plus en plus d'entreprises publiques ont subi des pertes durables. Le gouvernement central et le système bancaire étatique durent à plusieurs reprises intervenir en dernier ressort pour les renflouer. Au milieu des années 1990, un grand nombre d'entreprises publiques avaient déjà cessé toute activité productive. Elles n'étaient plus que des pourvoyeurs de salaires et de services sociaux à leurs employés, qui représentaient la majorité de la population active urbaine. En 1978, les entreprises publiques employaient 75 millions d'actifs, soit 78,3 % de la population urbaine totale. Avec la croissance rapide de l'économie placée en dehors du système de planification, cette part passa, en 1994, à 60,1 %. Cependant, avec l'expansion rapide de la population chinoise, l'emploi total dans les entreprises publiques augmenta en réalité de 49 % pour atteindre 112 millions d'employés. Même si les salaires individuels étaient peu élevés, le total des salaires versés restait énorme. En outre, conformément à la tradition socialiste, les entreprises publiques avaient l'obligation d'offrir à leurs employés et à leurs familles des services gratuits d'éducation, de santé et, souvent, de logement. Ainsi, dans les années 1990, la « vache à lait » des entreprises publiques était devenue une tumeur qui mettait à mal la santé financière de l'État central. Sans une restructuration radicale des entreprises publiques et un transfert de leurs charges à l'ensemble de la société, le gouvernement central resterait financièrement en danger. Dans ce contexte, l'impératif de la stabilité politique finit par l'emporter dans les arbitrages du Parti communiste chinois sur la volonté de mieux contrôler l'économie. Ce consensus atteint, les principes et les mesures de restructuration des entreprises publiques s'imposèrent d'eux-mêmes.

Les préparatifs juridiques de la restructuration des entreprises publiques

Le principal objectif du nouveau cycle de réforme des entreprises publiques était donc, dans les années 1990, de garantir la capacité fiscale de l'État central. Il y avait, pour cela, deux grandes mesures à prendre. La première, c'était de fermer les entreprises non rentables dans les secteurs « non stratégiques ». Les secteurs stratégiques étaient définis comme les secteurs touchant la sécurité nationale, les secteurs à monopole naturel, les secteurs fournissant des biens et services publics essentiels, et les secteurs qui avaient le potentiel de croissance le plus élevé et qui concernaient les hautes technologies[1]. Le Parti communiste, en contrôlant plus étroitement ces « secteurs stratégiques », maintenait sa domination sur le moteur de l'économie. Mais, en « abandonnant » les entreprises publiques non profitables et non stratégiques, l'État central pouvait alléger considérablement son fardeau fiscal. Cette politique fut baptisée « prendre les gros et laisser les petits » (*zhua da fang xiao*). La seconde mesure était, évidemment, de débaucher une large part des employés des entreprises publiques. Ces employés licenciés firent partie du premier groupe à voir ses avantages sacrifiés depuis le début de la réforme. Celle-ci sortait officiellement de la phase « sans perdants ».

Pour permettre l'« abandon » et l'amaigrissement des entreprises publiques, le gouvernement central dut rendre légaux trois types de décisions managériales : la privatisation, la déclaration de faillite et le licenciement. Ce fut fait avec l'adoption de deux lois sur l'entreprise et sur le travail, respectivement en 1993 et en 1994.

---

1. Cette définition du « secteur stratégique » fut rendue publique lors de la 4e session plénière du 15e comité central, en 1999.

Avec l'adoption de la loi sur l'entreprise, la réforme des entreprises publiques entrait dans une nouvelle phase. Loin de mettre l'accent sur la signature de contrats de partage des profits, la loi faisait des entreprises publiques des entreprises « modernes » et renforçait l'autonomie de leurs dirigeants, tout en fixant un cadre légal permettant de diversifier le mode de propriété et de traiter le problème de la faillite.

La loi sur le travail, adoptée en 1994, prit effet le 1er janvier 1995. Elle prévoyait d'abord un même régime de relations du travail, quel que fût le type de propriété de l'entreprise. La sécurité de l'emploi absolue, aussi appelée le « bol de riz en fer », dont avaient bénéficié les employés des entreprises publiques, fut officiellement supprimée. Désormais, le contrat de travail se négociait entre le travailleur et l'employeur. La loi permettait aussi, et c'est très important, le licenciement économique, sans qu'une faute de l'employé fût nécessaire (Cai *et al.*, 2008, p. 174). Elle créait une base légale pour des licenciements massifs dans les entreprises publiques.

Le processus « prendre les gros et laisser les petits »

La transformation juridique en sociétés est une condition préalable de la privatisation et de l'instauration du droit des faillites. Cette transformation fut divisée en deux catégories. La première catégorie fut celle des PME, y compris les entreprises à propriété collective des bourgs et des villages. Presque toutes les entreprises de cette catégorie furent immédiatement privatisées. Il y eut deux types de privatisation dans cette catégorie. Le premier type prit une forme de propriété mutualiste. Toutes les parts de ces entreprises anciennement publiques furent vendues à leurs managers et à leurs employés à des prix préférentiels (Barry Naughton, 2007). Le second type fut une vente complète ou partielle aux managers (*managerial buyouts* ou MBO). Le gouvernement pouvait conserver une participation limitée, mais il perdait le contrôle réel.

L'autre catégorie fut la transformation en sociétés des entreprises publiques les plus importantes. S'agissant de ces entreprises, la privatisation fut, en revanche, très postérieure à leur changement de statut juridique. Le Conseil d'État chinois désigna en novembre 1994 les cent premières entreprises publiques devant être transformées en sociétés. Il semble toutefois que seuls les noms des entreprises changèrent. La gouvernance d'entreprise n'évolua que lentement, et la propriété demeura strictement publique. La restructuration des grandes entreprises publiques s'accéléra toutefois à partir de 1997, en raison de l'accroissement rapide de leurs pertes et du contrôle fiscal de l'État central devenu contraignant. À partir de cette année-là, les entreprises publiques dans les secteurs non stratégiques ont commencé à être vendues ou à être déclarées en faillite et fermées. Le licenciement massif de leurs employés se produisit simultanément. En vérité, le processus de privatisation de ces entreprises fut à la fois confus et peu transparent. Il n'y avait presque pas de directives centrales précisant quelle entreprise privatiser, quand le faire et comment calculer sa valeur et le prix de vente. Les gouvernements locaux avaient la responsabilité totale du processus de privatisation des entreprises publiques. Naturellement, celui-ci fut entouré d'abus. Quelques personnes, disposant d'un réseau relationnel adéquat, ont ainsi pu réaliser des bénéfices personnels considérables au détriment des actifs de l'État, comme cela s'était passé en Russie. Après la création de la Commission de supervision et d'administration des actifs publics (State-owned Assets Supervision and Administration Commission, SASAC), en 2004, certaines règles purent enfin être adoptées. Mais les dirigeants des nouvelles entreprises, grâce à leur connaissance des ressorts internes du pouvoir, surent sans peine y échapper.

S'agissant des entreprises publiques grandes et moyennes, et ayant une importance stratégique, c'est-à-dire de celles qu'il fallait « prendre », la transformation en sociétés fut, elle aussi, décidée. Mais l'objectif n'était plus, ici, la privatisation. Il était d'améliorer la gouvernance d'entreprise et la profitabilité. Après cette transformation, l'autonomie de gestion par rapport aux administrations bureaucratiques fut renforcée et institutionnalisée. Certaines de ces entreprises publiques furent introduites en Bourse et devinrent les premières sociétés anonymes chinoises cotées en Bourse. Indépendamment de l'effet de ces mesures sur la qualité de la gouvernance et l'efficacité de ces entreprises, les entreprises publiques qui ont subsisté ont bénéficié, grâce à leurs positions monopolistiques et au soutien matériel et financier désormais concentré de l'État, d'un puissant courant d'activité. Elles ont joué un rôle majeur dans le contrôle de l'économie par l'État et ont largement influencé, lors de la seconde phase de la réforme, l'ensemble de la structure économique.

Le processus d'amaigrissement du secteur public

Au début de la privatisation des petites et moyennes entreprises, les licenciements s'étaient déjà produits, mais sur une échelle encore limitée et à un rythme lent. L'amaigrissement était, il est vrai, une mesure risquée. Il allait mettre à mal le bien-être d'une population nombreuse et affaiblir directement la légitimité politique du Parti communiste. Compte tenu de l'augmentation des pertes des entreprises publiques, l'État dut pourtant se résoudre à cette mesure douloureuse.

L'amaigrissement à grande échelle des entreprises publiques accompagna la grande vague de privatisation de ces entreprises et la série de faillites qui commença en 1997, en raison du ralentissement économique provoqué par la crise asiatique. Le programme de licenciement avait un nom : « *Xia Gang* » (« quitter son emploi »).

Tableau 4.1. L'impact de *Xia Gang* sur l'emploi.

Année	*Nombre de travailleurs licenciés en fin d'année (millions)*	*Nombre de travailleurs licenciés dans l'année (millions)*	*Nombre total des travailleurs des EAE (millions)*	*Travailleurs sans emploi enregistrés (millions)*	*Taux de chômage officiel %*
1997	9,95		107,70	5,77	3,10
1998	8,77	7,39	88,10	5,71	3,10
1999	9,37	7,82	83,40	5,75	3,10
2000	9,11	5,12	78,80	5,95	3,10
2001	7,42	2,83	74,10	6,81	3,60
2002	6,18	2,11	69,20	7,70	4,00
2003	4,21	1,28	66,20	8,00	4,30
2004	2,71	0,49	64,40	8,27	4,20
Total	32,6	27,04			

Source : Annuaire statistique du travail (1999-2005).

On observe clairement, dans le tableau 4.1, l'ampleur du programme de licenciement. Avant 1998, il y avait déjà eu, au moins, plus de 10 millions de travailleurs licenciés. Entre 1998 et 2004, le nombre total de licenciés s'est élevé à 27 millions. Cela signifie qu'au cours de la seconde phase de la réforme chinoise plus de 37 millions de travailleurs, au moins, ont été licenciés. Ce chiffre est sans doute sous-estimé. Les employés des entreprises publiques ont perdu leur emploi de diverses façons : ceux qui sont partis en retraite anticipée, par exemple, n'ont pas été comptabilisés dans *Xia Gang*. Une comparaison du nombre d'employés des entreprises publiques en 1997 et en 2004 nous donne une idée approximative de l'ampleur réelle de cette vague de licenciements. En 1997, les entreprises publiques employaient

107,7 millions d'actifs. En 2004, ce chiffre avait été réduit de 43,4 millions et les entreprises publiques n'employaient plus que 64,4 millions d'actifs. Cette réduction de 43,4 millions n'incluait pas les entreprises locales à propriété collective. Ironiquement, le taux de chômage officiel resta pratiquement le même durant toutes ces années. Entre 1997 et 2000, il se maintint, quatre années de suite, à 3,1 %. À partir de 2000, il augmenta légèrement pour atteindre 4,2 %. Cela donne une bonne raison de ne pas utiliser le taux de chômage officiel pour évaluer la situation du marché du travail en Chine.

Au grand soulagement du Parti communiste chinois, ce programme de licenciement massif ne provoqua pas de soulèvements sociaux ravageurs. Si le mécontentement et les conflits sociaux ont été plus aigus, la transition sur le marché du travail s'est, en général, passée en douceur. Les raisons à cela sont multiples. La croissance économique, qui permit l'absorption rapide des actifs licenciés dans d'autres activités, fut un des principaux facteurs de stabilité. Dans le tableau 4.1, on voit que le stock d'employés licenciés ne disposant pas d'un nouvel emploi n'a jamais dépassé un certain seuil, malgré la quantité massive de nouveaux licenciements. L'essor des secteurs privés, notamment des entreprises exportatrices intensives en travail et des entreprises urbaines de services, permit d'absorber une large part de ces travailleurs licenciés.

Par ailleurs, le programme *Xia Gang* comprenait un plan d'aide très généreux, qui prévoyait jusqu'à trois ans d'indemnités (plus des pensions de retraite et des allocations de santé), calculées sur la base de 60 % du dernier salaire touché par l'employé. Avant de trouver un nouvel emploi, l'employé licencié conservait des liens formels avec son entreprise d'origine, qui lui offrait un programme gratuit de formation et une aide gratuite à la recherche d'emploi. Enfin, les programmes de sécurité sociale auparavant gérés par les entreprises elles-mêmes furent pris en charge par les gouvernements locaux. Si les progrès ont été lents, et le taux de couverture de ces programmes, plutôt faible, les travailleurs licenciés ont pu, grâce à eux, bénéficier d'une sécurité minimale de vie.

L'autre élément majeur de stabilisation après la restructuration des entreprises publiques fut la réforme du logement, adoptée en 1994 et achevée à la fin des années 1990. Au cours de ces années, les logements sociaux alloués gratuitement aux habitants des villes avant 1994 furent vendus à leurs occupants à des prix préférentiels. Comme la plupart des familles des travailleurs des entreprises publiques bénéficiaient de logements sociaux, cette réforme opéra un énorme transfert d'actifs publics vers les ménages et améliora considérablement le niveau de richesse des employés des entreprises publiques. Cet énorme transfert de richesse eut un précieux effet d'apaisement sur les travailleurs privés d'emploi. Au moins ne perdaient-ils pas tout dans le processus de privatisation de leurs unités de travail.

Les liens de famille et le réseau social en Chine ont, eux aussi, joué un rôle important dans la transition douce du marché du travail chinois dans les années 1990. L'histoire varie selon les familles ou les quartiers, et il serait difficile de généraliser. Mais des aides personnelles de toutes sortes ont permis, dans les années 1990, de combler les insuffisances des systèmes sociaux encore incomplets. Le phénomène se poursuit aujourd'hui.

Les effets de la restructuration des entreprises publiques

Après la mise en œuvre du processus « prendre les gros et laisser les petits », et celle de l'amaigrissement à grande échelle du secteur public, le gouvernement réussit à repositionner le rôle des entreprises publiques dans l'économie. Le Parti renonça à contrôler l'ensemble des activités économiques. Les dirigeants réalisaient qu'en maintenant un contrôle étroit sur quelques secteurs « stratégiques » ils restaient en mesure d'orienter de façon efficace le développement économique du pays.

Le processus s'est traduit par de grandes souffrances pour les travailleurs licenciés et pour leurs familles, et a créé de larges inégalités sociales. Cependant, en transférant massivement des actifs publics à un petit groupe d'individus, au total, la restructuration des entreprises publiques a fortement stimulé la productivité industrielle et le dynamisme de l'économie. Les unités de production non compétitives ont disparu. La concurrence sur le marché s'est fortement élargie. Beaucoup de travailleurs expérimentés ont pu rejoindre le secteur privé en plein essor, en particulier dans les régions côtières. Plus important encore, l'objectif de renforcement des capacités fiscales du gouvernement central a été atteint. L'État pouvait désormais concentrer ses ressources fiscales sur ce que le Conseil d'État considérait comme la priorité de la nation et du régime. Son pouvoir et son autorité s'en sont trouvés significativement renforcés.

Accroître le contrôle de l'administration sur l'économie

Quand la réforme a démarré, en 1978, la logique était de « remplacer l'économie planifiée par l'économie de marché » (Chen, 2009, p. 51). Or les résultats dépassèrent toutes les attentes. Un secteur privé de taille considérable a connu, en dehors du système de planification, une croissance extraordinairement rapide, affaiblissant l'économie planifiée et détruisant finalement tout le système dirigé. L'économie privée remettait en cause l'autorité absolue du Parti communiste ! Durant la première phase de la réforme, le gouvernement avait surtout adopté une position défensive. Les vifs débats politiques internes avaient rendu difficile la formation d'un consensus sur les questions les plus pressantes. Dans ce contexte, l'inertie bureaucratique avait profité à la tradition socialiste, qui privilégiait le contrôle direct de l'économie et la sauvegarde des avantages dont bénéficiait l'ensemble de la population. Les efforts faits pour maintenir un contrôle direct sur l'ensemble des secteurs économiques se sont cependant traduits par une dispersion des ressources fiscales et par une spirale inflationniste. Ayant tiré toutes les amères leçons du début des années 1990, le Parti communiste chinois finit par comprendre qu'il était vain et impossible de poursuivre la vieille logique de la planification pour réguler l'économie. Si des mécanismes adaptés étaient créés pour réguler le flux d'inputs critiques et fixer les règles du jeu d'une économie mixte, le secteur privé pourrait croître rapidement en outputs et en emplois sans mettre à mal l'autorité politique de l'État.

LES RESSOURCES FISCALES

Après la réforme fiscale de 1994, la recentralisation des ressources fiscales était la première arme à utiliser. Le Parti communiste, quand cela fut nécessaire, a rarement hésité à employer sa capacité fiscale renforcée pour orienter les investissements et superviser les tendances macroéconomiques. Cette attitude fut testée pour la première fois en 1998. Quand l'économie chinoise s'est trouvée sous la menace de la crise asiatique, l'État a conçu d'importants plans d'investissements, placés sous le guidage du gouvernement. Cette tendance ne fut stoppée qu'après 2003 lorsque l'économie arriva au bord de la surchauffe. De manière générale l'investissement des administrations a été une composante de poids pour l'économie chinoise tout au long de la seconde phase de la réforme.

Ces plans d'investissements ont exercé une profonde influence sur l'économie chinoise et les bureaucrates les ont soutenus avec zèle. Ces grands projets leur donnaient à la fois des opportunités de promotion politique et l'occasion de se procurer une rente ou de faire jouer, à leur profit, la corruption. Les entreprises publiques ont été le principal vecteur de ces investissements d'État. Grâce à leurs relations financières ambiguës avec les gouvernements, les entreprises publiques chinoises ont pu bénéficier de soutiens fiscaux pour investir, tout en obtenant de garder pour elles la quasi-totalité des retours sur investissement. Il est vrai qu'elles ont aussi soutenu ces plans avec empressement. Mais ceux-ci ont aussi attiré les investisseurs privés. Du fait du soutien de l'État, les investisseurs privés ont jugé en effet que les risques étaient moindres et les profits, garantis. Ces stimuli économiques en ont convaincu beaucoup de nouer des relations avec les cadres de l'État pour participer aux projets. Le rôle actif du gouvernement dans l'investissement est ainsi l'une des principales raisons pour lesquelles l'économie chinoise, dans la première décennie du XXIe siècle, est devenue de plus en plus dépendante des investissements. Cela a renforcé aussi la dépendance de tous les acteurs économiques chinois par rapport aux décisions et aux orientations de l'État, confortant en retour l'autorité politique du Parti communiste.

LES RESSOURCES FINANCIÈRES

On ne saurait surestimer l'importance de la finance pour l'économie. C'est pourquoi il est indispensable, pour saisir le sens du contrôle de l'État chinois sur l'économie, de comprendre d'abord l'allocation des ressources financières en Chine.

Le système financier chinois est connu pour reposer fortement sur les banques. Les banques, en particulier les quatre banques publiques les plus importantes – Industrial and Commercial Bank of China (ICBC), Bank of China (BoC), China Construction Bank (CCB) et Agricultural Bank of China (ABC) –, totalisent 80 % des dépôts. De ce fait, les directives du gouvernement ont une forte influence sur le flux de crédit bancaire, source essentielle de financement. Si les opérations des grandes banques ont acquis une indépendance de plus en plus grande vis-à-vis du système bureaucratique, en particulier après leur entrée en Bourse et la centralisation de l'autorisation et de l'évaluation du crédit dans leurs sièges sociaux, l'influence politique de l'État sur le comportement des banques est restée déterminante.

Les crédits bancaires sont donc allés, de façon disproportionnée, aux entreprises publiques et au financement de l'immobilier urbain à travers des prêts aux gouvernements locaux, au moyen de véhicules spéciaux tels que les sociétés d'investissement pour le développement urbain (*urban development investment corporations*, UDIC). On peut les comparer aux véhicules spéciaux d'investissement utilisés par les banques d'investissement pour financer la titrisation des prêts hypothécaires aux États-Unis. Ces sociétés obtiennent des crédits bancaires contre des terres, réservées au développement immobilier, et transférées par les autorités locales en collatéral des prêts. Elles prêtent à leur tour l'argent aux collectivités locales. Ces prêts, qui dépendent de l'anticipation de la hausse des prix de l'immobilier, sont de nature spéculative (*cf.* figure 4.4). Ils exposent donc le système bancaire chinois au risque de renversement des prix de l'immobilier. Néanmoins, la taille de ces prêts n'a jamais cessé de croître.

Figure 4.4. LE FINANCEMENT DES GOUVERNEMENTS LOCAUX PAR DES VÉHICULES HORS BILAN.

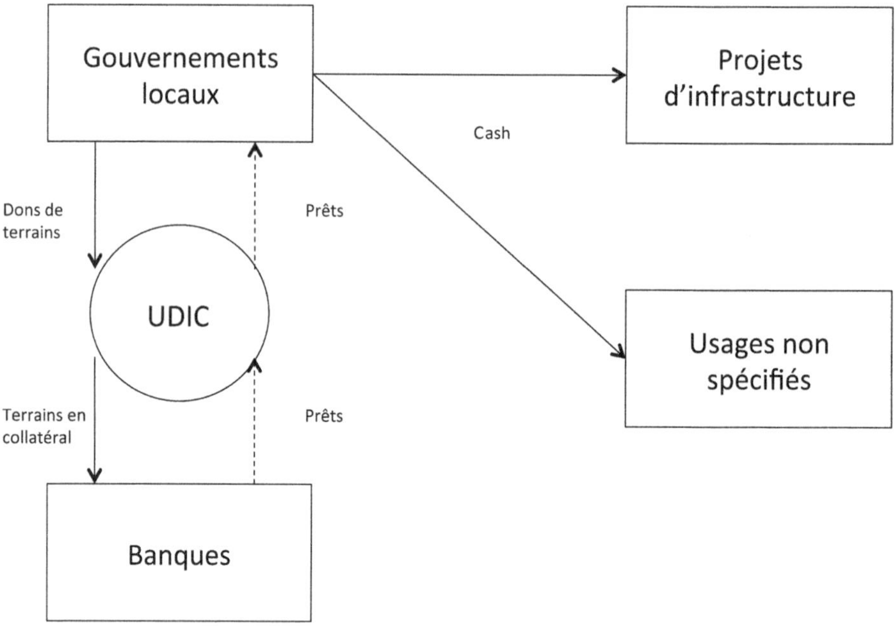

Pour les entreprises privées, cependant, le financement est devenu le goulot d'étranglement le plus sérieux. Les études de la Fédération de l'industrie et du commerce en Chine montrent les constantes difficultés d'accès des PME au crédit bancaire. C'est pourquoi les PME ont largement eu recours à l'autofinancement et à la finance informelle, ce qui a grandement entravé leur développement.

Si le système bancaire était trop sévèrement réglementé, qu'en était-il des marchés financiers ? Ceux-ci se composent de marchés obligataires et de marchés d'actions. En Chine, les marchés financiers ont fait de grands pas en avant grâce au plan de stimulation de 1998 et à la politique monétaire restrictive qui a suivi lorsque les signes d'inflation sont apparus. Toutefois, l'évolution de la structure du financement social total montre que les grands bénéficiaires de ce changement sont toujours les banques qui offrent des acceptations bancaires (*acceptance bills*) et les fonds d'investissement qui offrent des prêts non sécurisés (*unsecured loans*). Non pas que les banques achètent toutes les obligations émises. Elles achètent à peu près la moitié des obligations d'État et des obligations privées à court terme. Le problème, c'est le prix. La réglementation du taux d'intérêt limite à la fois l'offre et la demande d'obligations, car le marché secondaire n'existe pratiquement pas, même si le ministère des Finances a créé formellement un marché secondaire pour la dette de l'État, en 1994, dans le sillage de la réforme fiscale. C'est pourquoi, malgré leur croissance depuis le milieu des années 2000, l'encours d'obligations chinoises (*outstanding bond*) reste inférieur à celui des marchés plus mûrs de l'Asie de l'Est (Corée du Sud, Malaisie, Singapour), sans même mentionner le Japon.

Du côté de l'offre, les taux d'intérêt étant fortement réglementés, c'est la Banque populaire de Chine (la banque centrale) qui garantit *de facto* la marge de profit des banques sur leurs prêts. Elle fixe la totalité de la courbe des taux d'intérêt de un mois à cinq ans, à l'exception du marché monétaire à court terme, depuis l'introduction du Shibor (Shanghai Interbank Offered Rate) en 2007. Le marché monétaire est le seul marché profond, car c'est un marché des « repos » (*repurchase agreements*) que les banques utilisent pour acquérir des liquidités contre des obligations d'État mises en collatéral. Cela n'a guère d'effet, toutefois, sur le prix du capital pour des échéances plus longues. Les obligations d'entreprise se limitent donc largement aux échéances de court terme. S'agissant des obligations d'État, le gouvernement central, préoccupé de minimiser son déficit, a toléré le financement des gouvernements locaux par la dette, soutenue par le prix du foncier et utilisant des véhicules hasardeux.

Du côté de la demande, le marché des dépôts bancaires est captif, car les dépôts sont la principale ressource des banques. Quand les taux d'intérêt varient, les taux bancaires débiteur et créditeur évoluent de concert, de sorte que la marge sur les taux d'intérêt reste constante. Ce n'est que récemment, avec la fuite des dépôts vers les fonds d'investissement, que les taux d'intérêt sur les dépôts ont augmenté légèrement plus que les taux de base sur les crédits (*lending rates*) pour les échéances de trois à cinq ans.

Des taux d'intérêt administrés empêchent le marché secondaire de jouer son rôle de mécanisme de découverte des prix. Les taux obligataires sur le marché primaire sont essentiellement des faux nez des taux des crédits bancaires, qui sont eux-mêmes inférieurs au taux théorique d'équilibre du marché. S'ils ne l'étaient pas, l'allocation de l'épargne ne serait pas biaisée. Il s'ensuit que les prix des obligations à l'émission sont supérieurs aux prix sur le marché secondaire pour les mêmes échéances. Donc les ventes d'obligations sur le marché secondaire font des pertes systématiques. C'est pourquoi les banques et les autres investisseurs institutionnels ont toutes les raisons de conserver les titres jusqu'à l'échéance. Aussi n'existe-t-il quasiment pas de marché secondaire. De plus, les grandes entreprises publiques et le gouvernement lui-même ont la capacité financière d'obtenir un taux d'intérêt à l'émission inférieur au taux de base bancaire pour la même échéance. C'est pourquoi les marchés obligataires chinois se sont développés pour financer l'État central et les entreprises publiques à bon marché, sans évaluer le risque adéquatement.

Dans les systèmes financiers développés, le financement obligataire et le crédit bancaire sont substituables. Or les systèmes financiers asiatiques reposent trop lourdement sur les banques. Cette caractéristique est la conséquence d'une croissance rapide tirée par l'État et d'un taux élevé d'épargne des ménages. Les États ont trouvé commode de faciliter la création d'un réseau très étendu d'agences et de succursales des banques commerciales. Dans ces économies financièrement fermées, les banques ont ainsi pu exploiter l'épargne venue des coins les plus reculés de l'économie et étendre leurs prêts à taux d'intérêt stables dans le secteur public et le secteur privé. De hauts niveaux d'investissement, propices à une croissance durable, ont ainsi pu être financés à des coûts minimaux. C'est ce que les économistes libéraux appellent la « répression financière ».

Deux changements structurels ont affaibli cependant la cohérence de ces systèmes financiers administrés et fermés. Le premier, c'est la globalisation financière, qui a touché les plus petits pays d'Asie dans les années 1990, puis la Chine après le changement de régime de taux de change, en juillet 2005. Le second, c'est la diversification du régime de croissance, quand fut atteint le seuil des pays à revenu intermédiaire. Ces changements ont posé des problèmes d'allocation des capitaux tout à fait différents de celui de la maximisation de l'accumulation. Quand des sources de financement nouvelles apparaissent, la concurrence fait naître des préoccupations d'adéquation du niveau de risque avec le rendement espéré. Avec l'accroissement des opportunités de consommation résultant de l'ascension d'une classe moyenne, la décentralisation des décisions financières s'est poursuivie. Dans les systèmes financiers complexes, qui comprennent de multiples niveaux d'accès au crédit, la gestion et la dissémination du risque deviennent de la première importance.

Les avantages de marchés obligataires performants sont au nombre de cinq.

Premièrement, les marchés financiers qui émettent de la dette contribuent à lisser les cycles d'investissement en empêchant les étranglements de crédit (*credit crunches*) et la ruée des créanciers quand le secteur bancaire est grevé de créances douteuses. En permettant aux agents économiques solvables de continuer à emprunter, le marché des obligations d'entreprise offre une « valve de sécurité ». Inversement, les banques commerciales, soutenues par les liquidités des banques centrales, peuvent empêcher la fuite vers la qualité ou vers la sécurité, déclenchée par les perturbations sur les marchés des obligations d'entreprise.

Deuxièmement, contrairement au crédit bancaire, qui suppose une estimation et un suivi privés du risque, les marchés obligataires améliorent l'efficacité de l'allocation des ressources en offrant un mécanisme public d'évaluation et de dissémination du risque. Les marchés d'obligations d'État, par leur liquidité et leur profondeur, fournissent une courbe de taux d'intérêt qui contribue, à son tour, à tarifer le risque de crédit pour chaque échéance. Une courbe de taux d'intérêt bien définie, s'étendant aux obligations à long terme, offre une nouvelle source de financement pour les projets d'investissement à long terme. L'utilisation des dérivés de crédit accroît les possibilités de partager le spread entre des facteurs élémentaires de risque : risque de crédit, risque de liquidité, risques représentés par des contrats spécifiques (*callability*) et éventuellement des différences de traitement fiscal.

Troisièmement, les obligations constituent une classe d'actifs de base dans l'allocation stratégique des investisseurs institutionnels à long terme. Pour eux, le titre sans risque dans l'allocation des actifs stratégiques n'est pas le titre à court terme, mais l'obligation à long terme. En effet, dans un contexte d'incertitude des taux, les rendements des obligations à long terme suivent un processus de retour à la moyenne (*mean-reverting*). Au contraire, des titres à court terme séquentiellement renouvelés (*rollover)* sont vulnérables aux variations incertaines des taux de marché futurs à court terme. Ainsi, diversifier les marchés financiers dans un pays comme la Chine, où la population vieillit et où le gouvernement impose des plans de retraite obligatoires, a l'avantage de favoriser la gestion des actifs institutionnels.

Quatrièmement, plus on recueille d'informations publiques sur les marchés du crédit, plus la banque centrale peut passer rapidement du contrôle direct du crédit au guidage des prix par la politique monétaire. En étant capable de communiquer aux marchés financiers une vision du chemin futur de l'économie, la banque centrale peut lisser les fluctuations des variables réelles et stabiliser le chemin de croissance. Pour renoncer au contrôle direct sur la quantité et le prix de la monnaie, l'État doit toutefois être certain que l'emploi d'instruments de marché n'attirera pas davantage de capitaux étrangers que les investisseurs institutionnels chinois n'en feront sortir de Chine. C'est pourquoi, depuis la décision, en juillet 2005, de laisser le yuan glisser régulièrement par rapport au dollar, l'État chinois a ouvert de façon significative le compte capital de la balance des paiements. Les institutions financières et le régime public de retraite ont été autorisés à investir à l'étranger.

Cinquièmement, un marché intérieur efficient est une condition préalable indispensable pour arriver à la suppression progressive des contrôles de capitaux. C'est un pas en avant pour lier le marché financier intérieur aux marchés globaux. La partie court terme de la courbe des taux est la branche nationale du marché des changes à terme (Forward Foreign Exchange Market). Les banques commerciales seront en mesure de fournir des instruments de couverture aux acteurs du commerce extérieur et aux investisseurs désireux de se diversifier à l'étranger. Inversement, il sera possible d'emprunter à l'étranger en monnaie nationale, ce qui réduira la dépendance par rapport au dollar. Avec un compte de capital plus large et diversifié, il sera possible de passer à un régime de taux de change plus flexible. Dans le chapitre suivant, nous verrons que la décision d'internationaliser le yuan offshore depuis 2010 a constitué une étape préliminaire importante de la libéralisation des taux d'intérêt intérieurs.

Les marchés obligataires peuvent s'étendre de façon considérable dans les années à venir. Du côté de l'offre, le 12ᵉ plan quinquennal, qui a débuté en 2011, a lancé une nouvelle phase de réforme. Cette phase sera tirée par la dépense publique, afin de bâtir des infrastructures, d'investir lourdement dans l'éducation et de créer un système public de sécurité sociale et un système public universel de retraite. Le financement de la dette publique, qui devrait fortement s'accroître, augmentera l'offre d'obligations d'État. Côté demande, la probable hausse régulière du revenu des ménages, l'accroissement de la population active et l'énorme réserve d'épargne en quête de diversification vont alimenter la demande d'obligations. Celle-ci va devenir un des piliers de marchés financiers larges et profonds qui pourront être de bons serviteurs de la croissance.

En Chine, les marchés d'actions sont plus des terrains de jeu pour la spéculation que des temples du capitalisme. Les places boursières de Shanghai et de Shenzhen ont été créées respectivement en 1990 et 1991. Le nombre d'entreprises cotées s'est considérablement accru avec la capitalisation du marché, mais leur contribution au financement des entreprises est restée modeste. À l'exception d'un pic en 2007, les financements par actions levés chaque année n'ont jamais dépassé 10 % des nouveaux prêts (*cf.* figure 4.5).

Les secteurs publics ont, sur ces marchés, une position dominante. Le ministère des Finances, les agences financières publiques et d'autres entreprises publiques détiennent environ deux tiers des actions. Elles ne sont pas échangeables sur le marché et n'ont pas la même valeur que les actions échangeables. Les propriétaires publics et les dirigeants d'entreprise ne s'intéressent donc guère à la valeur de marché des entreprises. Corrélativement, les marchés secondaires ne sont pas seulement dénués de toute liquidité. Ils sont aussi propices aux délits d'initié, aux détournements de fonds, à la comptabilité créative et à la collusion. C'est pourquoi le Conseil d'État a décidé de réformer le marché en créant, en 2005, une instance de régulation boursière, la China Securities Regulatory Commission (CSRC) (l'équivalent de la Securities Exchange Commission américaine [SEC] et de l'Autorité des marchés financiers française [AMF]).

Figure 4.5. Nouveaux financements par actions sur les marchés chinois par rapport aux nouveaux crédits, en %.

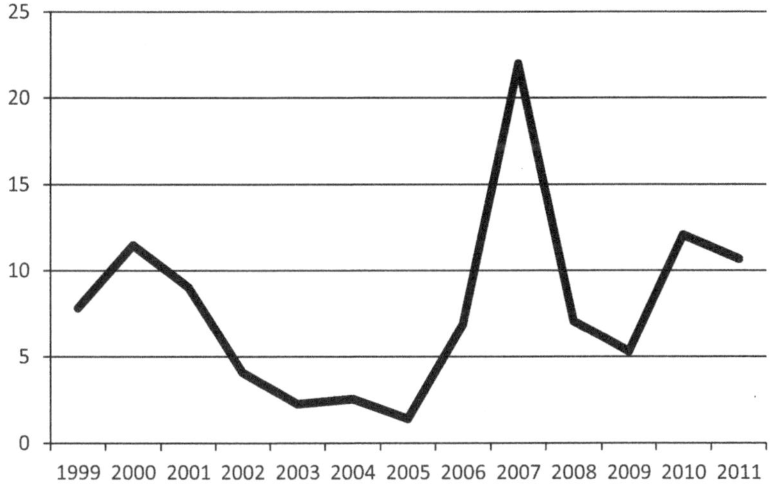

Source : CEIC.

L'objectif général était de créer un marché boursier compétitif, capable d'offrir une diversification sûre des actifs et une hausse des revenus pour les ménages, de l'information fiable aux investisseurs financiers pour une allocation efficace des capitaux et une source de financements à long terme pour les entreprises. La réforme est toujours en cours et n'a pas encore atteint tous ses objectifs. Pour entreprendre cette tâche immense, la CSRC a d'abord dû mettre de l'ordre sur le marché afin de créer un climat susceptible de donner confiance aux investisseurs de détail, de favoriser le rôle des investisseurs institutionnels comme faiseurs du marché et d'attirer les capitaux étrangers. À en juger par la volatilité de ces marchés et par l'énorme bulle spéculative de 2007, l'objectif est loin d'être atteint (figure 4.6).

Figure 4.6. INDICES ET PE RATIO MOYEN
SUR LES MARCHÉS BOURSIERS CHINOIS.

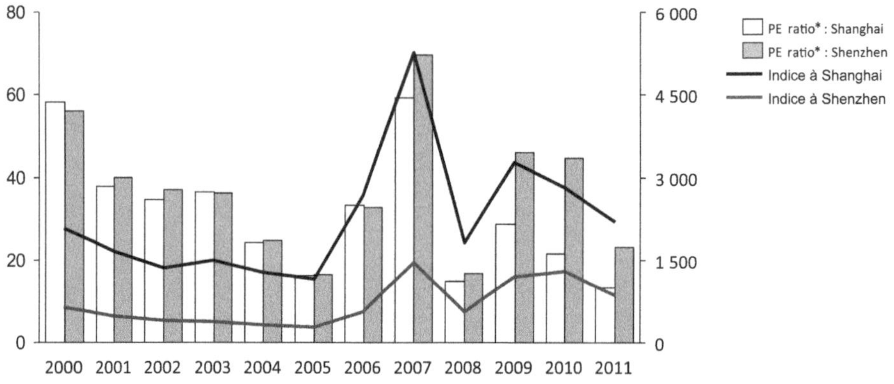

* PE ratio est le « *price earning ratio* », c'est-à-dire le rapport du prix de l'action au profit net par action de l'entreprise. Le PE moyen est la valeur moyenne pour les entreprises cotées.

Source : Annuaire statistique de la Chine (différentes années).

La segmentation du marché et la rareté des actions pouvant être échangées sont peut-être une explication. Les entreprises cotées peuvent émettre trois types d'action : les actions de classe A émises et enregistrées en yuans sur les marchés intérieurs et réservées aux investisseurs chinois ; les actions de classe B émises et enregistrées en dollar sur les marchés intérieurs pour les investisseurs étrangers ; et les actions de classe H, elles-mêmes de deux types : les actions émises sur les marchés intérieurs en dollar HK et négociées à Hong Kong, et les *red chips*, c'est-à-dire les actions émises en dollar HK, échangées à Hong Kong et soumises à la législation de Hong Kong. Ce sont celles que préfèrent les investisseurs étrangers.

Les entreprises autorisées à être cotées sur les marchés boursiers chinois sont peu nombreuses. Ni les entreprises publiques de taille moyenne ni les petites et moyennes entreprises privées n'ont été autorisées à émettre des actions. Appliquer la législation sur les faillites (*solvency law*) dans les litiges judiciaires, normaliser l'audit et la comptabilité sont des processus qui n'ont pas de tradition dans la législation chinoise. Il faudra longtemps pour que ces pratiques se diffusent durablement dans le pays.

Pour accroître la demande d'actions, la China Insurance Regulatory Commission (CIRC), ou Commission de régulation des assurances, envisage d'assouplir la réglementation afin de permettre aux compagnies d'assurances d'investir davantage en actions de classe A. Mais les autorités de contrôle ne veulent pas donner un accès direct au marché avant que les institutions financières aient créé des systèmes fiables de contrôle des risques et aient réformé leur gouvernance, de sorte que les alertes et les contrepoids offerts par les services d'audit interne aient vraiment une influence sur le management au plus haut niveau. Un des moyens d'aller de l'avant est d'autoriser le trading et l'investissement à travers des filiales de gestion d'actifs pleinement capitalisées. Pareil pour les banques : l'autorisation de créer des maisons de titres (*securities houses*) est soumise à l'amélioration substantielle de leur gouvernance. Les afflux de fonds qui ont explosé en 2007 et provoqué la bulle sont des fonds d'investissement (*offered-public funds*) qui offrent des comptes aux personnes physiques dans les villes les plus grandes où prospère une classe moyenne aisée. Ces personnes investissent une part excessive d'épargne en actions en raison du faible nombre de possibilités d'investissements obligataires. Dans un marché instable, elles sont exposés à de lourdes pertes.

Le Fonds national de sécurité sociale (National Social Security Fund) est un très grand investisseur potentiel et un pilier de l'étage obligatoire de capitalisation dans le système de retraite à trois étages, sur le modèle de Singapour. Avec le développement de l'épargne retraite, il deviendra le fonds de pension le plus important et un instrument exceptionnel pour l'investissement à long terme.

S'agissant de l'extension de l'offre, le problème est de savoir comment rendre échangeables des actions non échangeables. La réforme a eu le double avantage de créer des recettes fiscales et d'améliorer la liquidité des marchés boursiers. Le gouvernement doit décider du périmètre du secteur public qu'il veut conserver en fonction de sa stratégie d'ensemble de promotion de la croissance à long terme. Les parties concernées – ministère des Finances, NDRC (Commission nationale du développement et de la réforme), dirigeants des entreprises publiques, banques garantissant les prix d'émission et communauté des investisseurs – doivent se mettre d'accord sur la méthode d'introduction en Bourse, qui dépend essentiellement du processus de valorisation. La complexité du problème et les risques de conflit d'intérêts qu'il soulève ont ralenti les introductions en Bourse après un boom en 2007, qui a provoqué de fortes anticipations et alimenté la bulle. Les répercussions de la crise financière globale ont fait éclater la bulle en 2008. Il s'est produit une brève reprise en 2009, grâce à une politique économique expansive. Puis la politique monétaire restrictive, qui visait à lutter contre la montée de l'inflation, a pesé sur les marchés en 2010 et 2011, les laissant dans une situation de forte sous-évaluation.

LES ACTIFS FIXES : LA TERRE ET LES RESSOURCES NATURELLES

Il n'est pas rare que l'État ait, de façon générale, un droit de propriété sur les principales ressources naturelles. Mais la Chine est un pays qui vient de commencer sa transition d'une économie totalement publique à une économie mixte. Aussi l'État y détient-il une part inhabituellement importante des ressources naturelles. Leur allocation, y compris celle de la terre, est aussi un outil important du développement économique.

En Chine, les royalties, les loyers et les impôts perçus pour l'utilisation des ressources naturelles sont extrêmement faibles. Le droit d'utiliser les ressources naturelles a souvent été concédé gratuitement. D'après une recension à couverture incomplète, portant sur 150 000 sociétés minières, 20 000 seulement ont payé leur droit d'exploitation (Fan *et al.*, 2010, p. 246). Les autres ont obtenu gratuitement les ressources minières à travers des allocations administratives. C'est donc l'État qui décide qui pourra récolter de juteux profits. C'est un puissant système de parrainage.

Après la réforme du logement de 1994, les transferts fonciers sont devenus une source majeure de revenus pour les gouvernements locaux et un outil d'orientation du développement économique régional. Les terres à usage industriel ont souvent été transférées gratuitement aux entreprises, quand les gouvernements locaux voulaient les attirer pour des raisons fiscales ou des raisons économiques structurelles.

Le monopole du pouvoir administratif d'allocation des ressources naturelles essentielles, en particulier la terre, a fortement incité les firmes à courtiser les administrations locales. Ce type de situation ne peut que gêner l'allocation efficiente des ressources et créer un foyer de corruption. En outre, les prix excessivement bas des ressources ont mis à mal les droits de propriété de l'ensemble de la population. Légalement, en effet, ces actifs sont publics et devraient être alloués en fonction de l'intérêt général du pays. Or l'allocation administrative a favorisé l'accumulation intensive en capital surtout de deux manières. Premièrement, les autorités locales se sont approprié les terres rurales collectives et les ont allouées à des parcs industriels pour capter la TVA sur l'activité des entreprises. Deuxièmement, les terrains ont été achetés aux fermiers à des prix bas qui reflétaient leurs usages agricoles et revendus à des prix beaucoup plus élevés, reflétant leur valeur actualisée future, à des promoteurs immobiliers qui voulaient bâtir des logements lucratifs dans les faubourgs des villes en expansion.

Le résultat de ce mécanisme biaisé d'allocation des ressources foncières, minières, énergétiques et financières fut le sentier de croissance de plus en plus intensif en capital durant la seconde phase de la réforme, entre 1994 et 2008. Si le gouvernement chinois veut réellement rééquilibrer l'économie et protéger l'environnement, le plan d'allocation de la terre et des ressources naturelles doit donc être révisé. Nous réexaminerons ce sujet en détail dans les chapitres 6 et 7.

Garantir le niveau de bien-être de la population en maintenant une croissance rapide et la stabilité macroéconomique

La légitimité politique du Parti communiste chinois est fondée sur l'amélioration du bien-être de la population. Dans la première phase de la réforme, ce processus d'amélioration a bénéficié de manière équitable et simultanée à la majorité de la population. Dans la seconde phase de la réforme, il n'a plus été possible de maintenir cette répartition égalitaire des revenus. Pour préserver la légitimité du Parti et la stabilité politique du pays face à des inégalités de revenu croissantes, les deux principaux facteurs à prendre en compte sont la croissance économique rapide et l'amélioration de la stabilité macroéconomique. Nous avons évoqué dans ce chapitre le rôle qu'a joué le renforcement de la capacité budgétaire dans la stabilisation de l'économie, notamment le plan de stimulation budgétaire de 1998. Nous allons examiner maintenant les mesures prises en matière de stabilité financière et monétaire, et l'importance du secteur exportateur pour l'absorption des surcapacités et de l'excès de main-d'œuvre en Chine.

ACCROÎTRE LA STABILITÉ FINANCIÈRE ET MAÎTRISER L'INFLATION : DES LOIS BANCAIRES À LA CONSOLIDATION BANCAIRE (1994-2008)

La base juridique et institutionnelle de la régulation financière

L'inflation galopante de la fin des années 1980 a failli coûter à la Chine son régime politique. La crise a fait comprendre au gouvernement l'intérêt de la stabilité monétaire et financière pour la croissance économique, le bien-être de la population et donc le soutien de l'opinion publique. En 1993 et 1994, l'inflation a été vive, mais une hausse forte et immédiate des salaires a permis d'en minimiser les conséquences sociales. Puis les dirigeants chinois se sont finalement mis d'accord sur le fait que des changements systémiques étaient nécessaires dans les institutions financières et monétaires.

En 1994 et 1995, la Chine a adopté deux lois majeures. En 1994, le statut de la Banque populaire de Chine (PBoC) a été renforcé, en particulier sa double mission d'assurer la stabilité des prix et de superviser les banques. Il s'agissait de donner à la banque centrale l'autorité lui permettant de mettre en œuvre la politique macroéconomique définie par le Conseil d'État, face aux surenchères des gouvernements locaux en matière de demande de crédit, qui s'étaient traduites par de forts dépassements des objectifs de crédit. En 1995 était adoptée la loi sur les banques. Elle accordait le statut de banque commerciale aux quatre banques publiques. Celles-ci obtenaient l'autonomie totale de gestion de leurs activités et la responsabilité des risques induits. Corrélativement, le gouvernement créait trois banques de développement pour assurer le financement de grands projets d'infrastructure financés auparavant par les banques publiques.

Si la banque centrale n'a pas tardé à rencontrer des succès en évitant au pays des pics d'inflation, la réforme s'est heurtée à un problème ardu et ancien dont la solution était une priorité pour les autorités : l'énorme accumulation de prêts non performants. Il fallut environ dix ans pour que les quatre principales banques soient consolidées. Pour l'essentiel, il s'agissait d'un héritage de la fin des années 1980. Mais les conséquences de la crise asiatique l'ont sérieusement alourdi.

En 1994, les dirigeants chinois avaient surmonté leurs dissensions internes consécutives à la crise de Tiananmen. Après la tournée de Deng Xiaoping dans les provinces côtières, au printemps 1992, la réforme fut relancée. Son objectif était la croissance tirée par les exportations, dont l'impact et les caractéristiques seront étudiés dans le chapitre suivant. Observons ici que le nouveau régime de croissance fut inauguré par une très forte dévaluation. Elle donna un coup de fouet à la profitabilité du secteur des biens échangeables, ce qui suscita une nouvelle vague de crédit pour financer l'expansion des capacités de production dans l'industrie et développer de nouvelles zones industrielles.

En juillet 1997, la crise asiatique éclata en Thaïlande. En octobre, elle s'étendit à Hong Kong, Taïwan et la Corée du Sud, les principaux partenaires de la Chine. Leurs monnaies se sont lourdement dépréciées, tandis que le gouvernement chinois prenait la décision, très politique, de ne pas dévaluer. La profitabilité de nombreuses entreprises chuta du fait de la contraction du commerce extérieur et de la perte de compétitivité. Il y eut une épidémie de faillites dans le secteur privé. Pour protéger l'emploi, les gouvernements locaux pressèrent les banques de financer les dépenses encouragées par le gouvernement central. Mais les créances douteuses se sont multipliées, ce qui a rendu la situation très alarmante dès 1998. L'État décida donc de se lancer dans une longue bataille contre les prêts non performants.

• *Première étape : création de* bad banks *et transferts de prêts*

Le processus a commencé en 1999 pour les quatre banques publiques. Des obligations spéciales furent émises par le Trésor pour une valeur de 270 milliards de yuans (33 milliards de dollars de l'époque), assorties d'une baisse du taux de réserves obligatoires de 13 % à 9 % sur les dépôts. Avec les liquidités émises, les banques achetèrent des obligations pour renouveler leur base de capital. Parallèlement, le Trésor investit 40 milliards de yuans pour créer la base de capital des quatre structures financières publiques de cantonnement des prêts douteux *(bad banks)*, appelées Asset Management Corporations (AMC), qui devaient racheter les créances douteuses des banques publiques : Huarong pour l'ICBC, Cinda pour la CCB, Great Wall pour l'ABC et Orient pour la BOC. Le financement des *bad banks* fut complété par une émission d'obligations à hauteur de 820 milliards de yuans, achetées par les institutions financières non bancaires, et par des prêts de la banque centrale d'un montant de 570 milliards de yuans. Ce financement permit aux AMC d'acheter pour 1 400 milliards de yuans de prêts non performants.

Les AMC furent placées sous la triple autorité de la PBoC, de la CSRC et du ministère des Finances. Leur mission était d'acheter et de restructurer les prêts non performants et de les vendre au fil du temps. On ne sait pas grand-chose des investisseurs spéciaux qui ont voulu et pu racheter ces prêts, car ce type d'investisseur (fonds vautours et fonds d'investissement) est, en Chine, clandestin. La restructuration a été difficile en raison de la nature politique des prêts non performants. Ils étaient constitués d'une myriade de prêts de montants peu élevés, reposant sur des relations personnelles avec les emprunteurs. De ce fait, les AMC ont perçu à peu près 20 % de la valeur faciale des prêts, ce qui a engendré des pertes fiscales.

• *Seconde étape : la recapitalisation*

La recapitalisation fut un processus long et tortueux qui dura dix ans. Elle commença en 1999 par l'achat d'obligations spéciales, mentionné ci-dessus. Le gouvernement chinois réinvestit le produit de la vente des obligations dans les capitaux propres des banques. À partir de 2003, après la création de la CBRC, le régulateur bancaire, les pertes des banques ont pu être identifiées avec plus de précision. En février 2004, une loi importante confia à la CBRC la responsabilité de la régulation et de la supervision de toutes les banques et des autres institutions de dépôts. La CBRC a joué un rôle décisif dans l'amélioration de la sûreté bancaire. C'est une institution de contrôle dont la compétence n'a rien à envier à ses homologues occidentales. Elle a contraint les banques à renforcer leurs bilans, a réalisé l'évaluation de la valeur de leur crédit, les a obligées à assimiler les techniques de la gestion de risque et a mis fin à leur dépendance incestueuse vis-à-vis des gouvernements locaux.

La recapitalisation consiste à ramener systématiquement les prêts non performants à un niveau normal. Le résultat du guidage de la CBRC peut être résumé dans le tableau 4.2.

Tableau 4.2. Les prêts non performants des principales banques commerciales.

Créances douteuses	*2003*	*2004*	*2005*	*2006*	*2007*	*2008*
Total (mds Yuan)	2 104,46	1 717,56	1 219,69	1 170,30	1 200,99	486,53
Sous les standards	320,11	307,47	294,96	227,07	184,43	224,89
Douteuses	1 113,07	889,93	460,90	485,03	435,75	212,15
Insolvables	671,28	520,16	463,84	458,19	580,81	49,49
Taux de prêts non performants (% crédits)	17,8	13,2	9,0	7,5	6,7	2,4
Sous les standards	2,7	2,4	2,2	1,5	1,0	1,1
Douteuses	9,4	6,8	3,4	3,1	2,4	1,1
Insolvables	5,7	4,0	3,4	2,9	3,3	0,2

Source : CBRC.

À la fin 2003, près de 500 milliards de yuans d'investissements en capital ont été faits à partir des réserves de change. Une holding, la Huijin, fut créée pour recevoir les fonds de la banque centrale et investir dans trois des quatre grandes banques : 174 milliards de yuans (22,5 milliards de dollars) dans la BOC et la CCB, et 124 milliards (15 milliards de dollars) dans l'ICBC. En 2004 et 2005, la banque centrale a acheté pour 780 milliards de yuans (95 milliards de dollars) de prêts non performants à ces trois banques et les a revendus aux AMC. Enfin, la banque agricole ABC, dont les prêts non performants avaient atteint le montant colossal de 815 milliards de yuans, a été recapitalisée en 2008 par un investissement d'un montant de 130 milliards de yuans, financé par la Huijin sur réserves de change, complété par 150 milliards de yuans de prêts à taux zéro de la banque centrale. Le reste fut prêté par le Trésor au taux d'intérêt de 3 %.

Cette politique a été poursuivie avec une continuité impressionnante. Le résultat, qui apparaît au tableau 4.2., montre que les banques commerciales les plus importantes sont redevenues solvables. Elles ont ainsi été en mesure d'attirer des participations étrangères et de lever des capitaux sur les marchés financiers internationaux.

Partenariat stratégique avec les investisseurs étrangers et émission publique d'actions

La participation d'investisseurs étrangers qualifiés au capital des banques chinoises a commencé en 2005, dans la limite de 20 % des actions fixée par la CBRC. La holding d'État Huijin a vendu hors cote (*over-the-counter*) pour 2,5 milliards de yuans de parts de la CCB à la Bank of America. Puis la CCB a réussi son introduction en Bourse (IPO) pour émettre des actions de classe H sur le marché boursier de Hong Kong au dernier trimestre de 2005. La BoC a suivi la même procédure au premier trimestre de 2006, puis a émis des actions de classe A sur le marché boursier de Shanghai en juillet 2006. La Banque de communication (la cinquième banque chinoise) a procédé à une restructuration du capital dès août 2004, après un accord hors cote (*over-the-counter*) avec HSBC. La Banque de communication a émis des actions de classe H sur la place financière de Hong Kong en juin 2005 et sur celle de Shanghai en mai 2007.

La restructuration de l'énorme ICBC était une autre affaire. Comme celle-ci était lourdement impliquée dans le crédit industriel, elle dépendait de la réforme des entreprises publiques, c'est-à-dire de leur transformation en sociétés par actions. Elle avait toutefois fortement amélioré sa gestion du risque. La part de ses prêts non performants était tombée à 4,6 % de son encours de crédit à la mi-2005 et seulement 1,6 % des prêts accordés depuis 1999. L'ICBC réussit une double opération : la vente hors cote à Goldman Sachs, Allianz et American Express de 10 % de ses actions, en 2006, suivie d'une double introduction en Bourse sur la place de Hong Kong (actions de classe H) et celle de Shanghai (actions de classe A) en octobre de la même année.

Le tableau 4.3 synthétise la participation des investisseurs stratégiques étrangers dans les banques chinoises. La restructuration terminée, les plus grandes banques publiques chinoises sont entrées dans le club des dix premières banques mondiales pour le montant de la capitalisation.

Tableau 4.3. Participation des investisseurs stratégiques étrangers dans les banques chinoises en 2007.

Banques publiques	*Investisseurs étrangers*	*% des actions*
Industrial and Commercial Bank of China	Goldman Sachs	4,90
	Hong Kong Securities Clearing Company Nominees Ltd	12,90
	Allianz (Dresdner Bank Luxembourg S.A.)	1,90
	American Express	0,4
China Construction Bank	Temasek Holdings	5,1
	Bank of America	9,0
Bank of China	The Royal Bank of Scotland (RBS)	8,3
	Asian Financial Group	4,6
	UBS	1,8
	Asian Development Bank	0,2
Bank of Communications	HSBC	18,6

Source : rapports annuels des banques.

L'incitation offerte aux investisseurs étrangers pour entrer au capital des plus grandes banques chinoises, dans les conditions fixées par la CBRC, était irrésistible. Les banques chinoises avaient besoin de capitaux pour créer des agences dans les provinces de l'intérieur, en plein essor. Les banques étrangères savaient que le gouvernement voulait garder une majorité de contrôle dans ces banques et qu'elles ne seraient jamais en mesure de créer leur propre réseau d'agences pour puiser dans l'épargne chinoise. Mais, grâce à l'enthousiasme des investisseurs étrangers et aux émissions d'actions qui ont suivi, les cinq principales banques chinoises sont parmi les banques les mieux capitalisées du monde aujourd'hui.

La consolidation des banques commerciales urbaines

En dehors des grandes banques, la réforme du système bancaire a aussi porté sur les banques commerciales. Elles sont plus vulnérables à l'influence des gouvernements locaux que les grandes banques publiques. Ceux-ci sont en mesure d'exercer plus directement des pressions sur les banques municipales (*city banks*) et de contrarier ainsi la culture du risque. Tant que les gouvernements locaux sont en mesure de financer leurs projets favoris moyennant des avantages fiscaux et des ventes de terres, la discipline financière se heurte en effet à une collusion d'intérêts. Il en est de même des prêts politiques aux actionnaires des banques. La CBRC n'en veut pas moins promouvoir le système bancaire, et elle dispose, pour y parvenir, d'un réel pouvoir sur toutes les banques. Elle peut intervenir dans leur gestion si les dispositions réglementaires ne sont pas respectées. Elle a le droit de fermer les banques ou de les contraindre à la consolidation pour créer des banques plus grandes.

La consolidation est un moyen de renforcer la gouvernance des banques les plus petites et les plus fragiles, privées de niches de marché. Les banques municipales, plus concentrées, peuvent attirer les banques étrangères, qui n'ont pas encore été capables de se construire un fief en Chine. En diversifiant leurs participations dans le système bancaire chinois, les banques étrangères peuvent y diffuser les méthodes modernes de gouvernance. Mieux équipées après les fusions et les participations croisées, les banques municipales peuvent trouver un avantage comparatif dans le financement des PME.

Certains gouvernements locaux ont aidé des banques municipales à se recapitaliser. Des AMC locales ont été créées. Fin 2004, les exécutifs locaux avaient retiré environ 35 000 prêts non performants sous forme de transferts et de replacements dans les bilans des banques. Des fonds privés ont joué également un rôle actif dans certaines provinces, dont celle de Zhejiang. Wenzhou est une ville où les entreprises privées sont très actives. Les fonds privés y ont de plus grandes participations dans les banques que le gouvernement municipal. Les banques commerciales y ont de bons résultats.

La coopération et la fusion entre banques municipales sont utiles pour étendre l'activité au-delà des limites de la ville, afin de tirer parti de rendements d'échelle croissants et de diversifier le risque. La CBRC a peu à peu favorisé cette évolution. Une autre approche consiste à permettre aux banques municipales d'atteindre une taille et une solidité suffisantes pour ouvrir des agences dans d'autres régions. Les banques qui adoptaient cette stratégie (Bank of Beijing, Bank of Nanjing, Bank of Ningbo) ont été autorisées à émettre des actions sur le marché boursier pour financer leur expansion. Ces banques sont devenues très puissantes, avec des ratios d'adéquation des fonds propres (*adequacy ratios*) de 17 à 20 %.

Quand elles ont pu créer des systèmes efficaces de gestion du risque, les banques régionales urbaines ont trouvé un avantage compétitif dans la banque de détail. Elles ont pu tirer parti de l'urbanisation, qui alimente le développement d'une classe moyenne prospère, demandant toute une série de services financiers sur mesure.

La réforme de l'Agricultural Bank of China et la restructuration des coopératives de crédit agricole

Réformer la banque agricole ABC était plus qu'un problème bancaire. Cela ne pouvait être fait en se contentant de stimuler l'adoption de mécanismes de marché et de règles prudentielles. L'ABC avait des obligations sociales : elle fournissait des crédits spéciaux pour aider les pauvres. Elle accordait aussi de très petits prêts aux agriculteurs dont l'activité n'était pas profitable. Or ces crédits spéciaux devraient être accordés par une banque de développement non commerciale et spécialisée. Ils pourraient diminuer avec une politique sociale vigoureuse en faveur des campagnes. La santé financière de l'ABC dépend donc de l'efficacité des politiques ayant pour but l'amélioration du revenu agricole. En 2004, l'encours de crédits spéciaux de l'ABC était de 200 milliards de yuans. Il s'agissait, pour la plupart, de prêts non performants. L'ABC ne pouvait donc devenir une banque commerciale qu'en cessant d'assumer la responsabilité de ce type de prêt. Pareillement, le petit crédit devrait être de la responsabilité de coopératives de crédit, restructurées pour éliminer les prêts non performants dont elles sont grevées, pour renforcer leur capitalisation et pour améliorer leurs méthodes de gestion.

En 2006, le gouvernement, préoccupé par la question, a annoncé un programme de restructuration des coopératives agricoles, avant de recapitaliser l'ABC en 2008. L'objectif principal était de redistribuer les responsabilités dans le financement de l'agriculture. La première mesure consista à recycler l'épargne rurale reposant en lieu sûr, c'est-à-dire à la poste, dont les fonds sont déposés à la banque centrale. Cette épargne devrait être utilisée pour financer des coopératives de crédit par des prêts de la banque de développement rural, qui pourrait émettre des obligations souscrites par les épargnants ou obtenir des prêts à faible taux d'intérêt auprès de la banque centrale. Dans l'un et l'autre cas, cela doit exclure l'ABC. En plus de recycler l'épargne rurale, le financement de l'agriculture exige différents types de banque :

une banque de développement agricole pour financer les infrastructures rurales, l'ABC pour financer les inputs visant à augmenter la productivité et la profitabilité agricole de parcelles de terre plus grandes et restructurées, et des coopératives rurales pour accorder des prêts aux agriculteurs.

Dans les régions développées, l'activité commerciale entre les villes et les campagnes est intense. Les coopératives de crédit sont rentables et peuvent être transformées en banques commerciales ou coopératives. Le statut de banque commerciale peut être accordé aux coopératives ayant au moins 1 milliard de yuans d'actifs, 50 millions de yuans en actions et un taux minimal d'adéquation de fonds propres de 8 %. Ces nouvelles banques sont supervisées par la CBRC. Le statut de banque coopérative est accordé à partir d'au moins 1 000 membres, 20 millions de yuans en actions et un taux d'adéquation de fonds propres minimal de 4 %. Dans les comtés entourant les villes de taille moyenne, les joint-ventures entre banques municipales et coopératives sont des institutions capables de financer à la fois les villes et les campagnes si la valeur de leurs actifs dépasse la valeur de leurs dettes, et si elles possèdent plus de 10 millions de yuans en actions. Dans les régions les plus pauvres, la réforme est très difficile. La méthode consiste à fusionner les coopératives dont les actifs sont supérieurs au passif, et à fermer celles dont le financement de l'agriculture est insuffisant.

PERFORMANCE BANCAIRE, PROBLÈMES NOUVEAUX ET RÉFORME INACHEVÉE

Depuis 2003, la CBRC a réussi à réduire l'écart entre les pratiques chinoises et les normes internationales. L'objectif est d'arriver au statut de banque moderne compétitive. C'est pourquoi la CBRC a mis l'accent sur les règles de base de la gouvernance bancaire : système d'évaluation et de contrôle du risque, séparation des responsabilités d'initiative et d'évaluation des prêts, notation du crédit inspirée des agences de notation internationales. La CBRC a durci les responsabilités des dirigeants des banques dans l'acceptation des prêts et imposé des sanctions aux P-DG des grandes banques qui ne respectent pas les objectifs de réduction des taux de prêts non performants.

Le tableau 4.4 montre que cette politique a porté ses fruits. La performance des cinq banques publiques s'est largement améliorée jusqu'à la crise financière globale, avec une mise en garde pour l'ABC, dont la restructuration a été retardée.

Fin 2008, la crise financière, provoquée par les États-Unis, s'est propagée dans le monde entier à travers l'effondrement de la liquidité

Tableau 4.4. Indicateurs de performance pour les plus grandes banques commerciales.

	ICBC			*BOC*			*CCB*			*BC*			*ABC*
Indicateurs (%)	*2006*	*2007*	*2008*	*2006*	*2007*	*2008*	*2006*	*2007*	*2008*	*2006*	*2007*	*2008*	*2008*
ROA net	0,71	1,01	1,21	0,95	1,09	1,00	0,92	1,15	1,31	0,80	1,07	1,19	0,84
ROE net	15,18	16,15	19,39	14,19	14,22	13,72	15,00	19,50	20,68	14,42	17,17	20,86	-
Coût /revenu	35,68	34,84	29,54	38,60	35,59	33,55	43,97	41,83	36,77	46,04	40,26	39,38	44,71
Ratio de créances douteuses	3,79	2,74	2,29	4,04	3,12	2,65	3,29	2,60	2,21	2,01	2,06	1,92	4,32
Capital réglementaire	14,05	13,09	13,06	13,59	13,34	13,43	12,11	12,58	12,16	10,83	14,44	13,47	9,41
Provisions/ Créances douteuses	70,56	103,50	130,15	96,00	108,18	121,72	82,24	104,41	131,58	72,41	95,63	116,83	63,53

Source : CBRC et rapports annuels des banques.

des marchés monétaires internationaux et la baisse des échanges commerciaux mondiaux. Le gouvernement chinois a réagi rapidement en annonçant un grand plan de stimulation d'une valeur de 4 000 milliards de yuans. Il a été financé aux deux tiers par le crédit bancaire. La banque centrale a rendu le crédit disponible en fournissant la liquidité. Les gouvernements locaux ont en outre rivalisé pour proposer des projets bien au-dessus du plafond fixé par le plan au niveau central. Beaucoup de projets, qui n'ont pas été approuvés par la NDRC, ont cependant été financés par différents instruments, qui ont permis de contourner les contraintes budgétaires des gouvernements locaux. C'est ainsi que des banques se sont impliquées en utilisant des instruments tortueux, des véhicules spéciaux qui rappelaient le système bancaire parallèle utilisé dans le financement des *subprimes* hypothécaires aux États-Unis. Le processus a inquiété les commentateurs occidentaux, prompts à conclure que le système bancaire chinois était, encore une fois, au bord de l'abîme. Il est probable que de nouveaux prêts non performants soient apparus à grande échelle. Mais ils sont bien plus gérables que les pertes dans les bilans ne l'étaient au tournant du siècle. L'aiguillon du financement hors bilan nous enseigne d'ailleurs une autre leçon, bien plus importante. Cette leçon nous dit que, tant que la réforme financière n'a pas touché les marchés libres des capitaux, et que les taux d'intérêt sont régulés de façon rigide, la réforme n'est pas terminée. Mais le principe même de la liberté des marchés de capitaux, proclamés être les meilleures institutions d'allocation de l'épargne, ne va pas de soi. En faisant semblant de se conformer à ce principe, la finance occidentale a considérablement sous-estimé le risque et a été entraînée à des excès qui ont provoqué un désastre financier.

Par ailleurs, le rôle joué par le système financier en Chine est bien plus complexe. On ne peut le comprendre que si l'on adopte une approche d'économie politique qui traverse tout notre ouvrage. Le financement des gouvernements provinciaux, municipaux et locaux est au cœur des distorsions du système financier. Au niveau du comté, les recettes fiscales sont bien trop inférieures aux dépenses budgétaires pour produire des biens publics essentiels. Il n'y a pas de mécanisme commun pour redistribuer les recettes fiscales au niveau national. Les transferts discrétionnaires du gouvernement central aux régions pauvres ont été, jusqu'à présent, très insuffisants. C'est la principale raison pour laquelle les gouvernements locaux recourent à la dette financière. Le gigantesque plan de stimulation de novembre 2008 a conduit les gouvernements locaux à recourir à la dette hors bilan pour financer les projets d'infrastructures approuvés par l'État et d'autres dépenses non spécifiées. Les gouvernements locaux ont créé 8 800 UDIC en l'espace de 18 mois à partir de novembre 2008.

Fin 2010, l'encours de la dette des gouvernements locaux due à ce mécanisme était estimé à environ 10 500 milliards de yuans. Ainsi, un brusque retournement à la baisse des prix de l'immobilier se traduirait par une énorme quantité de prêts non performants. C'est pourquoi l'État central décourage avec beaucoup de prudence le financement par la dette du logement de luxe dans les villes les plus importantes, tout en investissant lourdement dans le logement social. L'État a aussi décidé de traiter le problème des nouveaux prêts non performants. Cela fait partie de la nouvelle approche de la réforme, commencée avec le 12e plan quinquennal, et qui vise à libéraliser le secteur des services. Elle sera étudiée dans le chapitre 7.

Du crédit bancaire au financement social total

La PBoC s'occupe également de la diversification des sources d'offre de crédit en dehors du crédit bancaire standard. La part des prêts bancaires a d'ailleurs baissé dans le total du financement social. Pour mesurer le phénomène et s'y adapter, la PBoC a introduit, début 2011, un nouvel agrégat de crédit. Les moyens de financement qui ont connu la croissance la plus forte sont les instruments du marché de la dette (acceptations bancaires [*bank acceptance bills*] et obligations d'entreprises) et le crédit intermédié non bancaire par des fonds d'investissement (*entrusted loans* et *trust loans*). La part des prêts en devises étrangères connaît des fluctuations, mais reste strictement limitée par les contrôles des capitaux (tableau 4.5).

En 2009, le financement social total a plus que doublé en valeur absolue et presque doublé en pourcentage du PIB. Toutes les catégories de crédit ont crû pour financer le plan de stimulation et d'autres crédits non autorisés pour les gouvernements locaux. En 2010, la PBoC a pris une posture restrictive et augmenté le taux de réserves obligatoires à dix reprises à hauteur de 21,5 % pour les grandes banques et 19,5 % pour les petites, afin de limiter la hausse de l'inflation. Même ainsi, l'expansion du crédit s'est accélérée jusqu'au premier trimestre 2011 : les acceptations bancaires ont supplanté les prêts bancaires normaux et les entreprises publiques ont contourné les restrictions de crédit en émettant des obligations d'entreprise.

D'un côté, les entreprises non financières sont à la recherche de financements non officiels. De l'autre, les ménages aisés sont en quête de rendements élevés, d'autant que les taux réglementés sur les dépôts sont devenus négatifs en termes réels à cause d'une inflation plus forte. Les fonds d'investissement (*trust funds*), quant à eux, évoluent dans une zone grise entre le système bancaire officiel et le système bancaire parallèle. Ce sont des intermédiaires entre les entreprises privées qui ont des besoins de financement et les ménages qui disposent de liquidités et cherchent des placements à rendements élevés. Les grandes banques jouent le même rôle de banques d'investissement non officielles à l'égard des *trust funds*, comme à l'égard des UDIC. Elles vendent aux fonds d'investissement et déplacent hors bilan les prêts qu'elles auraient consentis directement aux entreprises et aux promoteurs immobiliers dans un environnement moins contraint. Les gouvernements locaux, eux, sont souvent endettés auprès des fonds d'investissement. D'autres fonds sont créés à Hong Kong par les banques publiques elles-mêmes. Elles souhaitent le faire pour la même raison qu'aux États-Unis : l'arbitrage réglementaire. Toutes les entités financières non bancaires ne sont que très légèrement régulées – quand elles le sont. Elles opèrent dans le monde de la finance informelle. Corrélativement, le portefeuille négociable (*trading book*) des banques publiques n'est pas contraint par les ratios d'adéquation de fonds propres imposés au portefeuille de crédits sis au bilan (*banking book*).

La finance parallèle a contrebalancé un certain temps le resserrement du crédit provoqué par la banque centrale. La part du financement social total dans le PIB est passée de 41 % en 2009 à 43 % au premier trimestre 2011, alors que la part du crédit bancaire dans le PIB passait, elle, de 28 à 23 %. Ce faisant, la finance parallèle distord le coût du capital dans l'économie. Comme les cinq principales banques qui accordent 80 % des prêts bancaires ne se soucient pas de prêter au secteur privé, celui-ci doit emprunter à des banques plus petites ou recourir à la finance informelle. Comme les banques petites et moyennes ne recueillent qu'une petite part des dépôts des ménages, elles connaissent des difficultés quand les taux de réserves obligatoires – outils privilégiés d'une politique monétaire restrictive – augmentent. Elles réagissent en rationnant le crédit à leur clientèle d'entreprises. Il s'ensuit que le secteur privé (et en particulier les petites et moyennes entreprises) en souffre de façon disproportionnée.

Pour éviter l'étranglement du crédit (*credit crunch*), les entreprises privées recourent au crédit informel sur la base de réseaux interpersonnels. La taille des financements est limitée par l'implication de riches individus contributeurs, qui mettent leurs capitaux en pools dans des fonds d'investissement privés (*private trust companies*). Le coût du crédit est bien plus élevé que dans la finance bancaire formelle. L'allocation du capital dépend donc de la personnalité des emprunteurs bien plus que de l'évaluation objective des rendements et des risques.

C'est pourquoi la réforme financière doit aller de l'avant. Comme les taux d'intérêt sont régulés de façon rigide, la situation actuelle contraint la politique monétaire d'utiliser excessivement des outils quantitatifs au détriment du mécanisme de prix afin de maîtriser le débordement de la liquidité. Corrélativement, le financement bancaire

Tableau 4.5. Montant et structure du financement social total.

	Financement social total		*Dont*				
Financement social total	*Rmb (mds)*	*% du PIB*	*Prêts bancaires*	*Prêts en devises étrangères*	*Fonds d'investissement*	*Acceptations bancaires*	*Obligations des sociétés et des autres agents non financiers*
2006	3 977,00	18,00	15,00	0,5	1,3	0,7	0,4
2007	5 917,00	22,00	14,00	1,1	1,9	2,5	0,9
2008	6 850,00	22,00	16,00	0,2	2,4	0,3	1,8
2009	14 087,00	41,00	28,00	2,7	3,3	1,4	3,8
2010	14 275,00	36,00	20,00	1,0	3,0	5,8	3,0
2011 Q1	4 192,00	43,00	23,00	1,5	3,4	7,8	4,7
2011 Q2	3 573,00	33,00	18,00	1,7	4,3	5,2	1,9
2011 Q3	2 036,00	18,00	13,00	1,2	3,1	– 3,0	1,6
2011 Q4	3 030,00	20,00	12,00	0,6	2,3	0,3	3,5

Source : PBoC.

distord l'allocation des capitaux en offrant une subvention implicite aux banques publiques. La distorsion montre que les investissements sont trop importants dans les industries lourdes, ce qui provoque une suraccumulation, et insuffisants dans les services et dans les industries légères pour la consommation intérieure. Enfin, le système bancaire parallèle doit être réintroduit dans la finance formelle et soumis à la réglementation prudentielle.

L'IMPORTANCE DES EXPORTATIONS DANS LA RAPIDE CROISSANCE CHINOISE

Le chapitre 5 étant entièrement consacré à l'évolution des relations de la Chine avec le reste du monde, nous nous contenterons de souligner ici l'importance des exportations pour la croissance économique chinoise et pour la stabilité politique et macroéconomique de la Chine.

Dans la première phase de la réforme, la prospérité des entreprises de bourg et de village était fondée sur l'écart significatif entre la demande et l'offre sur le marché intérieur à des prix administrés. Dans la seconde phase, la relation offre-demande en Chine a connu des transformations structurelles. La capacité productive de la Chine a été fortement stimulée, mais la restructuration des entreprises publiques a mis en difficulté un grand nombre de résidents urbains. En outre, l'allocation des ressources décidée par le gouvernement (à des prix anormalement bas) a concentré les investissements (en particulier ceux des entreprises publiques) dans les industries intensives en capital, où le travail n'avait pas un rôle prépondérant. Aussi la demande et le prix du travail ont-ils diminué. De ce fait, la part du revenu des ménages dans la répartition du revenu national a commencé à décliner à partir de 1997-1998. De 1997 à 2007, elle a baissé de plus de 10 %, passant de 68,6 % à 57,5 %. Celle des gouvernements et des entreprises a augmenté corrélativement.

La position désavantageuse des ménages chinois dans la répartition du revenu primaire a directement provoqué le fléchissement de la part de la consommation intérieure dans la seconde phase de la réforme, et ce, malgré une croissance rapide du PIB. Dans une économie fermée, cette disparité structurelle aurait entraîné des surcapacités de production et du sous-emploi.

Qui plus est, l'environnement économique pour les entreprises privées chinoises, en particulier petites et moyennes, a beaucoup laissé à désirer durant la seconde phase de la réforme. Les entreprises privées ont été traitées de façon discriminatoire dans l'allocation de ressources vitales (y compris le crédit bancaire). Elles ont subi des barrières à l'entrée dans certaines industries et de fortes interférences administratives. Dans ce contexte, si les acteurs économiques privés chinois n'avaient compté que sur le marché intérieur, il aurait été raisonnable de voir leur croissance se réduire.

Heureusement, la seconde phase de la réforme a coïncidé avec une grande vague de globalisation. Grâce à la forte hausse des exportations chinoises, l'impact négatif des problèmes structurels mentionnés ci-dessus est resté caché, ou du moins atténué, suffisamment longtemps. En d'autres termes, l'économie chinoise avait besoin des exportations pour trouver un nouvel équilibre. Le vaste marché international a absorbé les surcapacités chinoises. Il a fourni aux entrepreneurs chinois un environnement économique relativement indépendant de la réglementation de l'État. Les trois zones productives les plus dynamiques de Chine, le delta du Yangzi, le delta de la rivière des Perles et la région de Wenzhou, ont toutes été tirées par les exportations.

L'excédent de main-d'œuvre a été largement digéré par les entreprises côtières, très intensives en travail.

Les prétendus « déséquilibres » des relations commerciales de la Chine avec le reste du monde ont une double origine : les déséquilibres structurels intérieurs de la Chine et les déséquilibres structurels intérieurs opposés des États-Unis, c'est-à-dire une répartition du revenu qui n'a pas permis de soutenir la croissance de la consommation américaine sans augmenter en permanence la dette. En raison de l'importance et de la complexité de la question, les interrelations entre la Chine et le reste du monde seront examinées en détail dans le chapitre 5.

Conclusion

L'objectif fondamental de la seconde phase de la réforme en Chine est resté le même que celui de la première phase : préserver un régime politique hiérarchique bureaucratique, placé sous l'autorité souveraine du Parti communiste. Mais les principales contradictions rencontrées et les conditions en vigueur au début de ces deux phases étant fort disparates, les politiques économiques présentent des traits et des priorités différents.

À la fin de la première phase de la réforme, la Chine faisait face à une grave crise de régime. L'autorité absolue du gouvernement central était remise en cause à la fois de l'intérieur du système bureaucratique et par des forces économiques indépendantes. Aussi la seconde phase de la réforme a-t-elle privilégié le renforcement du pouvoir de l'État central, en consolidant le système bureaucratique, en raffermissant le pouvoir du gouvernement central sur l'économie et en garantissant la stabilité macroéconomique et une croissance économique rapide. Cet objectif a été la logique sous-jacente à toutes les mesures prises entre 1994 et 2008, et à tous les problèmes qui sont apparus, et se sont parfois aggravés, pendant cette période. À la fin de la seconde phase de réforme, ces problèmes structurels – l'augmentation du taux d'investissement, le biais vers une structure industrielle intensive en capital, la diminution de la part de la consommation intérieure due au déclin de la part du revenu des ménages dans le PIB, l'aggravation des inégalités sociales, l'apparition d'excédents de balance des paiements et l'accroissement des disparités régionales – se sont tous aggravés. Nous verrons dans les chapitres 6, 7 et 8 comment le Parti communiste chinois devra résoudre ces contradictions. Avant d'en venir là, il nous faut terminer le tableau des trente années de réforme en Chine et expliquer l'importance de l'ouverture de ce pays sur le monde.

Chapitre 5

L'OUVERTURE ÉCONOMIQUE DE LA CHINE AU MONDE

Le processus d'ouverture économique de la Chine est étroitement lié aux changements graduels introduits dans l'économie du pays. Les transformations intérieures et extérieures ont de multiples interactions et relèvent de la stratégie de développement. Cette stratégie, adoptée en 1978, et que nous avons examinée dans le chapitre 3, avait pour objectif de soulager l'économie du fardeau de la Révolution culturelle et de l'absence de progrès social des années 1970. Le progrès technologique dans l'agriculture de la fin de ces mêmes années ne pouvait être converti en revenu rural que si les agriculteurs étaient en mesure de vendre leur production au-dessus du quota fixé par la planification.

Nous avons montré, au chapitre 3, comment et pourquoi la réforme a commencé dans l'économie rurale avec l'instauration d'une « double voie » (*double track*). L'économie de marché a été introduite et encouragée dans les campagnes, à côté de la planification centrale, par l'attribution contractuelle de parcelles de terre aux fermiers. Une fois le quota de production agricole réalisé à des prix peu élevés et définis par l'administration, les agriculteurs étaient libres de vendre leur surplus aux prix du marché. L'attribution contractuelle de terres aux ménages s'est faite dans tout le pays, et des prix profitables leur ont permis d'acheter des engrais et des machines. Le succès de cette politique fut considérable. La production agricole a fortement augmenté. L'output de céréales a bondi de 33 % entre 1978 et 1984. Comme la productivité progressait encore plus vite, une force de travail excédentaire a pu s'investir dans des activités non agricoles. Les entreprises de bourg et de village, gérées localement, ont accru la concurrence dans la production manufacturière, face aux entreprises publiques établies.

Dans l'économie urbaine, les réformateurs chinois ont aussi permis au système de « double voie » de connaître une évolution graduelle afin de renforcer la croissance et non de la perturber, comme cela s'était produit en Russie et en Europe orientale avec le « big-bang » institutionnel. Ainsi que nous l'avons expliqué dans le chapitre 3, le principe de responsabilité économique des entreprises, introduit en 1984, fut le pilier de la réforme. À partir de cette date, les entreprises avaient l'obligation de réaliser leurs quotas de production, définis en volume, et la liberté de faire face, à la marge, aux prix du marché. Cette réforme intelligente a permis de mettre fin, peu à peu et en douceur, à la planification centrale, car la part de la production sur le marché n'a cessé de croître.

Des interrelations se sont peu à peu développées et l'émigration rurale a atteint des sommets, alimentée notamment par le retour dans les villes d'une population jeune qui avait été contrainte de les quitter pendant la Révolution culturelle. Cependant, les changements permettant de sortir du piège smithien d'« équilibre de stagnation » ne pouvaient prendre fin tant que l'expansion du marché des produits industriels n'était pas assez forte pour produire des rendements croissants dans l'industrie. Ce fut à l'ouverture économique extérieure de fournir cet indispensable élan.

L'ouverture extérieure a donc été conçue pour favoriser une croissance forte que le marché intérieur ne pouvait fournir à lui seul. En donnant un coup de fouet à l'expansion industrielle des villes de l'est du pays, le commerce extérieur mobilisa la population rurale des campagnes. La forte demande de travail dans l'industrie attira d'abord de jeunes actifs dans les villes de l'Est. Puis la croissance élevée dans l'industrie permit à la demande de produits agricoles de dépasser les quotas planifiés, ce qui augmenta les rendements marginaux pour les agriculteurs. Cela contribua à l'acceptation très large de la réforme. Mais, à la fin des années 1980, ce jeu gagnant-gagnant est devenu illusoire, car la productivité n'accélérait pas assez vite dans l'industrie, ce qui conduisit à des coûts de production inflationnistes entraînés par des salaires plus élevés.

L'ouverture à l'extérieur a des avantages et des inconvénients pour le développement. Du fait de l'ouverture forcée imposée par les puissances occidentales, la Chine a subi un long déclin économique (*cf.* chapitre 2). Non seulement la révolution socialiste a coupé les liens politiques avec l'Occident et réduit les relations économiques au minimum, mais la Révolution culturelle a renforcé l'isolement du pays jusqu'à la détente diplomatique qui s'est produite à la fin de la guerre du Vietnam. C'est pourquoi la décision d'ouvrir le pays ne pouvait être prise à la légère. Les réformateurs savaient qu'ils allaient faire face à une forte opposition de la part des conservateurs du Parti. Ils devaient manœuvrer avec habileté et appliquer la stratégie de la double voie à l'ouverture à l'extérieur.

Nous montrerons dans ce chapitre comment la réforme chinoise a réussi à transformer le pays en le faisant passer, en moins de trente ans, d'une économie fermée à une grande puissance commerciale mondiale. En 1970-1971, le commerce extérieur total de la Chine (exportations + importations) atteignait le très bas étiage de 5 % du PIB, et il ne dépassa jamais les 10 % tout au long de la période socialiste. Il s'élevait à 65 % en 2005, un chiffre étonnant pour un pays de cette taille, bien supérieur à ce que l'on observe dans les autres pays continentaux.

La réforme intérieure et l'ouverture au monde qui lui est concomitante ont transformé l'ensemble du système économique. Dans les chapitres 3 et 4, nous avons étudié l'aspect intérieur de cet immense changement systémique, et montré que la réforme était passée par deux phases avec deux régimes de croissance différents. Ces deux étapes englobent aussi le processus d'ouverture. Nous allons analyser l'aspect microéconomique et le résultat des politiques commerciales et d'investissement étranger. Puis nous examinerons l'aspect macroéconomique de la politique monétaire externe et l'implication de la Chine dans les débats internationaux sur la convertibilité de la monnaie, les taux de change et les déséquilibres globaux.

Ouverture commerciale et investissements étrangers en Chine

Le volet « ouverture à l'extérieur » de la réforme a emprunté une double voie, fondée sur deux régimes parallèles : un régime de commerce intrasectoriel vertical (*export-processing trade regime*)[1], encouragé par des règles libérales et par le recours massif à l'investissement direct étranger (IDE), d'un côté, et un régime de commerce ordinaire et relativement protégé, de l'autre. La double voie qui a permis de transformer le système de production chinois était conçue pour se

1. Le « *process trade* » désigne un type d'insertion du pays dans la division du travail. Profitant d'une main-d'œuvre jeune, nombreuse et disciplinée, la Chine a créé des zones économiques spéciales où elle a attiré des investissements directs étrangers en grande quantité. Elle a importé tous les ingrédients de la production de biens de consommation industriels, notamment les produits de l'électronique, du textile et de la chimie. La main-d'œuvre chinoise faisait l'assemblage et les marchandises étaient vendues sur les marchés des pays occidentaux.

fondre progressivement dans une économie de marché, qui réduisit l'importance du système de planification avant de le faire disparaître dans une économie de marché ouverte. La transition de l'économie planifiée vers l'économie de marché s'est prolongée jusqu'au lancement de la seconde phase de la réforme, au milieu des années 1990. La transition vers une économie de marché ouverte a duré bien après l'entrée dans l'OMC. Comme nous le verrons, les contrôles de capitaux sont toujours très nombreux. La monnaie n'est convertible que pour les comptes courants des résidents, à l'exception des grandes banques et des entreprises publiques. L'évolution la plus décisive a toutefois commencé en juillet 2010 : afin d'internationaliser le yuan, celui-ci a été rendu convertible pour les non-résidents sur le marché offshore de Hong Kong.

PRINCIPAUX TRAITS DE LA POLITIQUE COMMERCIALE AVANT LE MILIEU DES ANNÉES 1990

Les réformateurs chinois ont pris soin d'exposer l'économie à la concurrence étrangère sans démanteler l'ensemble du système de commerce contrôlé par l'État. Les entreprises publiques ne l'auraient pas supporté et ce démantèlement aurait provoqué un chômage de masse. Les autorités politiques voulaient que le commerce renforce la croissance de l'économie nationale, et non qu'il la détruise, comme cela s'est produit plus tard en Russie. C'est ainsi qu'ont été créées les zones d'exportation spéciales (ZES) dans un système de commerce intrasectoriel vertical (*export-processing system*). Celui-ci reposait sur des contrats entre des entreprises chinoises et des entreprises étrangères. Ainsi, le système de production nationale n'était pas menacé, car les entreprises industrielles chinoises n'étaient pas exposées à la concurrence étrangère sur leur marché intérieur.

Les entreprises de bourg et de village du delta de la rivière des Perles ont été les premières à bénéficier de l'ouverture aux échanges, dès 1978, en traitant avec des entreprises de Hong Kong dans l'industrie de l'habillement. Les zones d'exportation spéciales se sont rapidement étendues dans les provinces de Guangdong et de Fujian. Le droit de passer des contrats a été décentralisé, de sorte que les autorités locales, dans le sud-est du pays puis dans l'ensemble des régions côtières, ont rivalisé pour attirer des entreprises étrangères dans les ZES. Les gouvernements locaux ont réservé des terrains et assuré des avantages fiscaux pour créer des emplois et des revenus à l'exportation. Le commerce intrasectoriel vertical (*export-processing trade*) a canalisé la plupart des IDE vers l'industrie. À partir de 1986, ce processus a été baptisé « stratégie de développement côtier ». L'essentiel des flux d'IDE venait des pays d'Asie de l'Est, en premier lieu de Hong Kong et de Taïwan.

La fixation d'une valeur réaliste de la monnaie chinoise permit de renforcer la profitabilité du système de commerce intrasectoriel vertical (*export-processing system*). Avec la planification socialiste, l'industrialisation reposait sur la substitution aux importations et le commerce extérieur était monopolisé. La monnaie était donc très surévaluée. En 1980, le taux de change était de 1,5 yuan pour 1 dollar. Le gouvernement chinois a laissé la monnaie se déprécier, si bien qu'en 1986 le taux de change avait été dévalué à 3,5 yuans pour 1 dollar. Malgré une inflation plus élevée en Chine dans les années 1980, cela revenait à une dépréciation réelle de 60 %. En 1986, la double voie fut intégrée dans le régime de change. En plus du taux de change officiel, les devises étrangères gagnées par les exportateurs en dehors des échanges planifiés, avant tout dans les ZES, pouvaient être échangées sur un marché des changes secondaire à un taux beaucoup plus bas. L'extension de l'intégration intrasectorielle verticale (*export-processing*) est donc devenue très profitable, tandis que les importations diffusaient de plus en plus l'influence des prix mondiaux dans l'économie chinoise. Le coût plus élevé des importations freinait leur croissance.

En outre, le gouvernement a commencé, à partir de 1986, à réformer le principal système de commerce. Le monopole du commerce extérieur a ainsi été remplacé par des sociétés de commerce extérieur (SCE) (*foreign trade companies*). Les ministères nationaux et les gouvernements locaux ont été autorisés à créer des SCE. Tout en appartenant à l'État, elles étaient indépendantes et ne furent plus soumises au respect des quotas à l'export dès 1988. Comme les entreprises étrangères, elles pouvaient passer des contrats avec des entreprises chinoises. La création des SCE a modifié radicalement les incitations. Ces entreprises sont devenues les promoteurs de biens intensifs en travail, venant à la fois de l'industrie légère et de la transformation des produits agricoles. À la recherche de producteurs moins chers, elles ont passé des contrats avec les entreprises de bourg et de village. Avec l'expansion des marchés à l'exportation, au moins dans les régions côtières, les producteurs dans l'économie rurale ont enfin pu accroître leur revenu réel. Ils ont principalement bénéficié de la réforme du commerce, dans un jeu gagnant-gagnant, car l'accélération de la croissance économique a eu des effets positifs dans tout le pays. La condition première pour une croissance soutenable était, d'après le modèle smithien, remplie.

Les ZES ont été l'aiguillon du commerce intrasectoriel vertical (*process trade*). Elles formaient des enclaves dans l'économie chinoise. Superficiellement, on serait tenté de dire qu'elles étaient semblables aux anciennes enclaves créées par les puissances impérialistes à la fin du XIXe siècle. Et beaucoup d'officiels du Parti ont été mal à l'aise avec cet aspect de la réforme. Il y avait cependant une différence considérable. Cette fois, la libéralisation du commerce et de l'investissement relevait de la souveraineté de la Chine et était contrôlée par l'État. Loin d'être des enclaves ne profitant qu'à une poignée de compradors, la nouvelle libéralisation du commerce fut un des principaux mécanismes qui ont permis de libérer l'énorme potentiel de la population. C'est la régulation de l'investissement étranger qui distingue radicalement cette période des périodes antérieures de l'histoire de la Chine. Elle distingue aussi ce pays des autres pays en développement, trompés, pour leur malheur, par le consensus de Washington – ce que la crise asiatique de 1997-1998 a révélé au grand jour. Heureusement, ces pays ont su tirer, depuis, les leçons de l'événement et ont retrouvé leur autonomie financière en accumulant des réserves de change.

L'INVESTISSEMENT DIRECT ÉTRANGER : LE VECTEUR DE L'INTÉGRATION ÉCONOMIQUE ASIATIQUE

L'ampleur des flux d'investissement direct étranger (IDE) en Chine est considérable. Ces flux ont commencé modestement au début de la réforme, puis ont progressé lentement dans les années 1980. Mais, durant la transition de la première à la seconde phase de la réforme, ils ont connu un essor très important entre 1992 et 1998. Le désarroi suscité par les crises asiatique et russe a provoqué un recul de la globalisation financière dans l'ensemble des pays à marchés émergents. Les afflux d'IDE ont décliné en 1999 et en 2000. Puis l'entrée de la Chine dans l'OMC a déclenché une seconde vague puissante jusqu'en 2005. La croissance initiale a même été si rapide que les entrées d'IDE ont culminé en 1994 en pourcentage du PIB, avant de baisser régulièrement du fait de la croissance très rapide (*cf.* tableau 5.1).

Tableau 5.1. Entrées d'IDE.

Années	*En mds $*	*En % du PIB*
1989	3	0,9
1990	3,2	1
1991	3,8	1,1
1992	11,2	2,4
1993	27,5	4,6

Années	*En mds $*	*En % du PIB*
1994	33,1	6
1995	37,5	5,2
1996	42	4,9
1997	45,6	4,9
1998	45,5	4,6
1999	40	3,9
2000	40,2	3,5
2001	47,6	3,7
2002	52,8	3,8
2003	53,2	3,4
2004	60,1	3,2
2005	60	2,9

Source : Datastream et Annuaire statistique de la Chine (différentes années).

Les entrées d'IDE se sont réparties de façon très inégale dans le pays. Ce sont les régions ayant le plus grand nombre de ZES qui en ont reçu le plus. En moyenne, entre 1993 et 2003, les IDE se sont élevés à 13 % du PIB de la province de Guangdong, 11 % de celle de Fujian, 9 % de celle de Shanghai et 7 % de celle de Pékin et de Jiangsu (Naughton, *op. cit.*, ch. 17). Ils ont été suffisamment massifs pour transformer l'économie de ces régions, car ils ont contribué à une part importante de la formation de capital fixe. Le principal avantage apporté par les IDE, c'est le transfert de technologie, lié à une expertise en matière de management et à des canaux commerciaux. Cela s'explique par le fait que la Chine communiste a attiré les IDE selon les règles édictées par le gouvernement chinois, contrairement au XIXe et au début du XXe siècle où ils sont entrés sous le diktat des puissances étrangères. Lors de la première phase de la réforme, les investisseurs étrangers ont été intimement liés aux entreprises de bourg et de village à travers des joint-ventures et des filiales utilisant des fournisseurs locaux. Ils ont capté l'essentiel de la main-d'œuvre à bas salaires et des avantages en matière de fiscalité et d'achats fonciers offerts par les gouvernements locaux désireux de créer des emplois. L'ampleur des flux a commencé à augmenter considérablement quand des ZES différentes et plus grandes ont été ouvertes en dehors du sud-est du pays. La zone de développement de Pudong (à l'est de Shanghai) a été conçue comme une zone high-tech par les autorités locales avec l'approbation de l'État central, dans le but de monter en gamme sur l'échelle des valeurs internationales.

Il a été facile de nouer des relations étroites entre les investisseurs étrangers et les entreprises locales, car les premiers étaient pour la plupart, au moins au début, d'origine chinoise. Plus de 60 % étaient de Hong Kong et de Taïwan. Lors de la dernière vague, après 2001, la diaspora chinoise s'est servi des paradis fiscaux pour canaliser ses investissements, conservant 60 % des investissements cumulés entre 1985 et 2005, paradis fiscaux inclus. La part de l'ensemble des pays développés était de 25 %. Le reste venait de Singapour et de Corée du Sud, dont les investisseurs préfèrent les provinces du Nord-Est. Il s'ensuit que les IDE sont essentiellement une affaire chinoise. Ils ont créé la base d'une intégration économique asiatique, dont la locomotive industrielle de la Chine continentale constitue le centre.

Les entrepreneurs de Hong Kong et de Taïwan s'étaient spécialisés depuis longtemps dans les industries de consommation intensives en travail. Ils ont saisi l'occasion pour délocaliser dans les ZES créées dans les provinces du Sud-Est. L'industrie manufacturière de Taïwan est passée à des produits de haute technologie. Hong Kong s'est spécialisé dans les services aux entreprises (finance, marketing, comptabilité). Par rapport aux autres investisseurs étrangers, leurs atouts sont la proximité géographique, ainsi qu'une langue et des coutumes communes. Il était pour eux facile et peu coûteux de créer des chaînes de production et d'échanges pour exporter de l'habillement et des chaussures, et d'étendre le commerce intrasectoriel vertical (*process trade*), dans les années 1990, aux biens de consommation électroniques. Après l'entrée de la Chine dans l'OMC, l'intégration asiatique s'est étendue avec la diversification des zones spécialisées dans la production pour l'exportation (*export-process zones)* le long du littoral, du Sud jusqu'au Nord. La Chine continentale produit et exporte quantité de produits industriels. Elle importe des machines du Japon et de Corée du Sud, des produits primaires d'Australie et de Nouvelle-Zélande, des produits électroniques high-tech d'Inde et de Taïwan, des services aux entreprises de Hong Kong et de Singapour. L'intégration économique fait de l'Asie la première zone commerciale du monde. Malgré les divisions politiques, elle rapproche énormément les intérêts économiques nationaux.

DE LA « DOUBLE VOIE » À L'ÉCONOMIE DE MARCHÉ OUVERTE : LA SECONDE ÉTAPE DE LA RÉFORME DU COMMERCE EXTÉRIEUR

Une fois que le système de double taux de change a été mis en place, en 1986, le régime de commerce intrasectoriel vertical (*export-processing regime*) a donné un coup de fouet aux exportations. Il a eu un impact considérable dans les ZES et permis de maintenir une forte croissance dans les entreprises de bourg et de village nouvellement créées. La croissance était financée par le crédit des banques publiques, auxquelles l'État avait donné, ainsi qu'à d'autres entreprises, la liberté de décision. Les banques opéraient à l'époque sans aucune supervision. En outre, la transformation juridique de la Banque populaire de Chine en banque centrale, en 1983, n'avait fourni aucun instrument de politique macroéconomique. L'absence de gestion monétaire et de contrôle a donc favorisé un emballement du crédit. Mais les banques ne sont pas des entreprises comme les autres. Sans une culture du risque inculquée par une supervision sévère, la concurrence ne peut pas réguler le marché du crédit. Elle nourrit au contraire une offre de crédit mimétique, sous forme de bulle, couplée à la demande de crédit. Il en résulte une dérive inflationniste et une hausse rapide des prix.

L'inflation a commencé en 1988 et s'est accélérée l'année suivante. Elle a érodé le revenu réel et propagé le mécontentement dans une large couche d'actifs salariés, qui bénéficiaient auparavant de la réforme. La colère économique fut un ingrédient important du soulèvement politique qui conduisit à la tragédie de la place Tiananmen, en juin 1989. Elle s'est combinée avec une opposition politique provenant d'attentes croissantes en matière de libéralisation politique du régime à parti unique. Quoi qu'il en soit, la crise politique de 1989 et un fort ralentissement de la croissance en 1990-1991 ont provoqué un retour en force des conservateurs à l'intérieur du Parti. De leur côté, les réformateurs étaient convaincus que le cœur de la réforme était en jeu. La réforme devait passer par des changements radicaux pour accéder à un nouveau régime de croissance.

Dans le chapitre 4, nous avons expliqué la réorientation de la réforme et les réalisations économiques qui ont suivi. Il y eut aussi une nouvelle politique économique extérieure, qui commença au printemps 1992. C'est à cette époque que Deng Xiaoping entreprit une tournée dans le sud du pays pour réaffirmer, dans une série de discours, l'importance du concept de réforme comme vecteur de développement. L'autorité de Deng était si grande que cela fut suffisant pour faire pencher l'équilibre du pouvoir du côté des réformateurs. En octobre 1992, le 14e congrès du Parti communiste chinois adopta le principe d'une économie socialiste de marché. Les marchés devaient être étendus dans tous les secteurs, et la « double voie », abandonnée. Cela conduisit à d'énormes changements institutionnels dans l'économie nationale. Parallèlement, la décision sans précédent de présenter la candidature de la Chine à l'OMC a propulsé le pays vers une économie de marché ouverte.

La première décision importante fut l'unification du système de taux de change, le 1er janvier 1994. Le taux de change fut déprécié au taux le plus bas sur les marchés secondaires, entraînant une forte dévaluation du taux officiel par rapport au dollar. Il s'apprécia à nouveau un peu après jusqu'à la mi-1995 et fut fixé à partir de cette date, et pour dix ans, à 8,3 yuans pour 1 dollar (*cf.* figure 5.1). Puis le gouvernement chinois décida de réviser le régime de change, recourant à une appréciation régulière qui ne fut interrompue que temporairement, au plus haut de la crise financière globale. Avec l'accès libre aux devises étrangères sur présentation de documents attestant de transactions commerciales, la convertibilité de la monnaie sur le compte courant était, *de facto*, réalisée.

La stabilité puis la prévisibilité du régime de taux de change nominal dans un contexte économique mouvant ont eu un impact considérable sur le taux de change effectif réel, donc sur la compétitivité-

Figure 5.1. TAUX DE CHANGE RÉEL ET NOMINAL DE LA CHINE.

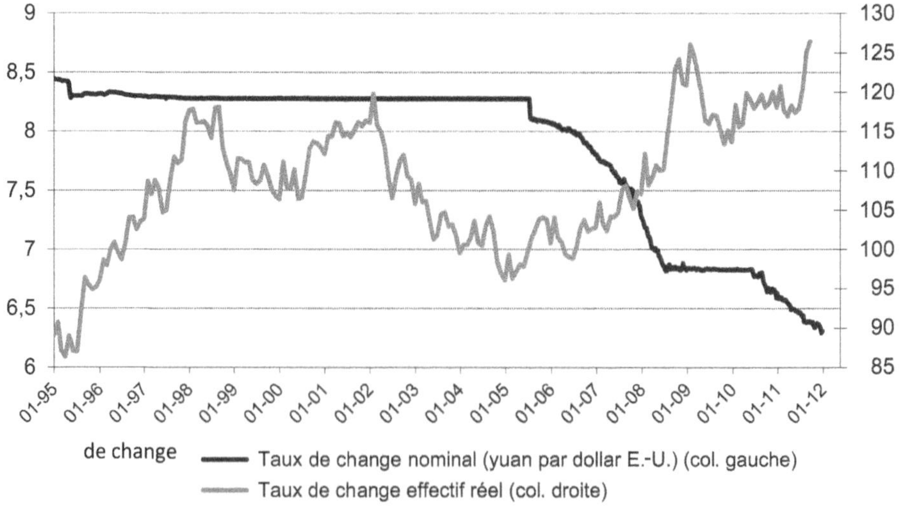

Source : CEIC.

prix de la Chine. Au début de l'unification du taux de change, les prix chinois absorbaient encore les vestiges de l'énorme inflation de la fin des années 1980 et du début des années 1990. La compétitivité de la Chine s'est d'abord profondément détériorée, de 20 % en deux ans. Puis il y eut la crise asiatique, qui provoqua une forte dépréciation du taux de change dans les monnaies des pays d'Asie de l'Est directement touchés. En décidant de ne pas dévaluer le yuan, le gouvernement chinois consentit, au nom de la stabilité monétaire, une hausse du taux de change effectif réel, qui s'apprécia encore de 10 % en une seule année.

De la fin 1998 à l'entrée de la Chine dans l'OMC, la compétitivité fut le résultat indirect des fluctuations des taux de change nominaux des pays concurrents par rapport au dollar. Suivent deux périodes fortement contrastées qui sont étroitement liées au régime de change adopté par le gouvernement chinois. De la fin 2001 jusqu'au changement de régime de juillet 2005, la Chine a largement bénéficié de l'accroissement de sa part de marché dans le commerce international. Avec la progression du commerce intrasectoriel vertical (*process trade*), la Chine est devenue l'« atelier du monde ». Or l'industrie manufacturière est un secteur à rendements croissants. L'expansion du marché mondial pour les produits chinois a donc entraîné une hausse rapide de la productivité. Les entreprises manufacturières bénéficiant d'une élasticité infinie de la courbe d'offre de travail, les salaires n'ont pas augmenté autant que la productivité, et de loin. Les profits élevés ont contribué largement à financer l'accumulation du capital, tandis que les prix restaient stables. Un processus circulaire a renforcé la compétitivité, ce qui s'est traduit par de très importants excédents commerciaux (*cf.* figure 5.2). Cette évolution alimenta la conception américaine des déséquilibres globaux, utilisés pour forcer le gouvernement chinois à apprécier sa monnaie. En juillet 2005, celui-ci a finalement cédé à la pression internationale et adopté une réévaluation rampante et informelle du yuan par rapport au dollar.

Comme le montre la figure 5.1, l'impact sur la compétitivité-prix a été spectaculaire. De la mi-2005 à la fin 2011, le taux de change effectif réel s'est apprécié de 25 %. Si la balance commerciale a continué de s'élargir jusqu'au sommet de la crise financière, à l'été 2008, c'était en raison de l'emballement insoutenable de la demande induite par le crédit aux États-Unis. En faire le reproche à la Chine, comme l'ont fait la plupart des économistes occidentaux, était particulièrement mal venu. D'ailleurs, dès que l'emballement du crédit a ralenti, provoquant un ralentissement du commerce mondial, les excédents commerciaux de la Chine ont baissé et le taux de change effectif réel a repris sa tendance à l'appréciation.

L'unification du taux de change faisait partie d'un ensemble plus large de réformes qui associaient plus étroitement la politique économique interne et externe. Avec la transformation des entreprises publiques en entreprises opérant sur les marchés concurrentiels, l'État avait perdu les recettes budgétaires qui, avec la planification, venaient directement des entreprises. Une réforme fiscale fut adoptée en 1994 pour élargir la base fiscale, avec la création d'une taxe sur la valeur ajoutée (TVA) et d'autres taxes professionnelles (*business taxes*). Comme les exportateurs avaient le droit de déduire la TVA sur les exportations, l'application d'un système de TVA uniforme pour tous les acteurs de l'activité manufacturière convenait très bien à la Chine.

S'agissant de l'aspect financier, les choses n'avançaient pas aussi vite. La réforme financière interne nécessitait, en effet, beaucoup de temps. Comme le système financier chinois était resté sous-développé, et que la crise asiatique avait montré que les flux internationaux de capitaux étaient très dangereux pour les pays émergents, la Chine a maintenu ses contrôles pour un grand nombre de types de capitaux autres que les IDE.

La candidature à l'OMC marqua une évolution décisive de la Chine vers une économie de marché ouverte. Elle a été réalisée après une négociation longue et difficile, qui commença à l'époque du GATT et qui dura quinze ans, de 1986 à 2001. Entre-temps, le GATT avait été transformé en OMC lors de l'Uruguay Round, en 1996. La candidature à l'OMC donna à la Chine la possibilité d'accéder largement aux marchés des pays développés pour les produits de l'industrie légère et les produits agricoles. En contrepartie, la Chine devait démanteler son système de « double voie ». L'appartenance à l'OMC impliquait de garantir des droits commerciaux à tous les niveaux. La Chine passa donc à un système de droits de douane et les quotas furent progressivement réduits.

PERFORMANCES ET INSUFFISANCES DE LA CHINE EN MATIÈRE DE CROISSANCE TIRÉE PAR LES EXPORTATIONS

Depuis l'adoption de la stratégie d'ouverture complète, en 1993, et les réformes monétaires et budgétaires de 1994, la Chine est devenue le pivot de la globalisation industrielle. L'appartenance à l'OMC a amplifié cette évolution. Les exportations chinoises, après une spécialisation dans les secteurs de l'habillement, de la chaussure et du jouet, ont réalisé des percées stupéfiantes dans l'électronique, les machines et l'équipement électrique (*cf.* tableau 5.2).

Il est de la nature du commerce intrasectoriel vertical (*process trade*) que la plupart des biens exportés soient aussi ceux qui sont importés en plus grande quantité. Plus des deux tiers des fours à micro-

Tableau 5.2. Structure du commerce extérieur chinois en 2004.

Rubriques	*Exportations (% du total)*	*Importations (% du total)*
Électronique	24	19
Équipements mécaniques et électriques	17	22
Plastiques et chimie organique	2	9
Optique	3	7
Vêtements et chaussures	14	-
Meubles et jouets	4	-
Fuel	-	9
Fer et acier	2	4
Autres	32	30

Source : Global Trade Atlas.

ondes, des lecteurs de DVD, des postes de télévision et des ordinateurs sont produits en Chine. Ils sont faits avec des composants et des logiciels importés. La stratégie ayant pour but de gravir l'échelle technologique a donc été trompeuse, contrairement à celle adoptée en Inde. Ainsi, les exportations de produits technologiques sont à 80 % aux mains de filiales étrangères. Dans les secteurs technologiques, les exportations chinoises ont standardisé les produits de consommation, restant en bas et en milieu de gamme (*cf.* tableau 5.3).

Tableau 5.3. Répartition des exportations chinoises et indiennes vers l'Union européenne par gammes de produit (%).

Gammes technologiques	*Chine*		*Inde*	
	1995	*2007*	*1995*	*2007*
Haut	4	4	8	10
Moyen	27	30	27	37
Bas	69	66	65	53
Total	100	100	100	100

Source : I. Bensidoun, F. Lemoine et D. Unal-Kesenci (2009), « The integration of China and India into the world economy : A comparison », *European Journal of Comparative Economics*, 6 (1), p. 131-155.

Dans la période 1995-2007, la Chine n'a guère amélioré le contenu en valeur de ses exportations, comparé à celui de ses importations, comme cela apparaît dans la tendance du taux de change effectif réel (*cf.* figure 5.1). De fortes fluctuations se sont produites avec la crise du début des années 1990 et le changement de régime de croissance qui a suivi. Au total, cependant, le taux de change effectif n'a pas beaucoup changé entre 1995 et 2005. C'est plutôt une anomalie pour un pays capable de croître aussi fortement.

Les forces qui devraient induire une appréciation tendancielle du taux de change réel sont nombreuses. Cette tendance signifie qu'un pays émergent, qui converge vers le revenu réel des pays avancés grâce à sa participation au commerce mondial, devrait améliorer son pouvoir d'achat sur la valeur de ses importations. Autrement dit, la valeur de sa main-d'œuvre devrait s'améliorer par rapport à la valeur de la main-d'œuvre étrangère incorporée dans les prix mondiaux.

Premièrement, une croissance industrielle soutenue, en assimilant le progrès technologique tout au long du processus de rattrapage, accroît la productivité globale des facteurs. La base productive s'élargit et s'approfondit en qualité, ce qui augmente la valeur du travail national vendu sur les marchés mondiaux. Les termes de l'échange s'améliorent et transmettent la hausse au taux de change réel. Mais, en Chine, ce processus a été, jusqu'à récemment, entravé. Le commerce intrasectoriel vertical (*process trade*) n'a pas valorisé le travail chinois dans les proportions requises pour augmenter macroéconomiquement la valeur réelle du travail. La croissance chinoise a donc utilisé de façon inefficace son excédent de main-d'œuvre avec des techniques très intensives en capital.

Le régime de croissance en Chine n'est pas typique du rattrapage des autres grands pays. Son ouverture est bien plus grande et l'importance du commerce intrasectoriel vertical (*process trade*) également. La participation à l'OMC a considérablement renforcé ces tendances. Elle a provoqué une inversion des termes de l'échange et une évolution des prix relatifs dans le pays, qui s'est traduit par un déclin du taux de change réel d'équilibre. La figure 5.1 montre que celui-ci ne s'est plus apprécié après la crise asiatique, et moins encore après l'entrée dans l'OMC, jusqu'au découplage d'avec le dollar, en juillet 2005.

L'argument théorique classique permettant d'expliquer l'amélioration du taux de change effectif réel est l'effet Balassa-Samuelson. Dans la mesure où le progrès technologique a un impact sur la valeur de la main-d'œuvre intérieure incorporée dans les produits vendus sur les marchés mondiaux, le pouvoir d'achat chinois de la main-d'œuvre employée dans les secteurs avancés devrait s'accroître. La raison, c'est le prix peu élevé des produits chinois (en particulier des services) dans la structure duale caractéristique des pays en développement. La demande pour ces produits devrait croître avec le pouvoir d'achat créé dans l'économie tirée par les exportations. Or, comme la productivité languit dans cette partie de l'économie, les prix relatifs vont augmenter et faire monter les salaires réels si le marché du travail n'est pas fragmenté (*cf.* encadré 5.1). Le rattrapage d'ensemble des salaires réels par rapport aux salaires des pays développés induit une appréciation tendancielle du taux de change réel.

Le processus a été freiné en Chine parce que l'énorme excès de la main-d'œuvre rurale a fragmenté le marché du travail. Dans les villes, des millions de migrants ont souffert de conditions d'exploitation échappant à toute réglementation. Les différences de productivité se sont traduites par des disparités salariales, et non par une augmentation générale des salaires qui aurait pu entraîner une augmentation des prix intérieurs. En ce cas, la formule du taux de change réel de l'encadré 5.1 montre que l'effet Balassa-Samuelson est atténué et peut même se voir annulé par des disparités des salaires réels.

C'est pourquoi la fin de l'excédent de main-d'œuvre dans l'économie rurale représente une évolution sociodémographique déterminante pour la prochaine phase de développement de la Chine. Nous montrerons dans le chapitre suivant que cette évolution entraînera un changement profond du système de prix. Celui-ci créera une forte incitation pour orienter la structure de la production vers les hautes technologies, ce qui augmentera, en retour, les salaires réels.

ENCADRÉ 5.1.
TAUX DE CHANGE RÉEL, PRIX RELATIFS ET DOUBLE ÉCART DE PRODUCTIVITÉ

1. Prix relatifs.

Définissons p_T, p_N, p comme l'indice des prix à la consommation dans le secteur T des biens échangés sur les marchés mondiaux, dans le secteur N des biens non échangés, c'est-à-dire domestiques, et dans l'ensemble de l'économie (Chine), et les mêmes indices dans le pays de référence (États-Unis, signalés par *). Tous les indices sont mesurés en logs. L'indice des prix à la consommation dans les deux pays est :

$$p = bp_T + (1-b)p_N$$

$$p^* = b^*p_T^* + (1-b^*)p_N^*$$

b et $1-b$ sont les poids respectifs des biens échangés et non échangés dans le panier de consommation. Appelons e le taux de change nominal du yuan par rapport au dollar, soit le prix en yuan du dollar. Le taux de change réel, défini par l'indice des prix à la consommation, est :

$q = p - e - p^*$

De même, le taux de change réel défini pour les biens T est

$q_T = p_T - e - p_T^*$

Le taux de change réel défini sur le panier des biens à la consommation se compose de deux parties : le taux de change réel du secteur T et l'effet dit « Balassa ». La formule est augmentée d'un résidu, qui vient de la différence dans la structure de la consommation dans les deux pays :

$$q = q_T - (1 - b)[(p_T - p_N) - (p_T^* - p_N^*)] + (b - b^*)(p_T^* - p_N^*)$$

2. Différentiels de productivité.

Posons w_T, w_N, π_T, π_N, les salaires et la productivité du travail dans les secteurs T et N en Chine. Supposons qu'à long terme le taux de marge sur les coûts du travail soit constant :

$$p_T = w_T - \pi_T$$

$$p_N = w_N - \pi_N$$

$$p_T - p_N = (w_T - w_N) - (\pi_T - \pi_N)$$

Aux États-Unis, le marché du travail est supposé unifié (même salaire moyen dans les secteurs T et N).

Le taux de change réel du yuan par rapport au dollar est influencé par les facteurs économiques qui affectent q_T et par la productivité et les salaires relatifs.

$$q = q_T + (1 - b)[(\pi_T - \pi_N) - (w_T - w_N) - (\pi_T^* - \pi_N^*)] + (b - b^*)(p_T^* - p_N^*)$$

L'effet Balassa dit qu'un différentiel de productivité plus élevé en Chine qu'aux États-Unis entre les secteurs T et N doit apprécier le taux de change réel du yuan. Mais, si le marché du travail est fragmenté en Chine, les différentiels de salaires atténuent cet effet et finissent par l'annuler s'ils correspondent aux différentiels de productivité.

La seconde anomalie du régime de croissance tiré par les exportations de la Chine, c'est le surexcédent commercial, qui a suscité nombre de désaccords entre le gouvernement chinois d'un côté, et le Congrès et le gouvernement des États-Unis de l'autre. Or l'accroissement de l'excédent est un phénomène tardif et transitoire qui ne peut être imputé à l'entrée dans l'OMC (*cf.* figure 5.2).

Pendant les trois premières années après l'entrée dans l'OMC, les exportations et les importations chinoises se sont fortement accélérées de concert, gagnant plus de 8 % du PIB. L'excédent commercial de la Chine est resté au niveau faible de 2 % du PIB. Puis les exportations ont continué d'accélérer, atteignant, à leur sommet, en 2007, 37 % du PIB, tandis que les importations ralentissaient relativement, demeurant

Figure 5.2. Le commerce extérieur de 1997 à 2009.

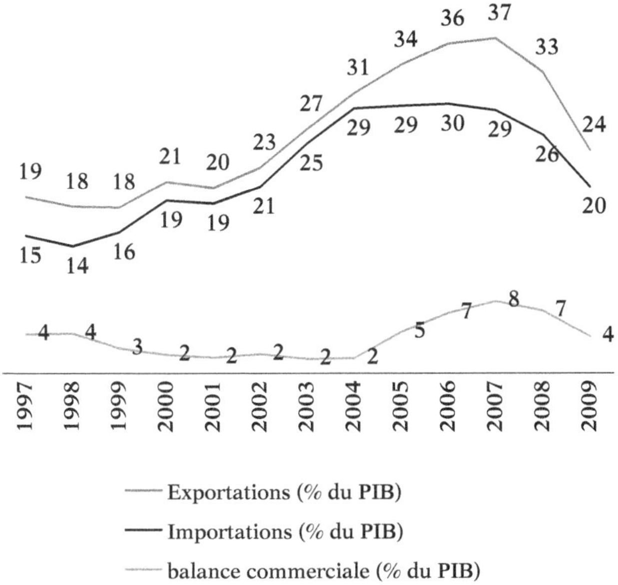

Source : *Annuaire statistique de la Chine* (différentes années) ; calculs par F. Lemoine (chap. 3, Bénassy-Quéré et Chevallier, 2010).

à 29 %. L'excédent commercial s'est ainsi considérablement élargi pour atteindre le niveau exceptionnel de 8 % du PIB. Alors que la croissance globale est restée au-dessus de 10 % par an entre 2005 et 2007, les exportations nettes y ont contribué pour plus de 2 points.

Deux facteurs expliquent la dérive de l'excédent commercial. Le premier, c'est la très forte demande de consommation aux États-Unis et dans d'autres pays développés, où une demande intérieure insoutenable a été stimulée par des bulles immobilières financées par l'emprunt qui ont conduit à la crise financière. La forte demande intérieure dans les pays occidentaux a provoqué une forte poussée des exportations des filiales des entreprises étrangères en Chine. Entre 2004 et 2007, le solde entre la valeur de leurs exportations et celle de leurs importations dans le commerce extérieur a fait un bond gigantesque, passant de 50 à 144 milliards de dollars. Le second facteur fut le succès de la substitution aux importations des entreprises chinoises dans le commerce ordinaire (*ordinary trade*). Le gouvernement chinois s'est en effet lancé dans une politique délibérée de substitution aux importations. Des salaires bas, du crédit bon marché, une expansion forte du logement dans les principales villes côtières et des abattements fiscaux favorables ont permis aux entreprises publiques d'être très profitables dans les industries intensives en capital. Ces entreprises ont massivement investi et se sont constitué des capacités de production suffisamment importantes pour remplacer les importations de ciment, d'acier, de fer et de machines. De négatif, l'équilibre commercial sectoriel est devenu positif. Au total, le commerce ordinaire des firmes chinoises est passé d'un équilibre en 2004 à un excédent de 100 milliards de dollars en 2007.

Durant ces trois années, le yuan s'est apprécié par rapport au dollar (de 20 % entre juillet 2005 et juillet 2008) et en termes effectifs (*cf.* figures 5.3 et 5.4).

Figure 5.3. Taux de change nominal du yuan par rapport au dollar.

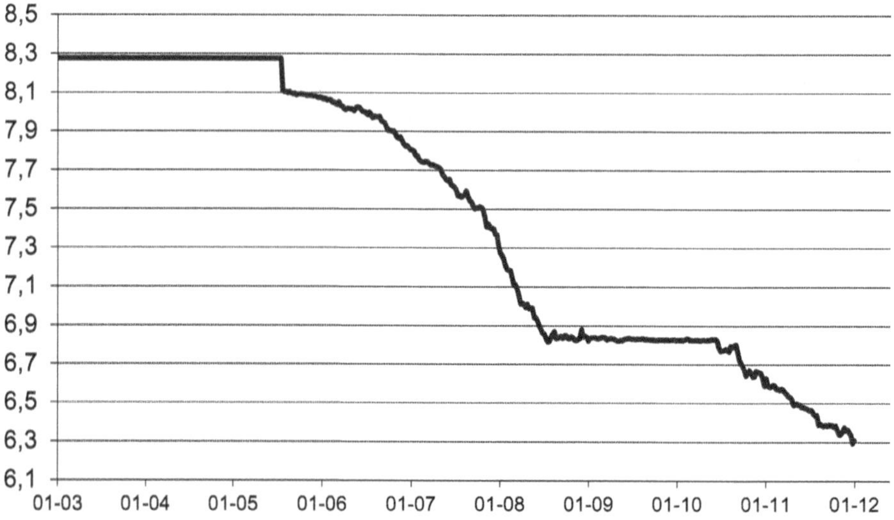

Source : CEIC.

Entre juillet 2008 et juin 2010, le gouvernement chinois a de nouveau ancré le yuan sur le dollar. Mais la forte dépréciation de plusieurs monnaies asiatiques pendant la crise a entraîné une appréciation effective réelle du yuan de 11 %. Le yuan a été découplé du dollar en juin 2010 et a commencé à s'apprécier substantiellement à partir de septembre de la même année.

En définitive, la période 2004-2008 a été exceptionnelle pour la Chine, car elle l'a aussi été pour le monde. Fin 2008, la demande mondiale s'est effondrée, provoquant la contraction des exportations mondiales. Les exportations chinoises sont ainsi passées de 37 % du PIB en 2007 à 24 % en 2009. Et la croissance du PIB est passée de 13,8 % (d'une année sur l'autre) au deuxième trimestre de 2007 à 6,1 % au premier trimestre de 2009.

Les perspectives bien plus lentes de croissance dans les économies avancées vont empêcher la Chine de pouvoir compter sur les marchés étrangers comme avant la crise financière. Au-delà de ce choc majeur, le type de spécialisation poursuivie par la Chine depuis l'entrée dans l'OMC est de trop faible qualité à l'exportation et trop dépendant des entreprises étrangères pour pouvoir continuer. Les déséquilibres de la croissance extravertie, et les distorsions de l'économie interne exposées dans le chapitre 4, appellent une nouvelle étape de développement.

Figure 5.4. LE TAUX DE CHANGE EFFECTIF RÉEL.

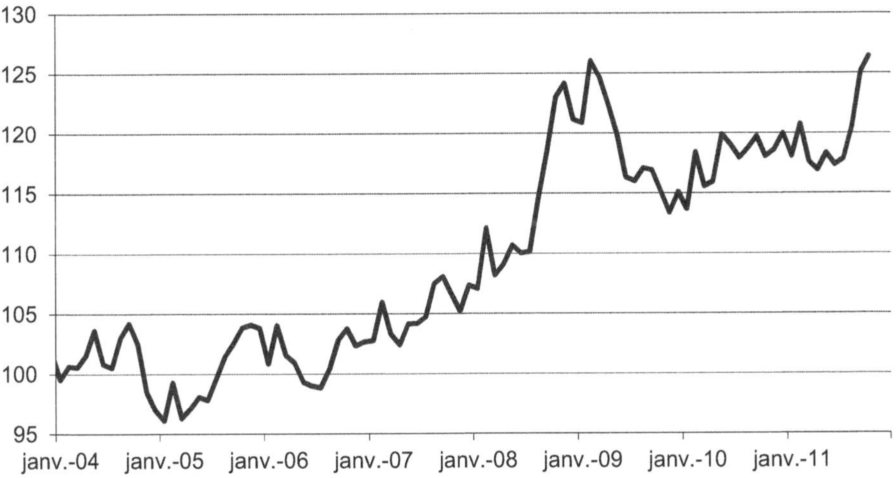

Source : CEIC.

La politique monétaire extérieure de la Chine et les déséquilibres globaux

La persistance des déficits aux États-Unis est un sujet de controverse chez les économistes. Même s'il est multilatéral, il a alimenté des menaces protectionnistes au Congrès contre la Chine. Les préjugés politiques ne sont pas absents de ces débats. Le phénomène a cependant des explications multiples, dont certaines ont une part de vérité. C'est pourquoi on peut soutenir, en toute bonne foi, des points de vue très différents. Nous examinerons les opinions controversées avant de nous pencher sur la politique chinoise de change et l'accumulation par la Chine de réserves de devises étrangères. Nous montrerons qu'à partir de 2010 la Chine a pris des mesures décisives pour découpler le yuan du dollar et en libérer totalement l'utilisation pour les non-résidents à partir de la place financière offshore de Hong Kong. Dans le dernier chapitre, nous montrerons que cette évolution fait partie d'un objectif plus large de transformation du régime de croissance.

LE DÉBAT SUR LES DÉSÉQUILIBRES GLOBAUX

Les comptes extérieurs peuvent être trompeurs. Parce que la balance commerciale représente l'essentiel de la balance des comptes courants pour les pays qui sont en phase de rattrapage grâce au développement industriel, il est assez fréquent de donner au taux de change le rôle du méchant dans la farce. La seule chose à faire pour corriger un excédent commercial serait d'apprécier le taux de change. Mais le déficit des comptes courants reflète un déséquilibre entre l'épargne nationale et l'investissement national. Or le schéma d'épargne et d'investissement dans un pays ou dans une région est de nature structurelle. Il est donc peu sensible aux prix relatifs. L'investissement dépend, en outre, du financement, quelle qu'en soit la forme, et non de l'existence d'une épargne préalable. Dans l'agrégat, l'épargne observée n'est donc que le miroir de l'investissement intérieur dans une économie fermée. Aucun des deux ne détermine l'autre. Dans une économie globalisée, cette identité s'observe au niveau mondial.

Il est vrai que l'appréciation du taux de change réel d'un pays excédentaire comme la Chine ne peut qu'accroître le prix des produits chinois par rapport aux produits étrangers. Mais elle va réduire aussi le taux de profit dans le secteur des biens échangés et freiner l'investissement interne dans un secteur crucial pour la modernisation du processus de production. Du côté de la consommation, un pays disposant d'un excès durable d'épargne, comme la Chine est censée en disposer (ce qui est équivalent à une énorme réserve de titres en devise étrangère, par exemple en dollar), subit un effet de richesse négatif si le dollar baisse. Si une hausse du taux de change intervient, comme le recommandent certains économistes aux États-Unis (de 20 % instantanément en termes réels), elle pèsera de façon négative sur la demande intérieure privée et publique. Les importations s'effondrant avec les dépenses intérieures, l'effet de richesse et de revenu défavorable pourrait compenser l'effet de prix relatif favorable au rééquilibrage, laissant le sens de l'évolution de la balance commerciale indéterminé (MacKinnon et Schnabl, 2008). Ce qui est sûr, c'est que la croissance mondiale serait affectée et que la plupart des pays en souffriraient.

Le tableau 5.4 montre que l'épargne nette aux États-Unis est restée négative dans les périodes de dollar faible comme de dollar fort. Elle est restée, inversement, positive dans toute l'Asie industrialisée, Japon inclus. Le passage d'un déficit à un excédent commercial dans les pays d'Asie en développement, sauf la Chine, a été la conséquence de la crise asiatique. Celle-ci a décidé les gouvernements des pays affectés par la crise à changer radicalement de politique de croissance pour se débarrasser de leur dette extérieure et accumuler des réserves de devises étrangères.

La contribution de la Chine à l'accumulation d'actifs étrangers est restée modeste jusqu'en 2004 inclus. Avec une hausse de 43 milliards de dollars entre 1997 et 2004, l'excédent des comptes courants de la Chine a moins augmenté que celui du Japon et que d'autres pays émergents ou même industrialisés. Puis l'excédent chinois a fortement augmenté pour les raisons expliquées plus haut. Entre 2005 et 2008, la Chine a enregistré un excédent d'épargne et les États-Unis, un déficit de plus en plus important, tandis que le dollar se dépréciait et que le yuan s'appréciait en termes réels. Le tableau 5.4 montre en outre que les États-Unis se sont complu dans le déficit pas seulement par rapport à la Chine, mais aussi par rapport à presque toutes les régions du monde, à l'exception des pays d'Europe centrale et orientale (PECO). Après la crise, le déficit des États-Unis a quelque peu diminué et les excédents chinois ont été plus que divisés par deux en pourcentage du PIB. En 2010, le pays ayant l'excédent le plus important était, de très loin, l'Allemagne.

Les interprétations n'ont pas manqué pour expliquer ces déséquilibres globaux. Quatre ont été avancées : la nouvelle économie, un nouveau Bretton Woods, la surabondance de l'épargne mondiale, la pénurie d'épargne aux États-Unis (Eichengreen, 2005).

Tableau 5.4. Sources et emplois de l'épargne mondiale : épargne financière nette (en % du PIB national ou régional).

Pays et régions	*1988-95*	*1996-2003*	*2005*	*2007*	*2008*	*2009*	*2010*
	Moyenne						
Économies avancées	– 0,7	– 0,3	– 1,0	– 0,8	– 1,3	– 0,7	– 0,3
EU	– 2,5	– 2,7	– 5,2	– 5,2	– 5,6	– 4,0	– 3,4
Zone euro	n.d.	+ 0,5	+ 0,8	+ 0,8	+ 0,1	+ 0,1	+ 0,7
(Allemagne)	(– 0,7)	(– 0,1)	(+ 6,4)	(+ 10,4)	(+ 9,9)	(+ 6,8)	(+ 7,9)
Japon	+ 2,3	+ 2,5	+ 3,6	+ 4,8	+ 3,2	+ 2,7	+ 3,1
Autres pays industriels d'Asie	+ 3,4	+ 4,1	+ 5,5	+ 6,4	+ 5,0	+ 8,6	+ 7,1

Pays et régions	1988-95 Moyenne	1996-2003	2005	2007	2008	2009	2010
Pays émergents et en développement	– 2,0	0,0	+ 4,1	+ 4,0	+ 3,5	+ 2,0	+ 1,6
Afrique sub-saharienne	– 0,9	– 2,3	– 0,3	+ 1,2	0,0	– 1,4	– 0,9
Amérique latine	– 1,2	– 2,5	+ 1,4	+ 0,1	– 1,2	– 0,6	– 1,3
Asie émergente	– 2,4	+ 1,4	+ 4,1	+ 6,9	+ 5,8	+ 4,1	+ 3,0
(Chine)	(n.d)	(+ 2,6)	(+ 7,1)	(+ 10,6)	(+ 9,6)	(+ 6,0)	(+ 4,7)
PECO	– 1,4	– 3,2	– 5,1	– 8,1	– 7,8	– 2,4	– 3,7
Moyen-Orient	– 4,1	+ 3,8	+ 17,4	+ 15,3	+ 15,4	+ 3,5	+ 5,0
Russie et CEI	– 10,3	+ 4,7	+ 8,8	+ 4,0	+ 4,8	+ 2,8	+ 3,9

Source : FMI, *World Economic Outlook*, octobre 2010 et publications précédentes, Annexes. Tableau A16.

On peut toute de suite rejeter l'explication par la nouvelle économie. Peut-être était-elle pertinente à la fin des années 1990, quand les technologies de l'information et de la communication ont attiré en masse les capitaux aux États-Unis. Ses partisans soutiennent que les déficits des États-Unis reflètent l'attractivité de ce pays en matière d'innovation. Or la structure des flux de capitaux au début des années 2000 n'a rien à voir avec quelque *new age* mythique. Dans les années qui ont précédé la crise financière, les flux ont principalement été investis en bons du Trésor et en titres hypothécaires émis pour financer le gouvernement fédéral et l'endettement des ménages.

Les tenants de l'explication par un nouveau Bretton Woods regardent les excédents de la Chine et les déficits des États-Unis comme les deux faces d'une seule et même médaille (Dooley, Folkerts-Landau et Garber, 2003). Selon eux, la Chine poursuit un régime de croissance tiré par les exportations, alimenté par une monnaie sous-évaluée par rapport au dollar. Il s'ensuit un excédent en Chine et un déficit aux États-Unis. Les deux pays se satisfont de cette polarité parce qu'elle correspond à leurs préférences collectives respectives. Le taux de change yuan-dollar s'adapte au mieux des intérêts des deux pays. Comme le système financier des États-Unis est plus performant, ils importent de l'épargne chinoise en titres liquides et en transforment une partie en

IDE en Chine. Les créances de la Chine sur les États-Unis sont interprétées comme la contrepartie des investissements des entreprises américaines, qui transfèrent de la technologie. Mais l'allusion à Bretton Woods n'est qu'en partie correcte. Il est vrai que, dans les années 1960, les pays européens ont accumulé des réserves de dollar parce qu'ils respectaient des parités fixes par rapport à un dollar surévalué. Mais la balance des paiements courants des États-Unis n'était pas déficitaire. La dette de ce pays compensait juste les investissements directs massifs de ses entreprises en Europe. En outre, cette vision ne se préoccupe que de la Chine, dont la contribution au déficit des États-Unis ne dépassait pas 10 % en 2005 et 8 % de son aggravation entre 1997 et 2005. Un argument ne concernant que la Chine ne peut donc pas tenir compte de la contrepartie véritablement mondiale du déficit des États-Unis.

L'explication par la surabondance de l'épargne mondiale s'est diffusée dans le monde entier après le célèbre discours de Ben Bernanke en mars 2005. C'est un raisonnement intelligent pour écarter la responsabilité des États-Unis dans les déséquilibres actuels. Le patron de la Réserve fédérale a mis en évidence plusieurs facteurs indépendants qui ont encouragé l'épargne dans le reste du monde. Ainsi, en Asie de l'Est, à l'exception du Japon, la structure démographique a évolué vers des strates d'épargnants nombreux (40-65 ans). En Chine, le phénomène est accentué par la faiblesse des plans de retraite, qui a suscité une forte épargne de précaution. Les hausses des prix du pétrole et du gaz ont stimulé l'épargne dans les pays exportateurs d'énergies primaires (Moyen-Orient et Russie). Et les pays à marchés émergents ont profondément changé leurs politiques pour privilégier un régime de croissance tirée par les exportations.

De cet excès d'épargne, on peut déduire que les investisseurs étrangers n'ont eu de cesse de chercher des investissements financiers attractifs que le système financier américain, présumé efficient – c'est ce qu'on croyait à l'époque –, a été heureux de fournir. Cet afflux d'épargne étrangère a fait baisser les taux d'intérêt à long terme, entraîné un bond des prix de l'immobilier et encouragé les ménages américains à dépenser. Les déficits des États-Unis signifieraient ainsi que les ménages de ce pays auraient agi en consommateurs de dernier ressort au nom de la croissance mondiale. Il n'est toutefois nullement avéré qu'il y ait une surabondance d'épargne dans le monde. Les statistiques du FMI montrent que l'épargne mondiale n'a quasiment pas augmenté durant les quinze années qui ont précédé la crise.

Enfin, l'explication par l'insuffisance de l'épargne aux États-Unis vient de l'observation incontestable selon laquelle l'épargne a chuté bien plus fortement aux États-Unis que dans les autres pays développés, à l'exception de quelques-uns (Royaume-Uni, Irlande, Islande et Espagne) qui ont aussi connu une longue bulle immobilière. Après l'effondrement boursier de 2001, la Federal Reserve était résolue à éviter une récession à la japonaise, due à une douloureuse déflation par la dette dans le secteur privé. La politique monétaire est devenue proactive pour stimuler les dépenses des ménages, fondées sur l'emprunt. Ce fut la politique standard de lutte contre la récession. Après la reprise de la croissance de 2004, la machine à dettes des États-Unis a commencé à se détraquer pour alimenter une énorme bulle immobilière. En conséquence, le taux d'épargne nette des ménages de ce pays s'est effondré pour atteindre – 1,5 % au deuxième trimestre 2006. Plus impressionnant encore, le ratio de cash-flow net a chuté à – 7,3 %. Le manque d'épargne des ménages américains a tiré le taux d'épargne national vers le bas, malgré la réduction du déficit budgétaire qui avait bénéficié de la hausse inattendue des recettes fiscales.

En résumé, la principale cause des déséquilibres globaux vient des États-Unis et de leur économie. Le statut de monnaie pivot, attaché au dollar, a été une condition permissive de la persistance de la polarisation financière. Elle n'en constitue pas moins une menace pour l'économie mondiale.

D'ailleurs, déterminer ce qu'est un déséquilibre quand on observe des déficits et des excédents comptables n'a rien d'évident. Dans une économie mondiale financièrement intégrée, il n'y a pas de raison pour que tous les pays aient un équilibre des comptes courants même à moyen terme. On peut même dire que l'intégration financière devrait orienter l'épargne étrangère vers l'investissement des pays présentant les meilleurs rendements du capital par rapport au risque. Quand les marchés des capitaux sont en mesure d'évaluer les risques et les rendements de façon appropriée, ils orientent l'épargne vers les investissements des pays dont les flux futurs de richesse produits par ces investissements sont supérieurs au coût du financement, de sorte que les déficits présents soient soutenables à très long terme. Ainsi, la principale cause des déséquilibres globaux doit être cherchée dans les dysfonctionnements du système financier. Le système financier mondial étant aux mains des banques d'investissement de Wall Street, qui ont inventé délibérément des produits financiers délétères dans le seul but de prélever des rentes extravagantes sur l'économie réelle, il serait peu avisé d'espérer que la finance régule ces déséquilibres pour en limiter l'ampleur.

En réalité, même si l'on pense qu'il y a eu en Chine un excédent d'épargne, cela ne s'explique pas seulement ni même principalement par la sous-consommation, comme on le dit souvent en Occident. L'étroitesse de la couverture de santé, l'indigence du filet de sécurité sociale et l'insuffisance des retraites pour la plupart des citoyens sont certes des causes qui peuvent expliquer le niveau élevé d'épargne de précaution. Mais ce type de distorsion structurelle ne date pas des années 2003-2007, période où l'excédent chinois a fortement baissé. On ne saurait d'ailleurs y remédier par une appréciation du taux de change ! En outre, l'excédent d'épargne est bien plus élevé dans le secteur des entreprises que dans celui des ménages. Comme Dany Rodrick l'a souligné avec justesse (2009), la plupart des pays ayant un excédent d'épargne souffrent d'une insuffisance d'investissements profitables et d'un système financier vulnérable ou inefficient qui entrave le développement d'une offre de crédit dynamique pour les petites et moyennes entreprises. Les investissements profitables dépendent des infrastructures de biens publics et du dynamisme du secteur des biens échangeables modernes, qui incorporent le progrès technologique. Cela signifie que le meilleur moyen de provoquer une expansion durable de la demande intérieure est de commencer par un vaste programme de dépenses publiques, destinées aux infrastructures et à la santé publique. C'est exactement ce que le gouvernement chinois a fait en 2009, avec un plan de stimulation qui a réduit de façon marquée l'excédent des comptes courants. Parallèlement, la sous-évaluation du taux de change est un formidable aiguillon pour orienter les ressources vers le secteur moderne et gravir l'échelle technologique. Certes, les consommateurs du pays doivent en bénéficier. Cela signifie que le taux de change réel doit s'apprécier progressivement avec les gains de productivité et les hausses de salaire réel. Comme le montrent les figures 5.1 et 5.4, c'est exactement ce qui s'est passé en Chine au cours des sept dernières années. Et cela devrait sans doute continuer. Cependant, avec le changement structurel du marché du travail chinois, la tendance à l'appréciation du taux de change réel a plus de chance de se poursuivre avec une inflation plus élevée dans le secteur des biens non échangés, stimulée par des salaires réels supérieurs, qu'avec des fluctuations erratiques du taux de change nominal, devenant flottant dans le feu de la spéculation. Ce type de raisonnement conduit à poser la question de la politique de change et de la convertibilité de la monnaie.

LA GESTION DU YUAN ET L'ACCUMULATION DE RÉSERVES DE DEVISES

On peut donner au système monétaire actuel le nom de semi-étalon-dollar. Il n'y a pas de strict ancrage sur le dollar, à l'exception de Hong Kong, de l'Équateur et de Panama. Ce n'est donc pas un pur système d'étalon-dollar. Mais, en Asie, à part le Japon et plus récemment la Corée du Sud, aucun gouvernement ne laisse le marché déterminer seul et de façon permanente le taux de change. Il n'y a pas non plus de change flexible. Même au Japon, la politique de change alterne entre des phases d'intervention active et des phases de laisser-faire, pourvu que les fluctuations du yen par rapport au dollar restent dans des limites acceptables. C'est pourquoi l'on peut dire que le semi-étalon-dollar est un système de change géré par rapport au dollar. Comme ce système est le moyen qui permet de financer le flux croissant de nouveaux actifs en dollar, il a entraîné une accumulation accélérée des réserves de devises en dollar depuis 2001 (*cf.* tableau 5.5).

Tableau 5.5. Variation annuelle moyenne des réserves officielles en dollar (%).

	1987-1992	*1992-1997*	*1997-2001*	*2001-2005*
Tous pays	6,9	11,4	7,7	14,5
Asie de l'Est et Japon	13,8	15,1	13,2	19,9

Source : Statistiques du FMI sur les réserves officielles de change.

Le phénomène d'accumulation de réserves en dollar n'est pas le résultat des déséquilibres de l'équilibre épargne-investissement au niveau mondial. C'est le résultat du dysfonctionnement des systèmes financiers. Il provoque un second déséquilibre dans l'économie mondiale, qu'il ne faut pas confondre avec le déséquilibre dû aux schémas d'investissement et d'épargne. C'est l'explosion de liquidités, décrite dans le tableau 5.5. En principe, avec des marchés financiers bien intégrés, les déséquilibres dus aux schémas d'investissement et d'épargne devraient être compensés par les entrées et les sorties de capitaux des agents privés. Ces flux de capitaux en diverses monnaies devraient être le résultat de l'optimisation du portefeuille des investisseurs internationaux et d'autres intermédiaires financiers. Ils devraient équilibrer l'offre et la demande d'actifs internationaux dans les différentes monnaies convertibles.

Dans un monde avec un semi-étalon-dollar, les choses ne se passent pas ainsi. Les monnaies des pays à marchés émergents ne sont pas échangées librement sur les marchés monétaires internationaux. Tant que l'excédent d'épargne augmente rapidement, il s'accumule en monnaie nationale, tandis que les recettes des contrats à l'exportation constituent des flux de liquidités en dollar. Il s'ensuit que les intermédiaires financiers de ces pays n'ont des engagements (*liabilities*) que dans leur monnaie nationale. S'ils voulaient compenser l'épargne excédentaire par des sorties de capitaux, il leur faudrait investir une part substantielle de leurs engagements (dépôts bancaires et contrats d'assurance) dans des actifs en dollar. Dans ce scénario hypothétique, il faudrait que les taux de change soient flexibles, car le but de la manœuvre serait d'éviter de créer un excès de liquidités nationales en conséquence du déséquilibre réel. Ce faisant, les intermédiaires financiers des pays émergents subiraient un risque de change massif avec leurs avoirs en dollar et leurs engagements en monnaie nationale. Le risque serait insoutenable pour les institutions ayant des dettes sociales, comme les compagnies d'assurances et les fonds de pension. Il leur faudrait mettre fin à ces activités. À l'exception des fonds souverains qui n'ont pas de dettes contractuelles, c'est ce qu'ils ont fait depuis le début des déséquilibres, en particulier en Chine. La banque centrale a dû intervenir pour acheter des dollars en excédent par rapport aux paiements des importations, et les investir en obligations en dollar.

Cette analyse aboutit à une conclusion : la globalisation financière est très éloignée de l'intégration profonde. Celle-ci est impossible avec des préférences souveraines et des structures économiques trop discordantes, et cela se reflète dans le déséquilibre de l'épargne et de l'investissement au niveau mondial. Dans les années 2000, le système conflictuel du semi-étalon-dollar ne pouvait être qu'à sens unique : il laissait les banques centrales absorber l'asymétrie de devises. C'est ce que la Banque populaire de Chine a fait avec une ampleur considérable (*cf.* figure 5.5).

Figure 5.5. RÉSERVES DE CHANGE DE LA CHINE.

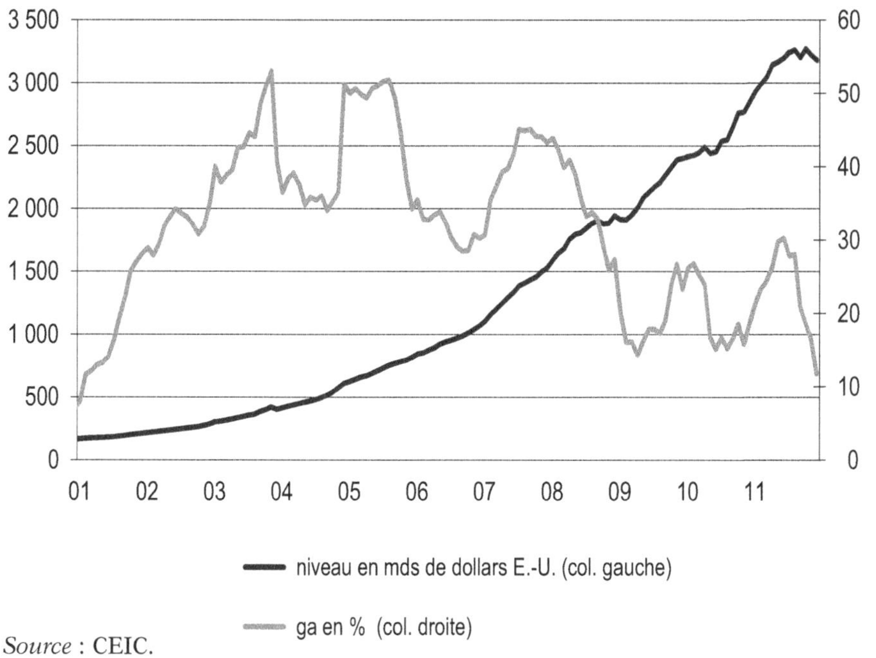

Source : CEIC.

Mais les contrôles des capitaux ont été, ces dernières années, plutôt poreux. La « *hot money* » peut être définie comme le total des « autres » flux de capitaux, plus les erreurs et omissions. L'aggravation de la crise dans la seconde moitié de 2008 et la baisse consécutive de la croissance chinoise ont entraîné des sorties substantielles de capitaux volatils (*hot money*). Après le lancement du plan de stimulation et la reprise rapide qu'il a permise, les afflux de capitaux ont recommencé et ont dû être absorbés par une accumulation supplémentaire de réserves. L'accumulation de réserves de devises s'est donc trouvée en partie déconnectée de la balance commerciale et même de celle des comptes courants (*cf.* tableau 5.6).

Tableau 5.6. La balance des paiements chinoise de 2008 à 2010 (en milliards de dollars).

Rubriques	*H1 2008*	*H2 2008*	*H1 2009*	*H2 2009*	*H1 2010*	*H2 2010*
Balance courante	**191,7**	**244,4**	**134,5**	**162,6**	**124,2**	**179,7**
Dont :						
Balance commerciale	129,2	219,7	102,3	117,8	76,4	158
Revenu des capitaux	38,3	3,1	16,9	26,4	28,3	– 1,4
Transferts courants	24,2	21,6	15,2	18,5	19,4	23,1
Balance du compte capital	**70,3**	**– 54,4**	**59,6**	**81,2**	**87,5**	**60,7**
Dont :						
IDE nets	40,8	53,6	15,6	18,7	37	63,5
Portefeuille net	19,8	22,8	20,2	18,5	– 7,3	31,3
Autres	9,7	– 130,8	23,9	44	57,8	35,9
Balance totale	**262**	**190**	**194,1**	**243,9**	**211,7**	**310,4**
Erreurs et omissions	– 18,8	– 8,8	8,2	31,4	33,7	– 16,8
Réserves de change officielles	**– 280,8**	**– 198,8**	**– 185,9**	**– 212,5**	**– 178**	**– 293,6**

Source : CEIC.

L'appréciation du yuan (d'environ 25 % entre juillet 2005 et décembre 2011) n'a pas, jusqu'à récemment, freiné l'accumulation de réserves de devises, pour les raisons expliquées ci-dessus. Son appréciation régulière et prédéterminée a constitué pour les étrangers une incitation à acheter des actifs chinois – dans la mesure où les contrôles de capitaux le permettaient. En outre, les afflux de capitaux que la banque centrale a dû absorber ont été amplifiés par le déclin rapide du taux des *Fed Funds*, passé de 5,25 % en août 2007 à 2 % à la mi-2008 et à environ 0 % après septembre de la même année. Aux États-Unis, la Réserve fédérale s'est abandonnée à une politique de *quantitative easing*, inondant la planète de liquidités en dollar. L'accumulation de réserves s'est donc poursuivie au rythme annuel moyen de 40 %, jusqu'à la reprise entraînée par le plan de stimulation, à partir de mai 2009. Le rythme de l'accumulation de réserves a significativement ralenti et n'a jamais retrouvé son rythme antérieur parce que l'excédent des comptes courants a considérablement diminué. Une analyse de la balance des paiements de la Chine nous donne quelques explications sur ce qui s'est passé (*cf.* tableau 5.6).

Les flux de capitaux volatils (« autres » et non enregistrés) ont un impact sur la balance des paiements, qui a été très sensible au découplage de l'économie chinoise en 2009, lequel a inversé les sorties au moment de l'effondrement du dernier trimestre 2008. Ces flux sont entrés en Chine pour tirer profit du gonflement des marchés d'actifs induit par le plan de stimulation. Ils ont financé le marché boursier et le marché de l'immobilier de luxe. Quand on compare la seconde moitié de 2008 à celle de 2009, on voit que le creusement de 120 milliards de dollars de la balance commerciale a été plus que compensé par une augmentation de 130 milliards de dollars des entrées de capitaux volatils (*hot money*) dans les paiements courants, venus principalement des « autres » flux de capitaux, c'est-à-dire essentiellement de prêts et de dépôts à court terme des institutions financières de Hong Kong.

Parce que la Chine est en train de devenir non seulement une puissance économique mais aussi une puissance financière, le changement du régime de gestion du taux de change se justifie. À court terme, le gouvernement chinois a pris la sage décision de suspendre l'ancrage nominal sur le dollar. Le 19 juin 2010, la Banque populaire de Chine a annoncé sa suppression et l'utilisation d'un panier de monnaies pour servir de référence dans un système de taux de change plus souple. Cette décision est une étape importante : ce n'est pas, en effet, le retour à l'ancrage glissant sur le dollar de l'après-juillet 2005. Elle annonce le passage progressif du cadre de la politique monétaire à des cibles nationales, ainsi qu'une première étape vers la convertibilité du yuan. La décision de découpler le yuan du dollar et de rétablir un benchmark effectif du taux de change a été complétée par la décision ambitieuse des autorités monétaires chinoises de passer peu à peu à la convertibilité du yuan pour les non-résidents. Le développement d'un nouveau marché des actifs en yuan offshore, et ce que cela entraîne, sera décrit dans la dernière partie de ce chapitre.

L'heure est venue, car la crise financière a provoqué des changements considérables dans l'économie mondiale. La croissance dans les pays avancés sera bien plus lente qu'au cours des dix années de bulle. Aux États-Unis, les ménages vont augmenter leur taux d'épargne et la Chine va entrer dans une nouvelle phase de réforme, axée sur le développement interne. Il s'ensuit que l'excédent de la balance commerciale chinoise va se réduire à 2 ou 3 %, comme avant 2004. Les forces qui poussent régulièrement le taux de change à la hausse vont faiblir. Mais l'impact des flux de capitaux volatils sur l'instabilité du taux de change sera plus fort. Il devra être traité par une gestion plus souple du taux de change. C'est le régime qui a été mis en place par les autorités monétaires chinoises à la mi-2010.

Le nouveau système a une bande de fluctuation intrajour de + ou – 0,5 % autour du taux au jour le jour, portée à + ou – 1 % en mai 2012. C'est une bande dont l'élargissement est conçu pour absorber les fluctuations journalières du marché. Si nécessaire, la bande journalière peut être encore changée de façon inattendue, de sorte que le marché soit dans l'incertitude ; ce qui accroît le coût de la spéculation. En outre, le taux central quotidien et la bande associée n'engagent pas la banque centrale le jour d'après. La banque centrale a tout pouvoir pour déterminer le taux central comme elle le veut chaque jour. Elle peut donc adopter la flexibilité qui lui paraît convenir par rapport au dollar afin de créer un risque à deux sens pour les spéculateurs. L'énorme quantité de réserves aux mains de la State Administration of Foreign Exchange (SAFE) lui permet de briser toute spéculation. La SAFE peut laisser le taux de change dériver dans un sens ou dans l'autre, puis déclencher une puissante intervention pour provoquer une tendance au retour vers la moyenne (*mean-reverting*) qui serait dévastatrice pour les spéculateurs. La mesure peut être renforcée par des interventions coordonnées avec les autres banques centrales de l'ASEAN + 3 [1], afin de préserver la cohérence des taux de change croisés (*cross-exchange rates*).

À moyen terme, la banque centrale peut utiliser le taux de référence du panier de monnaies pour provoquer une appréciation graduelle du taux de change effectif réel afin de réaliser trois objectifs : stimuler le pouvoir d'achat des ménages, réduire le coût des biens primaires importés, offrir des incitations aux entreprises pour améliorer le contenu en valeur de leurs exportations. La Chine a besoin de tout

1. + 3, c'est-à-dire Chine, Corée, Japon.

cela pour préserver la valeur de ses actifs étrangers et la stabilité des taux de change en Asie de l'Est, où l'intégration économique continue de s'approfondir. Les trois objectifs dépendent de l'internationalisation du yuan, c'est-à-dire de sa pleine convertibilité.

La convertibilité du yuan suppose que l'émergence actuelle de marchés obligataires en Chine se fasse plus ample et plus rapide, que de grands investisseurs institutionnels nationaux puissent orienter l'épargne des ménages vers un portefeuille diversifié, et que les marchés obligataires chinois soient en mesure d'accueillir les investisseurs étrangers dans des conditions gérables de risque. Cela implique aussi la volonté des gouvernements des pays de l'Asie de l'Est de lancer une initiative politique plus ambitieuse que celle de Chiang Maï pour créer une zone de coopération monétaire qui sera le fondement d'une internationalisation sûre des monnaies nationales de la région. Une internationalisation des monnaies et un minimum de coopération régionale pour préserver la cohérence des taux de change croisés (*cross-exchange rates*) réduiront substantiellement l'utilisation du dollar dans la région la plus dynamique du monde. La réforme des marchés financiers nationaux et l'ouverture du compte de capital seront, pour la finance, des changements structurels adaptés à la nouvelle étape de la réforme économique d'ensemble.

L'ÉVOLUTION DE LA CHINE VERS LA CONVERTIBILITÉ DE LA MONNAIE POUR LES NON-RÉSIDENTS

Nous avons montré dans le chapitre précédent pourquoi l'ouverture complète du compte de capital n'était pas encore possible. Elle doit être précédée de la libéralisation des services financiers, donc de toute la structure des taux d'intérêt. Mais une évolution aussi importante ne peut s'accomplir du jour au lendemain, d'autant que les gouvernements locaux chinois (en particulier les comtés et les municipalités) sont couverts de dettes. Les taux d'intérêt ne peuvent être déterminés par le marché tant que les dettes non performantes n'ont pas été nettoyées et que la solvabilité des gouvernements locaux n'a pas été durablement consolidée. En attendant, les autorités monétaires ont recours à la réglementation des taux de crédit bancaire et à la soumission des obligations aux taux bancaires, si bien que le coût des finances publiques est minimisé. Certes, l'inefficience de cette régulation financière est coûteuse pour le pays. Quand le coût du capital est trop faible, il y a des distorsions des schémas d'investissement qui favorisent les surcapacités dans l'industrie lourde. Des taux d'intérêt réglementés permettent d'orienter l'ensemble des financements vers une poignée de banques publiques, dont les marges sont garanties parce que l'épargne des ménages est médiocrement rémunérée. Ces banques ne sont pas incitées à une gestion efficiente du risque, sans laquelle le choc d'une libéralisation des capitaux peut être hasardeux et provoquer des pertes catastrophiques, comme cela s'est produit aux États-Unis, au Japon et dans plusieurs pays européens dans les années 1980 et au début des années 1990.

Comme nous l'avons souligné dans le chapitre précédent, la principale raison de cette situation malheureuse est d'ordre fiscal. Comme il n'y a pas de consensus politique en Chine sur les règles de transfert des recettes fiscales entre les gouvernements régionaux et les gouvernements locaux, ces derniers souffrent de disparités considérables entre leurs ressources fiscales et leurs engagements en termes d'offre de services publics de base. Ils sont contraints de s'endetter lourdement, des valeurs immobilières spéculatives servant de collatéral à cette dette. Il s'ensuit que la réforme fiscale est une condition préalable nécessaire à toute libéralisation financière du pays. C'est un problème épineux de politique économique, qui a un impact sur les processus politiques, eux-mêmes devant déterminer le partage des recettes fiscales entre les provinces et les niveaux inférieurs de gouvernement. Les changements possibles du système politique, et leur impact en termes administratifs, seront étudiés au chapitre 7.

Cependant, la crise financière globale qui a frappé le monde en 2008 a accéléré les changements profonds à l'œuvre dans l'économie mondiale. Les relations économiques et financières de la Chine avec le reste du monde en sont redéfinies. On observe un changement structurel de long terme : l'augmentation de la part du commerce avec les pays à marchés émergents de l'Asie en développement et du reste du monde, et, inversement, une baisse de la part du commerce avec le Japon et avec l'Occident. Dans les années 2000, la part du monde émergent dans le commerce extérieur chinois a doublé, passant de 15 à 30 %. Pour ce type d'échanges, le dollar est une devise tierce. Il n'est le véhicule choisi pour la facturation et le règlement des échanges que si les coûts de transaction liés à l'utilisation du dollar (ce qui implique deux conversions entre les partenaires commerciaux) sont inférieurs à ce qu'ils seraient si on utilisait la monnaie d'un des deux partenaires. Les coûts de transaction peuvent être moindres quand on utilise une devise véhiculaire : cela dépend essentiellement de la liquidité du marché de la monnaie auquel les partenaires ont accès. Plus le volume d'échanges facturés et réglés est important dans une devise véhiculaire, plus les coûts de transaction seront faibles, et plus l'utilisation de cette monnaie dans le commerce et la finance internationale sera importante. Cela signifie que la dynamique des rendements croissants est « dépendante du chemin ». Même quand la part dans le commerce mondial du pays émetteur de la monnaie clé a diminué pendant un temps considérable, cette monnaie continue d'être utilisée comme devise véhiculaire. Quand une monnaie est adoptée comme monnaie clé dans les paiements internationaux, seul un événement considérable, susceptible de réduire significativement sa liquidité, peut changer le schéma des paiements internationaux. La crise financière globale a produit cet événement.

À l'automne 2008, la liquidité en dollar s'est effondrée dans le monde entier, tandis que le crédit interbancaire s'est soudainement asséché. La pénurie des moyens internationaux de paiement a provoqué un effondrement subit du commerce mondial. Cela a entraîné une forte contraction de l'activité économique des pays qui, comme la Chine, n'étaient pas pris dans la tempête financière de Wall Street. Un choc de cette ampleur était à même de bouleverser le système des paiements internationaux. Un importateur chinois et un exportateur brésilien, par exemple, pouvaient trouver avantageux de facturer et de régler un échange en yuan, à condition que les dépôts en yuan résultant du paiement des importations chinoises offrent un rendement compétitif avant d'être recyclés en paiement des importations brésiliennes de produits chinois. Mais le marché monétaire chinois est fermé aux non-résidents, à l'exception d'une poignée d'investisseurs étrangers qualifiés. Il ne pouvait être mis fin à ce gaspillage que si les actifs financiers en yuan devenaient disponibles en dehors de la Chine continentale. Hong Kong était la place financière idéale pour gérer les services financiers induits par cet embryon de yuan offshore.

Les autorités monétaires chinoises n'ont pas perdu de temps. Elles ont lancé, dès 2009, le système pilote de facturation et de règlement du commerce extérieur en yuan. Le système est situé sur la place financière de Hong Kong. Il s'appuie sur un protocole d'accord entre la Banque populaire de Chine et l'Autorité monétaire de Hong Kong pour garantir et réguler la liquidité. Entreprises et financiers ont ainsi été autorisés, même s'ils ne sont pas directement impliqués dans les échanges avec le continent, à ouvrir des comptes en yuan auprès des institutions de dépôt accréditées de Hong Kong. C'est le début du marché CNH (*Chinese Yuan Hong Kong*), c'est-à-dire du marché des actifs financiers en yuan offshore.

Le principal moteur du développement de ce marché est le règlement des importations chinoises facturées en yuan. La taille du marché, et donc la part du yuan dans le commerce mondial de devises, dépendra principalement de la part du commerce facturé en yuan dans les importations chinoises. Dans le scénario 1, on suppose que la part de la facturation en yuan dans les importations chinoises va passer de 1 % en 2011 à 20 % en 2015. L'autre source de liquidités du marché CNH peut venir du desserrement des contrôles de capitaux, en permettant aux fonds des résidents chinois d'être investis à Hong Kong. Dans le scénario 2, 1 % des dépôts des banques résidentes sont censés pouvoir aller à l'étranger. Le tableau 5.7 résume les résultats des projections des deux scénarios.

Tableau 5.7. Projections des importations chinoises facturées en yuan et des dépôts en yuan à Hong Kong (en milliards de dollars).

	2011	*2012*	*2013*	*2014*	*2015*
Valeurs des importations réglées en yuan	31	74	162	304	482
Dépôts CNH (scénario 1)	32	67	141	272	475
Dépôts CNH (scénario 2)	56	125	242	429	706

Source : CEIC ; calculs par département de recherche de Standard Chartered.

Dans le scénario 1, un nombre strictement limité de banques, avec des quotas, conduites par la Banque de Chine à Hong Kong, est autorisé à investir et à emprunter des fonds liquides sur les marchés monétaires en Chine continentale, afin de faciliter le règlement en yuan des paiements internationaux. En outre, les banques centrales étrangères qui le veulent peuvent conclure des accords de swap avec la Banque populaire de Chine pour diversifier une part de leurs réserves de devises en yuan en achetant des obligations d'État sur le marché interbancaire onshore.

Sur cette base de liquidités, le marché CNH crée des produits diversifiés d'investissement (obligations *dim sum*) et des dérivés (marché à terme des contrats réglés en yuan [*CNH deliverable forward*] et swaps de devises) afin de permettre aux entreprises étrangères d'émettre des dettes en yuan et de gérer leurs risques de change.

L'essor du marché CNH a provoqué un élan impressionnant. Les banques d'investissement (BBVA, HSBC, Standard Chartered, Deutsche Bank) transfèrent leurs comptoirs de négociation (*trading desks*) en devises de Singapour à Hong Kong, ainsi que leurs personnels. Une activité lucrative de garanties de la valeur des titres à l'émission des entreprises (*underwriting securities*) est en train de s'ouvrir.

FONCTIONNEMENT ET ÉQUILIBRE DU MARCHÉ CNH

Comme les fonds liquides offshore et onshore sont imparfaitement fongibles, il y a, à Hong Kong, deux marchés spot et un marché forward des devises. Le taux de change dollar/yuan chinois pour les transactions commerciales est benchmarké par le taux de change sur le marché spot onshore, car le yuan est convertible pour les transactions courantes. Le taux de change dollar/yuan chinois pour les transactions financières qui ne sont pas liées à une transaction commerciale a une cotation et une liquidité propres. Les intermédiaires financiers à Hong Kong doivent tenir des comptes séparés pour gérer leur exposition. Quelles sont les relations entre ces marchés ?

La figure 5.6 décrit le taux de change spot quotidien sur les marchés offshore et onshore, et la figure 5.7 le taux de change à un an sur le marché des contrats réglés en yuan (*deliverable forward*).

Les contrôles de capitaux entravant l'arbitrage entre le yuan offshore et le yuan onshore, il y a un double taux de change. Après la naissance du marché CNH, une demande considérable s'est portée sur les actifs en yuan à Hong Kong. Le manque de liquidité a provoqué l'appréciation du taux de change offshore par rapport au taux onshore. La prime de risque offshore s'est élevée jusqu'aux alentours de 2 %. Mais la force du yuan a incité les exportateurs étrangers à facturer leurs exportations à la Chine en yuan. Leurs dépôts dans les banques de Hong Kong ont créé de la liquidité de façon étonnamment rapide, si bien que la prime a cessé à la fin 2010. En novembre 2010, les dépôts des non-résidents sur le marché CNH avaient déjà quadruplé depuis août. Cela ne signifie pas que le marché soit arbitré une fois pour toutes. La prime de liquidité peut toujours être volatile, comme cela s'est passé fin avril et début mai 2011, car la profondeur du marché CNH n'est pas encore

Figure 5.6. TAUX DE CHANGE SPOT ONSHORE ET OFFSHORE DU YUAN PAR RAPPORT AU DOLLAR.

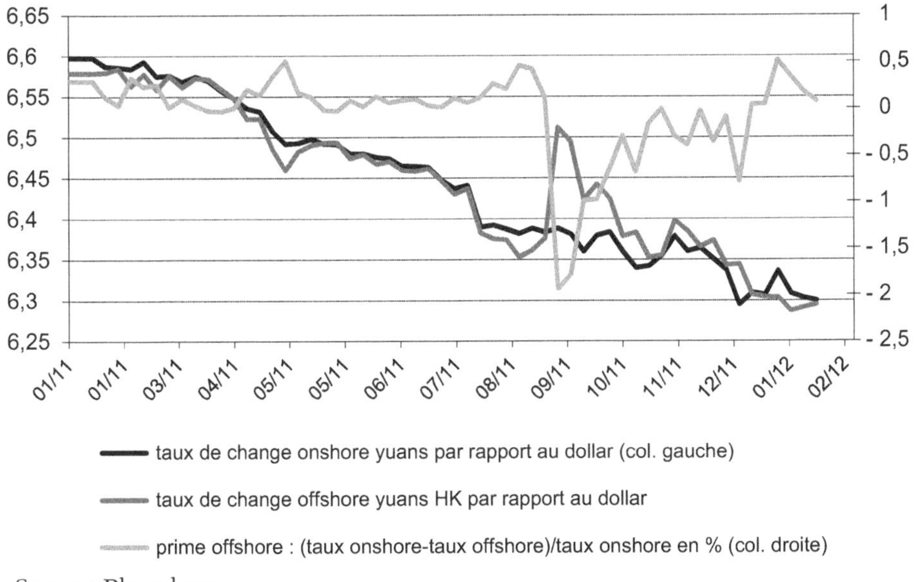

Source : Bloomberg.

bien établie. Cela signifie toutefois que les contrôles de capitaux ne distordent pas de façon systématique la valeur externe du yuan.

Néanmoins, des perturbations persistantes et troublantes se sont produites durant l'été 2011. En août et en septembre, la crise de la zone euro a repris avec violence. Cela a bouleversé tout le schéma des taux de change dans le monde. Jusqu'à cette époque, la prime de change CNH – (taux onshore – taux offshore)/taux onshore – était à peu près stable et légèrement positive, ce qui signifie que le yuan CNH était durablement apprécié un peu au-dessus du taux de change officiel par rapport au dollar. Fin septembre, il s'est brusquement déprécié et la prime a plongé, avant de reprendre progressivement, tout en étant toujours négative fin 2011. Cet événement montre que le marché CNH est un marché incontrôlé, où la liquidité peut varier considérablement. Quand les taux d'intérêt des pays périphériques de la zone euro ont bondi en septembre, les investisseurs internationaux détenant des obligations souveraines des pays européens et des dépôts dans les banques européennes – hors Allemagne – ont subi de fortes pertes sur leurs titres d'État et ont craint pour la solvabilité des banques. Les fonds communs de placement américains ont retiré leurs fonds d'Europe et les ont rapatriés aux États-Unis, provoquant une hausse du dollar. En période de stress, les investisseurs internationaux réorientent leur portefeuille en faveur du marché le plus liquide. Le marché des bons du Trésor américain est redevenu le marché refuge. Les fonds communs de placement américains se sont repliés avec l'augmentation de leur aversion au risque. Ils ont retiré les fonds investis précédemment en obligations

FIGURE 5.7. TAUX DE CHANGE DU YUAN OFFSHORE À UN AN.

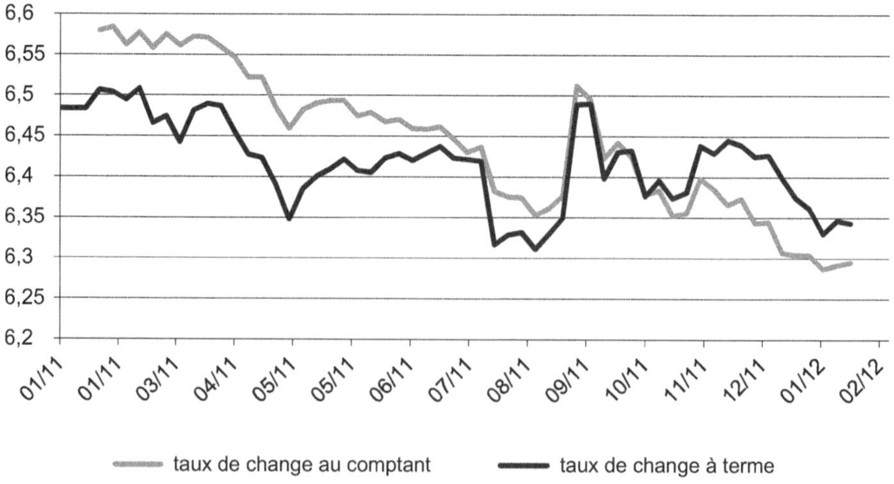

Source : Bloomberg.

dim sum et le yuan offshore a plongé. Le sommet européen du 27 octobre 2011 a calmé les craintes des investisseurs d'un effondrement immédiat de la zone euro, et les taux de change ont retrouvé un schéma plus normal. Mais la prime offshore est restée positive.

Le marché à terme en yuan (*deliverable forward*) confirme cette observation. Il met en évidence une anticipation faible mais consistante à l'appréciation du yuan jusqu'à la mi-septembre 2011 et à la dépréciation depuis octobre (*cf.* figure 5.7). Les attentes du marché ne correspondent pas à celles des économistes, qui prévoient toujours, sur la base de leur interprétation des fondamentaux, une appréciation régulière du yuan. Le marché a-t-il tort ou prévoit-il effectivement un changement de régime ? Le yuan est-il en train de s'approcher d'un taux de change d'équilibre du fait d'évolutions économiques fondamentales qui se transmettent à la diminution de l'excédent de paiements courants ? Dans ce scénario alternatif, la tendance à l'appréciation du taux de change du yuan par rapport au dollar devrait, au mieux, sérieusement décliner. En tout état de cause, le gouvernement chinois est déterminé à poursuivre l'extension de l'utilisation du yuan à l'étranger, tout en accroissant la flexibilité du marché des changes onshore.

Pour consolider la convertibilité du yuan offshore, les acteurs du marché veulent disposer d'un ensemble d'actifs, couvrant une gamme d'échéances et de notations de risques de crédit, qui soit compétitif par rapport aux actifs libellés en d'autres devises convertibles. Afin de satisfaire cette demande, les autorités monétaires chinoises ont créé une courbe de taux des obligations d'État en fonction des échéances pour le marché des obligations *dim sum*. Début décembre 2011, Pékin a émis pour 8 milliards de yuans de titres à revenus fixes à échéance de deux, trois, cinq et dix ans. En étendant la courbe de rendement à dix ans, le gouvernement chinois indique sa volonté d'inciter les investisseurs internationaux à investir dans des actifs financiers à long terme. Ces derniers ont répondu avec empressement, bien au-delà des souhaits des émetteurs. De ce fait, les rendements des obligations de deux à dix ans à Hong Kong sont très inférieurs aux rendements des obligations d'État similaires vendues aux investisseurs chinois sur le continent (*cf.* tableau 5.8).

Tableau 5.8. Rendements de deux à dix ans des obligations d'État.

En %	*2 ans*	*3 ans*	*5 ans*	*10 ans*
Offshore	1,6	1,0	1,8	2,5
Onshore	3,0	3,25	3,8	3,95

Source : Reuters.

Le 26 décembre 2011, les chefs de gouvernement de la Chine et du Japon ont annoncé conjointement que les échanges bilatéraux entre les deux pays seraient désormais réglés en yuan ou en yen, et non plus en dollar comme auparavant. Comme ces échanges sont considérables, et que le nouveau choix du Japon va tout à fait dans le sens du renforcement de l'intégration de l'Asie, cette décision politique va renforcer la Chine et en faire le pays le plus puissant et le plus dynamique de la région. Elle va aussi faire de Hong Kong la place financière en yuan la plus importante pour les non-résidents.

Corrélativement, la Banque populaire de Chine veut un taux de change plus flexible afin de créer un marché du risque à deux sens où les spéculateurs qui parient sur l'appréciation du yuan pourront perdre de l'argent. Elle veut également avoir la liberté d'utiliser le taux de change comme instrument de politique monétaire. Pour atteindre ces objectifs, elle peut assouplir prudemment la séparation entre les marchés onshore et offshore, utiliser les informations venant du marché CNH et réagir par le pilotage de la politique monétaire. C'est avec ce type de supervision que la convertibilité pourra progresser.

L'IMPORTANCE À LONG TERME DE L'INTERNATIONALISATION DU YUAN

L'internationalisation du yuan a une grande importance, tant pour l'allocation du capital dans l'économie chinoise que pour l'évolution des relations financières de la Chine avec le reste du monde.

L'internationalisation du yuan va transformer l'allocation du capital. En effet, il y a déjà, sur le marché de Hong Kong, des institutions financières chinoises. Ces institutions ont émis des obligations d'entreprises à Hong Kong pour les entreprises chinoises. Cette nouvelle opportunité de financement crée un lien entre le crédit intérieur et le crédit étranger en yuan. C'est une des raisons pour lesquelles la quantité de crédit obtenue en 2011 par les entités non financières a été supérieure à l'agrégat de crédit planifié déterminé par la banque centrale, et à l'agrégat du crédit bancaire consenti au secteur non financier. Quelle est alors la raison pour mettre en avant le marché offshore ? Il y a une motivation au niveau international pour utiliser le renminbi comme monnaie de facturation et de règlement des échanges commerciaux. Mais il existe également une motivation au niveau interne qui pourrait être très importante sur le long terme : utiliser le marché de Hong Kong comme un moyen indirect de réformer le marché financier interne. Comme les institutions financières chinoises vont être confrontées aux pratiques internationales, à la gestion du risque, par exemple, elles devront changer de comportement.

Il faut comprendre que la question de la convertibilité du yuan est un sujet de contentieux entre les différents groupes au pouvoir au sein du gouvernement central. D'un côté, le ministère du Commerce et la NDRC se soucient de la croissance et s'inquiètent de la compétitivité externe. Ils sont alliés aux dirigeants des provinces, qui s'alarment au moindre soupçon de hausse du chômage, et aux cadres des entreprises publiques, dont le pouvoir est renforcé lorsqu'ils peuvent consacrer des profits élevés à l'accumulation de capital fixe. Ils constituent un lobby puissant et influent, à un moment où la croissance montre des signes de faiblesse. De l'autre côté, la Banque populaire de Chine et d'autres institutions de régulation financière (la CBRC par exemple) sont conscientes que le mécanisme d'allocation de l'épargne en Chine et le recours excessif aux banques au détriment des marchés des capitaux entraînent une distorsion dans l'allocation de l'épargne, et donc un très grand nombre d'inefficiences. En outre, la Banque populaire de Chine aimerait pouvoir utiliser davantage le taux d'intérêt dans la conduite de la politique monétaire, à condition de pouvoir agir sur toute une série de taux. Cette vision a été renforcée par la menace de l'inflation qui a sévi dès 2010 jusqu'à l'automne 2011. Des taux de change plus flexibles, permettant à la politique monétaire de se recentrer sur des objectifs internes, lui conviendraient très bien. En lançant le programme offshore pour internationaliser le yuan, tout en se débarrassant *de facto* de l'ancrage sur le dollar, le Conseil des affaires d'État s'est rangé à un compromis. Il a permis aux entreprises publiques de financer leur expansion à l'étranger au meilleur prix possible, ce qui doit leur permettre de devenir des entreprises globales avant 2015. Il a créé un marché international potentiellement considérable pour le yuan, qui élargit son utilisation dans le commerce et l'investissement international avec les autres pays à marchés émergents. Parallèlement, il a maintenu l'essentiel des contrôles de capitaux, et donc le double marché des taux d'intérêt.

S'agissant de leurs pratiques et de leur efficacité, les institutions financières chinoises, en opérant à Hong Kong, vont beaucoup apprendre. S'agissant en revanche des prix des actifs financiers, il est possible de garder deux systèmes différents fonctionnant en parallèle. Une décision politique doit être prise pour intégrer les marchés et progresser vers la pleine convertibilité. Fidèle à la méthode graduelle, le gouvernement chinois va resserrer étape après étape les liens financiers de l'économie nationale avec l'étranger. Certes, les contrôles de capitaux ne vont peut-être pas réduire l'ampleur des flux totaux de capitaux, mais ils permettent de moduler leur structure et de décourager les mouvements erratiques et les perturbations qu'ils entraînent, tout en favorisant les flux les plus utiles à long terme.

Conformément au principe du changement graduel et cumulatif, la Banque populaire de Chine a adopté, à la mi-juin 2011, une nouvelle réglementation sur les IDE transfrontaliers. Elle permet à toutes les entreprises étrangères (y compris les filiales des entreprises chinoises enregistrées à Hong Kong) de rediriger sur le continent, sous la forme d'IDE, tous les fonds levés sur le marché offshore. C'est un grand pas vers l'internationalisation du yuan, qui n'enlève rien à la protection du marché intérieur contre les afflux de capitaux spéculatifs. La nouvelle règle a permis d'augmenter les dépôts en yuan offshore qui avaient déjà atteint 511 milliards de yuans, soit environ 8,5 % de la totalité des dépôts à Hong Kong.

La réglementation des IDE va donner un nouvel élan à la réforme, car les versements sont conditionnés à des projets d'investissements entrant dans le cadre de la nouvelle politique industrielle. La règle va accélérer et diversifier la création d'actifs en yuan offshore sous forme d'obligations, de prêts et d'actions.

Conclusion

La Chine est entrée dans une nouvelle étape de la réforme économique, qui poursuit un double objectif à long terme : garantir une croissance soutenable à l'intérieur et accéder au statut de puissance mondiale à l'extérieur. Ce double objectif ne peut être atteint que par une transformation conjointe des structures économiques et des institutions. Cette formidable ambition sera le sujet des chapitres 6 et 7, qui auront donc une portée prospective.

La finance est une des institutions de régulation les plus importantes de l'économie. La transformation de la finance est tirée par la dimension externe de l'économie. Elle n'y restera pas confinée. La libéralisation des services financiers est profondément nécessaire pour déterminer le coût du capital, de sorte que l'allocation de l'épargne alimente un processus de croissance fondé sur l'efficacité de tous les facteurs de production. C'est ce en quoi consiste une croissance soutenable. Comme nous le verrons, une réforme financière allant dans ce sens ne peut qu'être étroitement liée à une réforme fiscale fondamentale, qui aura un impact sur la structure de pouvoir à l'intérieur même du Parti communiste chinois.

Mais la Chine ne peut pas attendre que ses institutions politiques aient évolué pour participer à la gouvernance mondiale. Le multilatéralisme monétaire sera la conséquence inévitable de l'énorme différence de croissance entre les grandes puissances émergentes et les pays occidentaux. La décision audacieuse de rendre graduellement le yuan convertible, qui a commencé avec les non-résidents, est l'instrument qui permettra à la Chine d'exercer une forte influence dans le débat sur l'avenir du système monétaire international.

Chapitre 6

OSER LA CROISSANCE DURABLE

Le défi théorique de la richesse sociale dans la nouvelle ère du capitalisme

Rien n'est plus difficile pour un économiste que de comprendre un changement structurel au moment même où il est en train de modifier en profondeur les relations macroéconomiques d'un régime de croissance. Et ça l'est plus encore quand ce changement concerne l'économie mondiale tout entière. C'est pourtant ce qui s'est produit avec la crise financière globale qui a éclaté en 2007 aux États-Unis, et dont l'impact s'est propagé dans le monde entier. La crise a suscité plusieurs interrogations sur le paradigme intellectuel qui légitimait la domination du capitalisme financier depuis son apparition dans les années 1980 et son expansion au-delà du monde occidental dans la décennie suivante. La chute des marchés financiers à l'automne 2008 n'a pas seulement montré, une fois de plus, leur incapacité à s'autoréguler. Elle a aussi suscité des doutes sur les incitations qu'offre la finance aux agents économiques d'après le modèle dit de « Wall Street ».

Ce qui est ici en jeu n'est rien de moins que la question première de l'économie politique depuis ses origines, au XVIIIe siècle, c'est-à-dire la question de la richesse. D'après la conception du monde propagée par la finance globale, la richesse n'est rien d'autre que de l'argent faisant de l'argent. Et, pour créer tous les types de substitut au capital, minimiser les coûts de transaction, obtenir une information symétrique et des marchés parfaits, seule compterait la puissance universelle de la liquidité. C'est le principe de l'efficience du marché. Il entraîne le fameux théorème de Modigliani-Miller, selon lequel les structures financières ne sont d'aucune pertinence pour les opportunités et les décisions d'investissement. L'allocation des capitaux ne dépendrait ainsi que des rendements ajustés au risque que les marchés efficients tendraient à égaliser.

Dans cette représentation du monde, la globalisation financière est considérée comme le processus par lequel l'efficience du marché se réalise au niveau mondial. Pour y parvenir, il faudrait que le monde devienne plat : comme le recommande Wall Street, pour soutenir l'efficience du marché, il faudrait adopter partout les mêmes institutions, c'est-à-dire le droit universel de propriété, une législation uniforme pour le protéger, la réduction de l'intervention de l'État à un filet de sécurité sociale minimale et la privatisation totale. Élaborée dans les années 1970, cette doctrine a perverti le libéralisme politique au point d'en faire une idéologie sectaire qui s'est emparée du pouvoir dans les pays anglo-saxons dans les années 1980. La chute du mur de Berlin a été considérée comme une opportunité pour étendre au monde entier ledit « consensus de Washington », les institutions jumelles de Bretton Woods faisant office de missionnaires.

Heureusement, le monde n'est pas devenu plat. La philosophie politique chinoise le perçoit hérissé de murailles. La crise asiatique de 1997-1998 a montré ce qui arrive aux pays en développement quand ils écoutent les sirènes de Wall Street. La crise globale de 2007-2008, elle, montre que la finance est infiniment loin du monde de Modigliani-Miller. Des structures financières fragiles ont été créées discrètement, hors de toute « discipline de marché ». Leurs interactions multiples ont provoqué des pertes systémiques dévastatrices. En Chine, le système financier, très régulé, est resté largement à l'abri de la crise financière. Cependant, comme on l'a vu dans les chapitres 4 et 5, cela n'a pas été sans de graves lacunes dans l'allocation du capital. Les expériences contrastées de régulation économique en Chine et en Occident n'en posent pas moins toutes deux la même question fondamentale : comment financer la création de richesse future le mieux possible ?

Mais cette question en suppose une autre, encore plus importante : quels types de richesse sont-ils plus créateurs de bien-être social que d'autres ? Comment les catégories de capital qui produisent de la richesse doivent-elles être accumulées et combinées pour mettre en œuvre la politique de développement des deux prochaines décennies ? Ce sont les questions qui se posent aujourd'hui pour la nouvelle phase de la réforme chinoise. Elles concernent la croissance durable. Car la richesse, ce n'est pas juste de l'argent qui fait de l'argent. La richesse a une consistance réelle. Or, comme nous le verrons plus loin, le 12e plan quinquennal chinois prévoit plusieurs réformes qui vont transformer l'économie en investissant dans des types de capital encore sous-développés : le capital humain avec les changements structurels sur le marché du travail, le capital social avec l'amélioration de la gouvernance des institutions et des entreprises, et le capital naturel avec les préoccupations environnementales.

L'avantage qu'il y a à élargir le concept de capital aux politiques de développement est considérable. La marche en avant suppose d'étendre le concept de capital à tous les actifs qui contribuent à l'entretien et à l'expansion à long terme du bien-être social de la société chinoise. C'est, essentiellement, un concept dynamique de soutenabilité.

La soutenabilité est la nouvelle frontière de la réforme chinoise. La précédente phase d'accumulation était fondée sur l'idée que l'utilisation des ressources non renouvelables était bon marché, que le stock de ressources non encore utilisées était gratuit et que la croissance était illimitée. Ce modèle grossier de croissance est devenu de moins en moins pertinent en raison des contradictions qu'il a engendrées.

Dans notre vision de la Chine au XXIe siècle, le concept de croissance soutenable, dans sa définition et son développement, est un concept englobant. Il doit guider une réforme de la politique économique de grande envergure. La croissance soutenable doit entraîner une révolution de la pensée économique, de la comptabilité, de la politique des États, et de l'organisation de la finance. La croissance soutenable intègre dans les trajectoires de croissance à long terme la protection de l'environnement et donc le bien-être des générations futures. Les pays qui seront capables de contrôler et d'intégrer le changement structurel dans un objectif de croissance soutenable seront les leaders en termes d'innovation. En Chine, le gouvernement veut que le pays, cessant d'être l'atelier du monde, explore désormais des modes de consommation et de production qui vont au-delà de l'imitation du mode de consommation actuel des sociétés riches, destructeur de l'environnement.

Dans la première partie de ce chapitre, nous nous attacherons à définir le concept de croissance soutenable et à montrer que l'objectif de soutenabilité va influencer l'économie politique de la réforme en transformant les méthodes de la planification stratégique. Les deuxième et troisième parties traiteront des principaux changements structurels qui devraient être propices au bien-être si leur supervision et les incitations qui les accompagnent sont conçues pour promouvoir la soutenabilité. Dans la deuxième partie, nous étudierons les conséquences de la transition démographique et définirons le cadre des politiques visant à stopper et à inverser l'accroissement des inégalités de richesse et de revenu. Dans la troisième partie, nous montrerons que l'axe du régime de croissance durable est le codéveloppement de l'urbanisation et de la protection de l'environnement. Le prochain chapitre traitera des ambitieuses réformes foncière, fiscale et sociale susceptibles de réaliser ces objectifs.

La croissance soutenable : le concept englobant de la nouvelle phase de la réforme chinoise

Dans son rapport de 2010 sur le développement mondial, l'OCDE estime que la mutation de la richesse (*shifting wealth*) est le phénomène le plus important de l'économie mondiale. Les chiffres sont éloquents. En PPA, la part des pays hors OCDE dans le PIB mondial est passée de 38 % en 1990 à 50 % en 2011. Les hypothèses prudentes lui attribuent 57 % d'ici à 2030. Se référant à Adam Smith, le rapport estime que la création de richesse dans le monde en développement a des implications sociales très profondes. À cet égard, la Chine a connu les meilleurs résultats : elle a fait sortir plus de 400 millions de personnes de l'extrême pauvreté, avec un seuil de pauvreté défini en termes de revenu monétaire. Amartya Sen a cependant souligné que la liberté est la capacité de chacun à développer son potentiel humain, et qu'elle s'améliore avec les conditions concrètes de vie, qui ne sont pas toutes incorporées dans le revenu monétaire moyen. La richesse est le concept qui peut lier les réalisations concrètes aux mesures et aux performances macroéconomiques.

Cependant, même si le rapport de l'OCDE porte principalement sur la richesse, il renvoie au PIB dès l'introduction : « En raison de la difficulté à mesurer le stock de capital physique, humain et naturel d'une nation, ce rapport se réfère uniquement au stock de valeurs pouvant être identifiées aisément, telles que les réserves de devises, les actifs détenus par les fonds souverains (*sovereign wealth fund assets*) et la taille accrue de la force de travail globale. » Significativement, le rapport ne cite que les actifs financiers en sus de la force de travail indifférenciée.

Le problème théorique du lien entre la structure concrète de la richesse et la répartition de la propriété de la richesse dans la population d'un pays, d'un côté, et le bien-être de la population comme mesure de la performance des politiques mises en œuvre, de l'autre, hante les économistes du bien-être depuis des décennies. Après des années de recherche, sir John Hicks a admis qu'il était impossible de trouver un indice objectif pour agréger les revenus individuels, indépendamment de tout critère éthique, pour que le bien-être social puisse être représenté par une mesure du revenu national. Amartya Sen a montré que le dollar marginal possédé par une personne pauvre a une valeur marginale supérieure au même dollar possédé par une personne riche. Il est donc nécessaire de rendre compte de la répartition du revenu, de la taille et de la structure de la population en fonction de normes qui explicitent les valeurs éthiques. L'impact des externalités viole également l'hypothèse d'additivité des préférences individuelles. En outre, Kenneth Arrow a montré, il y a longtemps, qu'il était impossible d'évaluer et d'exprimer le bien-être social par une procédure fondée sur les seules préférences individuelles. L'économie pure, cela n'existe pas et cela ne peut pas exister.

Le rapport de 2009 de la Commission sur la mesure de la performance économique et du progrès social, présidée par Joseph Stiglitz, est la contribution la plus récente et la plus étendue qui s'efforce de faire le lien entre bien-être social et richesse. Si l'on part du principe que le bien-être social n'est pas une mesure du bonheur mais se limite à la satisfaction de besoins directement issus des objectifs finaux de l'activité économique, le problème de la mesure peut être résolu par l'évolution de la comptabilité nationale. On peut l'appeler bien-être social économique. Il faut donc, pour aller de l'avant, élargir le concept de capital à l'ensemble des actifs qui concourent, dans le temps, à l'entretien et à l'expansion du bien-être économique pour l'ensemble de la société. C'est donc, essentiellement, un concept dynamique de *soutenabilité*.

Avec cette conception englobante du capital, les services publics sont des biens publics non rivaux et non exclusifs, produits par des actifs tangibles et intangibles, et qui peuvent être utilisés par tous les agents économiques. Ces actifs collectifs sont la propriété de toute la société.

L'élargissement du concept de capital pour l'étude du développement présente des avantages considérables. Il devient ainsi possible d'analyser de façon systématique la relation entre le revenu et les valeurs d'actif. Par exemple, dans quelle mesure le capital investi dans la santé a-t-il un impact sur la croissance de la productivité du travail et du revenu réel, alimentant un cercle vertueux soutenable ? Inversement, dans quelle mesure la pollution déprécie-t-elle le capital humain à travers la dégradation de la santé ? Si l'environnement subit une détérioration, il faut distinguer entre l'impact initial, qui crée des pertes affectant inégalement le compte de capital des agents économiques, et les investissements nécessaires pour réparer ces pertes, qui sont des dépenses courantes, apparaissant dans les comptes de flux.

Le changement de perspective consécutif à l'approche de la soutenabilité pose des questions de réallocation comptable. Des postes qui étaient traditionnellement traités comme des inputs intermédiaires devraient être reclassés comme investissements en capital. C'est principalement le cas des dépenses de R&D, auparavant input intermédiaire, et récemment reclassées comme investissement en capital intangible dans le système des comptes nationaux des Nations unies de 2008. C'est également le cas de la prospection minière, qui engendre de nouvelles connaissances sur les réserves primaires du sous-sol.

Le concept de soutenabilité correspond à l'ambition des dirigeants chinois de conduire le pays vers une société harmonieuse. Cette ambition est exprimée dans le 12e plan quinquennal. Le concept va aider la NDRC à réformer profondément les politiques économiques. Le développement durable reste, en effet, du bavardage si un cadre macroéconomique n'est pas adopté pour incarner le concept et assurer la cohérence des mesures ayant un effet sur les activités économiques. Mais la tâche est titanesque. La croissance soutenable suppose une révolution de la pensée économique, de la comptabilité, des politiques gouvernementales, de l'organisation de la finance. La croissance soutenable intègre ainsi la protection à long terme de l'environnement, et donc le bien-être des générations futures, dans le régime de croissance. Une comptabilité des flux visant à mesurer et à favoriser la croissance du PIB doit être complétée par une comptabilité des flux et des stocks, visant à mesurer la richesse totale (le « capital véritable »), ressource de base de la production de bien-être social futur, et stimuler par conséquent l'accumulation totale de richesse.

La Banque mondiale est l'institution qui s'est attelée le plus âprement à la tâche de mesurer la richesse totale comme instrument d'évaluation de la soutenabilité des chemins de croissance dans les économies avancées et en développement. Elle s'est inspirée des travaux pionniers de Pearce et Atkinson, « Capital theory and the measurement of sustainable development : An indicator of weak sustainability » (« Théorie du capital et mesure du développement durable : un indicateur de faible soutenabilité») (*Ecological Economics*, 1993). Dans son rapport important de 2006 (*Where Is the Wealth of Nations ? Measuring Capital for the 21th Century*), la Banque mondiale explore une méthodologie et procède à une étude empirique visant à modifier les politiques de développement.

L'avantage de la Chine dans l'utilisation de cette méthodologie, c'est qu'elle recourt à la planification stratégique. Pour expliquer comment la planification stratégique peut servir de processus de coordination dans la poursuite d'un objectif de soutenabilité, nous allons définir un cadre formel à partir des travaux dont nous disposons. Ce cadre doit incarner le concept théorique de soutenabilité. Il nous aidera à comprendre comment les incitations « prix » définies par la planification peuvent guider la politique en vue de stimuler la richesse totale.

DÉFINITION DE LA RICHESSE TOTALE ET DE LA SOUTENABILITÉ

Le développement dépend de la richesse totale, c'est-à-dire du capital productif, humain, social et naturel. Rendre la richesse totale soutenable est la clé d'un régime de croissance viable. Les différentes formes de capital sont définies de la façon suivante :

> Capital productif (tangible) = équipement + structures + foncier urbain
> Capital intangible = capital humain + capital institutionnel + capital social + actifs financiers étrangers nets
> Capital naturel = actifs du sous-sol + ressources en bois + ressources forestières non-bois + zones protégées + terres arables + pâturages

La somme des trois composantes est la richesse réelle de la nation. Dans l'état actuel des connaissances, elle est loin d'être mesurée de façon exhaustive. Seul un travail statistique massif, mobilisant les ressources des gouvernements et fruit d'une coordination internationale, permettra dans ce domaine des progrès décisifs. Les perspectives de croissance future sont liées aux évolutions de la richesse réelle. On a donné le nom d'épargne nette ajustée (« épargne véritable ») à cette évolution de la richesse réelle.

L'épargne véritable est substantiellement différente de l'épargne telle qu'elle est prise en compte dans la comptabilité nationale standard.

> Épargne véritable (ou nette) = épargne économique brute de la nation – dépréciation du capital productif fixe + évolution de la valeur du capital humain + évolution de la valeur du capital social et institutionnel – destruction des ressources minérales et fossiles – réduction nette des forêts – dégâts dus à la pollution en CO_2

L'épargne véritable ou nette est directement liée à l'évolution de la richesse réelle, corrigée des transferts en capital et des changements d'évaluation :

> Épargne nette = variation de valeur réelle nette de la richesse – recettes nettes des transferts de capital – autres variations nettes du volume d'actifs – gains réels ou + pertes réelles dans la richesse détenue

Ces relations comptables définissent la base de la comptabilité de la richesse, qui est distincte de la comptabilité du PIB. La planification stratégique exige que l'État réoriente son appareil statistique pour remplir le cadre comptable de données aussi pertinentes que possible sur les composantes de la richesse réelle. Ces données doivent mesurer avec autant d'exactitude que possible les types pertinents de capital.

Le problème théorique, c'est la modélisation des relations entre les types de capital constituant la richesse réelle et le bien-être social. C'est le problème bien connu de la théorie de la croissance qui doit être revisité. Dans la théorie classique, le modèle de Ramsey fait découler les conditions optimales d'une fonction de bien-être dont l'objet est la consommation privée agrégée, celle-ci étant le produit du capital productif et du travail, d'après une fonction de production à la Solow. Si l'on a pour horizon la durabilité, cette théorie présente bien des lacunes. Le bien-être est assimilé à l'utilité des biens privés pouvant être mis sur le marché, le bien-être social est la somme des utilités cardinales individuelles, et le capital est réduit aux actifs productifs fixes.

Le problème le plus crucial, c'est la faible substituabilité entre la consommation privée et les services de l'environnement, constitués par l'appropriation sociale de ces services, qui sont largement des biens publics. On ne peut compenser aisément la dégradation due à la plus forte concentration dans l'air de gaz à effet de serre, de la réduction de la biodiversité et de la rareté des ressources d'eau douce par davantage de consommation privée. La fonction de bien-être social doit donc introduire la consommation privée et les services de l'environnement comme deux éléments séparés. Corrélativement, le bien-être social va bien au-delà de l'agrégation des préférences individuelles. Il dépend fondamentalement de processus politiques capables de révéler des préférences collectives.

Ce qui rend tout cela plus difficile encore, c'est que l'horizon temporel de la planification stratégique doit s'étendre loin dans le futur. Il faut donc traiter l'incertitude radicale sérieusement. Le changement climatique, la destruction des forêts, la rareté prochaine de l'eau et des ressources fossiles sont des défis à long terme, qui portent la menace d'événements extrêmes appelés à se produire dans plusieurs décennies ou même au cours du siècle prochain. La menace implique donc encore plus les générations futures que les générations présentes. Il en va ainsi parce que le système écologique se caractérise par une forte inertie et peut être vulnérable à des réactions divergentes et incontrôlables si certains seuils – que l'on ne connaît pas – sont franchis. L'humanité se trouve devant un monde de connaissances incertaines sur des inconnues qui dépendent, néanmoins, du comportement qui sera le sien dans les prochaines décennies.

On comprend donc pourquoi la planification stratégique est si importante. Le gouvernement chinois doit-il se lancer dans une politique d'investissement massif dans des innovations radicales, au détriment de la consommation présente et à court terme, dans l'espoir que ces investissements dans les énergies renouvelables puissent rendre les biens environnementaux et économiques plus substituables à plus long terme ? Ou bien doit-il attendre dans l'espoir d'avoir plus d'informations sur le changement climatique et sur la destruction du capital naturel, au risque de laisser se produire des dommages irréversibles ? Pour mieux apprécier ce dilemme, il lui faut améliorer sa connaissance des processus qui conduisent à la soutenabilité ou à la non-soutenabilité de l'économie, qu'il a le devoir de conduire et de réguler dans le cadre de scénarios présentant des alternatives très différentes.

L'encadré 6.1 synthétise la dérivation de la condition de soutenabilité à partir d'une fonction de bien-être social cardinale. Si les différents types de capital qui forment la base productive de l'économie, dans un sens écologique et économique général, peuvent être mesurés, la variation de la richesse totale par tête est la somme de la croissance de la productivité totale des facteurs et de la croissance du volume agrégé des différents types de capital.

ENCADRÉ 6.1.
DU BIEN-ÊTRE SOCIAL À LA SOUTENABILITÉ ÉCONOMIQUE

Définition de la fonction de bien-être social

U est une fonction de bien-être social en temps continu, fonction de deux variables :

C(τ) un agrégat de la consommation privée étendue, incorporant la valeur des services sociaux qui sont directement alloués aux ménages et consommés dans la même période ;

E(τ) les services d'environnement issus du capital naturel ;

V est une fonction cardinale intertemporelle.

$$V(t) = \frac{1}{1-\eta}\int_t^{\infty} U[C(\tau),E(\tau)]^{1-\eta} e^{-\delta(\tau-t)} d\tau$$

δ est le taux pur de préférence de temps et η le taux d'aversion relative au risque.

La substituabilité imparfaite entre consommation privée et services d'environnement est décrite par une fonction CES dont l'élasticité limitée est σ :

$$U[C(t),E(t)] = \left[C(t)^{\frac{\sigma-1}{\sigma}} + E(t)^{\frac{\sigma-1}{\sigma}}\right]^{\frac{\sigma}{\sigma-1}}$$

Critère de durabilité

Le critère de durabilité forte est que V n'est pas décroissant :
$dV/dt \geq 0$

Les biens et les services finaux fournissant une utilité, venant de la consommation ou de l'environnement, sont produits par des combinaisons de tous les types de capital, en fonction de la meilleure technologie disponible. Les types de capital ont été définis ci-dessus dans la description du cadre comptable. Leur utilisation dans la production détruit les différents types de capital. Ceux-ci sont augmentés par l'investissement (capital productif et humain) ou par le renouvellement naturel s'ils sont renouvelables (forêts), et irréversiblement réduits par l'extraction s'ils ne sont pas renouvelables (ressources fossiles du sous-sol). L'output produit par la combinaison de tous les types de capital se compose de consommation, de services d'environnement et d'investissement en capital reproductible. L'allocation de l'output dépend du taux d'épargne ajustée (épargne véritable) et des règles publiques régissant l'offre, en quantités définies, de services environnementaux. On suppose que le mécanisme d'allocation est tel que *V n'est pas une fonction explicite du temps*. Il s'ensuit que les stocks des différents types de capital en t+1 sont déterminés par les stocks en t et par le mécanisme permanent d'allocation. L'hypothèse n'est pas si anodine, car elle fait abstraction de l'incertitude, du moins pour le mécanisme d'allocation.

Selon cette hypothèse, la planification stratégique peut procéder de période à période et déterminer en principe tout le cours futur des stocks des différents types de capital, des flux de consommation et des services d'environnement. S'il y a n stocks de capital K_i au temps t (i = 1, ..., n), les valeurs des variables macro dans l'économie sont déterminées pour tous les temps futurs $\tau > t$. Il s'ensuit que U est déterminée pour $\tau \geq t$ et que V(t) est déterminée aussi. On peut écrire :

$$V(t) = V[K_1(t), K_2(t),..., K_n(t)]$$

La condition de soutenabilité forte exige :

$$\frac{dV}{dt} = \sum_{i=1}^{i=n}\left(\frac{\partial V}{\partial K_{it}}\right)\left(\frac{dK_{it}}{dt}\right) = \sum_{i=1}^{i=n} p_{it} I_{it}$$

Où p_i est la contribution du i^e type de capital au bien-être intertemporel, c'est-à-dire le prix implicite (*shadow price*) du capital K_i et I_i l'investissement net dans ce type de capital.

La condition de soutenabilité forte signifie que, si le capital est évalué à son « juste prix », la variation de la richesse sociale en t est égale à la variation du bien-être social intertemporel. *Le critère de durabilité est que la richesse réelle ne diminue pas*, c'est-à-dire que l'épargne véritable est ≥ 0. Cette condition est assez générale. Elle ne nécessite pas que la fonction de bien-être ait la forme analytique choisie ci-dessus pour montrer que

les services environnementaux peuvent être traités séparément de la consommation des ménages. La valeur absolue de V n'a pas à être calculée. *C'est le changement de la richesse réelle qui doit être calculé*. Pour que la soutenabilité forte puisse s'appliquer, les prix auxquels les éléments de la richesse doivent être calculés sont toutefois des prix implicites (*shadow prices*). Ce ne sont pas les prix que l'on peut observer. Ce sont les prix qui auraient prévalu si tous les types de richesse étaient des marchandises échangées sur des marchés concurrentiels, avec une prévision parfaite. Or nombre de types de capital ne sont nullement des marchandises : ils sont en partie calculés comme des *valeurs nettes actualisées des rentes futures, c'est-à-dire le prix qui doit être payé pour la rareté de la ressource*. C'est là où la planification stratégique a une responsabilité considérable. Elle seule peut fixer un prix aux externalités qui empêchent de mesurer les services d'environnement.
En outre, dans l'équation ci-dessus, les prix implicites (*shadow prices*) sont mesurés en unités d'utilité par unité de capital. Ce n'est pas pratique pour un usage empirique. Un type de capital qui a un prix du marché observé peut être pris comme *numéraire*. Supposons que i = 1 soit pris pour numéraire. On postule donc que le prix cette espèce de capital est 1. Les prix des autres types de capital, exprimés dans ce numéraire, deviennent des indices de prix. Appelons W la valeur totale de la richesse exprimée dans ce système de prix :

$$W_t = \sum_{i=1}^{n} p_{it}K_{it} \text{ et } \frac{dW}{dt} = \sum_{i=1}^{n} p_{it}I_{it}$$

La condition de soutenabilité est dW/dt ≥ 0. On peut l'utiliser pour mesurer la soutenabilité faible, où l'éventail de différents types de capital est le plus large qui puisse être mesuré, et où les prix sont les meilleures approximations possibles des prix théoriques (*shadow prices*).

Progrès technologique et croissance démographique

La condition de soutenabilité peut être définie de façon légèrement différente. Quand on divise les termes de l'équation par la valeur du premier type de capital, on obtient :

$$\left(\frac{dV}{dt}\right)\left(\frac{1}{p_1K_1}\right) = \left(\frac{1}{K_1}\right)\left(\frac{dK_1}{dt}\right) + \left(\frac{p_2K_2}{p_1K_1}\right)\left(\frac{1}{K_2}\right)\left(\frac{dK_2}{dt}\right) + . + \left(\frac{p_nK_n}{p_1K_1}\right)\left(\frac{1}{K_n}\right)\left(\frac{dK_n}{dt}\right)$$

L'économie est soutenable si la somme de la croissance du volume des différents types de capital, mesurés par leur élasticité de substitution au type choisi comme numéraire, est non-négative.
Supposons maintenant qu'il y ait un progrès technologique neutre à la Hicks. Il peut être interprété comme le taux de croissance de la « connaissance », pris comme numéraire. Son taux de croissance est le taux de croissance (γ) de la productivité globale des facteurs (PGF). Avec un progrès technologique neutre, l'élasticité de l'output à la connaissance est 1.

Donc le taux de croissance de la richesse réelle devient simplement la somme de la croissance de la PGF et des taux de croissance des autres types de capital :

$$\frac{1}{W}\frac{dW}{dt} = \gamma + \sum_{i=2}^{n} \frac{1}{K_i}\frac{dK_i}{dt}$$

Il faut mesurer la croissance en volume des différents types de capital, y compris la croissance de la PGF, et additionner.

La formule est valable si la population est constante. Si la population croît au taux g, le critère de soutenabilité doit être appliqué en calculant la croissance de la richesse réelle par tête. Sous l'hypothèse restrictive que la croissance de la population est constante et que la répartition de la richesse est indépendante de l'évolution démographique, on obtient :

$$\frac{1}{W}\frac{dW}{dt} - g = \gamma + \sum_{i=2}^{n} \frac{1}{K_i}\frac{dK_i}{dt}$$

Comme la variation de la richesse réelle nette totale, ou richesse véritable, est l'investissement net de la société, la condition de durabilité est que la société ne détruise pas sa richesse en produisant assez d'épargne véritable (épargne nette ajustée) pour égaler l'investissement net. La condition de soutenabilité devient ainsi la suivante : *le sentier de développement d'une économie est soutenable si, à tout moment, l'épargne sociale ajustée (ou épargne véritable) est non négative*. Si elle devient négative, la société détruit sa richesse, ce qui veut dire que le sentier de l'évolution économique n'est pas soutenable.

Nous allons à présent étudier la nouvelle étape de la réforme chinoise sous l'éclairage de ce cadre théorique. Avant d'aborder le contenu de la planification stratégique, et les différents moyens par lesquels elle peut stimuler la richesse réelle, nous allons essayer de comprendre pourquoi la condition de soutenabilité peut contribuer à la coordination de l'ensemble du plan.

L'ÉCONOMIE POLITIQUE DE LA PLANIFICATION STRATÉGIQUE POUR UNE CROISSANCE SOUTENABLE

Il y a trois questions fondamentales, d'ordre général, qui se posent de manière différente selon le régime politique du pays : comment le bien-être social est-il révélé ? Comment la valeur sociale du carbone est-elle déterminée ? Comment l'avenir peut-il être actualisé dans un contexte d'incertitude radicale ?

Révéler le bien-être social

Nous allons poser ici le problème. Dans le chapitre conclusif, nous essaierons de proposer quelques idées pour le débat sur l'évolution du système politique vers une société harmonieuse. Comme nous l'avons évoqué, le théorème d'impossibilité d'Arrow démontre que le bien-être social ne peut être le fruit des préférences individuelles. Cela exclut l'idée que l'économie de marché soit un système autosuffisant. La croissance du PIB ne permet pas non plus de guider la soutenabilité, même au sens faible du mot. Cela serait le cas même dans un monde parfaitement prévisible. Ça l'est d'autant plus dans un monde d'incertitude, qui réduit la capacité des individus à déterminer un horizon temporel et à garder sous contrôle l'aversion au risque. Les horizons temporels dépendent principalement du taux de la préférence sociale pour le présent. Nous allons montrer que ce taux ne peut pas être déterminé par une préférence de temps individuelle, et encore moins par un taux de marché. C'est un paramètre irrévocablement déterminé par des considérations éthiques.

Le bien-être social est le résultat du débat politique. La politique produit des objectifs sociaux en organisant des débats entre des coalitions d'intérêt en interactions. La capacité d'intégrer des préférences conflictuelles dans des compromis formels ou tacites et de produire une hiérarchie d'objectifs politiques dépend de la dynamique du débat.

Aucun régime politique existant n'est capable de révéler le bien-être social intemporel à long terme. Les démocraties représentatives sont handicapées par leurs procédures électives, qui ne concernent que les adultes vivants, alors que les conséquences des politiques mises en œuvre peuvent avoir un impact encore plus grand sur des générations qui ne sont pas encore nées. Le régime politique chinois a un atout majeur : sa vision à long terme. Cela peut être décisif, car la vie des humains pour le siècle restant sera largement déterminée par des choix politiques en matière d'urbanisation, d'infrastructures, de sources d'énergie, de réduction et d'adaptation à la pollution. La Chine est cependant handicapée par la tendance du régime à se laisser accaparer par des intérêts particuliers. Seuls des impératifs éthiques d'obédience confucéenne, assez puissants pour s'imposer aux groupes d'intérêt et réguler le processus politique, sont susceptibles de mieux révéler le bien-être social.

Dans la seconde phase de la réforme (1994-2010), décrite dans le chapitre 4, le développement forcené du capitalisme a provoqué la non-soutenabilité dans deux domaines essentiels : l'accroissement des inégalités de revenu, qui menacent de diviser le pays en classes séparées, et la dégradation de l'environnement, qui menace de causer des dégâts écologiques irréversibles. Ces deux évolutions sont en contradiction avec les fondements philosophiques des principes confucéens en politique : s'occuper des besoins des personnes ayant le moins de ressources et des générations futures, veiller à l'unité de la nature et de l'humanité. La question qui se pose est la suivante : quelle évolution politique est-elle la mieux à même de faire émerger des régimes de croissance soutenable permettant la poursuite de ces normes éthiques de bien-être social ?

Les prix comme instruments de soutenabilité : la valeur sociale du carbone

Dans la dynamique optimale qui égalise la variation du bien-être social et la variation de la richesse réelle, les prix qui devraient prévaloir sont ceux qui existeraient si tous les types de richesse étaient échangés sur des marchés parfaits. À l'évidence, cet équilibre dynamique n'existe pas et n'existera jamais. Mais l'intérêt qu'il y a pour un gouvernement à se reposer sur la planification stratégique, c'est que ces prix sont aussi des instruments de politique, car ce sont les prix duaux dans une programmation dynamique optimale qui maximise le bien-être social (voir encadré 6.1 pour leur définition précise). Il est donc possible de réformer certains marchés fondamentaux en adoptant les politiques de prix qui seront les plus favorables à un sentier de croissance soutenable.

Pour l'instant, la plus importante distorsion de prix, que la Chine partage avec beaucoup de pays développés, est l'absence d'un prix du carbone. Il en va ainsi parce qu'il y a des externalités environnementales négatives dont les coûts ne sont pas reconnus. L'un des moyens de donner un prix, au moins en partie, aux externalités engendrées par la liberté de polluer sans se soucier du coût social induit, est d'instituer une valeur sociale au carbone, par exemple par une taxe carbone. Ce n'est pas simple, car il existe une incertitude considérable sur le caractère irréversible du changement climatique et sur l'ampleur des dommages économiques à venir.

Comment ces dommages peuvent-ils être tarifés ? On peut appliquer le principe de précaution pour définir une valeur optionnelle réelle (*real option value*) rendant compte de l'irréversibilité du changement climatique. C'est l'option d'attendre. Avec le temps, de nouvelles informations seront disponibles, ce qui permettra de structurer un processus séquentiel de décision.

Quel sens peut avoir la fixation d'une valeur sociale pour les émissions de carbone ? C'est un prix notionnel, c'est-à-dire entrant dans le calcul économique des investissements sans être un prix de marché. Il définit une valeur monétaire pour un bien public : un service amélioré de l'environnement, mesuré par chaque tonne supplémentaire de CO_2 évitée. C'est un prix qui doit être incorporé dans les projets d'investissement à long terme, afin de révéler leur véritable rendement social. La plupart des résultats théoriques ne sont, en pratique, guère utiles, car ils sont établis dans une hypothèse de prévision parfaite. Ils peuvent toutefois servir à identifier les variables qui jouent un rôle essentiel dans l'interaction entre l'économie et l'environnement. Sur cette base théorique, la planification stratégique doit choisir entre deux complexités opposées, en contexte d'incertitude. D'un côté, l'irréversibilité environnementale vient du fait que les seuils ne sont pas connus, pas plus que les réactions catastrophiques possibles des écosystèmes, alors que la concentration des gaz à effet de serre a dépassé ces seuils, que l'on n'observera qu'*a posteriori*, lorsque leur dépassement aura déclenché une crise écologique majeure. Cette irréversibilité requiert donc des actions précoces pour éviter une hausse rapide et non linéaire des coûts des dommages collatéraux qui rapprochent le système écologique d'un point de bifurcation. D'un autre côté, l'irréversibilité technologique offre une valeur optionnelle positive, dans l'attente de techniques plus performantes. C'est une incitation à des investissements initiaux plutôt faibles.

Dans le modèle de prévision parfaite, l'irréversibilité technologique devrait l'emporter puisque les conséquences de l'irréversibilité environnementale seraient mesurées. Le moyen optimal de tarifer le carbone serait de fixer une valeur initiale faible et de l'augmenter avec le temps, le progrès technologique réduisant la pollution avec une efficacité accrue. Mais l'incertitude de la dynamique du changement climatique et de son coût, et celle des performances et de la disponibilité des innovations technologiques changent entièrement la perspective.

L'incertitude quant à l'ampleur du réchauffement climatique vient de la rapidité de la hausse de concentration de gaz à effet de serre dans l'atmosphère, de la sensibilité de l'augmentation de la température à une plus forte concentration, des seuils susceptibles de provoquer des réactions divergentes, de l'ampleur et de la diversité des dommages économiques dus à l'élévation de la température et de leur répartition géographique dans un pays aussi vaste que la Chine.

L'incertitude du progrès technologique est de deux sortes. Il y a une incertitude radicale quant aux technologies « zéro émission » qui soit n'ont pas encore été découvertes, soit sont loin de pouvoir être mises sur le marché. Il y a une incertitude incrémentale quant à la quantification du risque lié à la vitesse de diffusion de technologies déjà opérationnelles mais fort coûteuses. Leur utilisation dépendra d'incitations publiques adaptées. La planification stratégique doit faire des investissements en amont et organiser la R&D, l'enseignement et la concurrence pour accélérer la diffusion des technologies. Les modèles de croissance endogène sous incertitude conduisent à la conclusion que le meilleur moyen serait de lancer immédiatement des projets d'investissement peu émetteurs de carbone, grâce à un prix initialement élevé du carbone. Selon les simulations portant sur un large éventail de valeurs pour les paramètres inconnus, un prix du carbone situé entre 50 et 60 dollars la tonne de CO_2 non émis pourrait être un bon indicateur.

Escompter le futur pour allouer le capital sous incertitude

Dans l'analyse traditionnelle coût-bénéfice, le facteur d'escompte est le prix implicite (*shadow price*) de l'actualisation des coûts et des bénéfices futurs. Dans le modèle de croissance optimal habituel de Ramsey, c'est le montant de la consommation auquel un agent économique est prêt à renoncer aujourd'hui pour obtenir, demain, une unité supplémentaire de consommation. Dans un monde de prévision parfaite, le taux d'actualisation économique associé est le taux d'intérêt sans risque, égal au taux de préférence sociale de temps plus le taux de croissance multiplié par l'élasticité de substitution des utilités marginales. Ce paramètre est équivalent à l'aversion relative au risque sous incertitude.

Les économistes favorables au marché soutiennent que les indications tirées des marchés financiers devraient être utilisées pour extraire le taux d'intérêt sans risque. Dans sa célèbre étude de 2007 sur l'économie du changement climatique, Nicholas Stern exprime un profond désaccord. Dans son évaluation des dégâts économiques futurs dus à la pollution et dans les simulations de scénarios alternatifs pour tenir compte de l'incertitude radicale, il utilise la valeur du taux de préférence sociale de temps estimé, pour des raisons éthiques, à 0,1 %. Justifiant plus tard son choix et répondant à la controverse, Stern a expliqué pourquoi il était erroné de se référer aux taux observés sur les marchés financiers. Le problème auquel la société doit faire face n'est pas d'analyser les coûts et les bénéfices en fonction d'un sentier donné de croissance, qui serait régulé par les prix du marché. C'est de choisir entre des sentiers très différents, sous une incertitude radicale, et donc de faire un choix politique exprimant l'attitude de la société par rapport à sa survie dans le futur. Comme une société est réputée immortelle, contrairement aux individus qui la composent, le taux de préférence sociale de temps n'a rien à voir avec la préférence individuelle pour le présent. Elle devrait être évaluée à 0. La seule raison pour laquelle elle pourrait être légèrement positive, c'est la possibilité d'un effondrement écologique qui mettrait fin à la vie sur terre telle que nous la connaissons.

Un autre problème dû à l'environnement plaide pour un taux d'actualisation faible. Revenons à la modélisation de la fonction de bien-être social liée à la condition des sentiers de croissance soutenable exposée dans l'encadré 6.1. Cette fonction suppose que les services environnementaux ne sont pas parfaitement substituables à la consommation. La protection à long terme de l'environnement devrait être poursuivie *per se* si l'on veut que la trajectoire de l'économie soit soutenable. On peut démontrer qu'il existe un taux d'actualisation écologique qui, dans la fonction de bien-être social, reflète le prix relatif de l'environnement par rapport à la consommation. Plus le taux de substituabilité entre la consommation privée et les services environnementaux est bas, plus le taux d'actualisation écologique est bas par rapport au taux d'intérêt sans risque sur les marchés financiers [1].

Cela signifie que les questions environnementales deviennent prépondérantes à long terme pour les chemins de croissance soutenable. Le taux d'actualisation écologique est celui qui importe le plus, et il converge de façon asymptotique vers le taux de la préférence sociale de temps, proche de 0 à long terme, pour que le capital naturel soit préservé. Le taux d'escompte écologique n'est pas, à l'évidence, un prix qui puisse être spontanément déterminé par les marchés financiers. Comme le prix du carbone, c'est un prix qui doit être déterminé par le gouvernement pour allouer le capital et promouvoir l'investissement innovant afin d'assurer la soutenabilité.

Les chemins de la croissance soutenable dépendent fortement de la substituabilité entre le capital économique, le capital humain et les autres types de capital intangible, d'un côté, et le capital naturel, de l'autre. Plus la substituabilité entre biens environnementaux et biens économiques est faible, moins les sentiers de croissance soutenable seront nombreux. Cet enseignement est la justification de la planification stratégique. *Il faut que le gouvernement reconnaisse la complémentarité entre la consommation privée et les services de l'environnement en promouvant des investissements innovants dans les ressources énergétiques renouvelables, les infrastructures, l'urbanisation et la réduction du contenu en carbone dans les biens durables.* Cela doit se traduire par un changement profond de la politique économique. L'objectif de maximisation de la croissance du PIB doit céder la place à un objectif plus général d'expansion soutenable de la richesse réelle, conduisant à un régime de croissance améliorant le bien-être social. La planification doit s'appuyer sur la mesure de tous les types de capital. Elle doit améliorer le système de prix afin de rééquilibrer la richesse vers le capital intangible et le capital naturel, qui étaient insuffisamment développés ou dégradés dans le régime de croissance précédent.

Dans les trois prochaines sections, nous appliquerons le cadre conceptuel exposé ci-dessus aux thèmes appelés à devenir les plus

---

1. Voir pour la démonstration O. Guéant, R. Guesnerie et J.-M. Lasry, « Ecological intuition versus economic reason », communication au Colloque international d'Aix-en-Provence sur le financement du long terme, 27-28 mai 2010.

importants dans la nouvelle phase de la réforme : la réforme du travail et des services, qui doit améliorer la contribution du capital intangible au bien-être social ; l'urbanisation et la protection de l'environnement, qui seront les principaux moteurs de la croissance soutenable dans les décennies à venir ; enfin, la modération du changement climatique et l'adaptation à celui-ci.

Réformer les marchés du travail et des services

Les forces qui modifient les conditions fondamentales de la croissance viennent, d'une part, des contradictions de l'accumulation intensive en capital et du régime de croissance par les exportations poursuivi par la Chine depuis le milieu des années 1990 et, de l'autre, des basculements de richesse et de pouvoir dans l'économie mondiale, qui ont été amplifiés par les effets de la crise financière globale.

L'accumulation intensive en capital va se heurter à des obstacles de plus en plus nombreux qui affecteront son efficacité et sa profitabilité, car ces obstacles touchent le cœur de la régulation des marchés : le marché du travail soumis à des changements sociodémographiques, le marché financier qui distord l'allocation de capital, le secteur des services qui est arriéré, enfin la rareté croissante des ressources primaires et la dégradation de l'environnement.

L'HÉRITAGE DE LA DÉMOGRAPHIE ET L'ACCROISSEMENT DES INÉGALITÉS SUR LE MARCHÉ DU TRAVAIL

L'énorme expansion de l'industrie manufacturière, stimulée par le commerce extérieur et par l'urbanisation, a attiré des quantités de jeunes migrants non qualifiés dans les villes de l'est du pays, où ils perçoivent de très bas salaires. Ce sont donc les grandes entreprises manufacturières et les petites entreprises exportatrices qui ont bénéficié des gains de productivité. Les travaux de l'Académie chinoise des sciences sociales montrent qu'entre 2000 et 2007 les salaires nominaux des travailleurs migrants ont augmenté de 5 % l'an (2 % en termes réels) contre 16 % pour les travailleurs permanents des entreprises publiques. Les salaires moyens dans l'industrie ont augmenté de 14 % et les profits de 28 %. De ce fait, la part des profits industriels dans le PIB est passée de 2 % en 2000 à 10 % en 2008. La diminution corrélative de la part du travail dans le revenu national explique l'essentiel de la baisse du revenu des ménages de 55 % à 48 % sur la même période. Ainsi, la diminution de la part des salaires a provoqué un déclin spectaculaire de la part de la consommation dans le PIB, malgré l'apparition d'une classe moyenne urbaine, comme on l'a vu au chapitre 4.

La rapide croissance des inégalités au sein de la force de travail, due à l'élasticité apparemment infinie de l'offre de travail des jeunes migrants, a été un déterminant essentiel de la dérive à la baisse de la part de salaires en pourcentage du PIB. À la fin des années 2000, le déséquilibre de la répartition du revenu a cessé de s'accentuer. Il devrait s'inverser grâce aux changements structurels du marché du travail, au pouvoir de négociation plus grand des travailleurs dans les entreprises et à la politique du revenu lancée par le gouvernement central. Celle-ci repose sur deux instruments : le rattrapage du salaire minimal et les transferts sociaux. On observe déjà certaines inflexions. En 2010, le salaire moyen dans l'est du pays n'était que de 4 % supérieur au salaire moyen des régions intérieures, contre 15 % en 2004.

Laissons l'étude de la politique sociale pour le prochain chapitre et intéressons-nous ici à la régulation du marché du travail et aux changements structurels à venir.

Les changements structurels sur le marché du travail

Le changement structurel sur le marché du travail est conceptualisé à partir du « point de bifurcation » de Lewis. Le Britannique Arthur Lewis, économiste du développement et prix Nobel, a publié en 1954 un article important intitulé « Economic development with unlimited supplies of labor » (« Développement économique et offre de travail illimitée » (*Manchester School of Economic and Social Studies*). Cet article portait sur ce qui a été appelé le point de bifurcation de Lewis. C'est la configuration qui apparaît sur le marché du travail quand le surplus de travail bon marché s'assèche. Lewis écrit que les pays en développement n'ont pas un marché du travail homogène parce que leurs économies ont une structure duale, c'est-à-dire une segmentation entre villes et campagnes. Tant que le secteur rural fournit un excédent de main-d'œuvre, cet excédent d'offre peut combler la demande de main-d'œuvre peu qualifiée des villes et alimenter une croissance industrielle rapide sans augmentation du prix du travail. Théoriquement, le marché du travail présente *une courbe d'offre de travail infiniment élastique*. Ce qui fait que le surplus de valeur dans le secteur industriel, qui vient de la hausse de la productivité, accroît les profits et favorise l'accumulation du capital.

C'est le modèle qui était à l'œuvre pendant la seconde phase de la réforme chinoise, étudiée au chapitre 4, quand la législation sur les entreprises, la réforme fiscale et l'attraction des investissements étrangers avaient fini par briser le piège smithien d'équilibre stationnaire et par libérer l'accumulation intensive en capital. Le point de bifurcation de Lewis est décrit dans la figure 6.1. La partie horizontale de la courbe d'offre de travail correspond à la courbe d'offre infiniment élastique de travail. Tant que la demande de travail reste assez basse, le marché du travail s'équilibre au salaire constant de subsistance. Si les processus démographiques freinent la croissance de la force de travail, et si l'industrialisation pousse la demande de travail vers la droite (*rightward*), le temps vient où l'offre de travail suit une courbe ascendante. Le marché du travail se normalise : la demande de travail se déplace vers la droite avec l'augmentation du revenu, et le salaire réel d'équilibre s'accroît. Le point de bifurcation de Lewis est le point de transition où le régime change.

Figure 6.1. Le point de bifurcation de Lewis sur le marché du travail.

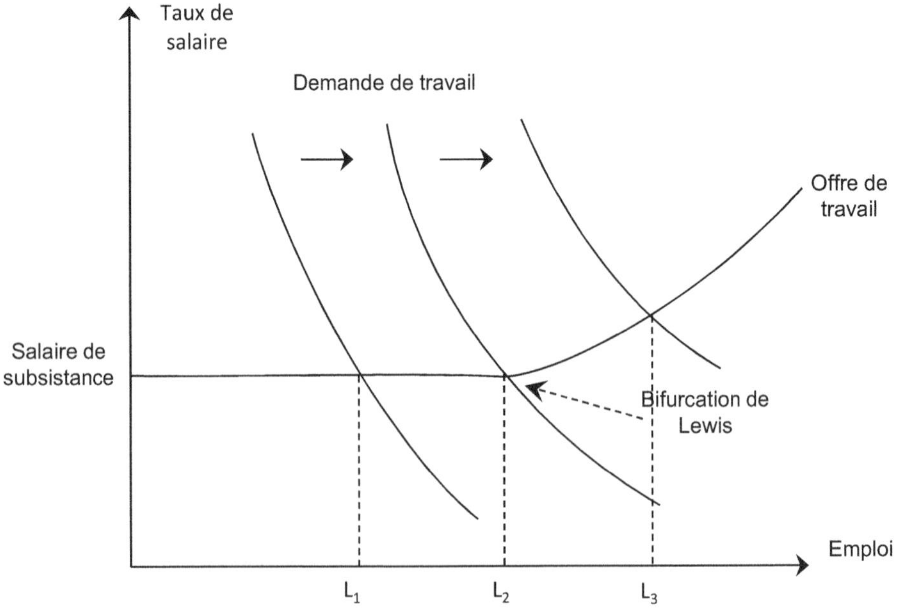

En réalité, il y a deux points de bifurcation dans la dynamique à long terme de l'économie. Le premier a été atteint par la Chine. C'est le point où la demande de travail non qualifié dans le secteur manufacturier excède l'offre de travail au salaire fixe donné. Le salaire réel urbain pour les travailleurs peu qualifiés commence à augmenter avec la demande de travail. Les hausses de salaire réduisent les profits et ralentissent donc le rythme de l'accumulation du capital. Le second point se produit quand le transfert de main-d'œuvre du secteur rural vers l'industrie ne reflète plus une offre excédentaire, mais est stimulée par le mécanisme prix, à savoir le différentiel de productivité marginale entre les activités urbaines et les activités rurales. Le premier point de bifurcation de Lewis inaugure une étape dans le développement où une offre de travail moindre et une demande accrue de biens alimentaires dans les villes font monter les prix agricoles. Les profits plus élevés dans l'agriculture induisent des investissements en semences, en engrais et en équipement qui vont accroître la productivité marginale, réduisant le fossé avec l'activité urbaine. Ainsi, la combinaison de facteurs démographiques conduisant à une croissance zéro puis négative de la force de travail totale, d'un côté, et d'une hausse de la productivité marginale du travail dans l'agriculture, de l'autre, doit conduire à l'intégration du marché du travail.

Le processus n'en sera pas moins très long, car l'écart entre la productivité dans le secteur primaire et la productivité dans le reste de l'économie est encore très important. La première est six fois moindre que la seconde, alors que, dans les pays développés, elles sont à peu près similaires. La réduction de ce fossé nécessitera une chute prononcée de l'emploi agricole et une urbanisation correspondante. Elle nécessitera aussi des investissements importants dans l'agriculture, stimulés par la concentration des parcelles de terre. C'est pourquoi les politiques visant à réguler le flux de migrants doivent être élaborées avec soin. Des politiques sociales et des réformes foncières sont nécessaires pour accroître le revenu rural, de sorte que les agriculteurs et leurs familles qui partent dans les villes aient assez de richesse pour s'intégrer avec une chance raisonnable de mobilité sociale ascendante. Mais ces politiques ne doivent pas subventionner le maintien des agriculteurs sur leurs parcelles de terre.

En Chine, la démographie change rapidement (*cf.* figure 6.2). Les classes d'âge qui ont migré vers les villes de l'Est pour travailler dans l'industrie (les *mingong*) sont les jeunes actifs de 15 à 24 ans. Cette population a atteint un sommet en 2008-2010 et a commencé à baisser au moment où le plan de stimulation donnait un puissant coup de fouet à la croissance. Le premier point de bifurcation de Lewis a donc été atteint avant le commencement du 12e plan. À partir de 2015, le vieillissement en cours va prélever sa dîme. Le ratio de dépendance (population de + de 65 ans par rapport à la population totale) passera de 27 % en 2015 à 37 % en 2040. La taille de la force de travail va stagner entre 2015 et 2025, puis décliner. Le second point de Lewis sera donc atteint dans la seconde moitié de la décennie présente.

Ainsi, le salaire moyen urbain sera déterminé par une relation qui ressemble à une courbe augmentée de Philips : le salaire nominal indexé sur l'indice des prix à la consommation est fonction croissante de la demande excédentaire de travail des entreprises. Tant que la croissance reste élevée et que les entreprises rivalisent pour la demande de travail, les travailleurs vont accroître leur pouvoir de négociation. Du fait du vieillissement de la force de travail, les dirigeants d'entreprise vont se retrouver face à des travailleurs mûrs, ayant des responsabilités familiales, et dont les revendications seront plus exigeantes que celles des jeunes travailleurs migrants de naguère. Ils demanderont tôt ou tard un partage de la productivité. En raison du second point de bifurcation, en 2020, la Chine doit élever le revenu réel de la population avant que la taille de la population active ne commence à décliner, quand la croissance ne viendra plus que des progrès technologiques et que les transferts intergénérationnels seront devenus un problème social sérieux. Cela ne sera pas sans poser des problèmes de régulation du travail dans la décennie actuelle.

D'ailleurs, selon l'Académie chinoise des sciences sociales, la force de travail rurale âgée de moins de 25 ans ne représente déjà plus que 10 % de la force de travail rurale totale, soit seulement 17 millions de personnes. En dessous de 30 ans, sa part est de 19 %, soit 33 millions d'actifs. C'est beaucoup moins que la demande de travailleurs ruraux dans les zones urbaines. Selon une étude de 2009 sur les travailleurs migrants, réalisée par le NBS, la population de travailleurs migrants a diminué de 8,9 % en 2009 dans l'ensemble des régions de l'Est et de 22,5 % dans le delta de la rivière des Perles, juste quand l'économie récupérait des suites de la crise financière globale. De surcroît, le rééquilibrage de la croissance vers les régions du Centre et de l'Ouest, favorisé par l'initiative du gouvernement, fait que les jeunes migrants, qui avaient regagné leurs régions d'origine pendant le ralentissement prononcé de 2008, ont trouvé là des emplois et ne sont pas retournés d'où ils venaient.

En bref, le transfert de travailleurs migrants est passé d'une situation d'offre excédentaire à une situation de pénurie. Cela s'est immédiatement traduit par un basculement du pouvoir de négociation et par une hausse des salaires, d'autant plus que le gouvernement a soutenu l'évolution en donnant aux gouvernements locaux une incitation à accroître largement le salaire minimal (20 % par an jusqu'en 2015). Cela aura plusieurs conséquences. Du côté de l'offre, les manufactures qui font face, dans les régions de l'Est, à une hausse des coûts du travail vont soit adapter leurs lignes de production à des produits ayant une plus grande valeur ajoutée (si c'est possible), soit relocaliser dans des régions où les coûts du travail sont moindres. La première option suppose d'investir dans le capital intangible, humain et organisationnel, et donc de développer le secteur des services. La seconde implique de rééquilibrer la structure de la production sur le territoire, à savoir l'activité manufacturière en Chine centrale (les six provinces autour de Wuhan) et l'exploitation des ressources naturelles dans l'Ouest, avec des préoccupations écologiques et des systèmes de transport efficients et économes en carbone. Du côté de la demande, avec une augmentation générale des salaires poussée par la diminution des strates les plus basses de la distribution du revenu, et tirée par la demande de qualifications plus importantes, le pouvoir d'achat de la classe moyenne va augmenter régulièrement et alimenter une forte expansion de la consommation privée. Il faudra toutefois réguler les tensions pour que la croissance du salaire devienne un prix central dans le régime de croissance à venir.

Figure 6.2. Tendances démographiques (2000-2050).

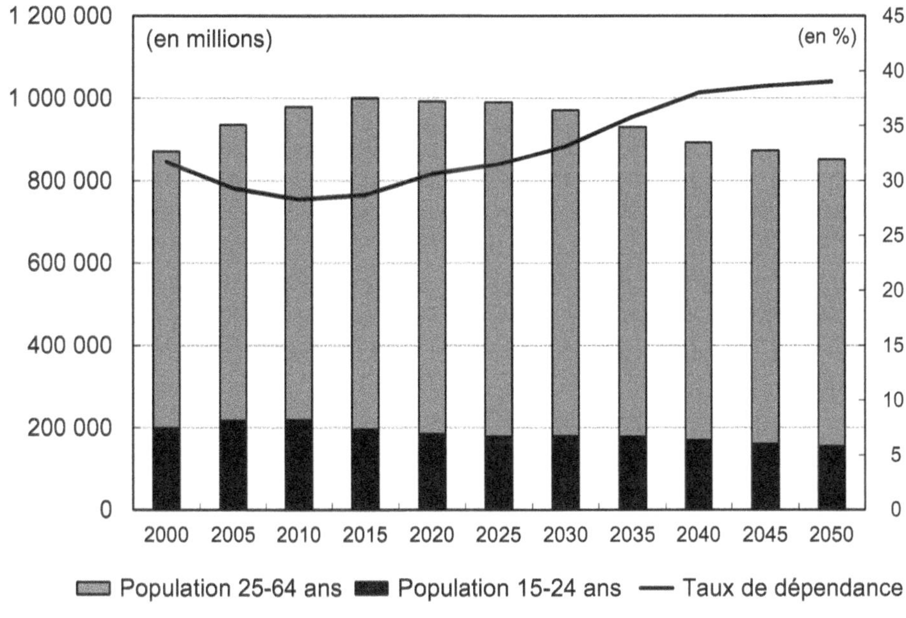

Source : Nations unies, tendances démographiques jusqu'en 2050.

Régulation du marché du travail, gouvernance d'entreprise et société civile

La relation de travail entre les travailleurs et les dirigeants d'entreprise, qui spécifie, dans des situations concrètes, la relation plus générale entre travail et capital, est grosse de conflits potentiels. De surcroît, dans la phase de développement où le régime de croissance dépend surtout de la hausse régulière du revenu réel de la population, et du développement et de la diversification du mode de consommation, les fluctuations de la demande globale doivent être amorties par des stabilisateurs endogènes (*inbuilt*) dans la détermination des revenus. L'histoire des pays développés montre que la régulation du travail se fait en créant des institutions : pouvoir syndical, négociation collective au niveau de l'entreprise ou de la branche industrielle, droit du travail et juridictions spécialisées et protection sociale (assurance chômage, salaire minimal, aide sociale, logement social, politique fiscale, santé, éducation).

En Chine, les relations de travail soulèvent des questions théoriques et posent des problèmes politiques. Elles obligent les chercheurs, qui voient dans la réforme un processus interactif de développement économique et de transformation sociopolitique, à faire des hypothèses sur le type de société vers lequel le pays doit se diriger. L'héritage culturel, l'importance cruciale des réseaux sociaux et la compréhension de la nature de l'État en Chine (*cf.* chapitre 1) doivent être pris en considération. La plupart des hypothèses sur l'évolution plausible des institutions sociales et du régime politique seront évoquées dans les deux chapitres suivants. Nous supposons ici, cependant, que la croissance soutenable est le concept économique qui permet de rendre intelligible la direction de la réforme à partir d'aujourd'hui. Ce concept incorpore la régulation du travail en termes économiques et implique la construction d'institutions. Au sens large, la croissance soutenable implique une participation plus grande de la société civile dans l'offre de biens publics et dans les choix sociaux. C'est ce qu'Amartya Sen appelle la démocratie réelle.

Pour apaiser l'agitation et les tensions sociales endémiques, les questions qui se posent sont : comment assurer la médiation des conflits du travail au niveau de l'entreprise ? Dans quelle mesure la capacité de l'État à intervenir dans l'économie va-t-elle influencer le rééquilibrage de la répartition du revenu ? Comment l'État pourra-t-il rediriger les facteurs de production du capital fixe vers le capital humain, des actifs tangibles vers les actifs intangibles ? L'État sera-t-il capable de rééquilibrer la structure de l'économie au détriment de la priorité donnée à la croissance extravertie, tout en évitant un chômage de transition massif et des migrations incontrôlables ? Des réformes ambitieuses sur la gouvernance sont consubstantielles à la transformation du régime de croissance, qui est aussi une mutation du modèle social enraciné dans les relations du travail.

Le cadre institutionnel permettant de réguler le marché du travail se fonde sur la loi sur le travail de 1995. Elle concernait en principe tous les employeurs et leurs employés. Elle exigeait des contrats de travail écrits, l'adhésion à la sécurité sociale et le paiement ponctuel des salaires. Comme souvent en Chine, la législation n'a pas été appliquée. En 2005, 50 % des employés urbains seulement avaient un contrat de travail, et pas plus de 10 % des travailleurs migrants dans les entreprises privées.

En 2008, trois nouvelles lois sur le travail ont été adoptées. La première est la loi sur le contrat de travail. Elle rend obligatoire l'usage du contrat écrit, prérédigé ou libre. L'Inspection du travail, dans chaque comté ou à un niveau administratif supérieur, a le devoir de vérifier les contrats de travail et de répondre aux plaintes des travailleurs et des syndicats. La loi durcit et précise également les règles protégeant l'emploi. La deuxième loi porte sur l'arbitrage et la médiation des conflits du travail. Elle décrit les procédures auxquelles travailleurs et syndicats peuvent recourir pour déposer plainte contre les employeurs devant des tribunaux d'arbitrage. La troisième est la loi sur la promotion de l'emploi. Elle donne au gouvernement la responsabilité de la fourniture de services d'emploi, d'une assurance chômage, d'une formation professionnelle et de programmes actifs pour l'emploi.

La nouvelle législation crée un appareil de régulation très large afin de donner aux travailleurs la possibilité d'être réellement rémunérés pour le travail accompli. Les heures supplémentaires imposées et la rétention par les employeurs de biens appartenant aux employés ou de garanties sous forme d'argent sont interdites. Les employés doivent être consultés en cas de changement de leurs conditions de travail par rapport à ce qui a été stipulé dans leurs contrats.

Le problème, c'est la mise en application de ces lois dans le secteur privé. Jusqu'à présent, la protection de l'emploi s'est appliquée dans les entreprises publiques et, dans une certaine mesure, dans des entreprises étrangères. La mise en application dépend beaucoup de la manière dont les intérêts des employés sont représentés et de l'efficacité avec laquelle ils peuvent arriver à des compromis en cas de conflit. Les conflits se sont récemment multipliés, principalement dans le Sud-Est, où beaucoup d'entreprises se consacrant à l'exportation ont souffert du ralentissement des économies occidentales.

La nouvelle génération d'actifs est plus âgée et mieux éduquée. Ceux-ci aspirent à de meilleures conditions de vie et de travail, et ne craignent plus de se confronter directement au management local dans les usines. L'organisation de syndicats indépendants n'est sans doute pas pour tout de suite, car le Parti ne peut tolérer que des associations représentant des intérêts indépendants puissent former la base d'une société politique pluraliste. Les employeurs ne peuvent pas non plus s'organiser. C'est pourquoi les conflits peuvent éclater en différents endroits et se multiplier. Ils restent pour l'instant dispersés. Il n'existe pas de moyen de les connecter et de les unifier en conflits de classes. Certes, les informations circulent dans le pays beaucoup plus rapidement que par le passé grâce à Internet, ce qui peut susciter des débats que la direction du Parti préférerait tenir cachés. Le processus d'édification institutionnelle qui s'est produit avec le New Deal aux États-Unis et en Europe après la Seconde Guerre mondiale, une société salariale basée sur la négociation collective entre partenaires sociaux, n'a pas encore de fondement politique en Chine. Il faut pourtant créer des médiations sociales pour traiter les aspirations d'une société civile qui évolue avec l'avènement d'une vaste classe moyenne, avec le niveau plus élevé d'éducation et avec le vieillissement de la population.

Dans les pays occidentaux, le capital financier a pris le dessus dans la gouvernance des entreprises. Les compromis sociaux sur le partage du revenu qui avaient régulé la croissance après la guerre ont été anéantis et remplacés par la domination écrasante de la valeur actionnariale dans les objectifs des entreprises. Celles-ci sont dirigées selon les intérêts de tous les actionnaires potentiels, ce qui signifie que les décisions stratégiques sont phagocytées par la tyrannie du marché boursier. La domination de la finance a détruit les anciens compromis sociaux, affaiblissant la part du travail dans le revenu national réel des principaux pays, principalement les États-Unis. La mobilité sociale ascendante a sérieusement régressé et les populations sont ligotées par les contraintes de la dette.

En Chine, la privation des droits sociaux et une dégradation similaire de la part du travail dans le revenu national se sont produites au cours de la seconde phase de la réforme, en raison de la très forte accumulation intensive en capital (chapitre 4). Les rapports de pouvoir ont dérivé au profit des dirigeants des entreprises publiques et des cadres locaux du Parti. L'appropriation et la vente de terres ont été le principal facteur de distorsion de l'équilibre social.

La crise globale a révélé, dans les deux univers sociaux, la même non-soutenabilité de ce modèle social. Le processus de changement ne viendra cependant pas des mêmes forces, car la nature de la souveraineté est très différente. En Chine, les intérêts capitalistes n'ont pas infiltré l'État, comme c'est le cas en Occident. Même si le poids des activités privées ne cesse de croître et couvre aujourd'hui la part la plus importante du PIB, la centralité de l'État l'emporte encore. Aussi y a-t-il en Chine des leviers politiques permettant d'agir sur l'économie qui n'existent nulle part ailleurs. La législation du travail n'est pas encore appliquée car la priorité du gouvernement a été de maximiser la croissance par une accumulation intensive en capital. Le changement de priorité apporte une justification éthique pour créer des relations économiques fondées sur la loi. Dans certaines grandes villes, les exécutifs locaux ont lancé des programmes pilotes qui permettent l'enregistrement local de tout nouveau venu, offrent une éducation pour tous et accordent aux migrants l'accès à la location de logements sociaux subventionnés et à une assurance-maladie. Au niveau de l'entreprise, le gouvernement central peut demander à des syndicats officiels, dans les grandes entreprises, de s'occuper des intérêts des travailleurs en veillant à l'application des lois et en la contrôlant. En matière de fixation du salaire, l'État peut aussi adopter des règles allant au-delà du salaire minimal. Déjà introduites pour réglementer la paie des employés des entreprises publiques, et différenciées selon les niveaux administratifs territoriaux, ces règles donnent aux entreprises un moyen de comparer les niveaux de rémunérations pratiqués dans toute une série de métiers et dans de nombreuses régions.

Comme nous l'expliquerons dans le prochain chapitre, le marché du foncier doit jouer un rôle central dans la modification des rapports de pouvoirs, qui sont aujourd'hui très favorables à la corruption. La lutte des habitants des bourgs et des villages pour préserver ou retrouver le droit d'allouer l'usage de la propriété collective de la terre n'est pas autre chose que de la démocratie sociale. Reconnu par la Constitution et légitimé politiquement par l'élection, ce droit est largement confisqué par les bureaucrates locaux, en collusion avec les dirigeants d'entreprise et les aménageurs urbains. Plus récemment, la nouvelle d'une lutte emblématique des habitants du village de Wukan, dans le Guangdong, a été immédiatement diffusée sur Weibo (une version chinoise de Twitter). Après un face-à-face de dix jours avec la police, les habitants ont pris le contrôle du village. Ils ont élu un chef à sa tête et obligé le chef politique de la province à intervenir. Celui-ci s'est engagé à étudier leurs plaintes concernant la saisie illégale des terres rurales du village. Même s'ils n'ont pas tous porté leurs fruits, beaucoup d'incidents se sont récemment produits, qui soulignent une progression de la conscience démocratique, alimentée d'une région à une autre à travers Internet. Tant que la souveraineté de l'État unitaire reste légitime – ce qui paraît jusqu'à présent être le cas, si l'on en croit les sondages d'opinion –, un mélange original de démocratie citoyenne dans la société civile et de gouvernance impériale du Parti peut tout à fait fonctionner. Cela suppose que l'État réponde aux demandes sociales et aligne les intérêts des bureaucrates sur les besoins de la population.

Dans les entreprises, les employés doivent être capables de s'organiser soit en désignant des délégués, soit en prenant le contrôle des syndicats officiels. En investissant dans le sens de la responsabilité, qui est profond dans la culture chinoise, il sera possible de créer une culture d'entreprise où la loyauté de la force de travail sera échangée contre la sécurité de l'emploi et un certain partage des gains de productivité. On encouragera le travail autonome par équipe et la coordination à travers la planification stratégique. Au lieu de chercher une flexibilité du travail externe par un marché du travail ouvert, un autre modèle de gouvernance d'entreprise permettra de privilégier une flexibilité interne, en coopération avec les entreprises. Elle aura l'avantage de réduire l'incertitude en matière de fixation des salaires et de limiter les inégalités, en fonction d'un modèle partenarial (*stakeholder*) de la gouvernance d'entreprise.

La viabilité de la médiation des conflits sociaux dans les relations du travail aura bien sûr un effet sur la gouvernance d'entreprise, en fonction des modèles en vigueur en Asie. L'amélioration de l'efficacité des firmes dans la mise en œuvre de la planification stratégique au niveau national, dans le cadre des grandes directives du plan quinquennal, sera le moyen le plus efficace pour s'adapter aux changements du marché du travail et obtenir plus de valeur ajoutée dans la production. Pour tirer le maximum de leur planification et profiter de larges gisements de productivité, les entreprises industrielles doivent être à même de bénéficier de services aux entreprises de bien meilleure qualité.

AMÉLIORER L'INDUSTRIE ET DÉVELOPPER L'ÉCONOMIE DES SERVICES

Réagir aux changements de prix du travail et de la terre

Il y a deux prix relatifs qui ont augmenté considérablement et peuvent être déterminants pour la localisation de l'activité manufacturière : les coûts du travail et les coûts de location de la terre. Ils représentent en moyenne 70 % des coûts de fonctionnement dans l'industrie. Les villes côtières sont celles qui ont le plus souffert de leur récente montée en flèche, qui touche les entreprises chinoises et les entreprises étrangères. À leur intention, le ministre du Commerce a lancé en 2009 la campagne « *Go Inland* » : « Allez à l'intérieur. » Elle est focalisée sur six provinces du centre du pays, dont la principale ville est Wuhan (capitale de la province de Hubei). Les six provinces sont Anhui, Jiangxi, Henan, Hubei, Hunan et Shanxi. Elles totalisent 28 % de la population et 20 % du PIB. L'objectif est de concentrer en Chine centrale l'essentiel de l'activité manufacturière et d'investir dans les hautes technologies, la R&D, les technopoles et les services de qualité aux entreprises dans les grandes villes de l'Est et les provinces environnantes.

Les intentions du gouvernement correspondent-elles aux calculs des industriels ? Selon la destination de l'output et l'efficacité des transports, l'économie de coût peut dépasser ou non les coûts plus élevés de transport. C'est pour cette raison que la construction de voies ferrées à grande vitesse, capables de transporter des biens rapidement, est une sage politique, contrairement à ce que prétendent de façon péremptoire d'éminents économistes occidentaux.

Le problème vient des politiques des gouvernements locaux. Pour attirer les entreprises, ceux-ci sont enclins à distordre les prix en louant des usines au rabais pour compenser les coûts du foncier. Néanmoins, les coûts de location sont environ deux fois plus élevés dans les grandes villes du sud-est du pays (Guangzhou, Shanghai, Shenzhen) que dans celles du Centre, dont Wuhan.

Quid des coûts du travail ? Les salaires minimaux ont augmenté à tous les niveaux, sans grandes disparités régionales. Mais l'échelle des salaires n'est pas homothétique selon les régions, et les aides sociales obligatoires en espèces varient elles aussi. Au total, le ministère du Commerce estime que les coûts totaux du travail sont de 60 % moindres dans les régions centr ales par rapport aux régions de l'Est. Les coûts totaux de location du sol et du travail donnent un avantage sérieux aux régions du Centre. Il est improbable que les coûts de transport compensent cet avantage de coût depuis qu'ont été faits d'énormes investissements dans le rail.

Mais les décisions stratégiques des entreprises ne prennent pas en compte les seuls avantages de coût. La contribution du capital humain aux fonctions de production des diverses industries peut être un facteur important de choix, tant que le recrutement de professionnels très qualifiés reste difficile dans certaines régions. D'autres industries sont fortement déterminées par la proximité de fournisseurs d'input (électricité, eau) ou de services marketing. Il faut par conséquent aller au-delà de l'analyse des coûts et montrer comment la Chine, avec d'autres pays à marchés émergents, est en train de révolutionner la technologie industrielle pour un monde nouveau où la croissance de la demande de consommation viendra d'une large population de consommateurs à revenu moyen.

Créer un esprit d'entreprise et promouvoir une innovation frugale et indigène

Nous avons été habitués à une division du travail où la créativité marchande vient des multinationales occidentales et de leur vaste réseau de sous-traitants, et où les autres pays fabriquent des biens en important de la technologie. Cette différenciation a été exploitée au maximum en Chine, qui est devenue l'« atelier du monde » grâce au commerce intrasectoriel vertical (*process trade*).

D'après la théorie classique de la croissance, c'est en cela que consiste le rattrapage. Il y a une frontière technologique, déterminée par l'état des connaissances résultant de l'investissement consacré aux nouvelles technologies par les pays les plus développés. La technologie se diffuse selon plusieurs canaux : l'achat de droits de propriété, l'accueil d'IDE liés à la technologie, le vol et l'imitation. Plus un pays en développement est loin de cette frontière, plus les possibilités d'assimiler la technologie importée sont nombreuses, et plus la croissance de la productivité globale des facteurs (PGF) est rapide.

Mais la capacité d'assimilation dans les pays en développement est limitée par des obstacles institutionnels. La répartition du pouvoir économique entre les strates sociales composant l'économie nationale peut freiner le développement d'une classe d'entrepreneurs. La corruption peut entraver la volonté politique et la capacité de l'État à réaliser des investissements de base dans l'éducation, la santé publique et les infrastructures. L'élite politique peut échouer à créer les institutions de marché nécessaires pour tirer profit de l'ouverture à l'influence étrangère. Ces considérations signifient qu'il n'y a pas un seul moyen efficace pour passer de la diffusion technologique au changement social. Le processus est interactif et arbitré par le politique. L'absence d'autorité politique dédiée à la modernisation du capitalisme a souvent limité les possibilités de démarrage et, plus tard, d'accélération du développement économique. Le piège de l'équilibre stationnaire d'Adam Smith, étudié dans les chapitres 2 et 3, est un frein puissant au développement des pays qui souffrent d'un profond fossé entre villes et campagnes.

ENCADRÉ 6.2.
INNOVATION ET RATTRAPAGE DANS LA THÉORIE DE LA CROISSANCE DE SCHUMPETER

Croissance de la PGF et rattrapage

Selon la théorie de la croissance de Schumpeter, les technologies les plus récentes remplacent les plus anciennes, devenues obsolètes (*cf.* encadré 2, chapitre 2). Le processus déclenche une dynamique de croissance dans les pays avancés. Pour le reste du monde, il y a un processus de rattrapage de la PGF spécifique à chaque région. Les rythmes différents de rattrapage reflètent la distance en PGF du pays en développement par rapport à la frontière technologique, modulée par la capacité de ce pays à assimiler de nouvelles technologies. Le niveau de productivité globale des facteurs dans le pays à la frontière technologique (les États-Unis) est $A_{1,t}$. Il est supposé croître au taux exogène g pour une année : $A_{1,t} = (1 + g) A_{1,t-1}$. La diffusion du progrès technologique dans un pays (i) est donnée par l'équation suivante :

$$\frac{A_{i,t}}{A_{i,t-1}} = 1 + g_{it} = [1 + \lambda^t]\frac{A_{1,t}}{A_{1,t-1}}\left[\mu_i^t + (1 - \mu_i^t)\frac{A_{1,t-1}}{A_{i,t-1}}\right]$$

Le premier crochet rend compte de l'accélération du taux de diffusion du progrès technologique du leader, due à la réduction du temps de diffusion des innovations technologiques. Cela signifie que λ est un accélérateur de la convergence des taux de croissance. Le second crochet représente l'effet de rattrapage dû au décalage de niveau de PGF par rapport au leader A_1/A_i, le rattrapage étant modulé par le frein μ, dû aux difficultés à créer les conditions sociales propres à assurer une diffusion rapide.

Progrès technologique indigène et mix des sources de croissance

Un pays en rattrapage n'est pas condamné à importer et à assimiler la technologie étrangère. Il peut développer ses propres recettes de progrès technologique. Cela peut être un second facteur de croissance de la PGF, fonction du capital intangible national (h), tant humain qu'organisationnel, et du capital tangible (k) requis pour l'innovation.

$$\frac{A_{it}}{A_{i,t-1}} = [1 + \gamma_i(h_{i,t}, k_{i,t})]$$

La Chine peut bénéficier des deux sources de croissance en proportion θ et 1 – θ, si bien que le taux de croissance de la PGF devient :

$$\frac{A_{it}}{A_{i,t-1}} = \theta(1 + g_{it}) + (1 - \theta)(1 + \gamma_{it})$$

La Chine a néanmoins largement surmonté ces obstacles au cours de sa réforme depuis la fin des années 1970, comme on l'a vu dans les chapitres 3 et 4. Mais la croissance de la PGF a été attribuée au processus standard de la diffusion technologique (*cf.* encadré 6.2, 1er paragraphe) à travers l'accumulation du capital. Or la poursuite de la même trajectoire conduit à la violation des conditions de soutenabilité définies dans l'encadré 6.1.

Pourquoi le développement technologique indigène est-il devenu un objectif prioritaire dans la phase actuelle de la réforme ? Parce que le mode de consommation des pays développés ne peut plus faire office de modèle. Le monde entier est sous la menace de la non-soutenabilité de l'*American way of life*, qui est droguée à la dette, gaspille les ressources naturelles et produit sans limite de la pollution. Les pays en rattrapage doivent sauter par-dessus la période historique de l'étalement suburbain illimité, de l'universalisation de la voiture et de l'obsolescence accélérée des biens de consommation. Les technologies indigènes doivent être frugales.

Les technologies frugales ne sont pas des technologies de seconde main. Elles sont issues des connaissances accumulées les plus avancées et créent de nouvelles gammes de produits. Elles donnent accès à la modernité aux populations à faible revenu et respectent les contraintes environnementales. Elles modifient donc la frontière technologique. Les technologies frugales sont des innovations adaptées aux pays à revenu faible et moyen. Elles seront adoptées par les pays développés sous la contrainte de la soutenabilité. Ce sont des innovations inversées qui vont des pays émergents aux pays riches. Elles associent coûts faibles et créativité. Elles utilisent moins ou pas de ressources non renouvelables et leur empreinte écologique est réduite. Les entreprises des pays à marchés émergents sont les mieux placées pour les réaliser, car elles sont à proximité de vastes réservoirs de demande pour des biens simples et bon marché, qui ne permettent que de faibles marges unitaires. En Chine, ce pourrait être le domaine des entreprises privées.

Les avancées technologiques incorporées dans des produits radicalement nouveaux, achetés d'abord par les élites occidentales avant de se répandre dans des couches sociales à revenus plus bas, sont loin d'être le *nec plus ultra* de l'innovation. D'un point de vue économique, les innovations incrémentales et cumulatives qui améliorent les produits et les processus pour des centaines de millions de personnes appelées à entrer dans la classe moyenne dans les vingt prochaines années sont bien plus importantes. L'innovation frugale peut venir de la reconfiguration de technologies existantes afin d'économiser l'utilisation de matières premières et de réduire l'impact écologique. La Chine et l'Inde vont rivaliser dans ces innovations graduelles qui diminuent les coûts et respectent l'environnement. Leurs entreprises pourront concurrencer avec succès les entreprises occidentales.

Un rapport de *The Economist* (17 avril 2010) fournit, à cet égard, quelques exemples intéressants. Le filtre à eau développé en Inde par Tata Chemicals est un appareil à basse technologie, doté d'une immense valeur d'usage social. Il est solide, portable, relativement bon marché (24 dollars pour l'investissement initial et 4 dollars tous les 4 à 6 mois, selon l'utilisation, pour changer le filtre) et peut fournir une abondante quantité d'eau potable à des familles nombreuses. Autre appareil permettant une meilleure santé, l'électrocardiogramme manuel et portable (ECG). Il simplifie les manipulations, comprime le hardware et peut être transporté dans un petit sac. Le prix est divisé par 2,5 comparé à l'ECG standard, et le coût du test est réduit à 1 dollar par patient. En Chine, Mindray est une entreprise qui s'est spécialisée dans l'équipement médical bon marché et facile à manipuler. Weigao est une entreprise chinoise qui a construit un centre industriel et de recherche dans le domaine de la technologie médicale au nord-est de Pékin. Il a formé une joint-venture avec la firme américaine Meltronics pour concevoir et lancer de nouveaux produits bon marché que Meltronics n'aurait pu faire seule. Weigao n'est qu'une des nombreuses entreprises chinoises qui permettront à ce pays de devenir un acteur majeur de la technologie médicale dans les dix années à venir. En effet, les ventes de technologie médicale sont en train d'exploser en Chine et le gouvernement prévoit de dépenser l'équivalent de 125 milliards de dollars sur trois ans pour étendre les soins de santé en dehors des grandes villes.

Les entreprises privées de taille moyenne peuvent travailler dans des réseaux flexibles de fournisseurs associés, organisés sur la base d'une solidarité mutuelle basée sur le *guanxi*. Cela facilite l'adaptation de la demande volatile à des capacités réduites et de courtes files d'attente. Les centres de recherche sur la consommation dans les grandes villes peuvent étudier les complexités de la culture et la versatilité des goûts pour contribuer à transformer les nouveaux produits amenés au marché par les entreprises, soucieuses de plaire aux goûts locaux pour les cosmétiques, les pâtes dentifrices, les infusions, etc. Les innovations qui ont le plus de succès sont celles qui peuvent créer des marchés pour les personnes n'ayant jamais consommé auparavant de biens industriels. Elles nécessitent un marketing spécifique, capable de cerner les habitudes quotidiennes des personnes pauvres. Pour pénétrer les campagnes, les gouvernements locaux ont aussi un rôle important à jouer en investissant massivement dans l'éducation des comportements de la vie quotidienne. Apprendre par exemple des règles d'hygiène de base est un prérequis sans lequel les marchés du savon et des détergents n'ont aucune chance de prendre racine.

Les macroéconomistes occidentaux sont sollicités pour donner avec suffisance des conseils sur le basculement d'un modèle consumériste de croissance, alors qu'ils n'ont pas la moindre idée de ce que cela signifie concrètement. La production frugale, qui permet l'inclusion sociale des masses de population pauvre en tant que consommateurs, nécessite de nouveaux concepts de management et un esprit d'entreprise dont la Chine ne manque pas. Le paradigme du nouveau management se fonde sur des idées conventionnelles : le consommateur est roi et les économies d'échelle entraînent des réductions considérables des coûts unitaires. Mais ces idées sont appliquées à un environnement de marché entièrement nouveau. La demande potentielle vient de centaines de millions de consommateurs jusqu'à présent exclus de l'économie de marché. Ce qui se passe actuellement rappelle d'anciens changements de paradigme qui ont étendu les marchés de consommateurs bien au-delà de ce qu'on connaissait auparavant. On peut citer le concept combinant hiérarchie et décentralisation (« *staff-and-line* ») introduit par les entreprises américaines dans les années 1920 pour satisfaire la consommation de masse en biens durables. C'était aussi le cas du concept de production à flux tendus (*lean production*) adopté par les entreprises japonaises dans les années 1960. La production « juste-à-temps » a fait d'un désavantage (le manque d'espace de stockage) une force. Aujourd'hui, l'enjeu est de faire une force de la pauvreté des consommateurs.

Comme le secteur privé a une importance considérable en Chine, l'innovation frugale sera un moteur majeur de la croissance durable de cette décennie. En 2010, en effet, il y avait en Chine environ 43 millions d'entreprises, dont 93 % étaient privées et qui employaient 92 % de la force de travail. Ces entreprises ont besoin, pour prospérer, de services efficaces et de capital. Transformer le secteur des services sera un aspect fondamental de la nouvelle étape de la réforme.

Associer développement urbain et protection de l'environnement

Dans un rapport de haut niveau, publié en mars 2011, *Urban World : Mapping the Economic Power of Cities*, le McKinsey Global Institute annonçait le triomphe à venir de la vie urbaine dans le monde en développement. Une puissante base de données, Cityscope, couvrant 2 000 villes et rassemblant des données démographiques et économiques de 2007, a permis de projeter les scénarios de développement urbain jusqu'en 2025. À cette date, 600 villes dans le monde réuniront 20 % de la population et totaliseront 60 % du PIB mondial. La composition et le classement de ces 600 plus grandes villes du monde seront largement modifiés. 136 se trouveront dans le monde en développement, la Chine étant surreprésentée (100 sur 136).

Les mégavilles sont des villes dont la population dépasse le seuil de 10 millions d'habitants. Mais les types de villes qui vont le plus contribuer à la croissance de la population urbaine à travers les migrations internes, et à la croissance du revenu par tête, ne sont pas les mégavilles d'aujourd'hui. Ce sont les villes de taille moyenne. En Chine, 216 villes de taille moyenne devraient contribuer à 30 % de la croissance urbaine totale entre 2007 et 2025.

Le développement des villes sera le moteur du retour de la Chine à la prééminence mondiale. Entre 2007 et 2025, le McKinsey Institute estime qu'il y aura dans la Grande Chine (Chine continentale, Hong Kong, Macao et Taïwan) 325 millions d'habitants supplémentaires dans les plus grandes villes, qui produiront 20 % du PIB mondial (contre 5 % en 2007).

Pour que ces prévisions se vérifient, une planification méticuleuse et de long terme doit cependant être élaborée, et de fortes compétences managériales seront nécessaires. Les grandes villes bénéficient en effet, grâce aux forces d'agglomération, d'avantages énormes en termes de coûts et d'une demande innovatrice. Mais les villes produisent aussi des forces contraires de dispersion, dues aux déséconomies d'échelle liées à des prix fonciers élevés, à la congestion des transports et à la pollution. Pour mieux contenir les forces de dispersion et parvenir à un équilibre urbain, la planification stratégique multiniveaux et multifonctions doit combiner la construction d'infrastructures, des incitations aux emplois très qualifiés dans le secteur privé et une coordination intelligente des activités et des interactions, de manière à gérer la pollution.

Toutes les villes ne sont pas identiques, loin s'en faut. Comme la Chine aura l'opportunité de créer et de développer des villes entièrement nouvelles, le choix des modèles, qui relève de la responsabilité des planificateurs urbains, doit incorporer les préférences des populations vivant dans les villes, et aussi englober les contraintes environnementales. Les choix structurels auront en effet un impact sur la vie des villes pendant de nombreuses décennies, et façonneront les modes de consommation des générations à venir. Il nous faut donc d'abord prendre connaissance de ce qu'enseignent les théories économiques les plus récentes sur la ville, puis en tirer des leçons pour esquisser le type de planification urbaine le mieux à même de favoriser une croissance soutenable.

LES DYNAMIQUES DE L'AGGLOMÉRATION ET DE LA DISPERSION URBAINE

Pourquoi les villes sont-elles si importantes ? Fondamentalement, parce que ce sont des lieux de rendements croissants, à travers les processus d'agglomération des interactions humaines. L'agglomération vient des communications et des activités intensives en information. Elles produisent des externalités pures qui, si elles sont dues à la proximité, sont de nature spatiale. Ces activités sont caractéristiques des fonctions urbaines. Les villes offrent une architecture institutionnelle aux activités commerciales (les places de marché) et abritent les institutions assurant la coordination politique. Elles produisent aussi des services de qualité aux entreprises : R&D, finance, marketing, management et conseil. Ces fonctions sont à la source du pouvoir économique. Les villes, par leurs activités culturelles, la conservation de la mémoire historique, l'esthétisme de l'architecture et la jouissance des agréments de la vie urbaine, sont des lieux de pouvoir symbolique. Le pouvoir est concentré dans le centre des villes, là où les interactions humaines directes jouent un rôle crucial.

Étant principalement des centres de coordination et de savoir, les villes mettent en relations leurs habitants talentueux par des interactions en face à face, permises par la proximité géographique. Les villes tissent aussi des interactions à distance avec les campagnes et avec d'autres villes au moyen des technologies de l'information et de la communication, qui offrent une proximité virtuelle. Les deux types d'interaction sont à la fois complémentaires et hiérarchiques, et non des substituts l'un de l'autre. C'est pourquoi l'utilisation des TIC (technologies d'information et de communication) dans presque toutes les activités sociales renforce le rôle dominant des centres au lieu de l'affaiblir. Mais, avec l'avènement de la finance globale, quelques mégavilles sont devenues ou vont devenir des villes globales, ainsi que l'avait compris, dès 1991, Saskia Sassen (*The Global City*, Princeton University Press).

Fonctions urbaines et processus d'agglomération

L'urbanisation postindustrielle présente deux caractéristiques : plus les villes sont peuplées, plus elles attirent un afflux croissant de migrants d'un côté ; la part des services dans l'emploi et la valeur ajoutée augmente dans les villes dont les activités sont plus complexes. Les connaissances et le traitement de l'information sont intensifs en amont de la production matérielle dans la conception et le développement de nouveaux produits, mais aussi en aval, dans le marketing et la distribution. Les processus de production de ces activités dématérialisées nécessitent du capital intangible, principalement humain. Ils ont des coûts fixes élevés et des coûts marginaux qui décroissent avec le volume de la production, c'est-à-dire des rendements fortement croissants. Tant que les externalités à l'origine des rendements croissants sont de nature spatiale, elles favorisent l'agglomération, elle-même propice à des interactions humaines en face à face. Ce type d'interaction associe des rendements croissants dus à la taille et à la flexibilité dans la coordination de la conception, de la production et de la distribution des biens différenciés.

Les services supérieurs sont des plates-formes de concentration dans les centres des villes globales. La coopération intense du capital humain hautement qualifié dans les laboratoires de R&D est la source de production de nouveaux savoirs, car la proximité avec les clients est nécessaire pour fournir aux entreprises des services complexes et sur mesure. Ces moteurs de l'agglomération sont renforcés par les technologies de l'information. En tant que bien non rival, l'information produit des externalités spatiales. Pourquoi ? Parce que l'information codifiée et l'information tacite sont complémentaires. La première nécessite des coûts fixes élevés pour que les transmissions à distance soient efficaces. La seconde est intensive en capital humain, passe par la communication en face à face et déploie sa connectivité sociale à la proximité spatiale des centres-villes.

Les rendements croissants engendrent des processus « dépendants du chemin ». Les villes peuvent naître et se développer de façon endogène et s'auto-organiser à partir d'un élan initial accidentel ou d'une volonté politique. Comme l'espace est naturellement hétérogène, certains lieux ont des avantages comparatifs en termes de ressources naturelles ou d'équipements de transport. Les forces d'agglomération peuvent commencer par de petites différences spatiales accidentelles, puis créer un processus irréversible et auto-entretenu de concentration de population et d'activités, avec des externalités spatiales. Cependant, si les forces d'agglomération s'accentuent avec la concentration des activités qu'elles favorisent, pourquoi toute la population de tout un pays ne se rassemble-t-elle pas dans une seule ville ? Pour comprendre pourquoi l'espace humain s'organise en systèmes de villes disséminées dans les campagnes, il faut considérer les forces de dispersion et la dialectique de l'agglomération et de la dispersion.

Les forces de dispersion et l'étalement urbain

La principale force endogène de dispersion est produite par les valeurs de la terre et de l'immobilier. La compétition pour l'utilisation de l'espace, due à la demande de proximité, crée une rente de localisation qui détermine la distribution des prix liés aux différents usages de la terre. Il y a un arbitrage à faire entre le prix de la terre pour l'usage résidentiel et professionnel, d'un côté, et les coûts de transport, de l'autre. Il est assez facile d'observer que la part de la valeur de la terre dans le prix réel de l'immobilier a augmenté dans les grandes villes.

La terre produit des loyers car c'est une marchandise non produite dont l'offre est fixe et échangeable parce qu'on en a fait un objet de propriété privée. Si la valeur de la terre est très mal régulée par les mécanismes de marché, c'est à cause des externalités qui alimentent la demande d'utilisation de la terre. Le sol est une marchandise localisée et multifonctionnelle. Sur le plan économique, il est demandé pour la production, la consommation, l'accumulation de richesse, la spéculation pure. Sur le plan symbolique, c'est un moyen de pouvoir et d'identité sociale. C'est pourquoi les prix de la terre montrent un si large éventail de valeurs spatiales entre les villes et à l'intérieur de chaque ville, ainsi qu'une forte volatilité.

Les coûts de transport ont un impact sur la distribution des biens et sur les déplacements quotidiens, dans les deux sens, entre le domicile et le lieu de travail. L'équilibre entre dispersion et agglomération est très affecté par l'évolution des coûts de transport, car ceux-ci influent sur les choix des travailleurs mobiles. Des coûts de transport moins élevés favorisent l'agglomération dans les centres-villes. Ce qui y provoque toutefois une hausse des prix du foncier et des salaires. Cette hausse des coûts de production entraîne la délocalisation des services standardisés qui peuvent être connectés avec le centre et coordonnés par des moyens formels de transmission de l'information. Une ville peut donc s'étaler soit de façon homogène autour du centre, soit (et c'est plus probable) selon des structures multipolaires quand l'étalement est lui-même structuré par l'hétérogénéité de l'espace.

L'étalement peut être mesuré de plusieurs façons. Le gradient de densité est une des plus intéressantes. Une relation généralement acceptée (la loi de Clark) fait que la densité de population est une fonction exponentielle décroissante de la distance par rapport au centre (*cf.* encadré 6.3). Exprimée en logarithme, la relation devient linéaire (*cf.* figure 6.3a). Le gradient de densité est la pente de la ligne droite descendante. Plus le gradient est bas, plus la densité est forte pour toute distance donnée par rapport au centre. Si l'on observe la relation dans le temps, une baisse du gradient signifie une hausse de la densité pour toute distance par rapport au centre. Donc la population augmente plus vite à la périphérie que dans le centre. C'est l'étalement urbain. On le voit aussi sur la figure 6.3b : c'est une fonction concave de la population cumulée en fonction de la distance par rapport au centre. L'étalement se mesure par le taux d'augmentation de la population à toute distance par rapport au centre.

ENCADRÉ 6.3.
MESURES DE L'ÉTALEMENT

Gradient de densité

La densité de population (nombre de personnes par unité d'espace) d est une fonction exponentiellement décroissante de la distance x par rapport au centre :

$d(x) = d_0 e^{-\gamma x}$

$\log(d(x)) = \log(d_0 - \gamma x)$

γ est le gradient de densité, c'est-à-dire le taux de diminution de la densité de population par rapport à la distance.

Il y a étalement urbain si $|\gamma|$ diminue avec le temps.

Indice d'étalement de Lopez et Hynes

La densité est calculée pour chaque unité élémentaire de recensement. Les chiffres de densité sont classés en densité haute et densité basse. h est le pourcentage d'unités de densité haute et l le pourcentage de densité basse, qui varie de 0 à 100.

$$IE = \left(\frac{1-h}{100} + 1\right)50$$

Indice d'étalement de Burchfield

La diminution du gradient n'est ni uniforme avec la distance ni isotrope. Les zones urbanisées sont semées de zones non urbanisées à l'intérieur des villes. Elles sont dispersées dans l'agglomération. Ce saute-mouton est mesuré par la procédure suivante. L'espace est découpé en unités élémentaires et le pourcentage de l'espace non urbanisé par km² est mesuré pour chaque unité. L'indice est la moyenne du pourcentage pour toutes les unités dans la zone métropolitaine.

Indice de compacité

On trace le cercle minimal contenant la surface urbaine de la ville. L'indice de compacité est la proportion de sol effectivement bâtie à l'intérieur du cercle.

Figure 6.3. L'ÉTALEMENT URBAIN.

6.3a. Densité **6.3b. Population cumulée**

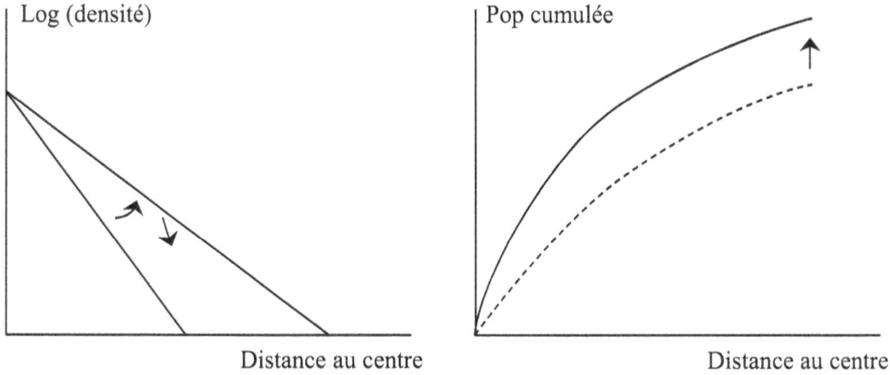

La hausse du revenu moyen peut être un facteur d'étalement si la consommation de l'espace augmente avec le revenu réel et si les villes se développent sous la pression des forces endogènes d'auto-organisation sans aucune intervention des planificateurs urbains. Avec la croissance du revenu, la technologie des transports intra-urbains est un facteur essentiel pour déterminer la compacité ou l'étalement d'une ville. Quand la demande d'espace augmente avec le revenu, les prix de la terre montent, ce qui entraîne un transfert du logement résidentiel vers la périphérie. La densité augmente à la périphérie et le gradient diminue. Les migrations intra-urbaines à la périphérie sont amplifiées si la région autour de la ville dispose d'une grande quantité de terres disponibles et si les véhicules individuels sont préférés du fait de l'existence d'un réseau routier dense. Le réseau routier réduit le temps de transport pendulaire vers et depuis les centres-villes, ce qui accroît l'attrait de la périphérie. C'est le modèle des villes étalées comme Atlanta, Houston, Los Angeles (Alain Bertaud, « The spatial organization of cities », 2004). Ces villes, avec un véhicule par adulte, des grandes maisons et l'air conditionné dans chacune d'elles, produisent une pollution et une consommation d'énergie maximales. L'extension de ces villes n'est limitée que par les prix plus élevés du foncier rural, à cause de la demande toujours croissante d'espace. Le coût d'opportunité du foncier rural accroît le pouvoir d'achat de l'espace à la périphérie et limite l'extension de la ville. Il y a même pire. À Johannesburg, à Brasilia et à Moscou, la densité de population augmente avec la distance par rapport au centre jusqu'à 20 à 30 kilomètres ! Le gradient à pente positive allonge la distance moyenne par rapport au centre et accroît le coût des transports. Ce schéma aberrant révèle un marché foncier complètement détraqué. Inversement, les villes asiatiques (Pékin, Hong Kong, Bangkok) montraient un schéma vertueux de densité rapidement décroissante, ce qui indiquait un gradient élevé, qui a conduit à des villes compactes au moins jusqu'au début des années 2000 (*cf.* figure 6.4).

Qu'est-ce qui détermine l'interaction entre les forces d'agglomération et celles de dispersion ? Côté consommation, les préférences pour les agréments urbains attirent les gens vers le centre s'ils ont un revenu discrétionnaire suffisant. Cela dépend des fonctions de préférence, qui incorporent la proximité des infrastructures de santé et l'environnement. Côté production, la division du travail qui extériorise les services intensifs en capital intangible, dont la productivité dépend du savoir tacite, est un puissant facteur d'agglomération.

Les villes compactes raccourcissent la durée et la distance des déplacements quotidiens. S'il y a un réseau public efficient de métros et de bus pour se rendre dans le centre, les trajets locaux peuvent aussi se faire à pied ou à bicyclette. De plus, dans une ville monocentrique, le nombre de trajets se réduit, car ceux-ci convergent tous vers le centre. La somme des distances supportées par la population est minimisée si la ville est à la fois compacte et monocentrique, c'est-à-dire si elle a un fort gradient de densité. En outre, la réduction de l'usage de la voiture à un minimum de trajets en direction du centre libère de l'espace pour des activités importantes. Les voitures doivent

Figure 6.4. ÉCHANTILLON DE PROFILS DE DENSITÉ.

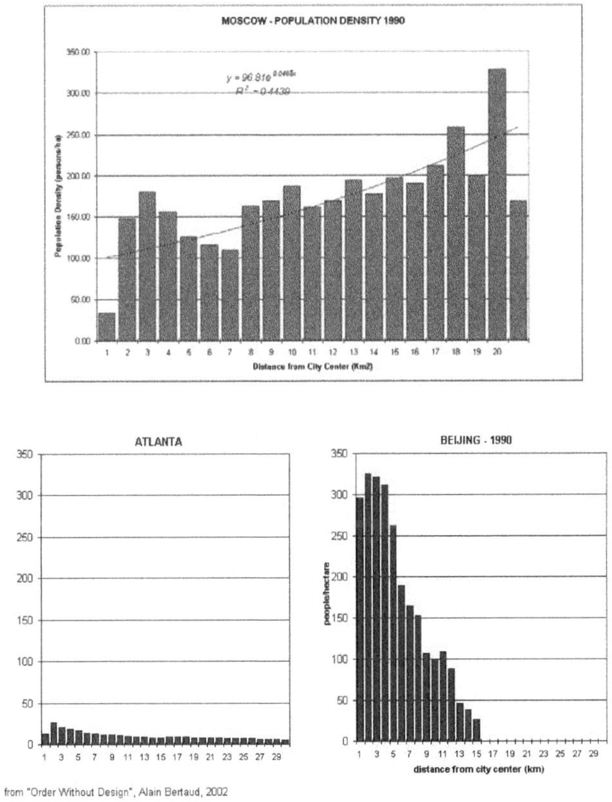

Source : Alain Bertaud, « The spatial organization of cities », alainbertaud.com, mai 2004.

en effet se garer et rivaliser pour user d'un espace rare, tout en étant subventionnées puisqu'il est impossible de tarifer le parking à la véritable valeur locative – sauf à Singapour. Sans planification urbaine limitant strictement le stationnement des voitures par des règles administratives, il est donc certain que les voitures vont détruire les équipements des centres-villes. La prolifération de voitures en stationnement en centre-ville relève d'une très mauvaise allocation du foncier au détriment du commerce, des bureaux, du logement et des bâtiments culturels. Enfin, l'ampleur de la pollution de l'air est fortement liée à la forme des villes. Des villes étalées, à faible densité, amplifient la pollution de l'air engendrée par les transports. La faible densité a un double impact négatif : elle accroît la durée des trajets et augmente la part de trajets en voiture par rapport aux trajets en transport en commun, à pied ou à vélo.

La pression de la population dans les mégavilles rend cependant l'étalement inévitable. Pour réguler l'expansion des grandes villes, une planification à long terme, légitimée par une forte volonté politique, est indispensable. La planification stratégique doit coordonner l'expertise des aménageurs urbains, des ingénieurs du transport et des financiers. Mais que nous dit la théorie sur les modèles pertinents de grandes villes ?

Villes multipolaires et systèmes de villes

Essayons de synthétiser le défi du développement urbain. Les villes, comme des aimants, exercent une force d'agglomération. La pression des migrations de population fait monter les prix du foncier. Sans régulation publique de l'utilisation de l'espace, le marché du foncier est incapable d'allouer l'espace de façon efficiente, car les villes produisent de puissantes externalités. Le marché du foncier entraîne un étalement anarchique, fait naître une forte demande de modes individuels de transports et produit le réseau de routes nécessaire. Il en résulte une grave détérioration de l'environnement qui n'est pas propice, c'est le moins que l'on puisse dire, à la croissance soutenable. La planification stratégique est indispensable pour atteindre trois objectifs associés : contrôler l'étalement urbain, investir dans les infrastructures de transport en commun, empêcher le gaspillage des ressources naturelles et préserver le foncier agricole. Quels sont les modèles de développement urbain les mieux à même de guider la planification stratégique ?

Les villes multipolaires sont une tendance récente de la croissance urbaine. Elles sont le résultat d'interactions complexes entre les forces de dispersion et celles d'agglomération. Les villes multipolaires sont hiérarchiques au sens où le centre historique des affaires y est prédominant. Le centre abrite les activités les plus prisées : enseignement supérieur et recherche, finance et assurance, services juridiques, médias, marketing, équipements historiques et sociaux. Ces villes sont donc toujours monocentriques. Mais, au lieu d'un étalement isotrope, on observe une division urbaine du travail qui fabrique des pôles différenciés d'activités. Chaque pôle réunit des activités économiques cohérentes. Les pôles se situent le long de lignes de communication que sont les fleuves, les autoroutes ou les voies ferrées. Le logement résidentiel étant plus étalé que l'emploi, il y a des trajets pendulaires d'un pôle à un autre, en plus de trajets concentriques.

Les mégavilles multipolaires sont des systèmes de villes. Comment sont-elles organisées ? Les forces d'agglomération coexistent avec des activités spécialisées. Quand les entreprises situées en différents lieux ont les mêmes activités, leurs profits diminuent avec la distance entre elles (*cf.* encadré 6.4). Quand les entreprises sont agglomérées, les travailleurs doivent se déplacer pour suivre le marché du travail. Ils doivent donc payer un coût de transport par unité de distance qui se reflète dans le salaire. C'est la force de dispersion. La concentration des entreprises œuvrant dans la même activité est d'autant plus grande que le profit issu du gradient de densité pour ce groupe d'entreprises est plus élevé que le coût de transport des employés par unité de distance. Des organisations spatiales différentes apparaissent en fonction de la valeur de ce ratio. On observe, en pratique, trois types de configuration urbaine : une structure totalement dispersée, un centre entouré de multipôles et de quartiers résidentiels dispersés et un centre unique d'entreprises avec étalement du logement résidentiel. Les structures polycentriques sont plus probables si le profit des entreprises n'est pas une fonction linéaire, mais une fonction décroissante convexe de la distance. Cela signifie que plus on est loin du centre de l'agglomération, plus la baisse des profits est lente. Ainsi, de faibles coûts de transport favorisent la compacité urbaine si les externalités positives de l'agglomération sont assez puissantes.

Si l'on considère maintenant les différents secteurs de production ou les différentes fonctions des processus de production qui peuvent être externalisées (*outsourced*), l'organisation des entreprises en réseaux d'unités de production engendre une différenciation des pôles urbains, la coordination étant séparée de l'exécution. Un système de villes dépend donc des décisions décentralisées, suscitées par les forces d'agglomération et de dispersion. Les entreprises cherchent la proximité des marchés pour leurs produits et la proximité d'un marché du travail diversifié. Plus les travailleurs sont près de la demande diversifiée de travail, plus ils ont d'opportunités d'emploi. Ce sont les forces d'agglomération. Les forces de dispersion sont : (1) l'intensité de la concurrence entre les entreprises, qui est d'autant plus forte que les entreprises sont proches les unes des autres ; et (2) les coûts de transport, qui augmentent avec la taille de la population. Il s'ensuit que les gains issus de l'agglomération augmentent avec la taille de la population jusqu'à une taille optimale N^*. Mais, comme les agents économiques prennent leurs décisions sans pouvoir intérioriser les externalités dues à leurs interactions, le processus d'auto-organisation n'est pas efficient. Les villes deviennent trop grandes. Seule la planification stratégique peut induire la population à migrer vers une ville nouvelle *en investissant d'abord dans des infrastructures produisant des externalités positives.* C'est ce que font les planificateurs chinois, ce qui stupéfie les médias occidentaux, ne comprenant pas pourquoi l'on peut construire des villes vides. Ce faisant, la planification stratégique peut construire des systèmes de villes en contrôlant le marché du foncier de sorte que les externalités soient internalisées.

ENCADRÉ 6.4.
L'AGGLOMÉRATION DES ENTREPRISES DANS UN SEUL SECTEUR DE PRODUCTION

Considérons une entreprise située en x et interagissant avec d'autres entreprises situées dans un ensemble de lieux $y \in Y$. L'impact de la distance d_{xy} sur le profit de x est $\pi_{xy} = \beta - \alpha d_{xy}$ où α mesure l'intensité de la force d'agglomération. Si m(y) est la densité d'entreprises situées en y, le profit de x est : $\Pi(x) = (\beta - \alpha d_{xy}) m(y) dy$
L'intensité de la force de dispersion est mesurée par le coût de transport *t* par unité de distance. Par conséquent, plus la concentration d'entreprises en x est grande, plus grand est le ratio α/t.
Si la fonction de profit n'est pas linéaire avec la distance, $\pi_{xy} = \beta e^{-\alpha d_{xy}}$ et $\frac{d\pi}{d_{xy}} = -\alpha\pi$, la vitesse de la baisse du profit avec la distance diminue tant que la distance croît.

La taille optimale des villes dépend des types d'activités qui y sont rassemblées, car les forces d'agglomération sont spécifiques aux activités, tandis que les forces de dispersion des prix du foncier, des coûts de transport et de la congestion sont les mêmes quels que soient les secteurs de production ou les fonctions économiques. Il s'ensuit que les villes ont intérêt à se spécialiser. Parce que les fonctions de coordination, les meilleurs services aux entreprises et les équipements engendrent des forces d'agglomération plus intenses que l'industrie, la taille optimale d'une ville globale N_s^* est supérieure à celle d'une ville industrielle N_i^*. Les prix relatifs du foncier et du travail peuvent cependant s'ajuster de sorte que les avantages nets de l'agglomération soient égaux dans chaque ville (*cf.* figure 6.5).

Une nation peut développer un système hiérarchique de villes de sorte que les services de coordination dans les mégavilles satisfassent la demande des villes industrielles. Les infrastructures de transport, le prix du foncier et des salaires relatifs en différents endroits déterminent un processus endogène de concentration et de relocalisation des activités industrielles qui peuvent se déplacer d'une région à une autre. C'est ce que l'objectif « Allez à l'ouest » (*Go West*) doit permettre de réaliser en Chine.

Figure 6.5. DIVERSITÉ DES VILLES PAR TAILLE ET SPÉCIALISATION.

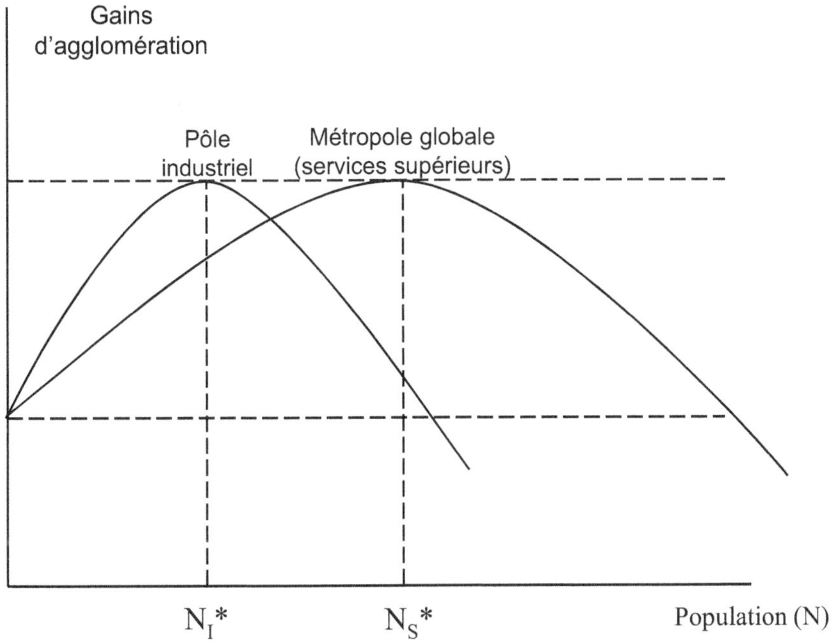

L'URBANISATION : LE MOTEUR DE LA CROISSANCE SOUTENABLE EN CHINE

Dans son récent best-seller *Triumph of the City* (2011), Edward Glaeser conclut : « Les dirigeants chinois semblent comprendre que des densités urbaines élevées vont permettre à leur pays, jadis pauvre, de devenir riche. Ils semblent réaliser le fait que les grandes tours favorisent la productivité et baissent les coûts environnementaux. Si la Chine préférait la hauteur à l'étalement, les émissions mondiales de carbone seraient plus faibles, le risque de réchauffement global serait moindre pour la planète et la Chine dépendrait moins des pays producteurs de pétrole du Moyen-Orient. »

Le gouvernement chinois considère en effet la croissance soutenable et l'urbanisation comme les deux côtés d'une même pièce. 400 millions de personnes vont migrer des campagnes vers les villes et devenir des citadins permanents dans les vingt prochaines années. Le choix du schéma urbain pour éviter l'étalement, et donc de la planification stratégique, sera le pilier du modèle de croissance.

Les enseignements théoriques exposés plus haut fournissent un cadre intéressant pour le processus de planification du développement urbain. Afin d'utiliser les ressources plus efficacement, les villes multipolaires doivent être bâties sur des cœurs urbains très compacts. Pour réguler le prix du foncier, les aménageurs urbains doivent bâtir plus haut, afin d'obtenir plus d'espace de logement par mètre carré de sol. Augmenter la densité du développement dans le cœur urbain et à proximité de celui-ci est le seul moyen de garantir la soutenabilité environnementale. La force des cœurs des villes dépend principalement du capital humain. Des investissements massifs dans l'éducation permettent aux centres d'affaires de produire les services à même de stimuler la productivité par tête. Les migrations venues des campagnes sont le meilleur moyen de mettre fin à la pauvreté. Avec la restructuration à venir du foncier rural, qui sera plus concentré, la productivité augmentera substantiellement aussi dans les exploitations agricoles. Le renforcement de la complémentarité entre des villes dynamiques et leur hinterland permettra de surmonter de façon décisive le fossé entre villes et campagnes.

Mais le développement harmonieux ne se fait pas de façon spontanée. Les villes peuvent créer de fortes inégalités, car une haute densité a aussi un coût. Pour lutter contre ces coûts, et offrir à chacun des services publics de base, le gouvernement doit réaliser des investissements massifs dans l'eau potable, les équipements sanitaires, les services de santé et les écoles publiques de qualité. Contrairement à ce qui a été fait jusqu'à présent en Chine, il sera plus facile de combiner l'équité et l'efficience dans les services sociaux par des financements nationaux plutôt que locaux. Mais cela exige des changements radicaux du système fiscal, qui seront abordés dans le prochain chapitre.

Les villes riches sont des villes de consommateurs. Mais il ne peut y avoir de consommation innovante sans services publics de base : la sécurité, des transports rapides et fiables pour se rendre dans le centre, de bonnes écoles et des services sociaux financièrement abordables. Or, sans des investissements énormes capables de fournir ces infrastructures, les appels à la réorientation de la demande interne vers la consommation ne sont que du bavardage. Pour comprendre le lien entre croissance soutenable et investissement dans les infrastructures, il faut approfondir encore notre analyse du développement urbain.

Le potentiel de croissance chinois dans le développement urbain

Aujourd'hui, la Chine possède deux mégavilles (plus de 10 millions d'habitants) : Pékin et Shanghai. Selon les projections du McKinsey Global Institute, elle en aura six de plus en 2025 : Tianjin, Guangzhou, Shenzhen, Wuhan, Chongqing et Chengdu. Elles représenteront 25 % du PIB de la Chine, et attireront les personnes les plus talentueuses et beaucoup d'investissements directs étrangers. Ce seront des ensembles de pôles plus petits, sur le modèle du système multipolaire des villes globales. Ces pôles seront eux-mêmes des villes de taille moyenne, allant jusqu'à 5 millions d'habitants. À l'intérieur de ces ensembles, les effets de réseau stimuleront la croissance économique.

La dynamique d'urbanisation en Chine et, dans une moindre mesure, en Inde va entraîner un basculement décisif du centre de gravité de l'économie mondiale de l'Occident vers l'Orient. La Grande Chine devrait réunir la moitié des 250 millions de ménages urbains à venir dans le monde entre 2007 et 2025. Ils constitueront un énorme potentiel de consommation si la Chine adopte et mène avec constance les politiques urbaines adaptées. Ce faisant, une complémentarité étroite sera maintenue entre l'investissement en infrastructures et la demande de consommation en biens et services. La consommation par tête pourra ainsi augmenter régulièrement sans aucune augmentation de la part de la consommation dans le PIB. Redisons-le encore une fois pour tous ceux qui ont envie de croire à une diminution de la part de l'investissement en Chine : le transport et le logement abordable dans des villes compactes sont deux des secteurs les plus capitalistiques de l'économie. La Chine aura sans doute besoin de construire de 800 à 1 500 lignes de métro et de chemins de fer ainsi que de 1,6 à 1,9 milliard de mètres carrés de logement entre 2007 et 2025.

L'investissement dans l'éducation et les services de qualité qui lui sont liés sont indispensables pour qu'il y ait une croissance rapide des ménages ayant assez de revenu pour financer des dépenses discrétionnaires. Dans les nouvelles mégavilles et dans les villes de taille moyenne, la Chine va pouvoir réunir 75 millions de ménages supplémentaires à revenu moyen (revenu > 20 000 dollars) et 30 millions de ménages supplémentaires à revenu élevé (revenu > 70 000 dollars) entre 2007 et 2025. Si l'urbanisation se fait sur ce rythme, on peut estimer que la croissance du PIB des mégavilles et des villes de taille moyenne sera de 9 % par tête, et celle de la population de 2,5 %, principalement du fait des migrations internes, ce qui fait que la croissance économique urbaine totale devrait être, entre 2007 et 2025, de 11,5 %. Cela suffit pour que la croissance de l'ensemble du pays dépasse les 8 % annuels.

La planification stratégique est la clé

Une question se pose à ce stade : la Chine peut-elle être à la hauteur de ces prévisions ? Absorber 400 millions de personnes supplémentaires en vingt ans dans les villes est une tâche titanesque. Si cela réussit, la Chine sera projetée dans le monde des pays développés. Mais, pour cela, elle doit adopter les modèles les plus efficients de croissance urbaine. Nous savons que ce modèle est fait de quelques mégavilles et de systèmes de mégavilles, villes monocentriques et multipolaires. Une part considérable du développement urbain se fera à l'intérieur du pays. Wuhan, au centre du pays, sera la plate-forme des migrations de l'industrie. Chongqing et Chengdu seront les camps de base de la stratégie « Allez à l'ouest ».

Dans la *China Quarterly Review* de mars 2009, publiée par *Dragonomics*, Tom Miller prend le cas de Wuhan. La position géographique de Wuhan en Chine centrale est idéale. Chevauchant le fleuve Yangzi au confluent du fleuve Han, Wuhan est à la jonction des voies ferrées à grande vitesse qui relient les principales mégavilles : nord-sud de Pékin à Guangzhou, est-ouest de Shanghai à Chongqing. Wuhan, grand centre universitaire, est un véritable aimant pour les migrations. La pression de la croissance de la population rend impérative l'adoption d'un système multipolaire, qui passera de 5 à 12 millions de personnes. Les pôles de développement seront assez diversifiés pour créer des opportunités d'emploi, si bien que le transit pendulaire quotidien, depuis et vers le centre, sera minimisé. Le plan de transport prévoit des voies express et des voies ferrées pour relier toutes les villes satellites au cœur. Une stricte régulation sera adoptée pour empêcher l'étalement urbain et préserver la compacité du cœur urbain. D'énormes investissements en infrastructures (ponts et tunnels sur le Yangzi) ont commencé avant le développement de la ville pour soulager les goulots d'étranglement résultant du trafic. Les planificateurs chinois pensent qu'il faut commencer par investir dans les infrastructures. La création de services publics, comme le traitement des eaux usées et le programme massif de construction de logement, est en cours.

Le problème le plus sérieux, qui n'a pas encore été résolu, ni à Wuhan ni ailleurs, est celui des services sociaux, destinés à égaliser les avantages sociaux pour les migrants et la population locale de la ville. Ce problème fondamental établit un lien entre le schéma d'urbanisation, la répartition du revenu et l'équité sociale. La stabilité sociale dans les villes globales nécessite une couverture sociale complète. Mais le système fiscal actuel, où les gouvernements locaux n'ont pas assez de ressources pour faire face à leurs engagements, empêche les villes en développement de remplir leurs objectifs sociaux. Comme nous l'avons vu, une révision substantielle des responsabilités budgétaires, accroissant considérablement les responsabilités du gouvernement central en matière de services sociaux, est inévitable. Les migrants doivent avoir accès à ces services pour pouvoir s'installer dans les villes avec leurs familles et devenir des consommateurs urbains. L'élargissement du rôle du gouvernement central devrait aussi avoir pour avantage collatéral d'améliorer la cohérence de la planification stratégique sur l'ensemble du territoire de la Chine continentale.

En outre, le potentiel de croissance de la consommation dans les grandes villes ne peut qu'être stimulé par l'amélioration de la distribution des biens et la forte baisse des coûts logistiques. Tout comme le développement de technologies frugales, susceptibles de rendre les biens industriels abordables pour les groupes de revenu gagnant entre 5 000 et 10 000 dollars par an, comme nous l'avons vu dans la partie précédente de ce chapitre.

Enfin, malgré cette dynamique urbaine massive, la population rurale reste très nombreuse. En 1950, la population chinoise était presque entièrement rurale. En 2007, selon le Bureau national des statistiques, la population rurale représentait toujours 55 % de la population totale. La division entre villes et campagnes a été quelque peu figée par le système du *hukou* (enregistrement des ménages). Chaque individu est attaché à un lieu rural ou urbain en fonction de son lieu de naissance. C'est un moyen de contrôle spatial, destiné à éviter qu'un flux désordonné de migrants n'aille gonfler les bidonvilles de banlieues à l'étalement incontrôlable, comme à Mumbai, São Paulo, Lagos, etc. La suppression ou l'allégement du système du *hukou* est, aujourd'hui, un réel casse-tête. Des expériences sont menées à Chongqing et à Chengdu pour permettre aux agriculteurs de vendre leurs droits sur l'utilisation des terres si celles-ci se trouvent dans des zones urbaines constructibles, tout en gardant leurs droits sur d'autres parties des terres rurales. L'objectif est de les inciter à migrer dans les villes avec assez de ressources pour espérer avoir un logement social et mettre leurs enfants à l'école, de sorte qu'ils aient, dans ces villes en expansion, de vraies opportunités de mobilité sociale ascendante.

Développement urbain et économie d'énergie

Économiser l'énergie est un lien essentiel entre développement urbain et croissance soutenable. Les villes multipolaires doivent être des villes vertes. Les économies d'énergie sont à trouver dans les schémas urbains. En termes d'efficience énergétique, l'urbanisation compacte est préférable à l'étalement. Comme le montre notre modélisation de la croissance soutenable (*cf.* première partie), on augmentera ces économies d'énergie en premier lieu par des politiques de prix que le gouvernement adoptera afin de guider le comportement des agents économiques. Le but est que ceux-ci agissent de façon rationnelle pour une efficience énergétique plus élevée et de moindres émissions de carbone.

Les économies d'énergie dépendent d'innovations majeures en matière de production d'énergie, soit à travers l'investissement dans des sources d'énergie renouvelables et pauvres en carbone, soit par l'utilisation de sources d'énergie primaires pour produire de l'électricité en émettant moins de carbone. Le gouvernement chinois a donné la priorité à des industries stratégiques, dans lesquelles le pays doit se rapprocher de la frontière technologique. Les mesures permettant d'obtenir un leadership dans les nouvelles technologies de l'environnement seront examinées dans la dernière partie de ce chapitre.

Mais il y a encore beaucoup à faire. Les choix des moyens de transport et de consommation au quotidien sont des sources de pollution diffuse et de dégradation de l'environnement. Selon Global Stat Data, la part de la consommation énergétique urbaine dans le total de la consommation énergétique mondiale était, en 2008, de 27 % en Chine et de 30 % en Inde, contre 70 % en France et au Royaume-Uni, et 76 % aux États-Unis. Cela signifie qu'il est impossible d'imiter le mode de consommation occidental dans la mesure où la Chine s'urbanise et que les niveaux de revenu s'élèvent dans le pays. Un mode de développement énergétiquement efficient ne peut reposer sur la seule technologie. Inventer de nouveaux modes de consommation est une nécessité de notre époque. C'est possible, car la relation entre consommation énergétique et PIB est très lâche pour les pays ayant en gros le même niveau de revenu par tête. La comparaison entre le Japon et les États-Unis en matière de densité de population et d'utilisation de la voiture est, à cet égard, frappante, ce qui a des conséquences radicales pour la consommation d'énergie (*cf.* tableau 6.1). Ayant préféré la compacité à l'étalement, et adopté une fiscalité sur l'énergie bien plus élevée qu'aux États-Unis, le Japon bénéficie d'une efficience des transports trois fois plus élevée. La Chine a donc intérêt à tourner le dos à l'*American way of life* et à suivre l'organisation asiatique de l'espace et de la consommation. Avec la planification stratégique, il est même possible de sauter par-dessus les tendances qui ont été à l'œuvre dans les pays développés et d'inventer les modes de consommation du XXIe siècle. Afin d'explorer les politiques urbaines peu consommatrices d'énergie, le Chinese Council for International Cooperation on Environment and Development (Conseil chinois pour la coopération internationale en matière d'environnement et de développement) a réuni, en 2009, un groupe de travail. Il a élaboré un certain nombre de recommandations qui devraient être mises en œuvre dans la planification urbaine.

Le principal résultat des comparaisons par pays n'a rien d'étonnant : plus le prix de l'énergie est bas et plus la consommation d'espace pour l'étalement urbain est forte, plus l'usage de la voiture est intensif et plus la consommation d'énergie et les émissions de gaz à effet de serre sont élevées. La planification urbaine en Chine doit donc découpler la hausse du revenu de la consommation énergétique. Les émissions de CO_2 peuvent être directement réduites par une taxe carbone assez élevée (environ 50 dollars la tonne de CO_2 non émis) pour être dissuasive et modifier le mode de consommation privée. En Chine, le gouvernement s'est déjà lancé dans une augmentation progressive des prix de l'énergie. Une taxe carbone peut compléter le changement des prix relatifs pour stimuler l'isolation thermique des logements, à condition d'accorder des subventions aux ménages à revenu faible. En outre, dans les villes compactes disposant de transports en commun rapides et relativement fréquents pour se rendre dans le centre, la marche à pied et la bicyclette pour se déplacer dans le centre sont des moyens de transport qui préservent l'environnement et favorisent la santé. Dans les villes où les transports publics sont sous-développés, la bicyclette électrique peut être un moyen efficace de combiner mobilité et transports économes en énergie. Mais le soutien à l'industrie automobile du plan de stimulation de 2009 est venu contredire l'objectif de croissance soutenable à long terme. De façon plus générale, la coordination entre planification urbaine, construction d'infrastructures et gestion des transports publics n'est pas satisfaisante. Seule l'implication forte du gouvernement chinois pourra l'améliorer.

Tableau 6.1. Utilisation de la voiture et consommation d'énergie aux États-Unis et au Japon en 2008.

	E.-U.	*Japon*
PIB par tête	\$43 000	\$37 000
Densité moyenne	31 pers./km^2	350 pers./km^2
Automobiles par ménages	2,4	1,2
Consommation énergétique imputée aux transports/pers./année	1,82	0,6

Source : Global Stat, Enerdata.

Pour le moment, il n'existe pas de règle uniforme pour prioriser les transports en commun au niveau du pays. La préemption foncière, le financement des infrastructures, le droit d'utiliser les réseaux de transport n'ont donc pas de cadre juridique commun pour la planification. En Chine, le gouvernement ne subventionne pas assez le financement des transports publics pour avoir son mot à dire dans la gestion du système. Des tarifs trop bas font que les entreprises de transport public sont en déficit et que la qualité de service est faible. En conséquence, les revenus les plus élevés, en particulier dans les provinces de l'est du pays, font le choix de la voiture individuelle, tandis que les plus pauvres sont privés d'une organisation de l'espace appropriée qui leur permettrait d'améliorer leur qualité de vie.

Imiter les modes de vie occidentaux est la menace la plus sérieuse qui pèse sur le développement de la Chine. Cela exacerberait les inégalités sociales et dégraderait l'environnement. Contrôler la consommation d'énergie urbaine est le seul moyen de satisfaire les besoins et aspirations de la majorité de la population des villes. Nous revenons à notre analyse du bien-être social et de la richesse réelle du début de ce chapitre. Le PIB par tête n'est plus un indicateur adapté de développement. Réduire la consommation d'énergie et planifier des villes compactes multipolaires avec les bons investissements en infrastructures et dans l'éducation doit permettre d'augmenter la richesse réelle dans ses éléments humains et environnementaux. S'en tenant fermement à une politique de croissance soutenable, la planification stratégique doit fixer des normes et des objectifs de consommation d'énergie au niveau municipal et utiliser des incitations prix. La NDRC doit veiller à la réalisation des objectifs au niveau national et municipal. Cela n'est possible que si le rythme et le schéma de l'urbanisation, les modes de transport et l'impact sur l'environnement sont intégrés dans une planification stratégique nationale.

Développement économique et changement climatique

Revenons à la modélisation de la fonction de bien-être social, liée à la condition des sentiers de croissance soutenable, exposée dans l'encadré 6.1 dans la première partie de ce chapitre. Cette fonction suppose que les services environnementaux ne soient pas parfaitement substituables à la consommation. La protection de l'environnement à long terme devrait être poursuivie *per se* pour que le sentier de l'économie soit soutenable. C'est le premier objectif à long terme que la planification stratégique devrait traduire en investissements environnementaux, dont le rendement social devrait être calculé au moyen du taux d'escompte écologique. Plus le prix des services environnementaux par rapport à celui de la consommation privée est élevé, plus ce taux, lui, doit être faible, ce qui doit permettre de révéler au grand jour le rendement à long terme des investissements pour un futur économe en carbone.

Il y a en outre des incertitudes radicales dans la chaîne d'interactions entre la cible choisie (limiter l'élévation de la température mondiale) et les politiques mises en œuvre pour atteindre celle-ci. Du fait de sa complexité, en effet, la chaîne d'interactions incorpore des feed-back non linéaires qui peuvent produire un résultat catastrophique. Cela signifie que, dans l'état actuel des connaissances, la fonction agrégée de bien-être actualisé présente une distribution de probabilité du changement climatique catastrophique à « queue épaisse » (*fat-tail*). La nature même du risque systémique lié au changement climatique en fait un risque hors du commun. Dans la crise financière systémique, toutes les classes d'actifs ne subissent pas de pertes. La monnaie souveraine se distingue en tant que liquidité pure face à tous les autres actifs et polarise le comportement des personnes en quête d'un refuge. Dans la crise climatique systémique, en revanche, il est possible que les dégâts globaux frappent toutes les classes d'actifs. Toutes les composantes de la richesse réelle pourraient subir, dans le monde entier, des pertes catastrophiques.

La menace de ces scénarios catastrophes donne raison au principe de précaution, qui exige de passer le plus rapidement possible à une croissance soutenable. Maintenir les risques à un niveau acceptable (pas plus de 2 °C d'élévation de la température moyenne mondiale) suppose de maîtriser puis d'inverser dès que possible la concentration de gaz à effet de serre dans l'atmosphère. Retarder cette action n'est pas une option, car il y a un risque élevé d'être piégé dans un sentier à hautes émissions, dû à la longue durée de vie des infrastructures énergétiques intensives en carbone.

Le défi auquel l'humanité doit faire face est planétaire. Il est vrai que le régime de croissance intensive en capital, poursuivi à partir du milieu des années 1990, a fait de la Chine l'économie la plus intensive en énergie et en carbone. La structure économique de ce pays dépend très fortement du charbon pour la production d'électricité et repose sur des industries lourdes très polluantes (fer et acier, ciment, aluminium, etc.). En faire une économie de la connaissance économe en carbone est une tâche immense. Cela passe par une transformation massive de la proportion des différents types d'énergie et de l'intensité énergétique des inputs dans les secteurs des transports et du BTP. La Chine doit réduire drastiquement ses émissions de carbone, ce qui revient à découpler celles-ci de la croissance. Or il y a un phénomène d'inertie qui fait que les émissions continuent d'augmenter faute de nouvelles technologies disponibles à grande échelle. Pour respecter le plafond de 2 °C pour l'élévation de la température, un scénario viable a été étudié, en 2009, par le Stockholm Environment Institute et le Chinese Economists 50 Forum : *Going Clean : The Economics of China's Low-Carbon Development* (« Devenir propre : l'économie du développement pauvre en carbone de la Chine »). Ce scénario montre que les intensités d'émissions, qui étaient de 3,6 tonnes de CO_2 par tête en 2005, vont continuer à augmenter à un rythme moindre pour atteindre le point culminant de 5,3 tonnes en 2017, puis diminueront rapidement pour tomber à 1,3 tonne en 2050.

Une transformation structurelle de cette ampleur, et à une telle vitesse, pour que le pic d'émissions soit atteint le plus tôt possible, s'accompagne de risques élevés de transition. De fortes innovations doivent se produire dans presque tous les secteurs de l'économie. Il y aura une dépréciation massive du capital existant et un retrait précoce de son usage (*early retirement*). La destruction de capital, si perturbatrice soit-elle, peut provoquer des pertes d'emplois elles-mêmes destructrices. Pour que le processus soit viable politiquement et acceptable socialement, des politiques sociales et des politiques de l'emploi à grande échelle seront nécessaires. Les politiques du marché du travail devraient être poursuivies activement pour accroître la mobilité du travail entre industries et entre régions, et pour investir massivement dans l'éducation et la formation continue. Ces politiques seront examinées dans le prochain chapitre.

Nous avons abordé dans la partie précédente le problème de la pollution due aux transports, au logement et aux appareils ménagers, et montré que les progrès dépendent ici du modèle d'urbanisation. Il faut maintenant examiner les priorités du gouvernement chinois en matière d'économie d'énergie et d'amélioration de l'efficience énergétique de l'industrie, d'une part, et dans le domaine de l'investissement dans les énergies primaires renouvelables et de la capture du carbone dans la production d'électricité, de l'autre. Nous conclurons en nous intéressant aux actions du gouvernement en matière de prix de l'énergie et du carbone, de régulation et de financement.

ÉCONOMIES D'ÉNERGIE DANS L'INDUSTRIE ET PROTECTION DE L'ENVIRONNEMENT

En 2008, le gouvernement chinois a publié le *White Paper on China's Policies and Actions for Addressing Climate Change*. En 2009, la NDRC a publié un rapport de suivi. Il y avait plusieurs objectifs. Le premier était d'améliorer la structure productive dans dix secteurs industriels majeurs : immobilier, automobile, métaux non ferreux, fer et acier, équipement industriel, technologies de l'information, textile, construction navale, pétrochimie, industrie légère. S'agissant de l'industrie automobile et des industries lourdes de transformation, l'objectif était d'établir des normes plus rigoureuses de consommation d'énergie par unité de production. Dans ces industries et dans la construction navale, il était aussi de supprimer progressivement les capacités de production obsolètes. Des projets pilotes ont également été lancés pour promouvoir l'économie circulaire, à savoir le recyclage des déchets issus de l'utilisation des ressources. Dans l'industrie légère, les objectifs étaient d'augmenter l'efficience énergétique des appareils et de renforcer les incitations économiques pour les produits économes en énergie. L'éclairage (lampes économes en énergie) et dix catégories d'appareils ont été ciblées. Les investissements dans les énergies renouvelables faiblement émettrices en carbone – dont le solaire photovoltaïque, l'éolien, la biomasse et le bioéthanol – ont été accrus. Enfin, des efforts ont été faits pour réduire les émissions de gaz à effet de serre dans l'agriculture et pour promouvoir l'afforestation afin d'accroître la séquestration de carbone.

En octobre 2010, le Conseil d'État a décidé de cibler sept industries stratégiques et a fixé des objectifs pour 2015. Dans ces industries, trois concernent directement l'énergie : les économies d'énergie et la protection de l'environnement, les nouvelles énergies, les véhicules à énergie nouvelle. Les quatre autres sont les technologies de l'information de nouvelle génération, les biotechnologies, les équipements haut de gamme et les nouveaux matériaux. L'horizon de ces objectifs est 2015, mais leur développement durera bien plus longtemps. En 2020, quatre d'entre elles (économies d'énergie et protection de l'environnement, technologies de l'information de nouvelle génération, biotechnologies, équipements haut de gamme) sont programmées pour atteindre la frontière technologique. En 2030, toutes devraient constituer les piliers de la croissance durable de la Chine.

Tout cela est d'une immense importance, car l'industrie représente aujourd'hui 55 % de la consommation finale d'énergie. En 2009, la Chine consommait sept fois plus d'énergie par unité produite que le Japon et six fois plus que les États-Unis. Améliorer l'efficience énergétique est donc l'objectif principal. La Chine s'est donné des objectifs ambitieux : réduire la consommation d'énergie par unité de PIB de 17,3 % durant le 12e plan quinquennal (2011-2015) et de 16,6 % durant le 13e plan (2016-2020). Corrélativement, la consommation de pétrole doit être réduite de 10 % d'ici à 2015, et les émissions de CO_2 de 40 à 45 % par unité de PIB d'ici à 2020.

Investir dans des équipements efficients et économes en énergie doit contribuer à la réalisation de ces objectifs. S'agissant du fer et de l'acier, il faut passer à des fourneaux à arc électrique. Dans le ciment, les progrès viendront d'un contenu moindre en béton. Dans le papier et la pâte à papier, ainsi que dans le bois et les produits en bois, il y aura un usage plus intense de la biomasse et des résidus agricoles. S'agissant enfin de l'éclairage, qui absorbe 12 % de la consommation d'électricité, les lampes fluorescentes compactes peuvent permettre d'économiser 80 % d'électricité par rapport aux ampoules incandescentes.

La production d'électricité est le processus de production qui émet le plus de CO_2, car il repose lourdement sur le charbon. Ce dernier représente 70 % de la consommation énergétique en Chine, bien plus que dans le reste du monde. D'ici à 2015, le gouvernement chinois espère une baisse de la part de charbon à 64 % et prévoit une progression de l'énergie non fossile, dont le nucléaire, jusqu'à atteindre 10 % du total. Le reste doit être produit avec du pétrole et du gaz naturel. Le meilleur moyen de diminuer les émissions, c'est d'arrêter la production inefficiente d'électricité à partir du charbon et de déployer à grande échelle des centrales à charbon efficientes grâce à la capture et au stockage du carbone. Les nouvelles centrales électriques captureront 90 % du CO_2 émis. Mais la technologie est loin d'être commercialisable. Les nouvelles centrales électriques ne seront pas disponibles avant 2020. Pour l'instant, les coûts sont élevés et les capacités de stockage, incertaines.

Parallèlement, la Chine investit massivement dans les nouvelles énergies renouvelables pour faire passer le mix énergétique du charbon à d'autres sources. Les énergies primaires non fossiles comprennent l'éolien, le solaire (panneaux solaires et solaire photovoltaïque), la biomasse et les centrales hydroélectriques, et l'augmentation significative de l'énergie nucléaire. Celle-ci soulève en Chine de grands espoirs, stimulés par le transfert de technologie des réacteurs de troisième génération et par des investissements dans les équipements et les composants. L'éolien est une source très prometteuse d'énergie primaire à long terme. La Chine a déjà dépassé les États-Unis et est devenue, en 2009, le plus grand marché mondial de turbines éoliennes. Le réseau de distribution de la puissance électrique constitue à court terme un sérieux goulot d'étranglement, car la capacité des turbines éoliennes augmente bien plus rapidement que la construction du réseau électrique. La NDRC fait de l'extension de celui-ci une priorité pour mobiliser les capacités dormantes. Elle privilégie une stratégie offshore car les zones côtières sont bien connectées au réseau, au détriment de la Mongolie-Intérieure et du Nord-Est, où la congestion du réseau peut durer encore quelques années. Le solaire a moins de potentiel car l'industrie de production de cellules solaires est elle-même très intensive en énergie. De plus, le coût de l'électricité solaire est élevé comparé aux autres sources d'énergie nouvelle. C'est pourquoi la Chine, tout en étant le premier fabricant d'équipements solaires au monde, reste en retard en matière d'installation. Ce retard est aggravé par le faible niveau de connexion des centrales solaires électriques au réseau. Ce type d'énergie est le plus utile en utilisation locale pour les fermes solaires de la partie occidentale non connectée du pays.

La construction de réseaux intelligents est un des investissements les plus intéressants pour le développement des énergies nouvelles. La NDRC planifie la construction d'un réseau intelligent capable de transmissions à longue distance et de haut voltage. Le réseau intelligent doit améliorer la sûreté et l'efficience énergétique, et éliminer les goulots d'étranglement pour libérer les immenses capacités énergétiques qui sont en voie de construction. Le réseau intelligent sera développé par étapes d'ici à 2020.

Les véhicules à énergie nouvelle sont aussi d'une grande importance stratégique. L'État veut faire de la Chine le leader mondial des voitures à faibles émissions et à haute efficience énergétique. Cet objectif est tout à fait cohérent avec le développement de villes compactes. Le gouvernement a annoncé des investissements dans les voitures hybrides, les voitures électriques et les industries associées : pile à combustible, batteries, moteurs et systèmes de contrôle électrique. Les voitures électriques sont la solution radicale pour réduire fortement les émissions de gaz à effet de serre dans les transports. Non seulement elles réduisent les émissions, mais elles sont aussi bien plus efficientes que les voitures traditionnelles. L'inconvénient, aujourd'hui, réside dans la lenteur du chargement des batteries et dans le manque de stations de rechargement. Mais le 12e plan quinquennal veut améliorer la qualité dans ce domaine. Le gouvernement subventionne l'achat de véhicules à énergie nouvelle dans cinq villes pilotes : Shanghai, Shenzhen, Changchun, Hangzhou et Hefei. Le rôle du gouvernement central est essentiel dans une industrie naissante, car le cash-flow est négatif tout au long de la chaîne de valeur. Le gouvernement va financer l'infrastructure des stations de chargement et taxer les véhicules ordinaires pour aider l'achat de voitures électriques. L'objectif est que la part de celles-ci soit d'au moins 17 % du marché d'ici à 2020.

La protection de l'environnement ne passe pas seulement par des mesures destinées à atténuer le changement climatique. Elle s'appuie aussi sur des mesures permettant de s'adapter au changement climatique. Celles-ci concernent l'agriculture, les forêts et les autres ressources naturelles. La Chine ayant un grand nombre de régions sèches, la préservation de l'eau et l'irrigation doivent être améliorées pour accroître les capacités de production de céréales. Les efforts de recherche agronomique sont poursuivis de façon intense pour améliorer les variétés de semences et optimiser la structure des espèces. Des investissements massifs sont faits en direction des forêts et des autres systèmes écologiques naturels. Les forêts sont des puits de carbone. Une campagne nationale pour l'afforestation a été lancée afin de stimuler l'initiative des propriétaires collectifs de forêts. Les gouvernements locaux ont le devoir de prévenir et de contrôler la désertification. Des infrastructures sont construites afin d'augmenter la capacité d'offre d'eau du système de préservation de l'eau. Comme le prix de l'eau en Chine est trop bas, malgré la rareté de la ressource, l'augmentation de ce prix fournira une incitation à réduire la consommation d'eau dans l'industrie. Pour inverser la dégradation de la biodiversité, le gouvernement a créé 18 zones de contrôle écologique marin dans les zones côtières, où les fonds marins sont protégés. Afin de renforcer les systèmes écologiques marins, des mangroves sont plantées et les récifs coralliens sont protégés. Enfin, des plans contingents doivent permettre de traiter les conséquences des catastrophes naturelles sur la santé, comme les maladies contagieuses qui impliquent un facteur climatique.

TARIFER LE CARBONE ET FINANCER L'INNOVATION

En dénonçant, dans le chapitre 4, les inconvénients d'un régime de croissance à forte intensité capitalistique, nous avons souligné à plusieurs reprises la distorsion du système de prix, qui fait que l'allocation du capital est inefficiente et que la consommation nuit à l'environnement. Les prix des ressources en eau et en énergie ont été largement sous-estimés afin de maximiser la croissance des industries lourdes et faire de la Chine l'atelier du monde pour les biens de consommation et d'équipement bon marché. Les taux d'intérêt sont trop bas et nombre de services sont tarifés à un prix trop élevé pour induire des rendements du capital attractifs et pour orienter la consommation vers une économie de services. C'est la structure des prix intérieurs, et non le taux de change, qui pose problème. La transition vers la croissance soutenable rend impérative une réforme générale des prix.

Nous nous intéressons ici au prix du carbone, dont l'importance pour la croissance soutenable a déjà été démontrée théoriquement dans la première partie de ce chapitre. Toute stratégie visant à la réduction des émissions et à l'accroissement de l'efficience énergétique repose sur un prix du carbone pertinent. Un pays capable de planification stratégique a, dans ce domaine, un avantage comparatif décisif, car le changement climatique est un échec patent du marché. Aucun prix du carbone ne peut apparaître spontanément. C'est au gouvernement qu'il revient de créer le marché en intériorisant les externalités environnementales. Mais introduire un prix du carbone suffisamment élevé (nous suggérions dans la première partie de ce chapitre un prix minimal de

50 dollars la tonne de CO_2 évitée) est un défi politique : car cela augmente les prix des biens et des services. C'est une répartition régressive de la richesse. Adopter une taxe uniforme et universelle est socialement inacceptable et donc politiquement irréalisable. La première mesure à prendre est de supprimer peu à peu toutes les subventions aux carburants fossiles, dans le cadre d'une réforme générale des prix visant à restructurer l'allocation du capital. Par ailleurs, l'adoption d'un prix du carbone soulève les questions suivantes : quel mécanisme et quelle gamme de prix choisir ? Et comment alléger les effets distributifs négatifs sur les populations pauvres ?

Le Stockholm Environment Institute et le Chinese Economists 50 Forum ont fait plusieurs suggestions. Il existe deux mécanismes : une taxe carbone ou un marché des droits à polluer (*cap-and-trade*). En principe, ils peuvent être équivalents. La théorie ne dit rien de décisif sur le choix de l'un ou de l'autre. Aucun n'a une supériorité en termes de bien-être. Le choix, ici, est purement politique. Il implique faisabilité institutionnelle, acceptabilité et simplicité.

Les taxes carbone sont des taxes environnementales sur le dioxyde de carbone. Elles entraînent une réduction des émissions *via* une baisse de la demande de produits fortement émetteurs de carbone. Elles sont de deux sortes. Il y a l'impôt direct sur les carburants, c'est-à-dire un impôt en amont sur les carburants primaires. Et il y a l'impôt indirect, c'est-à-dire un impôt en aval sur le produit final. S'agissant de ce second mécanisme, la clé de l'acceptabilité est la capacité de mesurer le contenu en carbone des biens, et donc le volume des émissions, de façon fiable. Si la taxe carbone est un moyen utilisé dans une politique plus globale d'économies d'énergie et de protection de l'environnement, alors le contenu en carbone des inputs de carburants fossiles devrait être taxé afin d'exploiter toutes les possibilités de réduction présentant une efficacité en termes de coût. Comme la Chine est fortement dépendante du charbon, le niveau du prix du carbone devrait être calculé de sorte que le prix du charbon augmente de 10 puis de 20 %. En tout état de cause, une partie des recettes issues de la taxe carbone doit être redistribuée pour atténuer son impact social négatif.

Le système des droits à polluer (*cap-and-trade*) permet de fixer un prix du carbone à travers des droits d'émission échangeables. Ces droits sont explicites et transférables. C'est le marché qui leur donne un prix. S'il y avait un marché mondial, les émissions pourraient être réduites dans les endroits où il serait moins coûteux de le faire. Le système national devrait être lié à un système mondial, à condition qu'il y ait un prix du carbone universel et unique. Mais une telle harmonisation n'existera pas d'ici longtemps. Si la Chine décide de piloter un système pour apprendre à traiter de petits volumes, elle doit le faire d'abord pour elle. La mise en œuvre de tels systèmes comporte, en effet, des chausse-trapes. La première, c'est la mesure. Les émissions doivent être mesurées et contrôlées sur une base individuelle. Les émetteurs individuels doivent être identifiés et leurs volumes d'émission, évalués en conséquence. Cela nécessite une administration sophistiquée. La seconde difficulté, c'est la distribution des permis d'émissions. S'ils sont distribués gratuitement, il s'ensuit une distorsion des incitations à réduire les émissions. Les pollueurs qui s'attendent à ce que leurs permis soient renouvelés investiront davantage dans les technologies sales afin de pouvoir augmenter leurs émissions et obtenir ainsi, dans le futur, davantage de permis gratuits. Le système se bloque dans les mauvaises technologies, car les usines existantes restent en état de marche dans le but d'obtenir des permis gratuits. Ainsi, donner gratuitement des permis qui ont une valeur monétaire encourage un lobbying intense de la part d'intérêts particuliers qui interviennent auprès du gouvernement pour s'attirer ses bonnes grâces. C'est pourquoi il faut faire le choix de la vente aux enchères de permis d'émissions. Les pollueurs sont ainsi informés des coûts de leur carbone, ce qui est le but de ce mécanisme. Les recettes des ventes vont au gouvernement, qui peut les redistribuer aux groupes à faible revenu et investir dans le développement de technologies nouvelles. La mise aux enchères fournit donc de fortes incitations à l'innovation technologique.

Quel doit être le choix de la Chine ? Comme l'urbanisation est le pilier du nouveau régime chinois de croissance, la taxe carbone semble être le mécanisme le mieux adapté pour réduire les émissions urbaines. Elle peut s'intégrer dans la réforme plus large de la fiscalité, et dans l'actuelle structure de gouvernement, sans nécessiter de changement institutionnel. Un système de droits à polluer (*cap-and-trade*) pourra être créé plus tard, quand un accord international sur un prix mondial du carbone rendra possible l'apparition d'un marché mondial du carbone.

Une taxe carbone, couplée à l'élimination des subventions à l'utilisation des carburants fossiles, fournira des ressources financières pour bâtir de nouvelles infrastructures urbaines et innover dans les énergies nouvelles et les véhicules à énergies nouvelles. Les voitures électriques et la capture et le stockage du carbone vont absorber des centaines de milliards de dollars pour amener les technologies au stade de la commercialisation. D'autres ressources autoproduites viendront des économies d'énergie, résultant d'une moindre utilisation de l'énergie. Les coûts sociaux seront également réduits grâce à des risques moindres de catastrophe naturelle, grâce à l'amélioration de la santé publique et grâce aux recettes venant des emplois intensifs en travail qui seront créés en nombre si l'on développe le bon modèle d'urbanisation.

Dans le secteur public, en dehors des profits des entreprises du secteur public, le crédit bancaire aux entreprises publiques restera la principale source de financement des investissements dans les énergies renouvelables. D'autres sources de financement joueront cependant, au fil du temps, un rôle croissant. La Chine n'est pas en mesure de supporter seule le financement et la mobilisation des ressources technologiques nécessaires pour atteindre cet objectif commun à l'ensemble des pays du monde : limiter l'élévation de la température moyenne mondiale à 2 °C. C'est pourquoi, à un certain stade, un système mondial de droits à polluer (*cap-and-trade*) sera indispensable pour réguler le partage de l'effort entre les nations. Les pays développés devraient acheter des droits d'émissions à la Chine, de sorte que celle-ci reçoive des ressources financières lui permettant de suivre une trajectoire plus ambitieuse de réduction des émissions. En Chine, un système hybride, combinant la taxe carbone et un marché des droits à polluer (*cap-and-trade*), avec un prix plancher et un prix plafond, le tout relié au système mondial, devrait être élaboré et développé.

Conclusion

Dans les vingt prochaines années environ, le capitalisme mondial va accomplir une transition vers un nouveau régime de croissance. Comme à d'autres périodes de l'histoire depuis le commencement de la révolution industrielle, la dynamique de l'accumulation du capital s'est heurtée à une crise financière qui a révélé au grand jour l'incapacité des institutions actuelles à maîtriser les contradictions engendrées par les schémas de croissance existants. Dans toute transition, le moteur du changement structurel est une vague d'innovations génériques, capable de transformer l'ensemble de la structure de production en se diffusant dans tous les secteurs de l'économie.

Dans la Chine de ce début de XXIe siècle, l'énorme gaspillage de capital humain, social et naturel, dû à des distorsions profondes du système de prix, a fait naître des contradictions insupportables. Celles-ci ont enkysté de puissants intérêts particuliers au sein même de l'administration d'État. Ces contradictions rendent insoutenable le sentier actuel d'accumulation capitalistique.

L'innovation générique pour réorienter l'accumulation du capital est d'ordre à la fois social et environnemental. L'optimisation de la richesse réelle totale du pays devrait devenir l'objectif premier de la planification stratégique, à la place de la maximisation de la croissance du PIB. Cela veut dire qu'il va falloir réévaluer tous les types de ressources qui ont été massivement sous-tarifées : le travail, l'épargne, l'énergie, le foncier rural et l'environnement. La réforme des prix devrait être le pilier du nouveau mode de régulation. Elle ne peut être réalisée sans un changement à tous les niveaux de l'establishment public et privé, dans le but de donner à la population plus de liberté d'expression. Les deux moteurs, permettant de créer une structure sociale moins inégalitaire et de passer à un mode de consommation postmoderne, sont une urbanisation soucieuse de l'environnement et une politique visant une protection sociale universelle. Cet objectif commun, s'il est poursuivi avec constance par un leadership politique fort dans le cadre de la planification stratégique, nécessitera des investissements massifs dans l'éducation et la R&D. Il s'agit en effet d'élever la productivité globale des facteurs jusqu'à la frontière technologique.

Dans le prochain chapitre, nous allons montrer comment la réforme cruciale du système des prix et le changement de la gouvernance bureaucratique qui doit l'accompagner pourraient être mis en œuvre.

Chapitre 7

UNE FEUILLE DE ROUTE POUR LA TRANSFORMATION STRUCTURELLE DE L'ÉCONOMIE CHINOISE

Nous avons défini, dans le chapitre 6, le concept de développement soutenable et posé le cadre théorique permettant sa mise en œuvre. Il rend tout à fait indispensable la planification stratégique, pour révéler le bien-être social intégré à long terme, et pour fixer des prix pour les externalités et un taux d'actualisation reflétant la réalité des risques intergénérationnels. La Chine doit aujourd'hui faire face aux défis sans précédent de la transformation démographique, de l'urbanisation rapide, du changement climatique et de la détérioration environnementale. Perpétuer le régime actuel de croissance, à forte intensité capitalistique, ne peut que détruire la richesse totale et aggraver les conflits sociaux. Pourtant, si la planification stratégique réussissait, dans un cadre de soutenabilité, à synchroniser les tendances macroéconomiques et les changements structurels favorables au bien-être, ces défis pourraient être autant d'opportunités. Cela renvoie au concept dialectique chinois de « danger/chance » *(wei ji)* :

Dans ce chapitre, nous nous attacherons à montrer comment cette transition pourrait être réalisée et comment la feuille de route de la Chine vers la soutenabilité pourrait se déployer.

Dans les dix dernières années, les économistes et les dirigeants politiques chinois n'ont cessé d'exprimer leurs préoccupations face aux déséquilibres et à l'insoutenabilité de l'économie chinoise. Il est très largement reconnu que le taux d'épargne en Chine est bien trop élevé et qu'il y a, dans un grand nombre d'industries, des surinvestissements et des surcapacités considérables. Du fait de la progression lente de la consommation intérieure, la dépendance de l'économie aux exportations s'est accrue et la Chine a enregistré un excédent des paiements courants depuis 1994 (qui a crû de façon marquée entre 2004 et 2008). Dans le même temps, ce modèle de croissance intensif en capital a exacerbé les inégalités sociales et régionales, et accéléré la destruction des ressources naturelles et la dégradation de l'environnement.

Ces problèmes de structure ont conduit le gouvernement de Wen Jiabao, immédiatement après sa prise de fonction, en 2003, à prendre de multiples mesures de rééquilibrage. Ces ajustements structurels ont été, en général, associés à des politiques macroéconomiques. Les efforts de restructuration ont été le plus intenses lorsque l'économie chinoise a connu une surchauffe (par exemple en 2004 et 2006). L'application de ces mesures de restructuration s'est souvent relâchée quand la croissance économique s'est ralentie. Si les politiques monétaires ont également participé, les principaux mécanismes de restructuration se sont appuyés sur la réglementation administrative appliquée à la réalisation des investissements : élever les exigences de fonds propres dans le financement des industries intensives en capital, restreindre la construction des zones de développement, contrôler l'offre foncière et renforcer les sanctions de la NDRC pour les nouveaux projets. Des politiques industrielles préférentielles ont aussi été adoptées pour freiner la croissance des activités productives intensives en énergie, hautement polluantes et très consommatrices de ressources naturelles. Les avantages fiscaux pour ces industries ont été supprimés en 2006. Les capacités de production excessives ou inefficientes dans l'extraction du charbon, la production thermoélectrique et la sidérurgie ont été considérablement réduites. Enfin, pour diminuer le déséquilibre commercial, la Banque populaire de Chine a annoncé, en juillet 2005, le démarrage de la réforme du taux de change. Dans les trois années qui ont suivi, le renminbi s'est apprécié de 22 % par rapport au dollar.

Ainsi, le gouvernement chinois a montré tout l'intérêt qu'il portait au rééquilibrage de l'économie afin d'orienter son développement vers un sentier plus soutenable et plus favorable au bien-être de la société. Dans les 11e et 12e plans quinquennaux, le gouvernement a dessiné sa vision d'une société harmonieuse. Les problèmes du pays ont été identifiés avec précision et des orientations ont été fixées pour y remédier. Il semble que ces efforts aient été largement vains. Non seulement l'économie chinoise ne montre pas de signe de rééquilibrage, mais les déséquilibres évoqués dans les chapitres précédents se sont même aggravés et accélérés.

Tableau 7.1. Structure des dépenses dans le PIB (% du PIB) de 1978 à 2010.

Année	*Consommation (%)*	*Investissement (%)*	*Exportations nettes (%)*
1978	62,1	38,2	– 0,3
1979	64,4	36,1	– 0,5
1980	65,5	34,8	– 0,3
1981	67,1	32,5	0,3
1982	66,5	31,9	1,6
1983	66,4	32,8	0,8
1984	65,8	34,2	0,0
1985	66,0	38,1	– 4,0
1986	64,9	37,5	– 2,4
1987	63,6	36,3	0,1
1988	63,9	37,0	– 1,0
1989	64,5	36,6	– 1,1
1990	62,5	34,9	2,6
1991	62,4	34,8	2,7
1992	62,4	36,6	1,0
1993	59,3	42,6	– 1,8
1994	58,2	40,5	1,3
1995	58,1	40,3	1,6
1996	59,2	38,8	2,0
1997	59,0	36,7	4,3
1998	59,6	36,2	4,2
1999	61,1	36,2	2,8
2000	62,3	35,3	2,4
2001	61,4	36,5	2,1
2002	59,6	37,8	2,6
2003	56,9	40,9	2,2
2004	54,4	43,0	2,5
2005	52,9	41,6	5,5
2006	50,7	41,8	7,5
2007	49,5	41,7	8,8
2008	48,4	43,9	7,7
2009	48,2	47,5	4,3
2010	47,4	48,6	4,0

Source : Annuaire statistique de la Chine (différentes années).

Le tableau précédent décrit l'évolution de la composition des grands agrégats de dépense de la Chine entre 1978 et 2010. On constate que le taux d'investissement est resté au-dessus de 40 % depuis 2003, tandis que la part de la consommation dans le PIB n'a cessé de baisser, passant de 56,9 % en 2003 à 47,4 % en 2010. Mais le plus étonnant,

Tableau 7.2. Composition du PIB par secteur (% du PIB) de 1978 à 2010.

Année	*Secteur primaire (%)*	*Secteur secondaire (%)*	*Secteur tertiaire (%)*
1978	28,2	47,9	23,9
1979	31,3	47,1	21,6
1980	30,2	48,2	21,6
1981	31,9	46,1	22,0
1982	33,4	44,8	21,8
1983	33,2	44,4	22,4
1984	32,1	43,1	24,8
1985	28,4	42,9	28,7
1986	27,2	43,7	29,1
1987	26,8	43,6	29,6
1988	25,7	43,8	30,5
1989	25,1	42,8	32,1
1990	27,1	41,3	31,6
1991	24,5	41,8	33,7
1992	21,8	43,4	34,8
1993	19,7	46,6	33,7
1994	19,8	46,6	33,6
1995	19,9	47,2	32,9
1996	19,7	47,5	32,8
1997	18,3	47,5	34,2
1998	17,6	46,2	36,2
1999	16,5	45,8	37,7
2000	15,1	45,9	39,0
2001	14,4	45,1	40,5
2002	13,7	44,8	41,5
2003	12,8	46,0	41,2
2004	13,4	46,2	40,4
2005	12,1	47,4	40,5
2006	11,1	48,0	40,9
2007	10,8	47,3	41,9
2008	10,7	47,5	41,8
2009	10,3	46,3	43,4
2010	10,1	46,8	43,1

Source : Annuaire statistique de la Chine (différentes années).

c'est la situation du commerce extérieur. Après le lancement de la réforme du taux de change qui a provoqué une appréciation réelle substantielle, le déséquilibre extérieur de la Chine s'est paradoxalement accentué. Les exportations nettes ont atteint un pic de 8,8 % du PIB en 2007, contre 2,4 % en 2004. Les raisons de cet accroissement ont été expliquées dans le chapitre 5. Nous rappellerons ici que cette hausse significative est principalement due à la baisse de la part des importations. Les entreprises industrielles ont construit des capacités leur permettant de récupérer le marché intérieur.

Le tableau 7.2 illustre le rôle dominant du secteur secondaire dans l'économie chinoise. En 2006, il représentait 48 % du PIB chinois. Cette part était largement plus élevée que dans tout autre pays se trouvant dans la même phase de développement. Si le secteur des services a crû de façon régulière, sa part dans le PIB se trouvait toujours aux alentours de 40 % dans la première décennie du XXIe siècle. Elle est de 10 à 20 % inférieure à ce que l'on observe dans les pays au niveau de développement similaire. Le potentiel du secteur des services en Chine n'a pas encore été pleinement libéré. Pire encore, les industries, en dépit de leur taille, conservent une faible capacité de création de valeur ajoutée. La part de la valeur ajoutée dans la production industrielle totale était de 38,26 % en 1995, 35,8 % en 2000 et 34,07 % en 2010. Non seulement cette part est en baisse, mais elle est d'environ 20 % inférieure à ce que l'on observe dans les pays de l'OCDE.

Tableau 7.3. Répartition du revenu national de 1992 à 2008.

Année	*Répartition du revenu primaire*			*Répartition du revenu après transferts*		
	Ménages (%)	*Entreprises (%)*	*Administrations (%)*	*Ménages (%)*	*Entreprises (%)*	*Administrations (%)*
1992	66	17	17	68	12	20
1993	63	20	17	65	16	20
1994	65	18	17	67	15	19
1995	65	20	15	67	16	17
1996	66	17	17	68	14	18
1997	66	17	17	69	13	18
1998	66	16	18	68	13	18
1999	66	18	17	67	15	18
2000	63	19	18	64	17	19
2001	61	20	19	62	18	21
2002	61	20	19	61	18	21
2003	60	21	19	60	18	22
2004	58	26	16	58	23	19
2005	60	23	17	59	20	21
2006	59	22	19	59	19	23
2007	58	23	20	58	18	24
2008	57	25	18	57	21	22

Source : CEIC.

S'agissant de la répartition du revenu national, la part des ménages a diminué dans les premières années de ce siècle. Les mécanismes de redistribution n'ont fait que transférer à l'État une part du revenu des entreprises. La part du revenu des ménages après redistribution n'a pas augmenté, mais, au contraire, elle a marqué un léger recul. Cet appauvrissement relatif des ménages a affaibli le pouvoir d'achat de la population chinoise. Le mot d'ordre « Encourager la consommation intérieure » est donc resté un slogan creux. Qui plus est, les inégalités de revenu se sont aggravées. En 2006, le coefficient de Gini était estimé à 0,41 en Chine urbaine et à 0,39 en Chine rurale. Ces deux chiffres étaient bien plus élevés que ceux enregistrés durant la première phase de la réforme (et sont difficilement comparables à ceux de la société égalitaire d'avant 1978). Si l'on ajoute le fait que l'écart de revenu entre la Chine urbaine et la Chine rurale s'est également creusé (le revenu moyen urbain était, en 2009, 3,33 fois plus élevé que le revenu moyen rural), le coefficient de Gini pour l'ensemble de la Chine approche le seuil dangereux de 0,5. On l'estimait, en 2006, à 0,47 (Zhou et Tan, 2008). L'accroissement des inégalités de revenu familial a aggravé la baisse de la capacité de consommation intérieure totale, les ménages les plus riches ayant une propension moindre à consommer en pourcentage de leur revenu.

En conclusion, il est sûr que les politiques de rééquilibrage de la Chine laissent encore beaucoup à désirer. Pour engager des modes de restructuration plus efficaces, les dirigeants chinois devraient cesser de s'impliquer dans la multitude des problèmes quotidiens pour s'emparer de la contradiction centrale du régime de croissance existant. Comme nous l'avons souligné dans le chapitre précédent, la Chine a besoin d'une planification stratégique globale qui intègre tous les instruments de politique économique (prix, monnaie, budget, réglementations, transferts et mobilisation politique) pour inverser les déséquilibres enracinés dans le régime de croissance hérité. Il s'agit de guider la Chine sur une trajectoire endogène de croissance, conduisant à élever le bien-être social et à promouvoir le développement durable. Dans la suite de ce chapitre nous voulons faire partager nos intuitions sur la manière dont la planification stratégique de la Chine pourrait se déployer dans les vingt prochaines années, en identifiant la contradiction centrale de la croissance de la seconde phase de la réforme (1994-2008) et en suggérant les moyens les plus efficaces pour la résoudre.

Résoudre la principale contradiction de la seconde phase de la réforme (1994-2008)

Les raisons des nombreux déséquilibres en Chine sont multiples. Certaines sont endogènes, d'autres sont liées à l'environnement plus large du pays. Ces dernières années, nombreux ont été les économistes qui ont donné leur interprétation des problèmes structurels de la Chine, souvent avec pertinence. Mais, si l'on veut définir une politique holistique susceptible de transformer les principales relations macroéconomiques et de conduire la Chine, de manière systématique, à un nouveau régime de croissance, alors il est nécessaire d'identifier la contradiction qui est au cœur du régime de croissance de 1994-2008 et à la source des principaux problèmes de la Chine aujourd'hui.

Le régime de croissance poursuivi par la Chine entre 1994 et 2008 a pris forme autour d'une crise de gouvernance du gouvernement central. Dans son effort pour améliorer le bien-être de l'ensemble de la population durant la première phase de la réforme, le gouvernement central a subi, en 1994, une grave détérioration de son équilibre budgétaire et un fort amoindrissement de son pouvoir de régulation sur l'économie. Aussi des mesures de réforme ont-elles été prises à partir de 1994 pour renforcer la situation budgétaire du gouvernement et consolider son pouvoir sur l'économie nationale. Au cours de ce processus, les protections sociales dont jouissaient les travailleurs chinois (en particulier les employés des entreprises publiques) ont été sacrifiées. D'énormes actifs publics ont été privatisés et certains intérêts particuliers, dont bénéficiaient notamment les bureaucrates locaux grâce au vieux système de parrainage, ont été, eux aussi, supprimés (*cf.* chapitre 4).

Pour préserver et maintenir la légitimité politique du Parti communiste chinois, ces pertes devaient être compensées. Dans ce contexte, la croissance économique rapide, stimulée par l'investissement et les exportations, a fait office de panacée immédiate. Une croissance robuste et des activités économiques florissantes ont fourni de nombreuses opportunités d'emploi, qui ont absorbé les travailleurs sans emploi et la nouvelle force de travail constituée par les millions de travailleurs migrants. Une myriade de projets d'infrastructures, de programmes immobiliers, de zones de développement industriel ont offert aux bureaucrates locaux un espace immense pour se constituer de nouveaux parrainages politiques et une rente économique. Cet essor a rempli la société chinoise d'un optimisme sans frein, voire d'une certaine fièvre. Tout cela a contribué à la stabilité et à la soutenabilité du régime politique communiste.

C'est pourquoi la rapidité de la croissance économique est devenue, dans la seconde phase de la réforme, un objectif en soi. Pour encourager et protéger celle-ci, la politique monétaire et fiscale et la politique de régulation ont distordu la tarification des principaux capitaux (tangibles et intangibles), les maintenant à des niveaux excessivement bas. Ce système de prix a fait naître une relation spécifique entre ces capitaux, qui a modelé peu à peu la structure économique de la Chine pour en faire celle que nous connaissons aujourd'hui. Les prix sensiblement trop bas des capitaux tangibles ont favorisé les investissements à forte intensité capitalistique, évinçant la contribution du travail au PIB. De ce fait, le revenu des ménages, et en particulier des ménages vivant d'un salaire, a baissé en pourcentage du PIB, tout comme la consommation intérieure. Les profits élevés de ces entreprises de plus en plus capitalistiques ont fait grimper le taux d'épargne. L'intensité capitalistique des investissements a donc encore augmenté. À l'évidence, la distorsion du système de prix du capital est une tension qui s'enracine dans le précédent régime de croissance. L'économie chinoise ne saurait donc trouver un nouvel équilibre, pas plus qu'un sentier de développement soutenable, sans un nouveau système de prix qui reflète les externalités et les risques intergénérationnels de façon adéquate. L'objectif est de promouvoir le bien-être de la société et non plus la croissance du PIB. Pour les dix ou vingt années à venir, la tâche est donc très concrète. Il s'agit d'améliorer le système de prix afin de réorienter la richesse vers le travail, les autres capitaux intangibles et le capital naturel, qui n'ont pas été assez développés ou que le précédent régime de croissance a détériorés.

LA DISTORSION DES PRIX DES FACTEURS DANS LE RÉGIME DE CROISSANCE 1994-2008

Coûts des distorsions des prix des facteurs : une synthèse

Le professeur Huang Yiping (2010) avance de façon convaincante que la réforme insuffisante et biaisée des prix est une des principales raisons de la croissance exceptionnelle des dix premières années du XXIe siècle et des distorsions qui rendent ce processus de croissance insoutenable plus longtemps. Les distorsions de prix sont le fruit d'une réforme inachevée. Les marchés des produits ont été presque entièrement libéralisés. Ainsi que nous l'avons montré dans les chapitres 4 et 5, cela a permis à l'économie chinoise d'être compétitive sur les plans intérieur et extérieur. Cette politique, adoptée dès 1994, a inauguré la seconde phase de la réforme, dans le cadre d'un objectif global de croissance maximale. Mais les marchés des facteurs (travail, capital, énergie, foncier, environnement) sont restés placés sous le contrôle pesant de l'administration. Croissance élevée et déséquilibres structurels viennent de cette approche biaisée.

Ces distorsions de coûts sont comparables à des subventions pour les utilisateurs de facteurs de production et à des impôts pour leurs propriétaires. Les utilisateurs, ne payant pas le coût marginal des ressources qu'ils utilisent, bénéficient de rentes qui ne sont justifiées ni par l'innovation ni par une efficience supérieure. Cette répartition biaisée du revenu concerne tous les facteurs de production.

S'agissant des travailleurs migrants, l'indigence des salaires et l'absence de protection sociale ont réduit la part des salaires dans le revenu national, empêché le revenu des ménages de s'élever autant qu'il aurait dû et comprimé les dépenses de consommation. Les prix artificiellement bas des terres prises aux agriculteurs, et vendues à des aménageurs urbains ou à des entreprises étrangères pour développer des parcs industriels, ont contribué à la bulle de l'immobilier dans de nombreuses villes et conduit à l'accumulation de surcapacités dans les industries lourdes. Le prix insuffisant du crédit par rapport au taux de croissance a orienté des quantités énormes de capital vers les grandes entreprises publiques, qui ont bénéficié, de ce fait, de taux de profit excessifs. Des prix de l'énergie situés en dessous des prix mondiaux, et l'absence de prix du carbone, ont conduit aux distorsions soulignées dans le chapitre 6. Le capital naturel a été gaspillé et la pollution est devenue inquiétante dans plusieurs régions industrielles.

Le modèle théorique de croissance soutenable exposé dans le chapitre 6 (*cf.* encadré 6.1) montre que les « bons » prix des facteurs sont les prix duaux le long des sentiers de croissance soutenable ; ces prix donnent un prix optimal à chaque facteur de production. Il ne suffit donc pas, comme le dit le professeur Huang Yiping, de libéraliser les prix, au sens de laisser les marchés œuvrer librement. Certains facteurs essentiels, comme la pollution ou plusieurs types de capital intangible, n'ont pas de marché ; pour d'autres, comme la terre, les marchés fonctionnent plutôt mal. En outre, quand les marchés existent, comme dans la finance, nous voyons, avec la crise financière mondiale, que la libéralisation entraîne de graves distorsions endogènes. Il est donc nécessaire, pour améliorer l'efficience économique, d'adopter un mix de libéralisation et de régulation de l'utilisation des ressources, afin d'offrir aux agents économiques des incitations allant dans le sens de la réalisation d'un objectif d'ensemble. Nous avons avancé dans le chapitre précédent que cet objectif ne peut plus être la maximisation de la croissance, mais une croissance soutenable, définie de manière précise.

Le professeur Huang Yiping a cependant fait œuvre utile en procédant à une estimation des distorsions de certains marchés des facteurs. La principale difficulté de la quantification des transferts de revenu dus aux distorsions de prix réside dans le choix des benchmarks auxquels seront comparés les coûts réels des facteurs. Huang Yiping a donné une estimation des subventions implicites pour cinq facteurs de production : le travail, le capital, la terre, l'énergie et l'environnement.

S'agissant du marché du travail, il n'utilise aucun salaire concurrentiel comme benchmark. Il observe que la principale cause de distorsion est le sous-paiement des contributions sociales aux travailleurs migrants. Son benchmark est le salaire qui devrait être payé si les employeurs suivaient strictement la réglementation fixée par le gouvernement central. Avec cette référence, la distorsion s'élève à 30 % environ du salaire total. S'agissant des taux d'intérêt lourdement administrés, les subventions aux débiteurs viennent de taux d'emprunt qualifiés de « réprimés ». Un coût du capital inférieur au niveau théorique, égal au coût d'usage du capital, est supposé faciliter l'effet de levier, stimuler l'investissement et accélérer la croissance. Mais personne ne connaît le coût réel du capital, car les marchés financiers ont montré qu'en situation d'incertitude ils étaient hautement imparfaits. L'auteur affirme une conjecture personnelle : le taux d'intérêt de crédit devrait s'accroître de 2 % sur l'ensemble des prêts bancaires. Si le prix du foncier urbain vendu aux promoteurs est pris comme benchmark, alors le foncier vendu pour un usage industriel est censé être 30 % en dessous. Les prix internationaux du pétrole sont très volatils. Les prendre, année après année, comme benchmark n'est pas raisonnable. On suppose que le marché international du pétrole, plutôt cartellisé, est un prix compétitif qui aide au calcul des équivalents-subventions. On trouve un écart moyen de prix de 20 dollars. Comme l'environnement est toujours une externalité dont la destruction n'est pas internalisée, l'estimation officielle d'un coût de 3 % du PIB est une pure suggestion. Résumant les cinq catégories de distorsion de coût, Huang Yiping arrive à 7 % du PIB. Ce résultat peut nous aider à définir des priorités dans les secteurs visés par la réforme. Essayons d'aller un peu plus loin dans les différents domaines de distorsion de prix.

Le prix du crédit

Au début de la seconde phase de la réforme, la responsabilité de la politique monétaire a été confiée à la banque centrale (*cf.* chapitre 4). Bien que la Banque populaire de Chine ait ajusté le taux de benchmark à la situation macroéconomique, ce taux a été maintenu à un niveau excessivement bas par rapport à la croissance du PIB et de l'IPC (indice des prix à la consommation). Le taux des dépôts à un an de la Banque populaire de Chine a fluctué dans une fourchette de 2 à 4 %. C'est au quatrième trimestre 2007 que le taux a été le plus élevé : il est passé de 1,62 à 4,14 % pour infléchir la surchauffe de l'économie. Considérant que l'IPC était, cette même année, de 4,8 % (les prix alimentaires ont augmenté de 12,3 %) et la croissance du PIB de 13 %, ce taux restait très favorable aux débiteurs qui avaient accès au crédit bancaire, au détriment des épargnants. Avec l'irruption de la crise financière globale, en 2008, le taux des dépôts a chuté rapidement à nouveau pour s'établir aux alentours de 2 %.

Le faible niveau des taux a stimulé l'investissement, mais pas tous les types d'investissement de façon égale. Quand les taux d'intérêt bancaire sont trop bas par rapport à la croissance du PIB et à l'IPC, il n'y a plus de taux de rendement minimal (*hurdle rate*) raisonnable pour le rendement futur des projets d'investissement. Manquant de compétences en matière de gestion du risque, les banques publiques chinoises ont naturellement privilégié, au détriment des PME intensives en main-d'œuvre, les projets à grande échelle et à forte intensité capitalistique qui offrent en collatéral de la terre et d'autres actifs fixes : programmes d'investissement des grandes entreprises publiques, construction d'infrastructures des gouvernements locaux, projets immobiliers. Sur la totalité de l'encours de prêts de 2010, la moitié environ était aux mains des entreprises publiques (Huang, 2011) et entre 20 et 30 % aux mains des véhicules d'investissement controversés des gouvernements locaux (BPoC, 2011). Parallèlement, les PME intensives en travail rencontraient de grandes difficultés pour trouver des financements à un coût faible. Dans la région de Wenzhou, zone expérimentale où le crédit privé avait été légalisé en 2003, le taux de marché du rendement à un an pour les emprunteurs privés a fluctué entre 13 et 17 % entre 2003 et 2010. Le taux de crédit à un an des agences de crédit privées a fluctué, lui, autour de 20 %. Les deux taux étaient de 10 à 15 % plus hauts que les taux de la Banque populaire de Chine durant la même période. Des différences aussi importantes ne peuvent pas être attribuées seulement à la prime de risque. Elles indiquent une distorsion sérieuse des prix du crédit bancaire officiel et un large espace de rente pour tous ceux qui ont accès au crédit bancaire. Ce système financier distordu, en taxant les épargnants chinois, n'a pas seulement favorisé la part élevée de l'investissement dans le PIB dans le régime de croissance de 1994 à 2008. Il a aussi fortement fait pencher la structure de l'investissement du côté de l'intensité capitalistique. Le faible niveau des taux d'intérêt permet ainsi d'exploiter les ménages à travers deux mécanismes : par le premier, la structure économique intensive en capital fausse les rendements pour les entités et les individus ayant accès aux capitaux intangibles, tout en réduisant l'importance du travail dans les activités économiques, ce qui fait baisser la part du revenu des ménages dans la répartition du revenu national ; par le second mécanisme, on refuse un rendement raisonnable à l'épargne des ménages qui n'ont pas la possibilité de diversifier leurs vecteurs d'investissement.

Imposer l'utilisation des ressources naturelles et des services environnementaux

Dans l'histoire de la Chine, le fait de taxer ou de faire payer l'exploitation des ressources naturelles est extrêmement récent. À l'époque socialiste, la Chine ne prélevait aucune redevance dans ce domaine : les ressources et les entreprises qui les exploitaient étaient la propriété de l'État. Aujourd'hui encore, et en partie à cause de cette « tradition », l'usage des ressources naturelles et des services environnementaux est toujours très peu taxé. Selon les statistiques incomplètes dont nous disposons, sur les 150 000 sociétés minières, 20 000 seulement ont obtenu leurs droits d'exploitation à travers des mécanismes fondés sur le marché. Les autres les ont obtenus à travers un mécanisme d'allocation dont le coût était pratiquement nul (Fan, 2010, p. 146). Les redevances (*royalties*) ne s'appliquent qu'à l'extraction de ressources minières, sur la base de la quantité[1]. Selon la qualité des ressources minières extraites, la Chine taxe de 8 à 30 yuans la tonne de pétrole brut, de 2 à 15 yuans la tonne de gaz naturel et de 0,3 à 5 yuans la tonne de charbon. Il existe aussi en Chine des impôts et des frais qui ne sont pas des redevances (*royalties*), mais leur importance est encore plus limitée. Ce faible niveau de frais est très inférieur aux pratiques internationales et ne révèle évidemment pas la véritable valeur sociale de ces ressources. Il est donc très nuisible à la soutenabilité de l'économie chinoise. Prenons l'exemple des redevances (*royalties*) sur l'extraction pétrolière. Dans une étude menée par Fan

1. Au niveau international, il est plus courant d'imposer des redevances sur l'exploitation des ressources minières sur la base des ventes ou des profits.

Gang et son équipe, on estime que les compagnies pétrolières chinoises paient environ 660 yuans (83 dollars)[1] de moins que leurs homologues des autres pays pour l'extraction de chaque tonne de pétrole brut. Cela signifie que, pour la seule année 2007, la Chine a prélevé 117,81 milliards de renminbis de moins sur le pétrole brut et 380 milliards de renminbis de moins sur l'utilisation de la totalité des ressources minières.

Comme dans la plupart des pays, les entreprises chinoises ne paient pas suffisamment les services environnementaux. Dans les 11e et 12e plans quinquennaux, la Chine s'est fixé des cibles rigides en matière de réduction des émissions de carbone et d'autres polluants. Mais contrôler le respect de ces cibles est une tâche ardue. Le 11e plan quinquennal exigeait qu'à la fin 2010 l'intensité énergétique par unité de PIB fût réduite de 20 % par rapport au niveau de 2005. En avril 2011, la Chine était encore au-dessus de cet objectif par 8 points de pourcentage. Sous la forte pression du Conseil d'État, cependant, à la fin de l'année, la Chine a soudainement réduit son intensité énergétique unitaire de 19,1 % par rapport au niveau de 2005. On ne peut que s'inquiéter de la qualité de cette réduction. Pour que sa politique ait un effet durable en matière de protection de l'environnement, la Chine doit intégrer les services environnementaux dans le système de prix de tous les types de capital, afin de guider le comportement de tous les agents économiques. Cela nécessite l'institutionnalisation d'un système de prix qui fixe des prix corrects pour les services environnementaux, au moyen de mécanismes administratifs et fiscaux comme la taxe carbone et la réglementation des prix. Nous examinerons ces mécanismes plus loin.

Un marché foncier fragmenté

Alors que la hausse fulgurante des prix de l'immobilier en Chine y faisait chaque jour les gros titres, il pouvait sembler curieux de parler de la sous-évaluation du prix du foncier. En effet, toute généralisation du prix du sol en Chine ne peut être que biaisée, car le marché est sous-réglementé et extrêmement fragmenté. À côté des autorités nationales, les autorités locales, de la province à la commune, possèdent toutes un certain pouvoir de transfert sur les terres placées sous leur juridiction pour un usage résidentiel, commercial et industriel. La réforme fiscale de 1994 a centralisé la plupart des recettes fiscales. Mais les frais de transfert fonciers sont restés en dehors du budget et à la totale discrétion des collectivités locales. Sans contrôle de l'État

1. Cette estimation est basée sur le niveau de prix et de taux de change de 2007.

central, ces frais sont devenus une source majeure de revenu pour les gouvernements locaux. Ils ont aussi favorisé les incitations à la recherche de rente et encouragé la corruption. Les terres agricoles ont souvent été saisies par les officiels locaux sans dédommagement suffisant pour les agriculteurs dépossédés, puis transférées à des prix élevés pour l'aménagement immobilier résidentiel et commercial ou à des prix bas pour l'industrie, dans l'espoir de taxes foncières futures lucratives, qui étaient dix fois plus élevées que les impôts ruraux (China Hand, 2009). À l'évidence, cette pratique a favorisé l'expansion excessive de l'habitat urbain périphérique et des parcs industriels. Elle a mis à mal les avantages des anciens propriétaires fonciers (surtout des agriculteurs) et des nouveaux acheteurs immobiliers des villes. Dans les années 2000, le gouvernement central a compris la gravité du problème foncier chinois et renforcé les contrôles sur le marché. En 2002, le ministre de la Terre et des Ressources adoptait une « réglementation sur l'attribution de droits fonciers détenus par l'État par invitation à l'appel d'offres, la vente aux enchères ou l'enregistrement ordonné des propositions » (*Regulations on Granting State-Owned Land Rights by Invitation for Tenders, Auction or Listing*). Depuis, les schémas de marché sont mieux appliqués pour les transferts fonciers à usage résidentiel et commercial. Mais l'application d'un schéma de marché unifié pour les transferts fonciers à usage industriel (qui représentent 80-85 % des transferts fonciers totaux) s'est heurtée à de fortes résistances. Les autorités locales étaient si désireuses d'attirer les investissements sur leur territoire que, même après l'adoption par Pékin, en janvier 2007, de commissions minimales au niveau national sur les transferts fonciers à usage industriel, le prix du foncier industriel était encore très au-dessous de la valeur du marché. Dans certains cas, les autorités locales, pour contourner ces minima, ont même refinancé les frais de transfert foncier par un abattement fiscal ou d'autres types de subvention.

Autrement dit, le marché foncier chinois est désordonné et propice à toutes les corruptions. Les pratiques actuelles de transfert foncier ont eu pour effet d'inciter les autorités locales à abuser de leurs pouvoirs. Le foncier industriel a été tarifé en dessous de son prix, ce qui a favorisé le gaspillage, la recherche de rente et une croissance extensive. Plus grave encore, ces pratiques ont fortement porté atteinte aux intérêts des ménages chinois. Les agriculteurs ont perdu leurs terres moyennant un dédommagement qui ne leur a pas permis de s'installer en zone urbaine. Et les résidents urbains ont gaspillé les économies de toute une vie pour pouvoir s'acheter un logement. À travers ces opérations foncières, la richesse sociale a été transférée à grande échelle des ménages à revenu moyen aux officiels locaux, aux promoteurs, aux entreprises et aux riches investisseurs. Avec des effets considérablement négatifs pour le rééquilibrage de l'économie chinoise.

Le marché chinois du travail et le prix du capital humain

Dans un discours du 23 janvier 2010, à l'Université de Tsinghua, Zhou Qiren, conseiller à la Banque populaire de Chine et professeur à l'Université de Pékin, estimait qu'en 2010 le prix moyen du travail en Chine n'était encore que de 10 % de celui des pays développés. Ce prix du travail devrait être examiné sous différents aspects. La faiblesse du prix du travail était en partie due à la structure démographique et au niveau de développement de la Chine. Au début de la réforme, la Chine avait dans les campagnes un large excédent de main-d'œuvre, dont la productivité marginale était proche de zéro. Ainsi, les travailleurs chinois pouvaient accepter n'importe quel prix du travail pourvu qu'il soit supérieur au niveau de subsistance. Ces dernières années, la Chine s'étant rapprochée du « point de bifurcation de Lewis », le prix du travail a commencé à augmenter (*cf.* chapitre 6 pour une analyse plus précise sur la structure démographique actuelle et future du pays). Mais, selon le recensement de 2010, 70,14 % de la population chinoise est âgée de 15 à 59 ans. Cela signifie que la Chine possède encore une offre relativement abondante de main-d'œuvre. Si les coûts du travail n'étaient inférieurs aux niveaux internationaux qu'en raison de cette abondance de l'offre, cela ne créerait pas nécessairement de problèmes ou de déséquilibres. Cet avantage comparatif peut rendre les entreprises chinoises plus compétitives dans les industries intensives en travail. S'il en est ainsi, la population pourrait bénéficier avec le temps du plein-emploi et d'une meilleure éducation. La productivité du travail s'accroîtrait progressivement avec l'afflux de technologie et l'accumulation de capital humain, ce qui stimulerait les salaires et améliorerait le bien-être social. C'est en gros ce qui s'est passé pendant la première phase de la réforme chinoise.

Mais ce n'est là qu'un des aspects de l'affaire. En réalité, l'économie chinoise, du fait de distorsions sérieuses des coûts des actifs tangibles, est devenue de plus en plus intensive en capital, au lieu d'être intensive en travail dans le régime de croissance de 1994 à 2008. Ainsi, dans une perspective macroéconomique, la dépendance de la Chine vis-à-vis du capital humain s'est réduite par rapport à sa dépendance vis-à-vis des capitaux tangibles. La force de travail chinoise a donc perdu son pouvoir de négociation face au capital, et les salaires n'ont pas pu augmenter au même rythme que les gains de productivité du travail. Cette tendance apparaît pleinement dans la baisse de la part du revenu des ménages dans la répartition du revenu national (*cf.* tableau 7.3). En outre, après l'adoption de la réforme radicale des entreprises publiques, dans les années 1990, les travailleurs chinois ont totalement perdu les moyens de négociation hérités de la période socialiste face aux dirigeants des entreprises. De nouveaux mécanismes efficaces de rééquilibrage ne sont, par ailleurs, pas encore réapparus. Les travailleurs individualisés ont un pouvoir de négociation extrêmement faible. Même l'application de la nouvelle loi sur le travail reste à la merci des gouvernements locaux. Les entreprises chinoises ont, de surcroît, tiré profit de la jeunesse relative de la structure démographique. Les travailleurs n'ont pas reçu une rémunération adéquate pour leur ancienneté. Selon une étude de Park et Cai (2009), en 2005, 46 % de la force de travail chinoise était employée de façon informelle. Près de la moitié des travailleurs était donc exclue totalement du système de protection sociale. Cette situation était même encore plus grave et plus compliquée pour les travailleurs migrants.

Le temps est pourtant venu de supprimer les distorsions du marché du travail chinois. Comme nous l'avons montré dans le précédent chapitre, la Chine a atteint le premier « point de bifurcation de Lewis » et se rapproche du second. La population active va cesser d'augmenter vers 2015. Cela signifie que les augmentations de salaire vont finir par aller plus vite que les gains de productivité ou, au moins, que l'écart entre les deux va se réduire. Le léger accroissement de la part du revenu des ménages dans la répartition du revenu national, en 2009 et 2010, montre que cette tendance est déjà à l'œuvre. En outre, les comportements de la nouvelle génération de travailleurs migrants ont radicalement changé par rapport à ceux de leurs pères. Durant les trente années de réforme, la Chine rurale a servi de réservoir de main-d'œuvre pour les activités industrielles. Les agriculteurs, en fonction du cycle des affaires, ont migré entre leurs foyers à la campagne et les usines où ils travaillaient. Quand les activités économiques ralentissaient, ces migrants pouvaient être débauchés et renvoyés dans leurs villages d'origine presque sans dédommagement aucun. La situation est en train de changer. La nouvelle génération de travailleurs migrants voudrait s'installer dans les villes. Et, en cas de chômage, un grand nombre d'entre eux préférerait y rester. C'est ce qui s'est passé au Japon dans les années 1960. Si des canaux de négociation collective n'existent toujours pas, et si les salaires ne sont pas suffisants pour couvrir le coût d'une vie normale et décente dans les villes (ce qui inclut le logement, les services publics, la santé des familles, etc.), il devrait y avoir, dans les années à venir, de forts conflits sociaux.

En résumé, le système de prix des différents types de capital souffre, en Chine, de graves distorsions. Celles-ci sont directement responsables des déséquilibres macroéconomiques et doivent être rapidement corrigées. La trop grande faiblesse des prix des capitaux tangibles encourage les investissements inutiles et coûteux, en particulier les surinvestissements intensifs en capital et les industries à haute intensité énergétique et grandes consommatrices de ressources. Un tel schéma de croissance affaiblit le pouvoir de négociation du travail et réduit la place des capitaux intangibles (capital humain, institutionnel, etc.). Ce type de répartition du revenu national profite aux entreprises, aux gouvernements et aux individus ayant accès à des capitaux bon marché. La richesse s'accumule aux mains d'un petit nombre, ce qui accroît les inégalités sociales. Quand le revenu réel des ménages moyens croît moins rapidement que le PIB, la consommation intérieure n'est pas en mesure d'absorber l'output de l'économie. Heureusement ou malheureusement, ce faible pouvoir d'achat intérieur a été compensé, pendant pratiquement toutes les années 2000, par la surconsommation aux États-Unis. Un fragile « équilibre » international s'est ainsi constitué entre l'accumulation de réserves de devises en Chine et la détérioration de la structure de la dette des États-Unis. La crise financière en a eu raison et a commencé à mettre en route un ajustement structurel.

Qui plus est, les distorsions persistantes des coûts de l'environnement et de l'énergie ont fourni des incitations négatives en termes d'utilisation des ressources, et dressé des obstacles directs à la croissance soutenable. En plus de créer de graves problèmes de santé et de sérieux dégâts économiques, la dégradation de l'environnement a provoqué, de façon récurrente, des événements extrêmes comme les sécheresses en Chine du Nord et les inondations en Chine du Sud. C'est pourquoi les mesures se donnant pour objectifs la substitution d'énergies renouvelables aux carburants fossiles et la préservation de l'environnement contribueront largement à la redéfinition du nouveau régime de croissance.

Les incitations de prix doivent donc jouer un rôle plus important pour qu'il y ait, en Chine, une meilleure allocation du capital. Sans correction générale du système de prix, il est inutile de parler de rééquilibrage de l'économie chinoise, d'augmentation de la consommation intérieure ou de développement des services et de l'économie verte. Le cœur du régime de croissance à venir en Chine passe par un transfert net de richesse sociale vers les ménages et par un dédommagement adéquat pour les services environnementaux.

Les obstacles à l'ajustement à la hausse des prix des capitaux

Il faut admettre qu'un certain nombre de progrès ont été réalisés, ces dernières années, dans l'ajustement des distorsions de prix. Les directives du gouvernement chinois ont, à plusieurs reprises, souligné la nécessité de protéger le travail. La régulation du marché foncier a été renforcée. Les prix de l'énergie ont été rapprochés du niveau international. Le prix du charbon est celui qui est le plus proche du prix du marché mondial. Les tarifs de l'électricité sont fixés par les autorités après consultation publique. Les prix des produits pétroliers sont calculés d'après une formule liant les prix intérieurs aux prix mondiaux, avec un ajustement permettant de rapprocher les prix chinois du niveau mondial et un amortisseur permettant de niveler les pics de prix du marché. S'agissant de la protection de l'environnement, le gouvernement chinois a déjà adopté un ensemble de réglementations. La taxe carbone fait aussi l'objet de débats nourris. Mais un grand nombre de mesures n'ont pas été appliquées, car les gouvernements locaux privilégient toujours la croissance du PIB à l'augmentation de la richesse réelle totale. En outre, le prix du crédit, très distordu, n'a pas encore été suffisamment corrigé pour guider l'investissement et favoriser le rendement du capital pour les ménages moyens. Pourquoi est-il si difficile de réaliser un ajustement drastique des prix ?

Tout d'abord, procéder à un ajustement complet des prix de tous les types de capital est une tâche délicate. Imposer une hausse brutale de certains prix peut être suicidaire, surtout dans une économie ouverte. Augmenter trop vite les taux d'intérêt risque d'infliger à l'économie des tensions financières intolérables. Restreindre subitement la liquidité et pousser le coût du crédit à la hausse pourrait conduire un grand nombre d'entreprises à déposer leur bilan, provoquant un chômage massif. On peut certes espérer que ces travailleurs débauchés seraient peu à peu absorbés par l'essor des PME, mais le processus n'en serait pas moins douloureux et dangereux. Augmenter les salaires est une mesure tout aussi délicate. Si les coûts du travail s'élèvent ou, plutôt, si l'écart entre les coûts du travail et la productivité du travail se réduit, il faudra compenser cette hausse, ce qui posera des problèmes de répartition du revenu. La question centrale qui se pose aux dirigeants chinois est donc la suivante : qui sera perdant ? Décidé à améliorer le bien-être social, le gouvernement va-t-il opérer un transfert de richesse au bénéfice de la population ? Les entreprises publiques doivent-elles commencer à payer de réels dividendes ? L'État va-t-il se contenter d'augmenter le salaire minimal ? Dans ce cas, les PME intensives en travail seraient les premières à subir des pertes. Certaines pourraient être contraintes de sortir du marché et l'économie deviendrait encore plus intensive en capital. Ces effets iraient à l'exact opposé du rééquilibrage souhaité. À l'évidence, l'ajustement des prix du capital doit être un processus lent, et d'autres instruments institutionnels doivent être utilisés pour guider leur évolution.

L'autre obstacle de poids à l'ajustement des prix du capital en Chine est lié au régime politique chinois. Une des principales caractéristiques de celui-ci, c'est que le processus de décision se fait de façon collective entre les bureaucrates. Or la manipulation du prix du capital et l'allocation des ressources étaient, dans le précédent régime de croissance, les pierres angulaires du système de parrainage politique. Les intérêts particuliers d'un grand nombre de bureaucrates altèrent ainsi les prix du capital. Cela résulte de la collusion entre les dirigeants des entreprises publiques et les responsables de l'administration, qui perturbe la négociation politique entre les différents ministères. La réforme des prix du capital nécessite donc une forte volonté politique de la part du gouvernement central, qui doit faire preuve de fermeté mais aussi d'habileté.

Il y a un obstacle plus immédiat à un ajustement à la hausse du prix du crédit : la majorité des prêts en Chine a été accordée aux entreprises publiques et aux gouvernements locaux. Le plan de relance de 4 000 milliards de yuans a largement alimenté la croissance des véhicules non régulés de financement de l'investissement local, dont les sociétés d'investissement et de développement urbain (UDIC) (*cf.* chapitre 4). Fin 2010, l'encours de ces prêts allait de 9 000 à 14 000 milliards de renminbis[1]. Ainsi, une forte hausse du prix du crédit accroîtrait significativement le coût financier de ces véhicules d'investissement et provoquerait, du côté des entreprises, une vague de défauts de paiement. Cela freinerait à son tour la construction d'infrastructures dans le pays et conduirait les gouvernements locaux à la faillite, ce qui est interdit par la loi. Le gouvernement serait alors l'ultime recours des banques, des entreprises publiques et des gouvernements locaux. Si cela se produisait, la santé budgétaire de l'État chinois serait fortement compromise. Il est donc nécessaire, avant d'ajuster le prix du crédit, de nettoyer entièrement le système des finances informelles locales. Un rééquilibrage des relations budgétaires entre le gouvernement central et les gouvernements locaux est également un préalable indispensable. Pour remplir leurs obligations financières, les

1. Les estimations de la Banque populaire de Chine, du ministère des Finances et d'autres instituts varient principalement en raison de définitions différentes des véhicules d'investissement local.

gouvernements locaux doivent pouvoir compter sur des recettes régulières. Et, pour emprunter de façon sûre afin de financer des investissements approuvés par la NDRC dans le cadre des orientations de la planification stratégique (rappelées dans le chapitre 6), ils doivent utiliser des instruments formels.

Ces obstacles interdisent-ils d'espérer un rééquilibrage économique de la Chine ? Oui et non. Si l'on cherche une solution immédiate à même de résoudre tous les problèmes une fois pour toutes, les chances de succès sont minces. Mais le processus de rééquilibrage est une coévolution qui doit intégrer tous les facteurs sociaux et économiques. Si la planification future est en mesure de piloter le prix des actifs en capital en adoptant un système de prix dual pour les trajectoires économiques qui satisfont au critère de non-diminution de la richesse sociale réelle, il sera possible de transférer la richesse des détenteurs de capital vers le travail et de mieux évaluer les services environnementaux. Alors l'économie chinoise pourra réaliser son potentiel de développement soutenable futur. La forte vague d'urbanisation et l'énorme demande intérieure, qui est encore à libérer, constituent d'excellentes opportunités pour la Chine dans les années qui viennent. Ce que feront les dirigeants chinois dans les vingt prochaines années sera donc décisif pour l'avenir du pays et sans doute, aussi, pour le monde.

Le rééquilibrage de la structure économique de la Chine sera long. Mais l'expérience des trente dernières années et l'histoire doublement millénaire de l'Empire chinois ont montré que la valeur suprême que les hauts fonctionnaires tendent à protéger, en toutes circonstances, est la durabilité du régime politique. Nous avons souligné dans le chapitre 6 que le régime précédent de croissance ne convenait plus à la Chine d'aujourd'hui et de demain. Le parrainage politique en matière de foncier et d'actifs tangibles a entamé la crédibilité et l'autorité du gouvernement central. L'accroissement des inégalités sociales a suscité un large mécontentement. L'accumulation excessive du capital a compromis les valeurs humaines et la créativité. Parallèlement, une conscience sociale est apparue rapidement dans la société civile chinoise, et de vifs débats sur Internet attaquent directement la légitimité du Parti communiste. Une fois encore, les dirigeants chinois font face à une situation qui montre que seules des réformes radicales pourront sauver le régime et conduire la Chine à la prochaine phase de progrès. La question n'est donc pas de savoir s'il est possible ou nécessaire d'aller plus loin dans les réformes, mais comment.

Nous allons présenter maintenant, dans la suite de ce chapitre, les trois processus que nous pensons les plus prometteurs pour le rééquilibrage de la Chine. Il s'agit du développement du secteur des services, de la poursuite de la réforme de la fiscalité et de l'institution d'un système de protection sociale. Ensemble, ils dessinent une feuille de route crédible pour les réformes à venir en Chine.

Le pilier du rééquilibrage de l'économie chinoise est le développement du secteur des services

Le rééquilibrage de l'économie chinoise nécessite l'amélioration du rapport des prix entre les capitaux tangibles et les capitaux intangibles, en particulier entre le travail et les actifs fixes. Pour stimuler la consommation intérieure, le prix du capital humain doit être réévalué, de sorte que les ménages rehaussent leur position dans la répartition du revenu national. Comme nous l'avons suggéré dans le chapitre précédent, l'institutionnalisation de la représentation des travailleurs et l'évolution du management des entreprises sont des mécanismes cruciaux pour protéger la force de travail. L'autre facteur déterminant des salaires, sinon le plus fondamental, c'est le rapport entre l'offre et la demande sur le marché du travail. Comme Kalecki (1943) et beaucoup d'autres l'ont montré, le plein-emploi est une des armes les plus efficaces pour améliorer le pouvoir de négociation des travailleurs. Une structure économique plus intensive en travail et moins intensive en capital ne peut que favoriser le bien-être de la force de travail. En outre, la soutenabilité environnementale exige que la Chine passe directement à la société postindustrielle, où les services immatériels prennent le pas sur la consommation matérielle. L'accélération du vieillissement de la population et l'urbanisation appellent également une offre supérieure de services sociaux. Ainsi, l'expansion du secteur des services, intensif en travail, n'est pas seulement la clé de la relation entre travail et capital. Elle est aussi celle du prochain régime de croissance de la Chine. Augmenter la productivité totale des facteurs, absorber le travail, réaliser la valeur du capital humain et réduire la dépendance de l'économie vis-à-vis des ressources primaires sont les moyens par lesquels la Chine pourra trouver un nouvel équilibre, orienté vers le développement soutenable.

Certes, le sous-développement du secteur tertiaire chinois est lui-même une conséquence des déséquilibres des précédents régimes de croissance. Des prix des capitaux tangibles excessivement bas ont freiné la croissance du secteur des services en attirant les investissements vers des industries à forte intensité capitalistique et en réduisant la capacité des ménages à acheter des services. Mais la distorsion des prix du capital n'est pas la seule raison du sous-développement des services. Les travaux empiriques disponibles pour d'autres pays montrent que la politique gouvernementale a un impact non négligeable sur l'essor du secteur des services. Le type d'État providence développé pendant plus de quatre-vingts ans dans les pays scandinaves, par exemple, a fortement favorisé l'expansion des services sociaux, créé beaucoup d'emplois et fait émerger des valeurs sociales. Le progrès futur du secteur des services en Chine appelle également, croyons-nous, un engagement politique sérieux des dirigeants chinois. Si la correction directe du rapport des prix des principaux actifs en capital pourrait se heurter à de graves difficultés macroéconomiques et politiques (voir plus haut les effets négatifs d'une hausse discrétionnaire du taux d'intérêt ou des salaires), la promotion du secteur des services en Chine pourrait susciter moins de tensions politiques. Elle n'en aurait pas moins de forts effets de rééquilibrage sur l'économie.

En 2010, le revenu par tête dans les régions urbaines était de 21 033 renminbis (environ 3 093 dollars). D'après l'expérience internationale, quand le revenu par tête dépasse les 2 000 dollars, le secteur tertiaire entre dans une phase d'expansion rapide. La Chine est plus que prête au décollage du secteur des services. Si le développement de celui-ci peut être orchestré grâce à la réforme du système financier, ce serait le moyen le moins délicat pour la Chine de rendre soutenable son régime de croissance. Pékin doit donc s'engager totalement en faveur des services, notamment des services aux entreprises et des services sociaux.

L'IMPORTANCE DU DÉVELOPPEMENT DU SECTEUR DES SERVICES

Accroître les rendements du capital humain

La trajectoire de développement de tous les pays industrialisés montre indubitablement qu'au-dessus d'un certain niveau de richesse la part des secteurs primaire et secondaire dans l'emploi baisse considérablement. La société a besoin de développer des services concrétisant l'amélioration des compétences : gestionnaires d'entreprise, chercheurs, professions de santé, directeurs artistiques, etc. Ce sont les moteurs de l'économie de la connaissance. Aux États-Unis, dans les années 1960, la croissance rapide de l'emploi s'est principalement produite dans l'éducation, la distribution et l'administration, puis, dans les années 1970, dans les services aux entreprises, la santé et le divertissement (Esping-Andersen, 1990, p. 199-200). L'essor des services, en particulier de ceux ayant un contenu élevé en capital humain, s'accompagne aussi souvent de l'expansion de la classe moyenne et de la maturation de l'État providence. Ces deux tendances seront extrêmement bénéfiques pour la transformation du régime de croissance de la Chine.

Tableau 7.4. L'emploi en Chine par secteur (% de l'emploi total).

Année	*Secteur primaire (%)*	*Secteur secondaire (%)*	*Secteur tertiaire (%)*
1978	70,5	17,3	12,2
1979	69,8	17,6	12,6
1980	68,7	18,2	13,1
1981	68,1	18,3	13,6
1982	68,1	18,4	13,5
1983	67,1	18,7	14,2
1984	64,0	19,9	16,1
1985	62,4	20,8	16,8
1986	60,9	21,9	17,2
1987	60,0	22,2	17,8
1988	59,3	22,4	18,3
1989	60,1	21,6	18,3
1990	60,1	21,4	18,5
1991	59,7	21,4	18,9
1992	58,5	21,7	19,8
1993	56,4	22,4	21,2
1994	54,3	22,7	23,0
1995	52,2	23,0	24,8
1996	50,5	23,5	26,0
1997	49,9	23,7	26,4
1998	49,8	23,5	26,7
1999	50,1	23,0	26,9
2000	50,0	22,5	27,5
2001	50,0	22,3	27,7
2002	50,0	21,4	28,6
2003	49,1	21,6	29,3
2004	46,9	22,5	30,6
2005	44,8	23,8	31,4
2006	42,6	25,2	32,2
2007	40,8	26,8	32,4
2008	39,6	27,2	33,2
2009	38,1	27,8	34,1
2010	36,7	28,7	34,6

Source : Annuaire statistique de la Chine, 2011.

Le tableau 7.4 dépeint la structure de l'emploi en Chine par secteur. Indéniablement, le secteur des services n'a cessé de progresser au cours des trente dernières années de réforme. Mais, quand on le compare avec le tableau 7.2, une différence apparaît de façon frappante entre l'intensité capitalistique du secteur secondaire et celle du secteur tertiaire. En 2007, le secteur secondaire en Chine produisait ainsi 49,2 % du PIB national tout en n'absorbant que 26,8 % du travail. Le secteur tertiaire, lui, absorbait 32,4 % de la force de travail et produisait 39,1 % du PIB. Considérant que la part du secteur tertiaire dans le PIB chinois est excessivement faible par rapport aux pays ayant un niveau similaire de développement, les ratios mentionnés ci-dessus mettent en évidence l'énorme potentiel du secteur des services en matière d'absorption de la main-d'œuvre chinoise. Plus important encore, le secteur des services en Chine, tout en améliorant la productivité du travail, pourrait être un puissant facteur d'absorption d'une force de travail ayant reçu un bon niveau d'éducation et disposant de fortes compétences professionnelles.

Si les obstacles au développement de ces services haut de gamme pouvaient être identifiés et supprimés, le capital humain serait stimulé dans l'ensemble de l'économie. Cela permettrait d'augmenter le revenu des travailleurs hautement qualifiés et de leurs familles. Cette population sera la principale composante de la future classe moyenne chinoise, et elle aura une forte propension et une forte capacité de consommation. En outre, le besoin anticipé d'un capital humain hautement qualifié et son prix plus élevé fourniront aux familles à la fois une incitation et des moyens pour investir encore davantage dans l'éducation des enfants. Un cercle vertueux entre l'accumulation du capital humain et la richesse réelle totale du pays sera enclenché, ce qui bénéficiera au développement soutenable de la Chine.

Accroître la productivité globale des facteurs en stimulant les services aux entreprises

Le développement de services aux entreprises (logistique, services financiers, R&D) favorise directement l'efficience des industries et aide la Chine à monter dans la chaîne de valeur. Ainsi, un des domaines les plus importants des services, où l'on observe une forte amélioration de l'efficience susceptible de doper la productivité globale des facteurs, est la gestion de la chaîne logistique. Une distribution inefficiente des produits affecte gravement la productivité. Des coûts de transaction élevés, combinant transport et logistique, accaparent 18 % du PIB en Chine, comparés à 10 % aux États-Unis, d'après *Dragonomics* (Mooney, 2009). La réduction de ces coûts aura un effet sur le secteur des services

Figure 7.1. FORMATION DE CERCLES VICIEUX EN RAISON DU SOUS-DÉVELOPPEMENT DE L'ÉDUCATION.

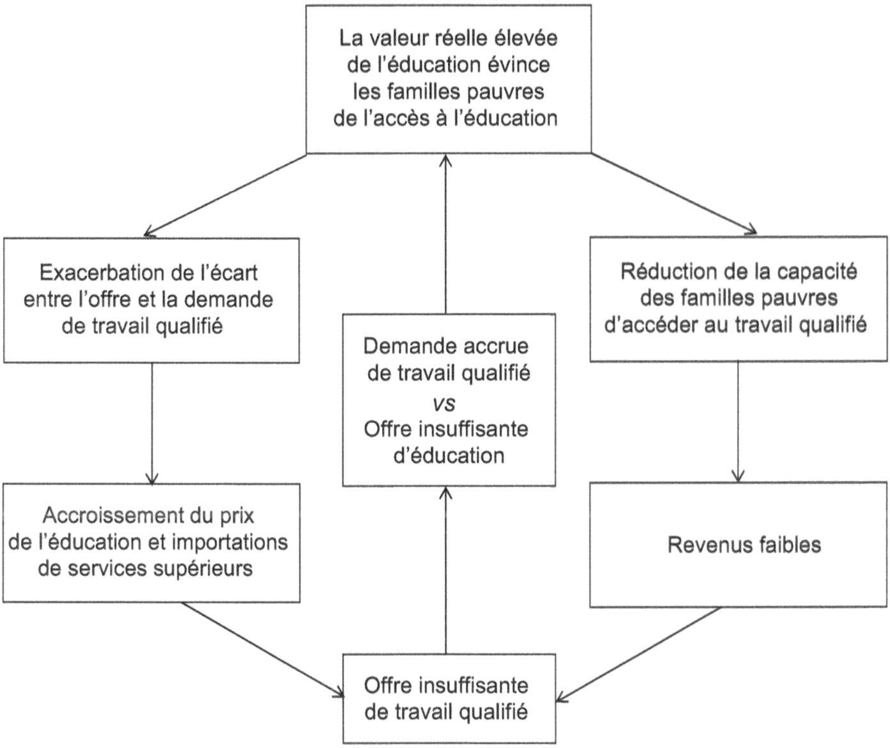

et sur celui de la distribution. Cela fera baisser les prix des biens, qui deviendront plus abordables pour les consommateurs à faible revenu. La diversité de l'offre de produits de consommation s'en trouvera également accrue, ce qui doit permettre de tirer le meilleur parti possible de l'innovation frugale.

L'inefficacité du système de distribution en Chine divise le marché des biens de consommation de façon territoriale : il n'y a donc pas encore, dans ce domaine, de marché national unique chinois. Cela est dû à la fragmentation extrême du secteur de la distribution de gros, où prolifèrent les intermédiaires locaux, qui n'ont pas les moyens d'investir dans une logistique efficiente, n'étudient pas les fluctuations de la demande et ne peuvent donc pas optimiser leurs stocks. Le secteur du commerce de détail est lui-même fragmenté, incapable d'exploiter les économies d'échelle qu'offre la standardisation de la chaîne logistique.

L'inefficience de la structure des équipements vient d'une mosaïque de réglementations provinciales qui rendent coûteux le transport de marchandises entre provinces. De ce fait, il n'y a pas de réseau national chinois de transport, mais 760 000 entreprises de logistique ayant de un à trois camions. L'absence d'économies d'échelle, qui en découle, accroît les coûts et diminue la productivité. Les entreprises étrangères de logistique se consacrent entièrement à l'exportation. Elles n'interviennent pas dans le domaine de la distribution nationale de biens. Pourtant, dans les années 2000, de grands acteurs mondiaux de la distribution (Carrefour, Wall Mart, McDonald's) ont créé des chaînes de magasins dans les grandes villes et les réseaux de distribution efficaces dont elles avaient besoin. Ils collaborent avec des sociétés étrangères de logistique, parfois partenaires d'entreprises chinoises, pour offrir une chaîne du froid de qualité pour la distribution alimentaire et un système de livraison en temps et en heure pour tous les produits.

Le gouvernement a commencé à traiter le problème. Le Projet de réseau rural de commerce de détail (Rural Retailing Network Project) a été élaboré en 2005 par le ministère du Commerce. Il vise à inciter les commerçants à créer des commerces dans les zones rurales. Le projet, qui implique Huiyuan Group, entreprise de jus de fruits, Yili Group, entreprise de produits laitiers, et Procter & Gamble, a réussi à couvrir 75 % des comtés ruraux. Selon l'entreprise de logistique de Hong Kong, Li & Fung Research, il a produit dans les campagnes, en 2008, un chiffre d'affaires supplémentaire de 100 milliards de renminbis dans le commerce de détail. Un autre projet vise à investir dans les systèmes d'information à la demande, les entrepôts et les équipements de stockage frigorifique dans les comtés ruraux. Mais le capital investi dans les camions réfrigérés et les équipements de sécurité alimentaire, qui doivent permettre de réduire massivement le gaspillage entre les exploitations agricoles et les commerçants de détail, reste tout à fait insuffisant. Il doit pourtant s'améliorer car la logistique fait partie des dix secteurs industriels stratégiques retenus dans le cadre de la restructuration et de la revitalisation de l'économie. La Banque asiatique de développement a été mandatée pour élaborer un plan détaillé et ciblé pour réduire les coûts logistiques en Chine d'ici à 2015.

Réformer la distribution des biens est au centre de la réorientation du régime de croissance vers la consommation intérieure et la stimulation de l'innovation indigène frugale dans l'industrie. Pour y arriver, le soutien du gouvernement central sera essentiel. Les réseaux interprovinciaux sont le moyen de l'efficacité. Ils permettront de surmonter les obstacles juridictionnels et les intérêts particuliers aux niveaux provincial et municipal. La NDRC doit recevoir du Conseil d'État le pouvoir de briser la résistance archaïque des gouvernements provinciaux. L'incitation première pour l'État chinois est de soutenir une forte croissance de la productivité et une demande dynamique de consommation. Faire le lien entre ce volet du régime de croissance et la préservation et la réhabilitation de l'environnement est l'autre aspect du sentier de soutenabilité. Le mix de travail hautement qualifié, de forte croissance de la productivité, de services de qualité, de protection de l'environnement et de forte demande de consommation ne peut se faire que par le développement des villes, comme nous l'avons montré dans le chapitre 6.

Les services privés sont indispensables face à l'urbanisation et au vieillissement de la Chine

Comme nous l'avons estimé dans le chapitre précédent, dans les vingt prochaines années, 400 millions de Chinois vont migrer des campagnes vers les villes et devenir des résidents urbains permanents. À partir de 2015, le vieillissement de la population va, par ailleurs, s'accélérer. Le ratio de dépendance (la population de 65 ans et plus par rapport à la population totale) va passer de 27 % en 2015 à 37 % en 2040. Ces deux tendances peuvent constituer d'énormes défis – ou des opportunités. Le facteur déterminant sera le déploiement des services, en particulier des services sociaux.

Pour éviter que l'urbanisation rapide ne prenne la forme d'une agglomération de bidonvilles, elle doit être accompagnée par la création correspondante d'emplois urbains et par une offre suffisante de services abordables et de qualité, notamment dans l'éducation (*cf.* figure 7.1) et la santé. De même, pour éviter que le fort ratio de dépendance ne constitue un fardeau écrasant pour les familles chinoises, l'offre croissante de services de santé doit s'aligner sur le processus de vieillissement de la population. Depuis 1949, la Chine a accumulé un capital humain considérable *via* l'amélioration de l'éducation primaire et supérieure. En 2010, le nombre de nouveaux diplômés de l'université a augmenté de 6,31 millions. Si la Chine pouvait libérer son secteur des services des entraves inutiles qui pèsent sur lui, cette offre importante de travail éduqué permettrait de favoriser l'essor et la maturation du secteur tertiaire, de rééquilibrer la structure industrielle et d'harmoniser la transformation drastique de la structure démographique et sociale du pays.

LES MESURES PERMETTANT DE LIBÉRER LE SECTEUR DES SERVICES DES OBSTACLES ET DES DISTORSIONS

Sans mesures susceptibles d'augmenter le revenu réel des ménages, et notamment les *salary makers*, le mot d'ordre : « Favoriser la consommation intérieure » restera un slogan vide. De même, sans mesures permettant d'éliminer les obstacles et les distorsions, « encourager la croissance du secteur des services » restera un vœu pieux. Quand les prix des facteurs, en particulier les prix du capital tangible, ont été abaissés au maximum, tandis que le niveau des salaires était en hausse, le secteur des services intensifs en travail a plutôt été freiné. Les autorités chinoises doivent donc prendre des mesures plus actives pour protéger et alimenter la croissance du secteur des services.

Libérer le secteur des services d'une myriade d'obstacles administratifs

Le sous-développement de certains services aux entreprises et de la plupart des services publics en Chine a une seule cause : l'existence d'une myriade d'obstacles administratifs.

En premier lieu, une majorité de ces services fait toujours l'objet d'un monopole des entreprises publiques et reste strictement contrôlée par divers organismes publics. Les acteurs privés font face à des barrières à l'entrée extrêmement élevées sur ces marchés. Et, quand bien même ils réussiraient à y entrer, l'instabilité de la réglementation et les interférences directes des organismes publics leur créeraient d'autres difficultés de gestion. En 2005, le Conseil d'État a publié 36 dispositions afin de protéger et d'encourager les acteurs privés à entrer dans des domaines qui étaient traditionnellement occupés principalement par les entreprises publiques. Une majorité de domaines mentionnés par ce texte concernait les services, en particulier les services haut de gamme comme les services financiers, les services de distribution et les services sociaux. Cinq ans après, toutefois, ces dispositions n'ont pas semblé libérer les activités privées des traitements discriminatoires. En 2010, le Conseil d'État devait adopter les « 36 dispositions nouvelles », qui soulignent à nouveau la nécessité de lever les obstacles aux activités privées. Leur efficacité reste encore à examiner, mais la plupart des chercheurs chinois sont plutôt pessimistes. Pour promouvoir réellement la participation du secteur privé à l'offre de services haut de gamme, les mesures à prendre doivent, en effet, être plus concrètes. Libérer les fournisseurs privés de services des obstacles administratifs exigerait, par exemple, de redéfinir les fonctions des autorités de régulation concernées, au premier chef les ministères de l'Éducation et de la Santé. Actuellement, ces ministères et leurs services locaux possèdent directement une majorité des institutions médicales et éducatives. De puissants intérêts monopolistiques font en sorte que ces organismes de régulation soient hostiles à la participation privée. Comme le montre le tableau 7.5, en 2010, la participation du secteur privé aux services publics et à certains services aux entreprises demeurait marginale. S'agissant de la santé et des services liés à la culture, 89 % du personnel concerné était employé par des entreprises publiques. L'éducation est un cas extrême : 96 % des enseignants et des autres personnels scolaires appartenaient à des entités publiques. La rareté des activités éducatives privées n'est absolument pas en phase avec le niveau de développement de la Chine. Ce niveau élevé de distorsion s'explique par la réglementation du système éducatif.

Tableau 7.5. L'emploi dans les services et la part des entreprises publiques en 2010.

	Emploi total (10,000)	*Emplois publics (10,000)*	*Emplois publics en %*
Transports, stockage et poste	631,1	403,3	63,9
Transmission d'information et services informatiques	185,8	62,5	33,6
Commerce de gros et de détail	535,1	137,3	25,7
Hôtels et restaurants	209,2	54,6	26,1
Intermédiation financière	470,1	144,3	30,7
Immobilier	211,6	45,4	21,4
Leasing et services aux entreprises	310,1	131,5	42,4
Recherche scientifique, services techniques et prospection géologique	292,3	219,6	75,1
Conservation de l'eau et environnement	218,9	189,9	86,7
Services aux ménages et autres services	60,2	28,9	47,9
Éducation	1 581,8	1 517,4	95,9
Santé et services sociaux	632,5	562,6	88,9
Culture, sports et loisirs	131,4	113,1	86,1
Employés du secteur public et des organisations sociales	1 428,5	1 415,6	99,1

Source : Annuaire statistique de la Chine, 2011.

Pour mieux comprendre la relation entre le sous-développement des services potentiellement haut de gamme en Chine et le comportement du gouvernement, prenons le système de santé pour exemple. De manière générale, l'offre de santé en Chine connaît une relative pénurie, en particulier dans les soins primaires. Durant la seconde phase de la réforme, les investissements dans les équipements médicaux se sont rapidement développés, en particulier la construction et la rénovation de grands hôpitaux dans les villes. Mais l'investissement dans les soins primaires est resté rare. En outre, la hausse du nombre de médecins et d'infirmières n'ayant pas suivi la croissance des équipements, la demande de soins de santé, et notamment de consultations médicales, n'était pas satisfaite (OCDE, 2010). Le nombre de médecins ayant au moins reçu un enseignement supérieur n'est que de 0,1 % de la population chinoise. Les ressources humaines limitées en matière de soin médical ont surtout bénéficié aux zones urbaines, où la densité de médecins est neuf fois plus importante que dans l'ensemble du pays, soit 0,9 % (Anand *et al.*, 2008).

Ce qui est curieux, c'est qu'il y a en Chine, en même temps, une offre excédentaire d'étudiants en médecine. D'après un rapport de l'OCDE, environ 400 000 étudiants en médecine avaient obtenu une licence ou un diplôme de niveau comparable. Mais le stock total de médecins ayant des qualifications similaires n'était, en 2005, que de 800 000. Concernant les étudiants de diplôme supérieur plus élevé, en 2005, 40 000 d'entre eux sont entrés sur le marché du travail, chiffre qu'on peut comparer, pour cette même année, au stock de 42 000 médecins ayant une qualification similaire. Compte tenu de la férocité de la concurrence, seuls les étudiants ayant obtenu les meilleures notes ont pu trouver un poste de médecin. De 2004 à 2006, sur les diplômés de la prestigieuse formation de médecine clinique en cinq ans de l'Université de Pékin, 28 % seulement travaillaient comme médecins en 2007 (Anand *et al.*, 2008). La situation était similaire pour les infirmières en formation.

L'une des principales raisons du phénomène mystérieux décrit ci-dessus, c'est la structure de l'offre de soins de santé en Chine. Dans ce pays, les principaux offreurs de soins de santé, y compris de santé primaire, sont les hôpitaux. Ils produisent près de 80 % de l'ensemble des consultations médicales pour les soins de base (OCDE, 2010). En outre, une majorité de ces hôpitaux et des autres établissements de soins appartiennent à l'État et sont placés sous le contrôle strict des services de santé des différents niveaux d'administration. La barrière à l'entrée pour l'ouverture d'une clinique privée offrant des soins primaires est excessivement élevée. C'est pourquoi le nombre de cliniques privées et de médecins de famille est, en Chine, extrêmement faible. La seule possibilité pour que les diplômés en médecine puissent faire leur métier, c'est de travailler pour une institution médicale publique. Assurément, la rigidité de cette structure d'offre de santé freine la création d'emplois dans le secteur. Par ailleurs, du fait de contraintes en matière d'infrastructure et de capacités administratives, les grands hôpitaux publics ne peuvent se développer sans limite pour satisfaire pleinement la demande du marché et absorber les nouveaux étudiants diplômés. Il en résulte un gaspillage de ressources humaines précieuses, et la concentration des soins de santé dans les hôpitaux des villes accroît encore la difficulté d'accès aux soins primaires, notamment en zone rurale. Une étude de 2002 montrait que 20 % des visites dans les hôpitaux se faisaient pour un rhume ou une gastro-entérite (Lim, 2002). Ce taux pourrait être considérablement réduit par le développement d'un réseau de cliniques privées et de médecins de famille. Le monopole des hôpitaux publics entrave aussi l'efficience du système d'offre de soins. Les entreprises médicales étant soumises aujourd'hui à une myriade d'autorités de contrôle mal coordonnées, elles n'ont de comptes à rendre ni aux responsables du secteur public ni au marché, et sont souvent gérées au bénéfice de leur personnel et de leurs dirigeants (Hougaard, Osterdaal et Yu, 2011).

À l'évidence, le décollage de l'industrie de la santé en Chine passe par deux réformes essentielles : libérer l'entrée sur le marché de la santé et soulager le système de santé des multiples interférences administratives. Malheureusement, les débats actuels sur la réforme médicale semblent se focaliser sur la question de savoir si la Chine doit ou non privatiser ses hôpitaux publics. Il est à craindre que ce soit la mauvaise question à poser. L'hôpital public a un rôle indispensable à jouer dans le système national de santé. La question n'est pas de savoir si c'est l'État ou des personnes privées qui doivent monopoliser le marché de la santé, mais de libérer le marché et d'établir des règles uniformes pour les acteurs publics et privés. Une norme nationale uniforme devrait être adoptée pour réguler, sur une base égale, les comportements des entreprises de santé publiques, des entités privées à but non lucratif et des entreprises privées à but lucratif. La libération du marché de la santé permettrait d'accroître l'offre de soins primaires et d'absorber les praticiens nouvellement formés. Elle mettrait en concurrence les hôpitaux publics, qui seraient ainsi incités à améliorer leurs services. Les organismes de régulation de la santé doivent cesser de se mêler de la gestion des hôpitaux et se concentrer sur la régulation du marché. L'amélioration de la gestion est une priorité immédiate pour l'hôpital public.

Le problème structurel du service de santé est un exemple typique. On constate une situation similaire sur le marché de l'éducation, sur celui des transports et sur celui de plusieurs autres services. Une forte résistance politique de la part des divers ministères concernés a largement freiné le processus de réforme dans tous ces domaines. Mais, dans ce moment critique de bifurcation du régime de croissance chinois, laisser prévaloir plus longtemps les intérêts particuliers de ces administrations aurait de graves conséquences pour le progrès économique et social en Chine et la stabilité du régime politique. Les réformes dans tous ces domaines ne devraient donc plus être retardées davantage, même si la recherche de l'intérêt général passe ici par la confrontation politique.

En dehors des obstacles et des interférences administratives, le secteur des services en Chine se heurte également à un régime fiscal défavorable. Contrairement aux entreprises industrielles, les entreprises de services ne paient pas de TVA mais une taxe professionnelle. Celle-ci est prélevée sur les ventes, avec un taux allant de 3 à 20 % selon le type de services fournis. Comparée à la TVA, la taxe professionnelle bénéficie d'une assiette plus large et pose le problème de la double imposition. Prenons l'exemple du leasing d'avion. Le prix élevé des avions pousse vers le haut les revenus de l'industrie du leasing d'avion. S'agissant d'une activité de service, tous les revenus sont soumis à la taxe professionnelle. Même au taux le plus bas, c'est-à-dire 3 %, le volume à payer est gigantesque. La lourdeur de la fiscalité est donc l'un des principaux facteurs qui entravent le développement du leasing d'avion et de beaucoup d'autres activités de services. Après la réforme de la TVA en 2009, les entreprises industrielles ont encore bénéficié d'une baisse de la fiscalité, les investissements dans les actifs fixes devenant déductibles de l'assiette de TVA. Cette réforme a encore réduit l'avantage compétitif du secteur tertiaire par rapport au secteur secondaire en Chine. Des réformes fiscales structurelles similaires devraient être étendues aux services.

Last but not least, la Chine étant toujours dotée du système rigide du *hukou* (enregistrement territorial des ménages), et l'offre de protection sociale étant toujours très inégale d'une région à une autre, la mobilité géographique de la population demeure limitée. Cette mobilité limitée du travail fait peser une contrainte inutile sur le développement du secteur des services, du côté de l'offre comme du côté de la demande. Les travailleurs migrants faisant face à de nombreuses difficultés en matière de services sociaux, en particulier pour l'éducation de leurs enfants, de nombreux enfants sont laissés dans les campagnes chez leurs grands-parents. Nous avons montré cependant dans le chapitre 6 qu'une urbanisation planifiée avec soin devrait aiguillonner le développement des vingt prochaines années dans tout le pays. Si les migrations des campagnes vers les villes produisent de la mobilité ascendante, le bien-être social de la population devrait s'améliorer. Les villes sont le lieu d'externalités de connaissances, inhérentes aux activités intensives en communication et en information, à la fois dans les services aux entreprises et dans les services publics. Cela est dû à l'agglomération des activités humaines. Pour tirer pleinement avantage de ce processus, les migrants et leurs familles doivent toutefois être en mesure de bénéficier des investissements massifs dans l'éducation et avoir le droit à la même protection sociale que les résidents urbains. Ils doivent devenir des citoyens à part entière dans leur nouveau lieu d'habitation comme sur leur lieu de travail. Cette évolution considérable nécessite une profonde réforme du système du *hukou*, qui a été introduit pour éviter l'afflux incontrôlé de millions de ruraux et leur entassement dans d'énormes bidonvilles à la périphérie des mégavilles, comme on a pu l'observer à Mumbai, São Paulo, Lagos ou Mexico. La réforme du système du *hukou* et celle de la propriété foncière rurale permettant aux agriculteurs d'obtenir un juste prix en échange de leur droit d'utilisation de la terre doivent faire partie de la planification stratégique et détermineront le succès de l'urbanisation.

Traiter les dettes résultant du financement des gouvernements locaux

La première chose à faire, avant d'introduire de nouvelles incitations dans la finance, est d'épurer les dettes produites par le financement des gouvernements locaux. Ceux-ci ont en effet profité du plan de stimulation de 2009 pour financer de multiples projets n'ayant pas reçu l'approbation du gouvernement central.

Celui-ci a dû procéder à une évaluation rigoureuse et complète de l'ampleur de la dette. En juin 2011, le Bureau d'audit de l'État a publié un rapport sur la dette des gouvernements locaux. Il couvre l'encours de la dette de ces derniers et des véhicules de financement des gouvernements locaux (VFGL). Il révèle l'ampleur de la dette par emprunteur, région, secteur et échéance – ainsi que la responsabilité des gouvernements.

Plusieurs faits sont soulignés. À la fin 2010, l'encours total de la dette des gouvernements locaux et de l'ensemble de leurs véhicules de financement se montait à 10 710 milliards de yuans, dont 4 970 pour les seuls VFGL. 79 % de cette dette (8 470 milliards de yuans) étaient constitués de prêts bancaires. Sur ces 8 470 milliards, les gouvernements locaux doivent en rembourser 59 % et en ont garanti 23 %. Par secteur, cet encours se répartit comme suit : 36,7 % pour la construction urbaine, 24,9 % pour les transports, 10,6 % pour les réserves foncières, 9,5 % pour l'éducation et le logement social, 4,8 % pour l'agriculture. Le calendrier de remboursement est donné dans le tableau 7.6.

Tableau 7.6. Calendrier de remboursement de la dette des gouvernements locaux et des VFGL (% du total par an).

Années	*2011*	*2012*	*2013*	*2014*	*2015*	*2016 et après*
%	24,5	17,2	11,4	9,3	7,5	30,2

Source : Bureau d'Audit de l'État.

Le rapport définit avec précision une stratégie de sortie. Mais la qualité des actifs des prêts bancaires n'a pas été révélée. Les 18 % de prêts bancaires échappant à la responsabilité ou à la garantie foncière des gouvernements locaux pourraient être une source de prêts non performants futurs. De surcroît, si certains gouvernements locaux n'ont pas les moyens de faire face à leurs responsabilités ou d'honorer leurs garanties, il pourrait y avoir encore plus de prêts non performants. Cela concerne plus probablement les villes de petite taille. Le rapport montre que la dette représente plus de 100 % des revenus annuels pour 78 véhicules de financement au niveau municipal et 99 au niveau du comté. Au total, jusqu'à 20 % de l'encours de prêts, soit 3 000 milliards de yuans, pourraient être des prêts non performants : leur remboursement pourrait, en effet, ne pas être couvert par une trésorerie suffisante.

Même si le ratio de prêts non performants atteignait 20 % de la dette totale des gouvernements locaux et de la dette des VFGL, c'est-à-dire un montant de 2 000 milliards de yuans, cela serait parfaitement gérable. Une partie devrait être transférée à l'État central. Une autre pourrait être absorbée par les recettes et la vente d'actifs des gouvernements locaux, ou convertie en obligations publiques à long terme. La dernière partie, que les banques devraient annuler, représenterait 20 % du total des prêts non performants. Compte tenu des précédents efforts de la CBRC pour renforcer les bilans des banques, celles-ci, qui ont réalisé ces dernières années des profits confortables, et dont le ratio de prêts non performants était, en 2008, très faible, ont les moyens d'annuler le reste. Supposons que celui-ci représente 20 % des prêts non performants et que les pertes dues aux défauts de paiement soient de 50 %, il n'y aurait pas plus de 200 milliards de yuans à annuler.

Approfondir les réformes du système financier

Le développement d'un système financier dynamique présente une importance particulière pour la croissance du secteur des services en Chine. Non seulement la finance est un service essentiel pour l'industrie, mais elle joue aussi un rôle indispensable dans le soutien de la croissance des autres services, en particulier en apportant un financement aux PME à un coût raisonnable et en favorisant l'innovation.

L'Asie (dont la Chine), comme l'Europe et contrairement aux États-Unis, est un système financier centré sur les banques. Le problème principal est ainsi de rendre celles-ci plus compétitives et plus efficaces. La première chose à faire est donc de renforcer encore leurs bilans.

Pour ce faire, la CBRC a annoncé l'application, à partir de 2012, d'une nouvelle réglementation prudentielle. Les normes seront plus strictes et le calendrier plus serré que Bâle III. Le ratio d'adéquation du capital imposé aux banques comme ratio de fonds propres minimaux par rapport aux actifs pondérés des risques est de 11,5 % pour les grandes banques et de 10,5 % pour les autres, contre 7 % dans le cadre de Bâle III. Le ratio de levier simple est de 4 % pour les actifs non pondérés, contre 3 % dans Bâle III. La CBRC a fixé les mêmes contraintes pour la surcharge contracyclique et les deux ratios de liquidité. La mise en place de l'ensemble doit suivre un calendrier plus rapide : 2013 pour les banques systémiques et 2016 pour les autres, alors que la période d'ajustement de Bâle III va jusqu'à 2019. L'exigence de capital est un des moyens permettant de renforcer le système bancaire. Les deux autres sont une supervision prudentielle plus exigeante et une meilleure gestion du risque. Ils sont fortement liés à la nécessité d'évaluer correctement les actifs bancaires, et donc de faire en sorte que les prix révèlent plus justement les risques.

La première partie de ce chapitre a souligné que les prix du crédit sont parmi ceux qui sont les plus distordus. Avant la crise financière globale, les organisations internationales (Banque mondiale et OCDE) prétendaient sans scrupule aucun que la libération financière et l'ouverture tous azimuts étaient le seul moyen de mettre fin aux distorsions de prix. Après l'effondrement du modèle de Wall Street du crédit structuré, fondé sur la prospection des emprunteurs (*initiating*), la mise en commun des crédits (*pooling*), la titrisation et la distribution des tranches obligataires de différents niveaux de risque (*tranching*), au prétexte de le disséminer, il est difficile d'en faire la panacée. Le système bancaire européen, bâti sur le principe de conglomérats financiers universels et gigantesques, ne présente, lui non plus, pas beaucoup d'attrait. Il est tombé dans le piège de la crise de la dette souveraine par sous-capitalisation et parce qu'il ne peut pas gérer correctement des ensembles aussi complexes et aussi opaques. Le problème de la réforme du système financier chinois n'est donc pas une tâche négligeable. Il est hanté par la question suivante : quel doit être le rôle des banques dans un pays à marché émergent, parvenu à ce stade de développement ?

La finance jouera un rôle fondamental dans la mise en œuvre de la planification stratégique qui doit guider la transition de la Chine vers le développement soutenable. Nous avons montré, dans le chapitre 6, que les sentiers économiques soutenables sont grevés, pour l'avenir, d'incertitude. La finance est un commerce de promesses dans le temps. Elle est donc l'institution qui structure le temps économique. Elle le fait en fixant des horizons temporels possibles pour les agents économiques décentralisés et en transformant une incertitude indifférenciée en une structure différenciée de risques susceptibles d'être gérés et transférés. L'importance des prix financiers vient de ce qu'ils permettent l'expression et la comparaison, en termes monétaires, de promesses futures, incorporées dans toute initiative (*venture*) qui utilise des ressources sociales dans l'espoir de produire, dans l'avenir, des valeurs sociales plus élevées. Ces expressions sont les valeurs présentes nettes des projets d'investissement, c'est-à-dire les flux futurs actualisés de cash-flow provenant de l'argent investi aujourd'hui, ajustés au risque estimé. C'est pourquoi les règles administratives favorisant les intérêts acquis de certaines positions de pouvoir peuvent provoquer des biais persistants dans les prix financiers, qui faussent gravement l'allocation des ressources sociales.

Les progrès importants de la libéralisation financière peuvent être un sous-produit de la réforme fiscale. Les gouvernements locaux devraient se voir allouer des recettes fiscales leur permettant de répondre à leurs responsabilités sociales et de fournir des biens publics à la population. Les plans d'investissement public doivent donc être compatibles avec les objectifs et les critères de la planification stratégique. Les projets spécifiques de dépenses, pour un montant minimal, qui doivent être déterminés par le gouvernement central doivent être examinés par des agences de planification ayant une expertise propre, et sous l'autorité de la NDRC. Les budgets d'investissement à moyen terme, issus de projets approuvés au niveau de l'État et bénéficiant d'une garantie de celui-ci, peuvent être financés par des obligations municipales et provinciales. Les premières émissions devraient plaire aux investisseurs institutionnels, principalement chinois, mais aussi s'ouvrir, dans une certaine mesure, aux investisseurs étrangers en quête de diversification. Les banques peuvent être les régulateurs des marchés secondaires. L'urbanisation constituant une orientation à long terme du développement, le marché des obligations municipales recèle un formidable potentiel de croissance.

Que signifie, pour les banques, financer le processus d'urbanisation ? D'un côté, compte tenu des énormes investissements impliqués, il leur faudra davantage de capital qu'elles n'en peuvent produire à partir de leurs seuls profits, d'autant plus que la réforme fiscale déjà évoquée va demander aux grands établissements bancaires, comme aux autres entreprises publiques, de payer des dividendes à l'État. L'urbanisation passe par l'élargissement de la base de consommation, c'est-à-dire par un accroissement de la population ayant les moyens d'avoir un mode de consommation urbain. Les banques vont donc devoir faire du crédit à la consommation (*consumer banking*) et offrir des services diversifiés aux personnes à faible revenu, le tout sans perdre de l'argent. Si elles sont correctement capitalisées, et si la CBRC, tout en les contrôlant étroitement, réussit à les inciter à investir dans les systèmes de gestion de risque modernes, les banques pourront soutenir des coûts plus élevés sur leurs dépôts. C'est le bon moyen pour augmenter le coût du capital et obliger les banques à rendre le système financier plus compétitif afin de conserver leur base de dépôts (*deposit base*). Parallèlement, les autorités doivent encourager le développement d'investisseurs institutionnels capables d'apporter aux banques et aux sociétés non financières des capitaux sous forme d'actions, et d'acheter des obligations émises par les entreprises et les gouvernements locaux. Les investisseurs institutionnels, s'ils opèrent dans un environnement stable, sont les principaux acteurs du financement de l'investissement à long terme. Les investisseurs institutionnels nationaux peuvent aussi être des actionnaires à long terme des banques, ce qui permettra à l'État de se retirer en partie sans compromettre la stabilité de la propriété. Même si l'État veut garder une majorité de contrôle, il y a assez de place pour renforcer le capital avec la participation des investisseurs institutionnels. Autre raison pour ce faire : le système financier doit être suffisamment protégé contre les flux internationaux de capitaux, tout en restant concurrentiel en interne. La Chine est un pays assez grand pour pouvoir améliorer la concurrence sans s'ouvrir pleinement aux capitaux étrangers. Au lieu de se livrer à des spéculations hasardeuses sur les marchés boursiers ou les marchés de l'immobilier, et de percevoir des rendements réels négatifs sur leurs dépôts, les ménages seront capables ainsi de bénéficier d'une relative richesse financière en diversifiant leur épargne entre les dépôts bancaires, les contrats d'assurance-vie et les fonds de pension. Un système bancaire concurrentiel doit pouvoir éviter la prolifération des fonds communs de placement ne présentant aucune sécurité.

En plus des cinq grandes banques de détail en réseau, qui collectent environ 80 % de la totalité des dépôts, les banques municipales devraient jouer un rôle plus important dans la fourniture de services bancaires de base pour les pauvres et dans l'offre de crédit hypothécaire et de crédit à la consommation pour la classe moyenne en expansion. Les banques municipales et les coopératives rurales dans les campagnes sont à même de toucher les personnes n'ayant pas accès aux services bancaires. S'agissant du statut de la propriété, banques publiques, banques privées et banques mutualisées peuvent parfaitement coexister. Au niveau macroéconomique, ce mélange peut offrir une plus forte résistance au risque de retournement du crédit. Au fil du temps, la part des banques publiques devrait lentement baisser, pour atteindre 50-60 % des dépôts.

Des incitations fiscales peuvent être adoptées pour étendre la couverture bancaire dans les régions lointaines, dans le cadre de l'objectif « Allez à l'ouest » du 12e plan quinquennal. Grâce à elles, et avec plus de marge de manœuvre pour ajuster les taux d'intérêt à leur crédit, les coopératives rurales peuvent devenir profitables à condition que la culture du crédit puisse se diffuser dans les campagnes profondes.

Accroître l'investissement dans les services aux entreprises et les services publics

Si l'économie chinoise présente une forte intensité en investissement, l'investissement dans le secteur tertiaire, notamment dans certains services publics essentiels, reste limité. Selon les estimations de Li et Yuan (2010), en 2007, la part de l'éducation dans l'investissement total avait diminué pour s'établir à 1,7 %, contre 3 % en 2003. Les services publics en Chine manquent toujours cruellement de financements.

Les raisons du faible taux d'investissement dans les services sociaux sont multiples. Les obstacles administratifs, évoqués précédemment, ont bloqué l'investissement privé dans ces domaines. Les investissements actuels dans les services sociaux dépendent donc totalement de ceux du secteur public. Deux questions, alors, se posent : quelles sont les ressources fiscales disponibles pour les services sociaux ? Quelles sont les incitations qui permettraient aux organismes publics concernés d'investir dans ces services ? En Chine, les dépenses en matière de services sociaux sont aujourd'hui principalement de la responsabilité des gouvernements locaux, et leur appétit dans ce domaine n'est guère aiguisé. L'État s'efforce de modifier les préférences des officiels locaux en matière d'investissement en créant des schémas d'évaluation des dépenses sociales et en injectant des financements budgétaires au moyen de transferts spécialisés *ad hoc*. Si ces mesures sont utiles, elles ne sont pas déterminantes. Le problème nécessite des solutions institutionnalisées. Si l'on veut favoriser l'investissement dans les services sociaux, les marchés doivent être ouverts aux acteurs privés et des ressources fiscales stables doivent être consacrées à cette fin.

Poursuivre la réforme budgétaire inachevée

La réforme budgétaire est un des instruments les plus directs et les plus puissants pour corriger les distorsions des prix des facteurs et modifier la répartition du revenu national. Elle influence les comportements de tous les acteurs économiques : individus, entreprises et pouvoirs publics. Par le biais du schéma de partage fiscal, elle définit également la structure administrative de la nation, tant verticalement (les relations entre l'État central et les gouvernements locaux) qu'horizontalement (les relations entre régions).

Le cadre du régime fiscal chinois actuel a été créé en 1994. Face à une grave crise de gouvernement, l'objet immédiat de la réforme de 1994 était de renforcer la position budgétaire du gouvernement central. La réforme se donnait donc pour principal objectif d'élargir l'assiette de la fiscalité, de simplifier l'administration budgétaire, de recentraliser le pouvoir fiscal et de favoriser la croissance économique. Certaines nuances propres aux régimes fiscaux modernes n'ont pas été prises en compte. En d'autres termes, le système fiscal demeurait, en 1994, à l'état embryonnaire. Les dirigeants politiques de l'époque envisageaient un processus continu de réforme budgétaire qui accompagnerait l'évolution rapide de l'économie du pays. Or, bien que datant de 1994, le cœur du régime fiscal chinois est resté quasiment inchangé pendant près de vingt ans.

Entre-temps, la Chine a cependant connu des changements structurels considérables. Le régime de croissance de 1994-2008 a parcouru son cycle : émergence, essor, apogée et déclin. Pierre de touche de ce régime, le système fiscal de 1994 a aussi perdu ses effets positifs au gré des évolutions socio-économiques du pays. L'apparition d'un nouveau régime de croissance nécessite donc de reprendre cette réforme budgétaire inachevée. Nous allons examiner ici les mesures permettant de mettre en œuvre un nouveau régime fiscal, qui doit faciliter le rééquilibrage de l'économie et favoriser une transition en douceur vers le prochain régime de croissance soutenable.

L'inachèvement de la réforme fiscale de 1994 peut être analysé sous un triple aspect. En premier lieu, comme nous l'avons expliqué dans le chapitre 4, le régime fiscal de 1994 fut le premier régime fiscal moderne de la Chine. Avant cela, les ressources des gouvernements venaient pour l'essentiel des recettes que leur versaient, sur leurs profits, les entreprises publiques. Avec l'apparition d'une économie de marché, ce régime fiscal socialiste ne convenait plus. L'absence de réelle fiscalité sur les activités privées a sérieusement érodé l'assiette fiscale de l'État. Pour renforcer rapidement la situation financière de celui-ci, la réforme de 1994 a mis l'accent sur la perception effective de recettes fiscales importantes, notamment celles pouvant être facilement administrées. C'est en partie la raison pour laquelle le régime fiscal chinois actuel dépend si fortement de la fiscalité sur le chiffre d'affaires. Cette stratégie a permis d'inverser avec succès la tendance à la baisse des recettes fiscales de l'État central et d'égaliser les conditions de concurrence pour les entreprises placées sous des régimes différents de propriété ou situées dans diverses zones géographiques. La fiscalité sur le chiffre d'affaires frappant lourdement la consommation, cette structure fiscale a encouragé l'accumulation du capital et les investissements en actifs fixes, indispensables à l'époque. Mais, depuis 1994, l'hypercroissance du pays a profondément modifié l'exposition de l'économie et la structure sociale chinoise. Les plus grands défis auxquels le pays doit à présent faire face sont l'augmentation de la consommation intérieure, le transfert de la richesse des détenteurs de capitaux vers les salariés et la transition du régime de croissance vers un sentier soutenable. C'est pourquoi un régime fiscal largement basé sur la consommation ne convient plus à la situation présente et à venir de la Chine. Le régime fiscal doit donc être réformé afin de corriger la structure économique du pays et y répartir autrement la richesse.

En deuxième lieu, le système de partage fiscal de 1994 avait redéfini le schéma de partage des recettes fiscales entre le gouvernement central et les gouvernements locaux. Il n'avait cependant pas révisé le partage des dépenses correspondantes en biens et services publics. Deux questions cruciales n'avaient ainsi pas été réglées : quel est le principe de répartition de la ressource fiscale entre les différents niveaux de gouvernement et entre les territoires, qui est optimale en Chine ? Comment répartir les fonctions sociales entre les différents niveaux de gouvernement ? Pour réduire l'écart entre les recettes et les dépenses des gouvernements locaux, des transferts *ad hoc* ont été réalisés de l'État central vers les provinces, moyennant de constantes négociations politiques. Ce système non institutionnalisé de transfert présente au moins deux inconvénients. D'abord, la nature *ad hoc* des transferts perturbe la planification à long terme des collectivités locales et introduit des tensions politiques dans le processus de négociation. Ensuite, les transferts de l'État central vont normalement aux gouvernements provinciaux, qui ont une totale liberté pour allouer ces ressources entre les collectivités situées aux échelons inférieurs. Ce canal de distribution vertical, du haut vers le bas, est directement responsable des difficultés financières ayant affecté les niveaux les plus bas de gouvernement dans tout le pays. Malheureusement, des services sociaux essentiels, comme l'éducation primaire et les soins de santé primaires, sont de la responsabilité de ces niveaux administratifs inférieurs. La rareté des ressources financières a gravement limité la fourniture de biens et de services sociaux de base en Chine, en particulier dans les zones rurales. Si Pékin veut emprunter un sentier de croissance plus équilibré et mettre en œuvre un système de planification stratégique effectif au niveau national, il lui faut parachever la réforme fiscale et redéfinir la répartition des responsabilités sociales entre les différents niveaux d'administration. Enfin, à chaque fonction sociale doivent correspondre des ressources financières suffisantes, et cela de manière institutionnalisée.

Last but not least, la réforme fiscale de 1994 a réduit, sans les supprimer, les recettes hors ou extrabudgétaires en Chine. Les plus importantes sont celles venant des transferts fonciers. Entre 1994 et 2008, la concurrence fiscale entre provinces et municipalités a conduit les gouvernements locaux à allouer des terres, à bas prix, pour un usage industriel. Cela a été largement favorable à l'industrialisation et à l'urbanisation du pays, à une époque où l'accumulation du capital était cruellement indispensable. Mais les contradictions engendrées par ces transferts fonciers sauvages se sont avérées, dans la durée, dramatiques, surtout dans la perspective d'un sentier de développement équilibré et soutenable, et de l'amélioration du bien-être social. Les saisies prédatrices de terres ont privé leurs anciens propriétaires, en particulier les agriculteurs, des justes dédommagements qu'ils étaient en droit d'attendre. Cela a suscité un profond mécontentement social et provoqué une urbanisation malsaine. Si les agriculteurs sans terres ne peuvent pas obtenir assez de ressources pour s'installer dans les régions urbaines, ils vont constituer une menace sérieuse pour la stabilité sociale en Chine. Il ne fait pas de doute, en effet, qu'ils ne vont pas supporter en silence la détérioration de leurs conditions de vie. L'autre question que la Chine doit régler au cours de la prochaine phase de réforme, c'est celle de la collecte et de la répartition des profits des entreprises publiques. Pour alimenter la croissance lourde en capital, les entreprises publiques ont bénéficié de larges allocations de ressources de la part de l'État. Or les dividendes versés à celui-ci et à la population chinoise ont été très modestes. La réglementation des recettes hors et extrabudgétaires doit dont être renforcée et institutionnalisée.

Dans les pages suivantes, nous allons donner un aperçu de la manière dont la Chine pourrait reprendre sa réforme fiscale interrompue, sous les trois aspects que nous venons d'évoquer. L'objectif est de mettre en place un régime fiscal moderne qui puisse aider la Chine à rééquilibrer la répartition de son revenu national, à supprimer les distorsions des prix des facteurs et à guider la transition vers le régime de croissance soutenable décrit au chapitre 6.

RESTRUCTURER LE SYSTÈME FISCAL POUR LE PROCHAIN RÉGIME DE CROISSANCE

Lorsqu'on parle de régime fiscal, la première question que beaucoup se posent est la suivante : la charge fiscale totale est-elle trop élevée ? De même, à propos du futur régime fiscal de la Chine, nombreux sont ceux qui se demandent si la Chine doit réduire ou accroître le niveau de sa fiscalité. Mais, si l'on pose ces questions sans tenir compte de la croissance économique, de la structure de la société, des fonctions assurées par le gouvernement et du système social de ce pays, elles n'ont pas grand sens. Ce qu'il faut tenter de savoir, au-delà du niveau des prélèvements fiscaux, c'est si la structure des ressources et des dépenses budgétaires convient à la Chine d'aujourd'hui et à la transition vers son prochain régime de croissance, qui doit intégrer l'amélioration du bien-être social et la soutenabilité.

La structure fiscale étouffe la consommation et l'essor des PME industrielles

Le régime fiscal chinois actuel dépend fortement des impôts sur le chiffre d'affaires (*turnover taxes*). Ceux-ci représentaient, en 2009, 65 % des recettes fiscales du pays [1], la TVA contribuant à hauteur de 28 % du total. Les impôts sur le chiffre d'affaires étant régressifs, la structure fiscale actuelle de la Chine n'incite pas à la justice sociale et à la consommation intérieure.

En Chine, dans le système fiscal actuel, l'impôt sur la consommation désigne un impôt indirect qui est assis principalement sur les produits de luxe. Il frappe la consommation de certains produits, considérés comme des produits de luxe ou comme des produits nuisibles à la santé publique. Ses recettes ne représentaient, en 2010, que 8 % des recettes fiscales totales. Mais, si la TVA chinoise est collectée du

1. Ce calcul est fait en combinant la TVA sur la consommation intérieure, la TVA et la taxe sur les importations, la taxe professionnelle (*business tax*), les droits de douane et la taxe sur la construction et l'entretien des bâtiments urbains.

Figure 7.2. STRUCTURE DES IMPÔTS EN CHINE EN 2010.

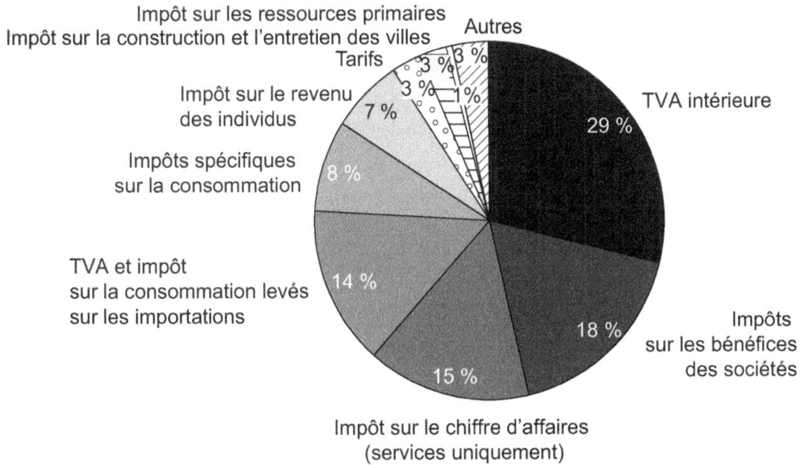

Source : *Annuaire statistique de la Chine*, 2011.

côté de la production, les consommateurs chinois ont toujours été ceux qui la supportaient en dernier ressort. Une TVA forte augmente le prix réel des biens et services offerts aux consommateurs chinois, et réduit leur pouvoir d'achat réel. La TVA chinoise a un taux unifié national de 17 % (il existe également un taux préférentiel de 13 %). Ainsi, les régions pauvres, les petites entreprises et les ménages à revenu moyen et faible en supportent la plus large part. C'est exactement le contraire de ce qu'il faudrait faire pour rééquilibrer la structure de l'économie chinoise.

La seconde source de recettes fiscales en Chine, c'est l'impôt sur les bénéfices des sociétés. Il représentait, en 2010, 18 % des recettes fiscales totales. Ajouté à la TVA, le coût fiscal de ces deux impôts s'élevait, pour les entreprises chinoises, à 80 % de leurs profits (Fang *et al.*, 2010, p. 126). Un chiffre inférieur seulement à celui observé en Argentine.

Les PME chinoises ont supporté l'essentiel de cette charge fiscale. Les entreprises étrangères ont bénéficié de taux préférentiels jusqu'en 2008. Les grandes entreprises, nationales ou étrangères, quant à elles, ont souvent bénéficié de réductions ou d'abattements fiscaux de la part du gouvernement central ou des gouvernements locaux, qui espéraient ainsi stimuler les investissements. Mais les PME privées sont, en général, restées à l'écart de ces deux régimes préférentiels, alors qu'elles sont la composante la plus dynamique de l'économie future de la Chine, et la plus pourvoyeuse d'emplois. Un environnement fiscal aussi défavorable diminue fortement la vigueur des PME et affaiblit leur compétitivité sur le marché.

Dans le nouveau régime fiscal, l'assiette devra donc être élargie et les recettes, diversifiées, de sorte que la fiscalité ne porte plus principalement sur la consommation et sur la production. Le poids de la fiscalité sur les bénéfices dans le système fiscal doit être réduit, afin de constituer une structure fiscale plus progressive et de créer des incitations à la consommation intérieure et à la montée en gamme dans l'industrie. L'introduction de nouveaux impôts et l'extension des impôts ayant un fort impact sur la redistribution du revenu et sur le développement soutenable, comme les impôts sur la richesse et les impôts sur les ressources primaires, seraient une bonne solution.

Renforcer le rôle du système fiscal dans la redistribution du revenu

Les impôts qui ont l'impact le plus direct et le plus important sur la redistribution de la richesse sont les impôts sur le revenu et les impôts sur la richesse. Ces deux types d'impôt ne sont pas assez développés en Chine.

Le concept d'imposition sur la richesse des personnes physiques était quasiment absent du régime fiscal de 1994. Il y avait deux raisons à cela. D'abord, en 1994, les Chinois n'avaient, individuellement, pas assez d'actifs personnels, sans même parler d'une concentration de richesse. Ensuite, les impôts sur la richesse sont des impôts directs. Le coût de la collecte de ces impôts aurait été bien trop élevé, par rapport à celui des impôts sur les bénéfices des sociétés, à un moment où la Chine ne disposait pas d'un système exhaustif d'enregistrement des éléments de fortune personnelle. Si des efforts ont été faits, ces dernières années, pour combler cette lacune, les progrès ont été lents. La Chine n'a toujours pas un système complet de fiscalité foncière. D'importants impôts, comme la taxe sur la propriété d'une résidence immobilière, l'impôt sur les successions et l'impôt sur les donations restent, quand ils existent, extrêmement limités et à un taux minimal. La collecte de ces impôts laisse beaucoup à désirer. L'absence d'impôt sur la propriété n'est pas seulement une perte considérable de recettes fiscales[1]. Les impôts fonciers sont également un instrument puissant de rééquilibrage de la répartition de la richesse nationale et de régulation des tendances inflationnistes sur les marchés immobiliers. Le développement de ce type d'impôt est une des mesures les moins pesantes que la Chine doit prendre pour créer une structure fiscale

1. Les impôts fonciers sont généralement des sources financières importantes pour la fourniture de biens et de services publics par les gouvernements locaux. Dans certains États des États-Unis, ils représentent 80 % des recettes fiscales totales.

nouvelle, qui fournira des incitations positives au déploiement d'une croissance soutenable.

Contrairement à l'impôt foncier, la Chine a déjà développé une série complète d'impôts sur le revenu personnel. Des réformes de la structure de la fiscalité sur le revenu personnel sont cependant encore indispensables afin de rééquilibrer la relation entre le capital humain et le capital tangible. Ces ajustements structurels devraient porter sur deux principaux aspects.

Le premier concerne la relation entre l'impôt sur le revenu salarial et l'impôt sur les plus-values du capital. La fiscalité chinoise sur le revenu personnel différencie soigneusement plusieurs catégories d'impôt en fonction des sources de revenu. Ces diverses catégories sont prélevées séparément. Parmi elles, l'impôt sur le revenu salarial représente plus de la moitié des recettes totales de la fiscalité sur le revenu personnel et sa part n'a cessé d'augmenter au fil des années. Elle représentait en 2008 60,4 % des recettes totales de la fiscalité sur le revenu personnel. En revanche, les impôts sur le résultat d'exploitation des entreprises individuelles et sur les plus-values ont été à la traîne. L'imposition des plus-values sur le capital a pris particulièrement du retard. Non seulement l'assiette de l'impôt n'est pas assez large, mais le taux a été fixé à 20 %. Comparé à celui de 45 % de l'impôt sur les hauts revenus salariaux, ce taux est très modéré. Pour le prochain régime de croissance, la Chine doit accroître le poids du capital humain par rapport au capital tangible. Dans cette logique, la structure de la fiscalité sur le revenu personnel doit être adaptée en faveur des salariés qualifiés et au détriment des détenteurs de capital. L'accroissement des inégalités de richesse entre les ménages chinois vient par ailleurs d'un accès disparate aux revenus autres que salariaux. Afin de renforcer la redistribution du revenu et réduire l'écart de richesse, le rapport entre la fiscalité sur le revenu salarial et d'autres types d'impôt sur le revenu doit être modifié.

L'autre aspect de la future réforme concerne la structure de la fiscalité sur le revenu salarial. Les décisions touchant le seuil d'exemption, l'éventail des taux et la progressivité de l'impôt auront une influence essentielle sur le comportement des employés et des employeurs.

De façon générale, la fiscalité chinoise sur le revenu personnel n'a guère été favorable à la croissance des revenus moyens, et ce, malgré le fait que les dirigeants chinois ont insisté à plusieurs reprises sur l'importance qu'il y aurait à développer une courbe en cloche de la répartition des revenus. Le tableau 7.7 montre qu'avant comme après la réforme de la fiscalité sur le revenu personnel, en 2011, l'imposition des salariés à revenu moyen était et est plutôt élevée. Dans l'ancien système, les taux passent rapidement d'un taux bas de 5 % au taux de 20 % ; dans le nouveau, de 3 % à 25 %. Les taux supérieurs de ces deux régimes sont de 45 % pour les employés ayant un salaire supérieur à 100 000 (avant 2011) ou 80 000 yuans (après 2011). Comparé aux niveaux internationaux, c'est un taux extrêmement élevé.

Tableau 7.7. L'impôt sur le revenu salarial personnel (avant et après 2011).

Avant 1er septembre 2011	
Revenu imposable mensuel (yuan)	*Taux d'imposition*
0-500	5 %
500-2 000	10 %
2 000-5 000	15 %
5 000-20 000	20 %
20 000-40 000	25 %
40 000-60 000	30 %
60 000-80 000	35 %
80 000-100 000	40 %
100 000 et plus	45 %
Après 1er septembre 2011	
Revenu imposable mensuel (yuan)	*Taux d'imposition*
0-1 500	3 %
1 500-4 500	10 %
4 500-9 000	20 %
9 000-35 000	25 %
35 000-55 000	30 %
55 000-80 000	35 %
80 000 et plus	45 %

Source : Administration d'État des impôts.

La réforme récente de l'impôt sur le revenu personnel a bénéficié aux bas et moyens salaires. En élevant le seuil d'exemption fiscal de 2 000 à 3 500 yuans par mois, le nouveau régime a soulagé 60 millions de Chinois du paiement de cet impôt. Les tranches des taux les plus bas ont également été élargies. Ces changements ont eu un impact positif : ils ont accru le revenu réel des familles de la classe moyenne inférieure et renforcé leur pouvoir d'achat. Cette réforme de la fiscalité sur le revenu personnel est une étape encourageante dans la bonne direction. Elle stimule en effet la fonction de redistribution de la fiscalité chinoise.

Cependant, le poids fiscal pesant sur la classe moyenne supérieure en Chine a été, en réalité, aggravé par le nouveau régime d'impôt sur le revenu personnel. Dans l'ancien système, le taux marginal d'impôt de 20 % couvrait un revenu mensuel allant de 5 000 à 20 000 yuans. Dans le nouveau système, le taux marginal d'impôt passe à 25 % dès que le salaire dépasse 9 000 yuans. La classe moyenne supérieure est constituée en Chine des professionnels les plus qualifiés. Ils sont le pilier de la transition du pays vers une nouvelle phase de croissance. Taxer lourdement cette population représente une entrave à la modernisation de l'économie et place la Chine dans une position désavantageuse dans la concurrence pour les talents. Des réductions ou abattements d'impôt sur le revenu salarial pour la classe moyenne supérieure devraient donc être envisagés.

Pour résumer, le régime fiscal chinois actuel est inadapté, voire contre-productif, par rapport au rééquilibrage souhaité de la répartition du revenu national. Afin de réduire les inégalités de richesse, la Chine doit augmenter le poids des impôts directs au détriment des impôts indirects, et notamment accroître la fiscalité sur le foncier et les plus-values en capital. La Chine ne pourra le faire que si elle améliore l'efficacité de l'administration fiscale. Une banque de données recueillant des informations financières sur chaque famille chinoise doit être créée dès que possible. C'est indispensable pour collecter correctement et effectivement l'impôt sur le revenu et les impôts fonciers. Cette banque de données, s'ajoutant à des informations sur la charge financière des familles, constitue aussi un outil essentiel pour corriger la répartition inégale du revenu en Chine.

Fixer, grâce à l'impôt, un prix correct pour les ressources naturelles et les services environnementaux

L'efficience énergétique et la protection de l'environnement sont deux composantes indispensables du développement soutenable. Le mécanisme le plus efficace pour les favoriser l'une et l'autre, comme on l'a vu dans le chapitre 6, est de fixer un prix correct pour les ressources naturelles et les services environnementaux. Or ces mécanismes de prix sont en Chine, aujourd'hui, dans l'enfance. Cette immaturité a deux raisons majeures. D'abord, les droits de propriété permettant l'utilisation de ces ressources et de ces services sont ambigus. Ensuite, la Chine n'a pas encore créé de régime fiscal à même de donner un prix à ces ressources et à ces services qui soit en rapport avec leur valeur sociale. Nous allons examiner le rôle de la politique fiscale dans la fixation de prix corrects pour les ressources naturelles et les services environnementaux.

La Chine a commencé à taxer les ressources naturelles en 1984. À l'époque, ces impôts servaient surtout à redistribuer le revenu. Tant que la marge bénéficiaire obtenue grâce à l'utilisation de ce type de ressource ne dépassait pas 12 %, l'extraction n'était pas imposée. L'impôt est calculé d'après le volume de ressources naturelles extraites. Comme nous l'avons expliqué précédemment dans ce chapitre, cette fiscalité était infime comparée aux normes internationales. En 2005, les taux d'impôt sur l'extraction de ressources minières ont été légèrement ajustés pour la tranche supérieure. Mais la réforme radicale et très attendue de la fiscalité sur les ressources a été ajournée en 2008 en raison de la crise financière mondiale.

Comme le montre la figure 7.2, en 2009, la part de la fiscalité sur les ressources naturelles dans la totalité des recettes fiscales en Chine ne représentait qu'une petite fraction (moins de 1 %). S'agissant même des provinces du Nord-Ouest, riches en ressources, cette part restait très limitée (*cf.* tableau 7.8).

Tableau 7.8. La part de la fiscalité sur les ressources dans les recettes fiscales totales en Chine et dans les cinq provinces du Nord-Ouest (2010).

	Total national	*Shaanxi*	*Gansu*	*Qinghai*	*Ningxia*	*Xinjiang*
Recettes fiscales totales (mds RMB)	7 321,1	71,1	22,0	8,9	12,7	41,6
Recettes fiscales sur ressources naturelles (mds RMB)	41,8	2,2	0,6	1,0	0,2	3,2
Ratio des recettes sur les ressources naturelles dans le total des recettes fiscales (%)	0,6	3,1	2,8	10,8	1,5	7,8

Source : Annuaire statistique de la Chine, 2011.

Cette situation a nui à la protection de l'environnement et découragé les investissements dans les énergies propres. Elle a aussi aggravé les inégalités sociales. Avec la hausse rapide des prix de l'énergie, les profits des entreprises travaillant dans les ressources minières ont connu une forte embellie, et le coût de l'énergie a fortement augmenté pour le consommateur. Les provinces pauvres de l'ouest de la Chine, qui n'ont pas reçu de compensation financière correspondant à leurs ressources, ont dû faire face à d'énormes coûts environnementaux et à une grave détérioration écologique, provoquée par les activités d'extraction des ressources naturelles. Une large réforme de la fiscalité sur les ressources et de la fiscalité environnementale, comprenant une taxe carbone, doit donc prendre, le plus tôt possible, une place prioritaire dans l'agenda politique de la Chine.

En juin 2010, une réforme pilote de la fiscalité sur les ressources naturelles a été adoptée dans le Xinjiang, province du nord-ouest de la Chine, très riche en ressources naturelles. Une taxe de 5 % a été fixée sur les ventes de gaz naturel et de pétrole, qui remplace l'ancien prélèvement forfaitaire sur le volume de production[1]. Cette réforme a eu des résultats immédiats. Les recettes de la fiscalité sur les ressources dans la province sont passées de 1,2 à 3,2 milliards de yuans. En septembre 2011, la Chine a modifié sa législation sur la fiscalité des ressources pour substituer un impôt sur la valeur au prélèvement sur le volume. Au moment de la rédaction de ce livre, aucun taux n'avait encore été annoncé. Ces évolutions constituent, quoi qu'il en soit, des signes positifs.

La poursuite de la réforme fiscale concernant les ressources naturelles va nécessiter une forte volonté politique. La couverture de l'impôt sur les ressources doit encore être étendue et les taux doivent être corrigés à la hausse afin de compenser pleinement les pertes causées par le processus d'extraction à l'environnement local, au système écologique et à la vie des habitants locaux. Les taux de l'impôt sur les ressources correspondent aux prix de ces ressources pour ceux qui les extraient et devraient être intégrés dans la planification stratégique de la nation. De même, pour les services environnementaux, il est indispensable de créer un régime fiscal clair, de sorte que le système de prix puisse guider le comportement des acteurs économiques vers un sentier de croissance plus écologique.

Le débat politique concernant la réforme de la fiscalité sur les ressources et l'environnement, y compris l'adoption d'une taxe carbone, porte aujourd'hui principalement sur son impact sur la croissance

1. Avant la réforme, le Xinjiang prélevait 30 yuans par tonne de pétrole brut et de 7 à 9 yuans par mètre cube de gaz naturel.

économique chinoise. Selon une idée largement répandue, la Chine, avant de s'attaquer aux problèmes environnementaux, devrait passer par une phase de croissance extensive et polluante, comme les pays industrialisés en Europe. Rien ne saurait être plus erroné. La Chine n'est pas la Grande-Bretagne du XIXe siècle et ne doit pas l'être. Géant tard venu dans le processus d'industrialisation, notre seule et unique planète ne pourrait supporter que la Chine emprunte le processus extensif de développement de la Grande-Bretagne, ou adopte le mode gaspilleur de consommation des États-Unis. Ce chemin est condamné à la catastrophe écologique. La Chine doit sauter par-dessus le mode de vie occidental pour passer directement à une société postindustrielle, fondée sur des technologies favorables à l'environnement. Les impôts prélevés sur l'extraction des ressources et la pollution peuvent être utilisés pour compenser les pertes environnementales et investir dans les innovations vertes. C'est le seul moyen pour que la Chine, comme le souhaite Arrighi, prenne la tête de la transformation de l'ordre mondial.

Le régime budgétaire du côté des dépenses

Les débats sur le régime fiscal s'intéressent souvent uniquement aux recettes. Or, pour savoir si un régime budgétaire est ou non raisonnable, il est essentiel de comprendre ce qui se passe du côté des dépenses. Quel est le volume des dépenses publiques en Chine ? Est-il cohérent avec les recettes ? Comment les dépenses publiques sont-elles allouées ? La structure de cette allocation est-elle favorable au bien-être ? Le processus d'allocation des dépenses est-il efficace ? Certaines de ces questions seront traitées dans la partie suivante, qui porte sur la réforme du partage des recettes fiscales. Nous allons nous pencher ici sur le volume total et la composition des dépenses publiques en Chine. Nous utiliserons pour ce faire les données disponibles sur les dépenses budgétaires chinoises.

Le tableau 7.9 montre la trajectoire des dépenses budgétaires de la Chine depuis le début de la réforme en 1978. De manière générale, le volume et la croissance des dépenses budgétaires ont été cohérents avec l'évolution des recettes fiscales et les caractéristiques de chaque régime de croissance. Le poids des dépenses budgétaires dans le PIB a fortement diminué au cours de la première phase de la réforme de 1978 à 1994, puis augmenté régulièrement au cours de la seconde à partir de 1994, suivant ainsi une courbe en « V ». Cela est tout à fait cohérent avec notre analyse (chapitres 3 et 4) de la logique et du développement des réformes en Chine.

Tableau 7.9. L'évolution des dépenses budgétaires chinoises de 1978 à 2010.

Année	*Dépenses budgétaires nationales (mds RMB)*	*Croissance des dépenses budgétaires nationales (%, ga)*	*Dépenses budgétaires/ PIB (%)*	*Croissance des dépenses budgétaires/ croissance PIB*	*Dépenses budgétaires par tête (yuan)*
1978	112,2	33,0	30,8	2,4	116,6
1979	128,1	14,2	31,5	1,2	131,3
1980	122,8	– 4,1	27,0	– 0,3	124,4
1981	113,8	– 7,4	23,3	– 1,0	113,7
1982	123,0	8,0	23,1	0,9	121,0
1983	141,0	14,6	23,6	1,2	136,9
1984	170,1	20,7	23,6	1,0	163,0
1985	200,4	17,8	22,2	0,7	189,3
1986	220,5	10,0	21,5	0,7	205,1
1987	226,2	2,6	18,8	0,1	207,0
1988	249,1	10,1	16,6	0,4	224,4
1989	282,4	13,3	16,6	1,0	250,6
1990	308,4	9,2	16,5	0,9	269,7
1991	338,7	9,8	15,5	0,6	292,4
1992	374,2	10,5	13,9	0,4	319,4
1993	464,2	24,1	13,1	0,8	391,7
1994	579,3	24,8	12,0	0,7	483,4
1995	682,4	17,8	11,2	0,7	563,4
1996	793,8	16,3	11,2	1,0	648,6
1997	923,4	16,3	11,7	1,5	746,9
1998	1 079,8	16,9	12,8	2,5	865,5
1999	1 318,8	22,1	14,7	3,5	1 048,4
2000	1 588,7	20,5	16,0	1,9	1 253,5

Année	*Dépenses budgétaires nationales (mds RMB)*	*Croissance des dépenses budgétaires nationales (%, ga)*	*Dépenses budgétaires/ PIB (%)*	*Croissance des dépenses budgétaires/ croissance PIB*	*Dépenses budgétaires par tête (yuan)*
2001	1 890,3	19,0	17,2	1,8	1 481,1
2002	2 205,3	16,7	18,3	1,7	1 716,8
2003	2 465,0	11,8	18,1	0,9	1 907,5
2004	2 848,7	15,6	17,8	0,9	2 191,5
2005	3 393,0	19,1	18,3	1,2	2 594,9
2006	4 042,2	19,1	18,7	1,1	3 075,1
2007	4 978,1	23,2	18,7	1,0	3 767,6
2008	6 259,3	25,7	19,9	1,4	4 713,2
2009	7 630,0	21,9	22,4	2,6	5 717,5
2010	8 987,4	17,8	22,4	1,0	6 702,5

Source : Annuaire statistique de la Chine (différentes années).

Suivant l'expansion des recettes fiscales, la croissance des dépenses budgétaires d'une année sur l'autre a toujours dépassé la croissance du PIB au cours de la seconde phase de la réforme hormis les années 2003 et 2004. En 2006, les dépenses budgétaires représentaient 18,7 % du PIB. Par rapport aux normes internationales, ce chiffre n'avait rien d'exceptionnel. Même si l'on prend en compte les dépenses hors et extrabudgétaires, le volume des dépenses budgétaires n'avait rien d'invraisemblable.

S'agissant de la structure des dépenses budgétaires de la Chine, en revanche, les controverses ne manquent pas. La plus vive concerne les dépenses en capital, en particulier les investissements en infrastructures. Dans son influent rapport *Challenges for China's Public Spending* (2006) (« Les défis de la dépense publique en Chine »), l'OCDE procédait à une comparaison internationale de la part des dépenses en capital dans les dépenses budgétaires totales et dans le PIB (*cf.* figure 7.4). Ce graphique montre que la Chine investissait dans des actifs fixes une part plus importante de ses recettes fiscales que la plupart des pays de l'OCDE, à l'exception de la Corée du Sud. En pour-

Figure 7.3. La courbe en « V » des dépenses budgétaires par rapport au PIB.

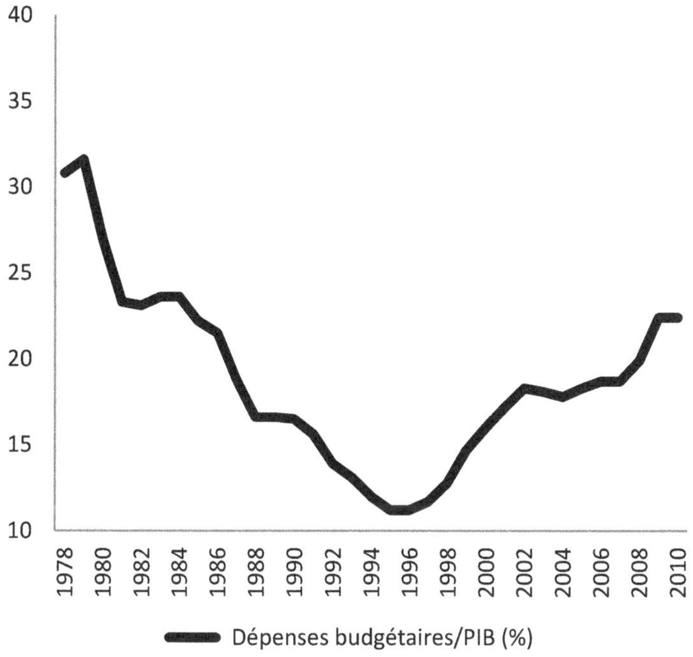

Source : Annuaire statistique de la Chine (différentes années).

centage du PIB, les dépenses budgétaires chinoises étaient les plus importantes, environ du double du pays de l'OCDE où elles étaient les plus fortes, la Corée du Sud. L'étude concluait que les dépenses budgétaires consacrées aux investissements en capital étaient, en Chine, trop élevées.

Nous appelons à la prudence avant d'énoncer pareille conclusion. Tout d'abord, comme nous l'avons vu, la phase actuelle de développement de la Chine et le processus d'urbanisation rapide nécessitent d'importants investissements en infrastructures. Où passe la frontière, ici, entre « trop » et « assez » d'investissements ? C'est difficile à dire. Les inefficiences et la faible qualité d'un grand nombre de projets publics d'infrastructures sont, assurément, préoccupantes. Cela veut dire, à tout le moins, que le processus de planification et de mise en œuvre de ces projets doit être réformé et grandement amélioré. Mais cela ne signifie pas nécessairement que la Chine, à cause de ces problèmes opérationnels, doive revoir à la baisse son soutien budgétaire aux projets d'investissement en infrastructures.

Figure 7.4. Les dépenses en capital de l'État en % du PIB et des dépenses totales (2002).

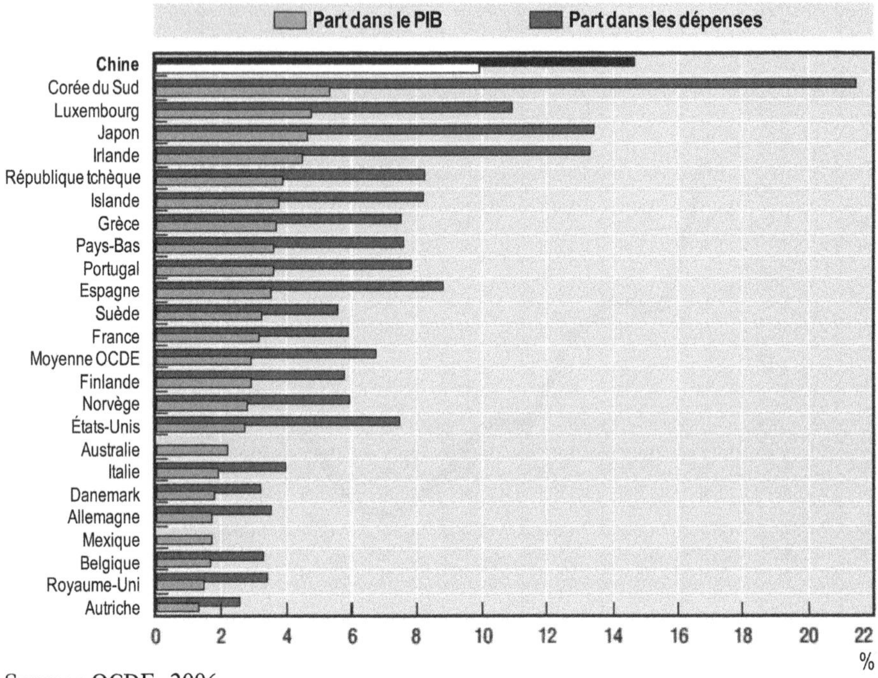

Source : OCDE, 2006.

Si l'on examine les sources de financement des investissements chinois en actifs fixes, il est d'ailleurs frappant de voir que le budget de l'État en finance très peu (*cf.* tableau 7.10). Même depuis le commencement de la réforme, les dépenses budgétaires n'ont cessé de diminuer par rapport à la totalité des investissements en actifs fixes. En 1994, le budget de l'État ne représentait que 3 % de la totalité des investissements en actifs fixes en Chine. Au cours de la seconde phase de la réforme, ce ratio a connu des fluctuations correspondant aux variations contracycliques des politiques macroéconomiques. Après la crise asiatique, en particulier, l'État a souvent recouru à des investissements en infrastructures pour stimuler la croissance économique. Même alors, la part de l'État dans la totalité des investissements en actifs fixes n'a pas dépassé, en moyenne, entre 1994 et 2009, les 4,5 %. Ce ratio était très loin de ce que l'on peut observer dans la plupart des pays industrialisés et en développement.

Tableau 7.10. Les sources de financement de l'investissement en actifs fixes en Chine (%).

	Financement budgétaire	*Crédit intérieur*	*Investissement étranger*	*Autofinancement et autres*
1981	28,1	12,7	3,8	55,4
1982	22,7	14,3	4,9	58,1
1983	23,8	12,3	4,7	59,2
1984	23,0	14,1	3,9	59,0
1985	16,0	20,1	3,6	60,3
1986	14,6	21,1	4,4	59,9
1987	13,1	23,0	4,8	59,1
1988	9,3	21,0	5,9	63,8
1989	8,3	17,3	6,6	67,8
1990	8,7	19,6	6,3	65,4
1991	6,8	23,5	5,7	64,0
1992	4,3	27,4	5,8	62,5
1993	3,7	23,5	7,3	65,5
1994	3,0	22,4	9,9	64,7
1995	3,0	20,5	11,2	65,3
1996	2,7	19,6	11,8	66,0
1997	2,8	18,9	10,6	67,7
1998	4,2	19,3	9,1	67,4
1999	6,2	19,2	6,7	67,8
2000	6,4	20,3	5,1	68,2
2001	6,7	19,1	4,6	69,6
2002	7,0	19,7	4,6	68,7
2003	4,6	20,5	4,4	70,5
2004	4,4	18,5	4,4	72,7

	Financement budgétaire	*Crédit intérieur*	*Investissement étranger*	*Auto-financement et autres*
2005	4,4	17,3	4,2	74,1
2006	3,9	16,5	3,6	76,0
2007	3,9	15,3	3,4	77,4
2008	4,3	14,5	2,9	78,3
2009	5,1	15,7	1,8	77,4
2010	4,7	15,2	1,6	78,5

Source : Annuaire statistique de la Chine, 2011.

D'aucuns estiment que le gouvernement chinois s'appuie trop sur les banques et sur les fonds hors et extrabudgétaires des gouvernements locaux pour financer ses grands projets. Or ces fonds, même s'ils ne sont pas d'origine budgétaire, devraient être considérés comme publics. Cet argument est juste, et ce phénomène a eu de fortes implications sur le développement de l'économie chinoise. Mais les dépenses encouragées par le gouvernement et les dépenses budgétaires sont deux concepts fort différents. Dans le cadre de notre discussion, ici, sur le régime fiscal de la Chine et sur la question de savoir si ce pays fait ou non un usage efficace et juste de ses ressources fiscales, seules les dépenses budgétaires doivent être prises en considération. Ainsi, contrairement à l'idée répandue selon laquelle le gouvernement chinois aurait trop investi, il apparaît en réalité qu'il n'a pas suffisamment participé à l'investissement public. On peut donc à raison se demander si le gouvernement chinois a réussi à fournir les biens sociaux pour lesquels la population a payé des impôts. Et si la Chine a fait un usage efficace de ses ressources fiscales. De plus, si une part importante de la construction d'infrastructures a été financée par du crédit bancaire à bon marché, cela signifie-t-il que la population chinoise a été, implicitement, imposée deux fois ? Enfin, si la plupart des projets ont été financés par le crédit bancaire et de l'autofinancement, cela n'a-t-il pas mis en péril les ressources pouvant être allouées à des biens publics non profitables ?

L'autre trait caractéristique de l'évolution de la dépense publique en Chine, c'est la forte augmentation des dépenses de fonctionnement des administrations.

Tableau 7.11. Évolution du coût de fonctionnement de l'administration chinoise entre 1978 et 2006.

Année	*Dépenses courantes des administrations nationales (mds RMB)*	*Croissance des dépenses courantes (%, ga)*	*Part des dépenses courantes des administrations dans les dépenses budgétaires totales (%)*	*Dépenses budgétaires des administrations par personne (RMB)*
1978	5,3		4,7	5,5
1979	6,3	19,2	4,9	6,5
1980	7,6	19,8	6,1	7,7
1981	8,3	9,4	7,3	8,3
1982	9,1	9,9	7,4	8,9
1983	10,3	13,5	7,3	10,0
1984	14,0	35,6	8,2	13,4
1985	17,1	22,4	8,5	16,2
1986	22,0	28,6	10,0	20,5
1987	22,8	3,7	10,1	20,9
1988	27,2	19,0	10,9	24,5
1989	38,6	42,2	13,7	34,3
1990	41,5	7,3	13,4	36,3
1991	41,4	-0,1	12,2	35,7
1992	46,3	11,9	12,4	39,5
1993	63,4	36,9	13,7	53,5
1994	84,8	33,6	14,6	70,7
1995	99,7	17,6	14,6	82,3
1996	118,5	18,9	14,9	96,8
1997	135,9	14,6	14,7	109,9
1998	160,0	17,8	14,8	128,3
1999	202,1	26,3	15,3	160,6

Année	*Dépenses courantes des administrations nationales (mds RMB)*	*Croissance des dépenses courantes (%, ga)*	*Part des dépenses courantes des administrations dans les dépenses budgétaires totales (%)*	*Dépenses budgétaires des administrations par personne (RMB)*
2000	276,8	37,0	17,4	218,4
2001	351,2	26,9	18,6	275,2
2002	410,1	16,8	18,6	319,3
2003	469,1	14,4	19,0	363,0
2004	552,2	17,7	19,4	424,8
2005	651,2	17,9	19,2	498,1
2006	757,1	16,3	18,7	576,0

Source : CEIC.

La part du coût opérationnel de la gestion de l'administration dans la dépense budgétaire totale est passée, en Chine, de 4,7 % en 1978 à 18,7 % en 2006. Le taux de croissance du coût de fonctionnement de l'administration a été, en moyenne, de 21,2 % sur la période 1978-2006, soit plus de deux fois celui du PIB. Cette hausse disproportionnée des coûts de gestion de l'administration révèle la terrible inefficacité du système bureaucratique chinois en matière de gestion publique. Elle a détourné des financements budgétaires qui auraient pu financer des biens et des services sociaux. Des organismes publics trop complexes et une multitude de réglementations administratives ont également perturbé les activités microéconomiques et suscité un vif mécontentement social. Les gaspillages et l'incompétence de l'administration publique ont également affaibli directement la crédibilité du Parti communiste. Une profonde restructuration du système bureaucratique chinois est donc nécessaire. Les responsabilités des différents ministères doivent être mieux définies et les administrations infranationales, simplifiées. La réforme politique en Chine ne concerne pas la seule question de l'élection et de la démocratie représentative. L'amélioration de la structure et des fonctions de l'État et des gouvernements locaux est d'une importance cruciale pour l'efficacité de l'administration du pays. Nous illustrerons ce point dans la dernière partie de ce chapitre et dans le chapitre 8.

Compte tenu de ces développements, il n'est pas étonnant d'observer que la Chine a consacré une part excessivement faible de ses dépenses budgétaires à la culture, à l'éducation, à la santé publique

Figure 7.5. Part des dépenses budgétaires consacrées à la culture, à l'éducation, à la santé publique et à la science dans le PIB et dans le total des dépenses. Une comparaison internationale (2002).

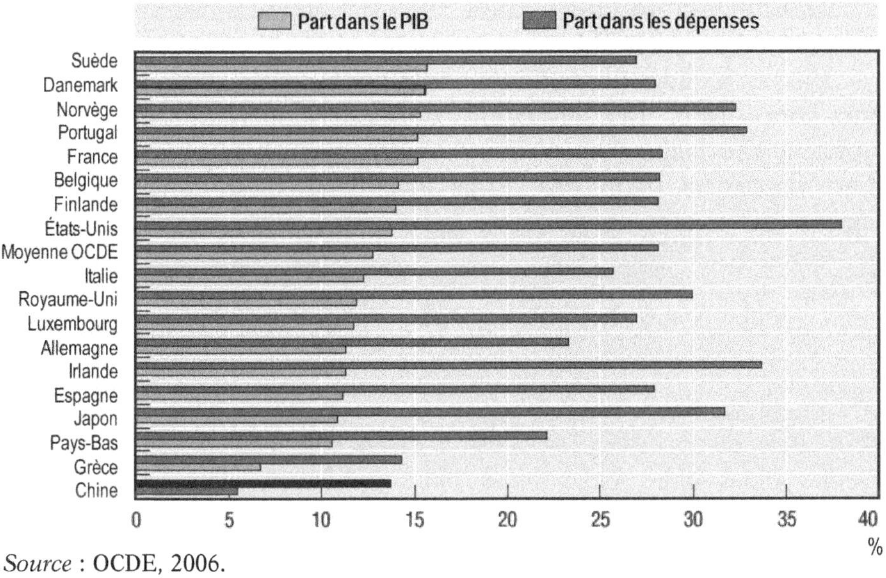

Source : OCDE, 2006.

et à la R&D. En 2002, les dépenses budgétaires consacrées à ces services sociaux étaient à peine supérieures à 5 % du PIB. Moins que tous les pays de l'OCDE.

Nous venons de voir qu'en raison de barrières élevées à l'entrée l'investissement privé ne pouvait que difficilement atteindre ces marchés. Aussi les services sociaux chinois sont-ils largement sous-financés.

Voici ce que l'on peut dire en conclusion à propos de l'actuel régime fiscal chinois. Si le poids total des prélèvements fiscaux en Chine n'est pas particulièrement élevé selon les standards internationaux, la structure des dépenses budgétaires présente une grave inefficacité, en matière tant de gestion publique que d'allocation des ressources fiscales. Les dépenses publiques destinées aux biens et aux services publics doivent augmenter, et les surcoûts administratifs doivent être strictement réduits. Enfin, pour mieux taxer les ressources et en faire un usage plus productif, il faut restructurer les différents niveaux d'organisation administrative du pays et réorienter les fonctions gouvernementales. Ces réformes exigent une forte volonté politique. Mais la fourniture de biens et de services sociaux favorisant le bien-être de la population est indispensable au processus d'urbanisation et à la transition de l'économie chinoise vers un sentier de développement soutenable.

POURSUIVRE LA RÉFORME DU SCHÉMA DE PARTAGE FISCAL

La Chine est un pays unitaire. Sa structure administrative est très hiérarchisée, en particulier dans la bureaucratie. Le gouvernement central délègue des pouvoirs aux 34 gouvernements des provinces et nomme leurs gouverneurs. Des délégations de pouvoir similaires, de l'échelon supérieur à l'échelon subordonné, s'étendent aux préfectures, aux comtés et aux bourgs (*cf.* figure 7.6). En dessous du niveau du bourg, il y a les villages, qui ne font pas partie de la hiérarchie administrative formelle.

Figure 7.6. LA HIÉRARCHIE ADMINISTRATIVE EN CHINE.

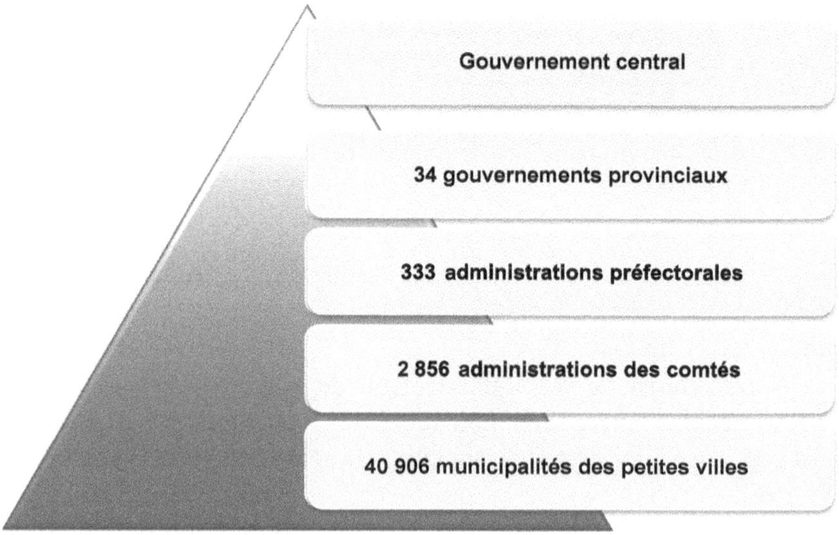

Source : Annuaire statistique de la Chine, 2011.

Cette structure administrative et ce système bureaucratique hiérarchique donnent souvent l'impression que le système politique chinois est très centralisé. Or, quand on l'examine sous l'angle des relations budgétaires entre les différents niveaux gouvernementaux, les choses sont plus complexes.

Comme précisé dans le chapitre 4, l'un des principaux objectifs du schéma de partage fiscal de 1994 était de renforcer la part des recettes fiscales de l'État central dans les recettes fiscales totales. Pour y arriver, l'État a conçu et institutionnalisé une allocation claire des ressources fiscales entre le niveau central de gouvernement et les niveaux inférieurs.

Tableau 7.12. Partage des principaux impôts entre le gouvernement central et les gouvernements locaux.

Impôts	*Part dans le total des recettes fiscales en 2010*	*Part du gouvernement central (%)*	*Part des gouvernements locaux (%)*
TVA intérieure	29 %	75 %	25 %
Impôt sur le chiffre d'affaires (services seulement)	15 %	0 %	100 %
Impôts spécifiques sur la consommation	8 %	100 %	0 %
Impôt sur les bénéfices des sociétés	18 %	60 %	40 %
Impôt sur le revenu des personnes physiques	7 %	60 %	40 %
Autres	23 %	n/a	n/a

Source : *Annuaire statistique de la Chine* (2011) et Administration d'État des impôts.

Comme l'indique le tableau 7.12, l'impôt le plus important, la TVA, se répartit entre l'État central et les gouvernements locaux sur la base de 75/25. Le premier garde pour lui 75 % des recettes de la TVA, et les seconds, 25 %. Les impôts sur le revenu, deuxièmes en importance, sont répartis sur la base de 60/40. Si l'on ajoute l'impôt sur la consommation, la part des recettes de l'État central, après la réforme fiscale de 1994, s'est stabilisée à un peu plus de la moitié des recettes budgétaires du pays. Le système fiscal chinois, en matière d'allocation des recettes, est donc plus centralisé depuis la réforme.

Même après celle-ci, cependant, le degré de décentralisation budgétaire est resté étonnamment élevé du côté des dépenses. La centralisation des recettes fiscales ne s'est pas accompagnée d'une centralisation similaire des responsabilités en matière de dépenses budgétaires. Après 1994, les gouvernements locaux en assuraient encore plus de 70 %. Au fil des ans, ce pourcentage n'a pas diminué mais augmenté. En 2010, la part des gouvernements locaux était de 82,2 %. Le tableau 7.13 donne un aperçu de la façon dont les responsabilités les plus importantes en matière de dépense budgétaire étaient réparties, en 2006, entre l'État central et les gouvernements locaux. En dehors de la défense nationale et du paiement des intérêts de la dette, les gouvernements locaux étaient responsables de la majorité des dépenses courantes, et notamment de celles concernant les services sociaux et le bien-être de la population.

Tableau 7.13. Partage des dépenses entre l'État central et les gouvernements locaux (2006).

Année	*Montant (mds RBM)*	*Part du gouvernement central (%)*	*Part des gouvernements locaux (%)*
Construction	439,0	33,8	66,2
Recherche et développement	174,5	24,8	75,2
Défense nationale	297,9	98,9	1,1
Administrations publiques	335,6	13,7	86,3
Culture, éducation, science et santé	742,6	9,7	90,3
Subventions à la sécurité sociale	212,4	11,4	88,6
Pensions et fonds de réserve pour assistance	90,8	0,6	99,4
Entretien et constructions urbaines	169,9	0,0	100,0
Industrie, transport et commerce	58,1	23,2	76,8
Subventions à la production agricole	216,1	9,0	91,0
Prospection géologique	14,2	26,8	73,2
Dépenses de sécurité publique et judiciaires	217,4	4,5	95,5
Forces de police armées	38,8	86,4	13,6
Affaires étrangères	10,9	87,5	12,5
Aide internationale	8,2	100,0	0,0
Aide aux régions défavorisées	22,0	1,9	98,1
Prix subventionnés	138,8	39,7	60,3
Autres départements	146,2	7,6	92,4
Autres dépenses	372,2	13,7	86,3
Paiement des intérêts	97,5	100,0	0,0

Source : Annuaire statistique de la Chine, 2007.

L'écart structurel entre la répartition des recettes fiscales et le partage des responsabilités budgétaires correspondantes s'aggrave encore si l'on prend en compte le partage des responsabilités budgétaires entre les différents gouvernements infranationaux (provinces, préfectures, comtés et bourgs). Les gouvernements locaux en Chine, en particulier au niveau des préfectures et des comtés, étaient totalement responsables des dépenses de retraite et d'aide sociale. Quant aux bourgs, le niveau le plus bas de l'administration formelle, ils assuraient les dépenses consacrées à l'éducation obligatoire dans les zones rurales et 55 à 60 % des aides pour la santé publique[1] (Yang, 2006, p. 20). Autrement dit, ce sont les niveaux inférieurs d'administration qui avaient la haute main sur les services sociaux primaires.

À la différence des responsabilités en matière de dépenses budgétaires, qui sont donc largement confiées aux niveaux infranationaux, le système de transfert fiscal, à savoir le principal mécanisme visant à réduire l'écart entre les recettes et les dépenses des échelons locaux de gouvernement, est un système hiérarchisé allant du haut vers le bas. Chaque année, l'État central transfère une certaine quantité de ressources aux gouvernements provinciaux, qui ont ensuite le droit de les redistribuer aux échelons inférieurs. Si ces mécanismes de transfert varient considérablement d'une province à une autre, un schéma aussi hiérarchisé favorise les niveaux les plus élevés de la hiérarchie et crée des difficultés financières généralisées pour les niveaux les plus bas, en particulier dans les régions les plus pauvres. Les administrations subalternes sont, de ce fait, dans une situation financière préoccupante, ce qui met en danger l'offre de services et de biens sociaux pour la population en ayant le plus besoin.

Pourquoi y a-t-il eu un tel retard dans la réforme du système de partage des dépenses pour le faire correspondre à la centralisation des recettes fiscales en Chine ? La principale raison est liée à la volonté politique des dirigeants chinois. La mise en place de la réforme fiscale de 1994 a fait suite à une grave crise du gouvernement central (*cf.* le chapitre 4). Naturellement, la priorité de la réforme était de centraliser les ressources fiscales et non pas les dépenses. Centraliser le pouvoir fiscal permettait de garantir que le gouvernement central serait à même de diriger le développement économique du pays et de renforcer son autorité dans un système politique hiérarchique unitaire. Ces objectifs

---

1. Du fait des difficultés financières au niveau des bourgs, les responsabilités de ces derniers en matière de dépenses, y compris la paie des instituteurs ruraux, ont été progressivement centralisées au niveau du comté, surtout à partir de 2006.

Figure 7.7. Répartition des recettes et des dépenses entre les divers échelons de gouvernement (2002).

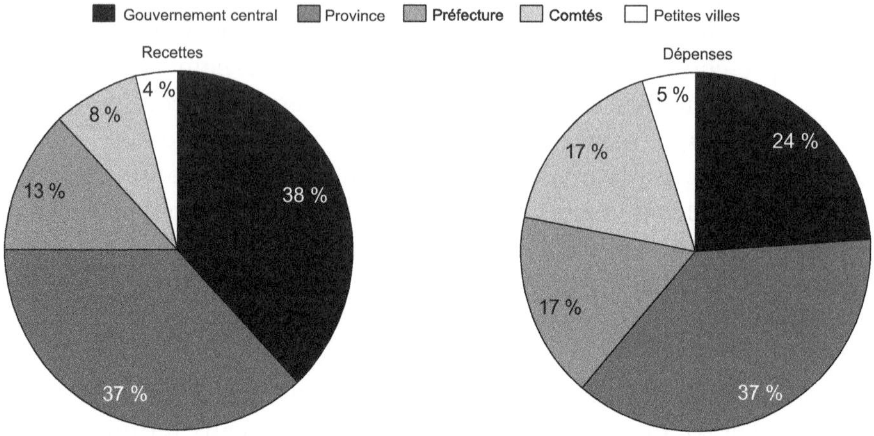

Source : OCDE, 2006.

ayant été rapidement atteints dès 1994, le désir de poursuivre la réforme des relations budgétaires entre les différents niveaux de gouvernement du côté des dépenses s'est rapidement éteint. De surcroît, même après la réforme fiscale de 1994, une part significative de recettes hors et extrabudgétaires restait à la disposition des gouvernements locaux. Si le gouvernement central, à cette date, ne pouvait pas ou ne voulait pas intégrer ces recettes dans le budget national, laisser subsister un écart entre les recettes budgétaires et les dépenses des gouvernements locaux était la stratégie la plus efficace pour obliger les localités à utiliser leurs recettes hors et extrabudgétaires à des fins budgétaires. Il faut également observer que la centralisation effective des recettes fiscales après 1994 n'était pas aussi élevée qu'on le croyait généralement. D'abord, quand la réforme a été conçue, d'intenses négociations politiques ont été menées entre le Conseil d'État et les chefs de la plupart des provinces, pour que les localités acceptent la réforme. L'État a ainsi promis aux provinces les plus riches, mieux placées que les autres dans la négociation, des transferts plus importants en échange de leur acceptation de la réforme. Les ressources fiscales dont disposait ainsi le gouvernement central ont donc été mises à mal, en même temps que la capacité de ce dernier à rééquilibrer les inégalités fiscales régionales. Par ailleurs, les pratiques de collecte de l'impôt tendaient également à réduire les ressources fiscales centrales. Certes, de nouveaux bureaux des impôts, placés sous le contrôle direct de l'administration fiscale de l'État, ont été créés en 1994 pour collecter les impôts centraux et partagés. Mais leurs opérations quotidiennes dépendaient encore fortement des localités où ils étaient situés. Leur personnel avait besoin de biens et de services sociaux que seuls les gouvernements locaux pouvaient offrir. Et, quand des conflits se sont produits entre les intérêts centraux et les intérêts locaux, ce sont souvent ces derniers qui l'ont emporté.

Avec le temps, plusieurs des obstacles à la poursuite de la révision de la relation budgétaire intergouvernementale, déjà évoqués, ont disparu, alors que les problèmes résultant de l'inachèvement de la réforme se sont aggravés. L'appauvrissement des niveaux inférieurs de gouvernement a fortement nui à la fourniture de biens et de services sociaux de base, affaibli l'accumulation de ressources humaines et mis à mal le bien-être social. Il menace aujourd'hui la santé à long terme de la société et de l'économie chinoises. Parallèlement, les inégalités régionales se sont renforcées. La relation budgétaire intergouvernementale actuelle ne dispose pas des mécanismes institutionnalisés pour opérer un transfert de ressources horizontal. Certes, l'État a augmenté ces dernières années certains transferts aux provinces les plus pauvres du centre et de l'ouest du pays, mais il ne l'a fait qu'au cas par cas. Une solution plus systémique est donc nécessaire pour réduire les inégalités régionales. Les déficiences du système de partage intergouvernemental des dépenses constituent toutefois un danger plus immédiat, lié à l'accaparement de ressources hors et extrabudgétaires par les gouvernements locaux. L'écart énorme entre les recettes fiscales et les dépenses budgétaires locales a servi de blanc-seing aux gouvernements locaux pour obtenir d'importantes ressources hors et extrabudgétaires. Certes, dans les années 1990, la recherche de ces ressources a joué un rôle positif dans la promotion de la concurrence entre les régions et dans la stimulation de la croissance industrielle. Mais leur accaparement par les gouvernements locaux n'est plus compatible avec l'objectif que se donne la Chine : construire une société harmonieuse. (Nous examinerons plus loin les problèmes que posent ces ressources hors et extrabudgétaires.) Les saisies incessantes de terres ont porté atteinte aux intérêts des agriculteurs et suscité du mécontentement et des conflits sociaux. De considérables intérêts personnels étant en jeu, les responsables locaux ont été tentés par des comportements radicaux et risqués. Si cette tendance n'était pas corrigée dans un futur proche, la stabilité financière publique du pays serait mise en cause, et la légitimité du système politique, gravement affaiblie.

L'excès de décentralisation budgétaire nuit à la richesse sociale

Les dirigeants chinois ont donc une décision très importante à prendre dans un avenir proche pour redéfinir la relation budgétaire entre les divers niveaux de gouvernement afin que les finances et les services publics puissent correspondre. La réforme peut emprunter deux directions : donner aux gouvernements locaux plus de pouvoir fiscal et une part plus importante des recettes fiscales nationales pour qu'ils soient à même de remplir leurs responsabilités en matière de dépenses ; centraliser au contraire certaines responsabilités budgétaires assurées au niveau local. Cette centralisation pourra, en même temps, soulager les gouvernements locaux, en particulier aux échelons inférieurs, de fardeaux financiers trop pesants tout en renforçant la force de la planification stratégique centrale et en garantissant une fourniture relativement égale de biens et services sociaux à l'ensemble de la population. Nous allons examiner ces deux orientations possibles de la réforme budgétaire et suggérer laquelle conviendrait le mieux à la Chine.

Nous impliquer dans le débat théorique sur les avantages et les inconvénients de la décentralisation ou de la centralisation n'est pas notre propos. Et nous examinerons directement le cas chinois.

Tableau 7.14. Évolution de la relation budgétaire entre le niveau central et les niveaux locaux de gouvernement depuis 1993.

Année	*Recettes fiscales*		*Dépenses budgétaires*	
	Part gouvernement central (%)	*Part gouvernements locaux (%)*	*Part gouvernement central (%)*	*Part gouvernements locaux (%)*
1993	22,0	78,0	28,3	71,7
1994	55,7	44,3	30,3	69,7
1995	52,2	47,8	29,2	70,8
1996	49,4	50,6	27,1	72,9
1997	48,9	51,1	27,4	72,6
1998	49,5	50,5	28,9	71,1
1999	51,1	48,9	31,5	68,5
2000	52,2	47,8	34,7	65,3

Année	*Recettes fiscales*		*Dépenses budgétaires*	
	Part gouvernement central (%)	*Part gouvernements locaux (%)*	*Part gouvernement central (%)*	*Part gouvernements locaux (%)*
2001	52,4	47,6	30,5	69,5
2002	55,0	45,0	30,7	69,3
2003	54,6	45,4	30,1	69,9
2004	54,9	45,1	27,7	72,3
2005	52,3	47,7	25,9	74,1
2006	52,8	47,2	24,7	75,3
2007	54,1	45,9	23,0	77,0
2008	53,3	46,7	21,3	78,7
2009	52,4	47,6	20,0	80,0
2010	51,1	48,9	17,8	82,2

Source : *Annuaire statistique de la Chine* (différentes années).

On l'a vu, la réforme budgétaire de 1994 n'a modifié que le partage des recettes fiscales en Chine, laissant celui des responsabilités inchangé. Dans le tableau 7.14, on observe un bond de la part centrale des recettes fiscales nationales de 22 % en 1993 à 55,7 % en 1994. Si ce pourcentage n'a jamais atteint, dans les années suivantes, le niveau de 1994, il est cependant demeuré stable, entre 49 % et 55 %. En revanche, l'évolution du partage des dépenses budgétaires n'a pas connu de réel changement en 1994. Par rapport à l'année précédente, la part locale des dépenses n'a diminué que de 2 %, ce qui ne peut se comparer à la perte de 30 % côté recettes. Depuis 2003, le degré de décentralisation en matière de dépenses budgétaires s'est même rapidement accentué. En 2010, la part des responsabilités dans les dépenses assumées par les gouvernements locaux atteignait le taux étonnant de 82,2 %. Un tel niveau de décentralisation dépasse de loin ce que l'on peut observer dans les autres nations, développées ou en voie de développement.

Les arguments avancés habituellement en faveur de la décentralisation des dépenses budgétaires sont les suivants. Tout d'abord, comme les gouvernements locaux ont un meilleur accès à l'information locale que le gouvernement central, ils peuvent fournir avec plus d'efficacité des biens et des services à la population locale. Ensuite, la décentralisation budgétaire permet de limiter l'État-Léviathan et la mainmise de l'État. Enfin, la concurrence entre les gouvernements locaux peut permettre aux citoyens d'avoir un choix plus important de biens et de services sociaux, ce qui motive les localités à apporter un meilleur appui social afin de bénéficier d'une assiette fiscale plus large.

La validité de ces arguments dépend largement d'un certain nombre d'hypothèses. Comme l'a souligné Roy Balh, les État décentralisés ne sont efficients que lorsqu'ils sont vraiment « responsables et réactifs vis-à-vis des besoins et des préférences des citoyens » (Balh et Martinez-Vazquez, 2007). Et ils ne sont réellement responsables que lorsque des « gouvernements infranationaux ont un niveau d'autonomie et de liberté adéquat dans la levée de leurs propres revenus » (*ibid.*). L'effectivité de ces deux hypothèses dépend du système politique du pays concerné. Les avantages de la décentralisation budgétaire ne doivent donc pas être regardés comme allant de soi, mais abordés avec prudence. Une étude empirique (Davoodi et Zou, 1998), utilisant un panel de données de 46 pays, fait d'ailleurs apparaître, dans les pays en développement, une relation négative entre croissance et décentralisation budgétaire. D'autres études spécifiques à la Chine (Zhang et Zou, 1998 ; Qiao, 2002) montrent aussi qu'une décentralisation trop prononcée a eu un impact négatif sur la croissance économique du pays au niveau local et a nui à l'équité régionale.

Ces résultats empiriques ne sont guère étonnants. La hiérarchie stricte du système de gestion des ressources humaines a fait que les officiels locaux se sont montrés plus sensibles aux souhaits de leurs supérieurs qu'à ceux de la population locale. Cela n'a pas favorisé leur réactivité et leur responsabilité par rapport aux besoins locaux. De plus, la législation fiscale et la loi de finances ont également limité l'autonomie des gouvernements infranationaux en matière d'augmentation de leurs propres recettes fiscales. Ils n'ont le choix ni de l'impôt ni des taux, et ne sont pas libres d'emprunter sur les marchés des capitaux. On ne peut donc guère les tenir responsables de leurs décisions financières.

Parallèlement, une décentralisation excessive des dépenses budgétaires provoque ce que Zhang Yongsheng a qualifié de « comportements opportunistes verticaux et horizontaux des gouvernements locaux » (Zhang, 2009). Les comportements opportunistes verticaux signifient que les échelons supérieurs de gouvernement vont tenter de garder le plus de ressources fiscales possible, tout en confiant les responsabilités budgétaires aux échelons inférieurs. Les comportements opportunistes horizontaux signifient que, comme les gouvernements locaux, en particulier les plus petits, doivent faire face à de graves difficultés financières, ils sont incités ou contraints à rechercher de la rente sur les marchés en faisant usage de leurs pouvoirs administratifs. De surcroît, l'extrême décentralisation en matière de dépenses budgétaires rend la coordination de la fourniture de biens et de services sociaux entre gouvernements locaux plus coûteuse, ce qui crée des redondances et des externalités négatives. Ces deux types de comportement sont observés en Chine et représentent une menace grave pour le bien-être de la société et la stabilité du régime politique.

Intégrer la réforme du partage fiscal dans le développement soutenable

Pour que la décentralisation ait un impact positif en Chine, il faut que les deux hypothèses évoquées, au moins, soient réalisées. Le système politique unitaire chinois doit évoluer vers le fédéralisme. Or non seulement nous pensons que cela n'est pas possible dans les années à venir, mais il ne nous semble pas qu'une transformation aussi radicale soit nécessaire. Il est montré dans les chapitres précédents que la Chine, à la glorieuse époque de l'empire et dans la période plus récente de la réforme, tient à sa logique politique et à sa texture sociale singulière. Espérer transformer ce pays sans considération de sa trajectoire unique ne pourrait vraisemblablement qu'échouer ou, tout au moins, nécessiter beaucoup de temps et provoquer de considérables troubles économiques et politiques.

À l'évidence, il faut trouver d'autres solutions pour rééquilibrer la relation budgétaire intergouvernementale en Chine. Celle que nous suggérons contient quatre éléments : réduire la taille et le nombre de niveaux de gouvernement local ; centraliser au niveau national les responsabilités budgétaires des services sociaux de base ; institutionnaliser un système de transfert fiscal plus redistributif ; développer un marché obligataire réglementé et diversifié pour la dette des gouvernements locaux. Examinons ces quatre points un à un.

La figure 7.7 montrait les strates de la hiérarchie administrative de la Chine. Celle-ci dispose de cinq niveaux administratifs officiels. Mais, si l'on inclut les villages, cet énorme système hiérarchique s'élargit encore. Qu'on le compare à l'histoire de la Chine, ou à d'autres pays, six niveaux d'administration, c'est trop. Il faut voir dans ce surdimensionnement un héritage de la période socialiste. Quand l'économie était soumise à la planification centrale, l'État avait besoin d'un réseau assez étendu pour mobiliser les ressources et veiller à l'application des directives centrales. Après trente ans de réforme de marché, ce système bureaucratique n'est plus indispensable et freine le développement équilibré de la Chine. Comme il est impossible à chaque niveau d'administration de disposer de façon stable de ses propres recettes fiscales, les gouvernements locaux se sont comportés en « prédateurs » sur le marché et ont interféré dans l'allocation des ressources en ne s'occupant que de leurs propres intérêts. Sans véritable responsabilité des gouvernements locaux, les incitations à fournir des biens et services sociaux en quantité et en qualité suffisantes ont fait défaut. Or l'existence même de ces organismes gouvernementaux entrave le développement d'un tissu associatif local. La fourniture de biens et de services sociaux de base en Chine est donc en grand danger, en particulier dans les régions rurales. Réviser le déploiement de la hiérarchie administrative actuelle est urgent.

Les cinq niveaux de hiérarchie administrative sont établis par la Constitution. L'élimination de certains d'entre eux nécessitera donc un long processus politique. Même sans réviser la Constitution, cependant, il est possible d'affaiblir les fonctions budgétaires de certains niveaux locaux de gouvernement et de limiter aussi leurs pouvoirs administratifs. Les fonctions budgétaires de deux niveaux administratifs, la préfecture et le bourg, par exemple, peuvent être modifiées pour stimuler l'efficacité de l'État chinois. L'échelon préfectoral est juste en dessous de l'échelon provincial. Son rôle dans la hiérarchie administrative est plutôt obscur. Souvent, plusieurs grandes villes d'une même province ont été choisies comme villes de niveau préfectoral et leurs administrations contrôlent les gouvernements de plusieurs petites villes adjacentes (niveau du comté). Cette relation hiérarchique entre les villes de niveau préfectoral et les villes de niveau comté ne remplit pas des fonctions irremplaçables. Elle donne toutefois aux gouvernements de niveau préfectoral la possibilité de garder pour eux davantage de transferts venant de l'État et donc de réduire ces transferts vers le niveau du comté. Des projets pilotes ont été créés dans plusieurs provinces, comme Zhejiang, Hainan et Hubei, pour réduire les fonctions budgétaires au niveau préfectoral. Les fonctions assurées naguère par les préfectures ont été en partie déléguées aux comtés et en partie centralisées dans les provinces. Ces mesures sont appelées « *qiang xian kuo quan* » (« renforcement du pouvoir des comtés puissants ») et « *sheng zhi guan xian* » (« contrôle direct des comtés par les provinces »). L'autre niveau administratif qui devrait être libéré des fonctions budgétaires est celui du bourg, l'échelon de base de la hiérarchie en Chine. Les bourgs ont la position financière la plus désavantageuse dans la hiérarchie budgétaire actuelle. Après l'élimination de l'impôt agricole, en particulier, les bourgs ont perdu toute source directe de financement, alors qu'ils doivent encore assurer de très nombreuses responsabilités budgétaires dans le domaine des biens et services sociaux primaires. Même si les montants de certains transferts de l'État ont augmenté ces dernières années, ils restent insuffisants pour faire face aux déficits des comtés. À partir de 2003, des projets pilotes ont été lancés dans la province d'An Hui pour déplacer les fonctions budgétaires des bourgs au niveau du comté. En 2006, cette mesure, appelée « *xiang cai xian huan* », a été encouragée dans tout le pays. Mais, les comtés faisant face à de très graves difficultés financières, ces mesures ne font qu'atténuer, sans les résoudre, les problèmes.

La centralisation des responsabilités budgétaires, en particulier de celles concernant la fourniture de biens et de services sociaux primaires, est sans doute une meilleure solution. L'État central peut fixer des normes nationales en matière de fourniture de services et de biens sociaux (Yang, 2006, p. 21) et financer directement une majorité d'entre eux, tout en laissant aux gouvernements locaux la liberté de les améliorer à la marge en fonction des besoins locaux. Parmi ces responsabilités entrent le financement de l'éducation obligatoire, celui des soins de santé de base et de quelques autres avantages sociaux. Ces dernières années, les salaires des enseignants publics, par exemple, ont déjà connu un certain degré de centralisation. Nous pensons cependant que cette centralisation peut être encore étendue, généralisée et même, plus important, institutionnalisée. La centralisation de certaines responsabilités en matière de dépenses budgétaires est indispensable au rééquilibrage de la répartition des revenus et du partage des dépenses dans la relation budgétaire intergouvernementale en Chine. Elle sera également bénéfique pour la transition de la Chine vers un sentier de développement soutenable. Elle est mieux à même de garantir la fourniture équitable de biens et de services sociaux dans tout le pays, et de renforcer les pouvoirs de Pékin dans la planification stratégique nationale. Avec le développement des technologies de l'information (par exemple la technologie en nuage) et la modernisation du système bancaire, l'État peut et doit assumer des responsabilités plus directes en matière de dépenses budgétaires, sans trop de surcoûts de transaction.

La centralisation des responsabilités budgétaires en matière de services et de biens sociaux primaires ne mettra pas fin à la nécessité de transferts fiscaux aux différents échelons de gouvernement local. L'écart entre les recettes et les dépenses budgétaires au niveau infranational va sans doute persister. Par ailleurs, la Chine est un pays d'une très grande diversité. Il y a de grandes différences entre les régions en matière de capacité à lever des impôts. Il est donc peu probable que tous les gouvernements infraprovinciaux puissent satisfaire leurs besoins financiers dans le cadre d'un seul et même schéma de partage des recettes (OCDE, 2006). Un système redistributif de transfert est indispensable pour aider financièrement les régions en difficultés et réduire les inégalités. Or le présent système de transfert doit être amélioré et, pour commencer, il doit être institutionnalisé. Les transferts *ad hoc* réduisent la capacité des gouvernements locaux à élaborer des plans à long terme et encouragent les officiels locaux à mettre en avant leurs problèmes financiers dans le but d'obtenir plus de financements de l'État. En deuxième lieu, la taille des transferts aux différentes régions doit mieux correspondre à la disparité réelle entre les recettes fiscales et les dépenses budgétaires de chacune d'entre elles. L'allocation des transferts doit jouer un rôle plus important dans le rééquilibrage des disparités régionales. Enfin, les canaux de transfert devraient être plus directs. Ainsi, les financements de l'État devraient être injectés directement dans les comptes publics du niveau de gouvernement chargé de l'usage de ces mêmes financements, au lieu de passer par chaque niveau d'administration de la hiérarchie.

Une fois que les gouvernements locaux disposeront de recettes qui correspondent à leurs dépenses, il sera temps de développer pour eux un marché obligataire, où ils pourront financer leurs projets d'infrastructure. Des marchés obligataires efficients présentent cinq avantages. 1. Les marchés de capitaux émettant de la dette contribuent à lisser les cycles d'investissement en empêchant une restriction du crédit et une ruée des créanciers, lorsque le secteur bancaire est grevé de créances douteuses. 2. Contrairement au crédit bancaire, qui implique une évaluation et un contrôle du risque privé au niveau des banques, les marchés obligataires améliorent l'efficacité de l'allocation des ressources en créant un mécanisme public d'évaluation et de dissémination du risque relevant de toute la communauté des investisseurs. Des marchés d'obligations publiques profonds et liquides ont une courbe de rendement qui n'est pas soumise à une régulation stricte des taux d'intérêt bancaires. Ces taux du marché vont, à leur tour, contribuer à donner un prix au risque de crédit à chaque échéance, laissant un espace pour le développement des obligations d'entreprises. Une courbe de rendement bien définie, s'étendant aux obligations à long terme, ouvre une nouvelle source de financement pour les projets d'investissement à long terme. 3. Les obligations constituent une classe d'actifs de base dans l'allocation stratégique des investisseurs institutionnels à long terme. Pour ces derniers, le titre sans risque (ou à risque minimal) en matière d'allocation stratégique des actifs ne se trouve pas dans le titre à court terme mais dans l'obligation à long terme. Cela est dû au fait que les rendements de l'obligation à long terme montrent des processus de retour à la moyenne, ce qui, dans un environnement de taux d'intérêt incertains, n'est pas le cas des titres à court terme qu'il faut remplacer à des taux d'intérêt variables. Enrichir les marchés des capitaux a donc l'avantage de favoriser la gestion institutionnelle des actifs, dans un pays où la population vieillit et où le gouvernement central élabore des plans de retraite obligatoires. 4. Plus les marchés financiers recueilleront des informations publiques, plus vite la banque centrale pourra passer d'un contrôle direct du crédit à la politique monétaire de fixation d'un taux directeur en fonction d'objectifs macroéconomiques. La banque centrale, si elle est en mesure de communiquer aux marchés financiers une vision anticipée du sentier économique futur, pourra lisser les fluctuations des variables réelles et stabiliser le sentier de croissance. 5. Un marché intérieur efficient est une condition indispensable pour supprimer progressivement les contrôles de capitaux. C'est une étape supplémentaire vers le lien entre le marché des capitaux intérieur et les marchés mondiaux. Avec un compte de capital plus large et plus diversifié, il sera possible de passer en douceur à un régime de change plus flexible.

Le marché obligataire des autorités locales pourra enfin s'étendre considérablement dans les années à venir, à mesure que le financement par la finance informelle liée aux grandes banques (fonds communs de placement, plates-formes de crédit, etc.) sera peu à peu supprimé. Cela dépendra de la volonté du gouvernement central pour nettoyer la pyramide branlante de dettes constituée par les gouvernements locaux à la suite du plan de stimulation de 2008.

Comme d'habitude en Chine, un plan expérimental a été annoncé par le ministre des Finances. Il devait être lancé avant la fin 2011. Le plan couvre deux villes (Shanghai et Shenzhen) et deux provinces (Zhejiang et Guangdong). Ces entités seront autorisées à émettre des obligations pour alléger leurs contraintes financières et réduire les risques venant de leur énorme endettement. Le nouveau mécanisme de financement sera aussi soumis à quelques conditions. Pour l'instant, c'est un quota d'émission. À l'avenir, si l'émission obligataire est généralisée à tout le pays et devient l'instrument normal de financement de l'investissement public, elle s'accompagnera d'un contrôle central du budget par la NDRC. Il s'agira pour celle-ci de créer une forte contrainte budgétaire, de procéder à l'audit des projets et de noter les obligations sur le marché secondaire pour les investisseurs institutionnels détenant l'essentiel de la dette. Cet aspect de la réforme financière est donc tout à fait cohérent avec la centralisation des responsabilités budgétaires, que nous défendons, afin de restructurer le budget de l'État chinois.

RÉGULER LA CAPTURE DES RECETTES HORS ET EXTRABUDGÉTAIRES EST ESSENTIEL POUR LA SOUTENABILITÉ

Notre analyse du système fiscal chinois s'est jusqu'à présent limitée aux recettes et aux dépenses budgétaires. Or le revenu gouvernemental hors et extrabudgétaire en Chine n'est pas seulement considérable ; il pose également plusieurs problèmes. La réforme fiscale de 1994 a réduit, sans les éliminer, ces types de recettes. La capture de revenu des autorités locales par ces biais hors et extrabudgétaires, et en particulier par les transferts fonciers, est aujourd'hui la menace la plus dangereuse qui pèse sur la stabilité et le bien-être social de la Chine. La question des transferts fonciers et des transferts des bénéfices des entreprises publiques sera examinée ici pour montrer que les réformes dans ce domaine sont essentielles pour que la Chine puisse emprunter un sentier de développement soutenable.

Les transferts fonciers

Qui possède la terre en Chine ? Cette question apparemment simple appelle en réalité une réponse complexe. D'après la Constitution, il y a en Chine deux types de propriété foncière. Dans la Chine rurale, la terre fait l'objet d'une propriété collective. Mais la Constitution ne précise pas si ce sont les bourgs, les villages ou les groupes autonomes dans les villages qui exercent ce droit de propriété. En Chine urbaine, la terre appartient à l'État. Le ministre de la Terre et des Ressources contrôle l'utilisation de la terre au nom de l'État. La plupart des gouvernements urbains infranationaux ont, eux aussi, des « bureaux fonciers » qui administrent les opérations locales concernant la terre. Apparemment, la propriété libre et privée n'a pas d'existence légale en Chine. Après 1978, cependant, les terres rurales ont été allouées par contrat aux agriculteurs. Ce sont eux qui sont les détenteurs des droits d'utilisation de la terre dans les zones rurales. Néanmoins, ils ne peuvent transférer[1], vendre ou hypothéquer la terre qu'ils utilisent, ni en changer le statut, par exemple en transformant une terre agricole en terre constructible. Dans les villes, les droits d'utilisation de la terre ont été accordés ou vendus à des entités privées, d'abord par l'État central à partir de 1988, puis par les gouvernements municipaux à partir de 1992 (China Hands, 2009). Comme dans les zones rurales, ces entités privées ne détiennent ce droit d'utilisation que pour une durée déterminée (en général, de cinquante à soixante-dix ans), mais le bail peut être renouvelé après expiration (China Hands, 2009). Les gouvernements municipaux sont les seuls qui ont le droit de modifier le statut d'une terre et de faire d'une « terre agricole » une « terre constructible ». D'après un amendement à la Constitution et à la loi

1. Depuis 2004, les agriculteurs peuvent transférer leur terre à d'autres agriculteurs de la même collectivité, mais cette terre transférée est limitée à une utilisation agricole.

sur l'administration de la terre, datant de 2004, l'État a même le pouvoir d'obliger les détenteurs de ce droit à abandonner la terre, moyennant dédommagement, si celle-ci peut être utilisée en vue de « l'intérêt public » (China Hands, 2009).

La singularité de la structure de la propriété et de la politique foncière a largement contribué à la formation du régime de croissance de la Chine de 1994 à 2008. Comme les gouvernements sont les seuls à avoir le droit de modifier le statut de l'utilisation du sol, les gouvernements, à des échelons divers, sont devenus les fournisseurs monopolistiques de terre en Chine. En modifiant le statut foncier d'une terre agricole en terre constructible, les gouvernements locaux peuvent se procurer des revenus à travers au moins deux mécanismes. Le premier, c'est la collecte de frais de transfert foncier. La réforme immobilière de 1994 a fortement stimulé le marché foncier chinois. La demande de bâtiments résidentiels a connu une hausse très forte, suivie par celle des prix de l'immobilier. Ainsi, les gouvernements locaux ont pu fixer un prix élevé pour la terre transférée à des fins résidentielles ou commerciales. Parallèlement, les terres agricoles ont souvent été saisies à un prix très bas, les dédommagements accordés aux collectivités rurales étant calculés en fonction du rendement agricole annuel de la parcelle de terre saisie, et non de sa future valeur de marché. Quand des terres étaient saisies sur la base de l'« intérêt public », le dédommagement était même encore plus faible. Il y avait ainsi une forte marge entre les deux prix, et cette marge est devenue une source importante de revenu pour les gouvernements locaux. Avant 2006, les frais de transfert foncier revenaient principalement aux gouvernements locaux et n'étaient pas régulés par le budget national. Depuis, ils ont été intégrés dans le budget national et l'État en prélève 70 %. Le transfert foncier est resté cependant une source lucrative de revenu, qui a incité les gouvernements locaux à se lancer dans les activités de transfert foncier à grande échelle. En 2010, le total des frais de transfert foncier en Chine dépassait les 2 300 milliards de renminbis, soit 33,75 % de la totalité des recettes fiscales. La majorité des terres transférées étant d'anciennes terres agricoles, les gouvernements locaux ont donc accéléré le processus d'urbanisation en Chine. Entre 1998 et 2005, les zones urbaines sont passées de 21 400 à 32 500 km^2, avec un taux de croissance annuel de 6,18 % (Jiang *et al.*, 2010, p. 4).

Les transferts fonciers ont aussi provoqué une expansion de l'assiette fiscale locale. Quand les terres transférées étaient destinées à la construction résidentielle, les activités de développement immobilier ont créé de l'activité économique, elle-même productrice de recettes fiscales prélevées sur les entreprises. Quand elles étaient transférées à un usage industriel et commercial, les activités appelées à se développer donnaient aux gouvernements locaux une assiette fiscale stable en matière de TVA et de taxe professionnelle. Pour se procurer cette assiette fiscale, les gouvernements locaux ont rivalisé de baisses considérables du prix de la terre à usage industriel. Ils ont construit une multitude de prétendus « parcs des sciences » et « zones de développement » pour convaincre les entreprises de s'installer dans leur juridiction. Cette concurrence entre collectivités locales s'est souvent traduite par une course au moins-disant. Elle a comprimé le prix du foncier industriel et stimulé le mode extensif d'industrialisation de la seconde phase de la réforme en Chine.

La terre a également fortement contribué au taux d'investissement extrêmement élevé entre 1994 et 2008. L'investissement immobilier, en 2010, atteignait le taux exceptionnel de 12 % du PIB (*cf.* figure 7.8). Les frais de transfert foncier et les prêts assortis d'une garantie foncière sont les principales sources de financement des projets d'infrastructures. Dans le chapitre 4, nous avons analysé en détail les mécanismes que les sociétés d'investissement pour le développement urbain (*urban development investment corporations*, UDIC) ont utilisés pour obtenir des financements à travers la terre. Selon une enquête nationale conduite par le Bureau chinois de l'audit national (National Audit Office of China), jusqu'en 2010, les gouvernements locaux détenaient 10 700 milliards de renminbis de dettes, dont 2 500 milliards devaient être remboursés par des frais de transfert foncier (Bureau chinois de l'audit national, 2011). Un rapport du ministère de la Terre et des Ressources montrait que 258 200 hectares de terre avaient été mis en garantie pour un total de 3 530 milliards de renminbis de crédit bancaire dans 84 grandes villes chinoises. Dans les régions côtières, les fonds d'origine fiscale ne finançaient qu'environ 10 % des investissements en infrastructures. Le reste était lié à la terre. Les frais de transfert foncier représentaient ainsi 30 % de ces investissements, et les 60 % restants provenaient de prêts assortis de garanties foncières (Jiang *et al.*, 2010, p. 6). La terre est la baguette magique qui a permis, en Chine, des investissements considérables et un développement rapide de la construction immobilière.

Pendant le régime de croissance de 1994 à 2008, les opérations foncières des gouvernements locaux ont fait une contribution positive au processus rapide d'urbanisation, d'industrialisation et de capitalisation de la Chine. Mais le nouveau régime de croissance met à présent l'accent sur l'harmonie et la soutenabilité. Les tensions provoquées par les politiques foncières se sont donc aggravées. Les prix excessivement bas du foncier industriel ont encouragé le gaspillage des ressources et fourni des incitations négatives à la modernisation de l'industrie. Le recours excessif aux financements liés à la terre a exacerbé les risques

Figure 7.8. ÉVOLUTION DE L'INVESTISSEMENT IMMOBILIER EN CHINE.

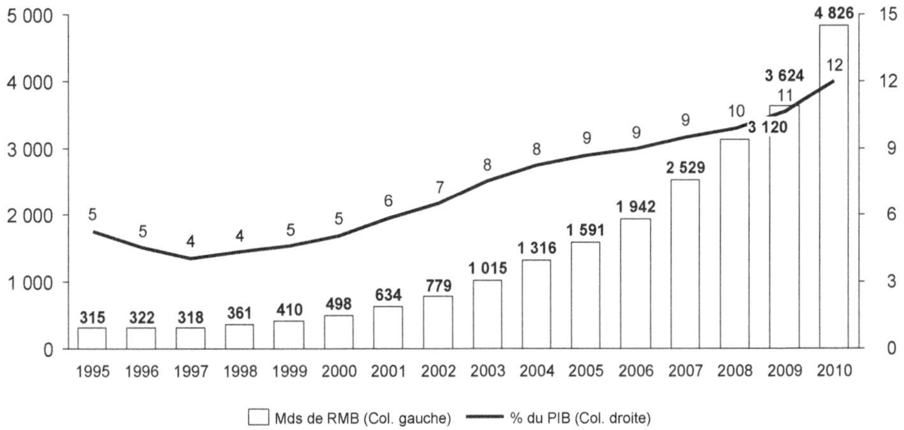

Source : CEIC.

financiers pris par les gouvernements locaux et le système financier chinois, en particulier le système bancaire. Quand la demande et le prix de l'immobilier et de la terre ont commencé à baisser, un grand nombre de gouvernements locaux ont eu des difficultés croissantes concernant le remboursement des prêts qu'ils garantissaient, et les banques se sont trouvées sous la menace du défaut de paiement. De plus, l'accaparement des terres par les gouvernements locaux a suscité un vif mécontentement social. D'un côté, les prix résidentiels ont monté en flèche, empêchant un grand nombre de familles chinoises de s'acheter un logement ; de l'autre, les anciens propriétaires fonciers, en particulier les agriculteurs, n'ont pas été suffisamment dédommagés. Selon la législation et la réglementation en vigueur en matière de transfert foncier, ce dédommagement a représenté moins de trente fois la valeur du rendement annuel de la terre transférée. Il ne dépendait pas du prix du marché de la valeur commerciale de cette dernière. Et si la terre était saisie au nom de l'« intérêt public », le prix était même encore inférieur. Profitant de la définition ambiguë de l'« intérêt public », les gouvernements locaux n'ont cessé d'en abuser pour dissimuler leurs projets commerciaux. Ces actes constituaient en réalité un vol des terres appartenant aux agriculteurs et ils ont exacerbé la colère publique. Pire encore, même les dédommagements limités mais promis ont rarement été versés aux agriculteurs. Les gouvernements locaux n'ont souvent pas payé ce qu'ils devaient, et, comme la terre rurale était propriété collective, il n'était pas inhabituel pour ces collectivités de garder pour elles les dédommagements fonciers. Ce processus de transfert foncier, contrôlé par les gouvernements, a encouragé la corruption à tous les niveaux. La crédibilité des gouvernements en Chine, y compris au niveau national, en a été grandement affectée. Il est donc temps pour la Chine de réformer en profondeur sa politique foncière.

Dans ce domaine, la question la plus importante pour l'avenir, c'est celle de la protection des anciens propriétaires de terre, en particulier les agriculteurs. Les dédommagements fonciers étaient en effet la principale ressource financière que les agriculteurs pouvaient se procurer afin de s'installer en zone urbaine. Garantir aux agriculteurs un dédommagement suffisant est donc une condition préalable indispensable du processus d'urbanisation en douceur de la Chine. Pour mieux protéger les intérêts des agriculteurs en matière de transfert foncier, la Chine doit œuvrer dans deux domaines. Premièrement, le droit de propriété des agriculteurs sur la terre sur laquelle ils vivent ou travaillent doit être mieux défini et mieux protégé. En Chine rurale, il y a deux types de terre : la terre constructible collective (*i.e.* utilisée pour le logement des membres de la collectivité) et la terre agricole. Les membres des collectivités rurales avaient un accès libre aux deux types de terre, mais la plupart des agriculteurs n'avaient pas les documents juridiques permettant de justifier ces droits. Ils étaient donc à la merci des gouvernements locaux. La première étape vers la protection des droits des agriculteurs sur la terre passe donc par la fourniture à chaque famille rurale de documents écrits qui précisent leurs droits sur la terre où ils vivent et où ils travaillent. Cette étape est indispensable si l'on veut résoudre le problème lancinant que pose le système du *hukou* (l'enregistrement des ménages), dont il a été reconnu qu'il était une des causes majeures de l'accroissement du fossé entre villes et campagnes. Mais la plupart des analyses ont porté sur le fait que les travailleurs migrants, à la différence des résidents urbains, n'avaient pas accès aux biens et aux services sociaux. Elles suggèrent que la suppression du système du *hukou* serait favorable aux intérêts des travailleurs migrants. Cette conclusion est à la fois dangereuse et erronée. Le *hukou* rural est le seul document officiel qui atteste de l'appartenance d'un individu à une collectivité rurale, et c'est aussi le seul document officiel donnant aux ménages ruraux le droit d'accès gratuit à l'utilisation de la terre agricole. Comme le système de protection sociale chinois n'est qu'au début de son développement, les avantages réels que peut procurer le *hukou* urbain ne sont pas en rapport avec la valeur de la perte foncière. Il ne permet donc pas l'installation d'une famille rurale dans les zones urbaines. Ainsi, avant de supprimer le système du *hukou*, il est nécessaire de garantir aux agriculteurs, sous la forme de baux et de permis écrits, des droits d'utilisation foncière à long terme pour la terre rurale constructible et pour la terre agricole. Si la Chine ne prend pas cette mesure préalable indispensable, ou le fait mal à propos, l'élimination du système d'enregistrement des ménages ne fera qu'appauvrir davantage les ménages ruraux et aggraver l'écart de richesse entre les anciens et les nouveaux habitants des villes.

Quand les baux écrits de longue durée auront été créés, ils devront bénéficier d'une totale protection juridique et ne pouvoir être altérés ou abolis sous aucun prétexte. Même si les agriculteurs changeaient de statut d'enregistrement des ménages pour devenir des ménages urbains, leurs droits d'utilisation foncière ne devraient pas en souffrir. Si l'on veut favoriser une utilisation efficace de la terre et permettre à la population rurale de bénéficier de la véritable valeur de leurs terres, les agriculteurs doivent avoir le droit de vendre, de transférer, de louer et d'hypothéquer leurs terres – à condition que les opérations soient légales et compatibles avec la planification gouvernementale. Un marché devrait être créé pour le libre commerce de ces droits d'utilisation, indépendant des opérations gouvernementales. Le commerce direct de droits d'utilisation foncière entre les agriculteurs et les futurs utilisateurs fonciers permettra de mettre fin à la « mainmise prédatrice » des collectivités rurales et des autorités urbaines locales en matière foncière. Le rôle du gouvernement doit être limité, ici, aux fonctions de planification, d'administration et de contrôle. Dans la province du Sichuan, des expériences de libre marché foncier se sont avérées avoir augmenté de façon significative le prix des transferts fonciers. Un travail de terrain, mené pendant trois ans par le Centre national de développement de l'Université de Pékin, a montré que les agriculteurs pouvaient obtenir en moyenne 32 000 yuans par *mu* (675 m^2 ou environ 1/15 d'hectare) de terre agricole louée pour une période de 30 à 50 ans. Cela représente deux fois ce qu'ils obtenaient quand la terre était accaparée par les gouvernements locaux. S'agissant de la terre rurale constructible, le dédommagement résultant du marché libre pouvait être de 10 à 40 fois plus élevé que ce qu'auraient versé les gouvernements locaux. À l'évidence, si les droits d'utilisation foncière des agriculteurs pouvaient être légalement protégés et échangeables, cela procurerait aux ménages ruraux des avantages très importants. Ceux-ci permettraient l'intégration des anciens ménages ruraux dans le processus d'urbanisation et d'industrialisation de la Chine.

L'autre question fondamentale que pose la politique foncière en Chine, c'est l'efficacité de l'utilisation foncière et la planification stratégique nationale de la terre. La création d'un marché foncier libre devrait permettre aux agriculteurs de fusionner des terres agricoles fragmentées et d'exploiter les économies d'échelle en matière de production agricole, contribuant ainsi positivement à l'utilisation efficace de la terre. Par ailleurs, la Chine a besoin d'une planification stratégique nationale pour l'utilisation foncière. À présent, tous les bureaux fonciers locaux, à chaque niveau de gouvernement, ont des pouvoirs en matière de planification urbaine. Il manque donc à la Chine, dans ce domaine, une vision d'ensemble. Des projets de construction redondants ont ainsi été lancés dans chaque localité, afin d'assurer une assiette fiscale plus large. Mais les gouvernements locaux ont souvent ignoré la réalité des situations locales. Les tentatives d'industrialisation aveugle dans des provinces écologiquement fragiles, comme Guizhou, Qinghai et Gansu, ont provoqué des dégâts environnementaux irréversibles. L'État central doit jouer un rôle plus important dans la planification stratégique en matière d'utilisation foncière. Il doit aussi centraliser certains pouvoirs de planification dont jouissent les localités afin de réduire les externalités et les redondances en matière de construction urbaine, et afin d'assurer la soutenabilité du développement du pays. Fin 2010, la Chine a finalement publié le Grand Plan national, qui divise le pays, sur le plan fonctionnel, en quatre grandes régions, chacune ayant sa spécificité en matière de développement futur. Ce plan constitue une étape considérable vers une utilisation plus efficace et plus soutenable de la terre en Chine. Encore faut-il que la planification stratégique, pour exercer tous ses effets, soit mise en œuvre de manière appropriée. Certaines régions ont été désignées comme devant privilégier la protection environnementale ou la production agricole. Elles devraient donc avoir plus de difficultés financières que les régions industrialisées. L'État central doit intégrer la réforme du partage fiscal dans la planification de l'utilisation foncière. Il lui faut créer un système de transfert horizontal pour coordonner les fonctions des différentes régions et réduire les inégalités régionales.

En résumé, les politiques foncières actuelles sont étroitement liées aux politiques fiscales. Depuis 1994, les gouvernements locaux chinois ont été de plus en plus dépendants des recettes hors budget liées à la terre. Il faut infléchir cette tendance. La planification de l'utilisation foncière doit être placée dans un cadre national ou régional. Les recettes hors budget des localités et provenant des transferts fonciers doivent être régulées par le budget national. Le déséquilibre entre les recettes et les responsabilités budgétaires des gouvernements locaux doit être résolu. Il faut pour cela simplifier la structure bureaucratique locale, centraliser certaines responsabilités budgétaires, créer un système de transfert institutionnalisé. En outre, si un impôt foncier pouvait être créé, il constituerait pour les localités une source stable et substantielle de recettes fiscales. La fiscalité liée à la terre est progressive et encourage la soutenabilité. Elle offre également aux gouvernements locaux des incitations à mieux remplir leurs obligations en matière de gestion foncière et à cesser de pratiquer les saisies de terres.

Telles sont les politiques foncières dont la Chine a besoin pour son prochain régime de croissance.

Les profits des entreprises publiques

La taille des entreprises publiques en Chine est considérable. Si leur nombre a quelque peu diminué depuis 1995, elles représentent encore plus de 40 % des actifs du pays et ont réalisé, en 2010, plus de 60 % des profits de l'ensemble des entreprises chinoises. Sur les 500 premières entreprises du pays, 316 étaient, en 2011, des entreprises publiques. Leurs opérations se concentrent dans quelques industries. En général, ce sont des industries où les profits sont fortement monopolistiques (les télécommunications, le réseau électrique, le tabac) ou liées aux ressources et à l'énergie (exploitation minière, raffinage pétrolier). Si les entreprises publiques sont indépendantes, elles bénéficient d'un grand nombre de traitements préférentiels, en particulier de prix très bas pour les facteurs essentiels que sont la terre et le crédit, entre autres.

Toutefois, entre le milieu des années 1980 et 2007, ces entreprises n'ont jamais versé un sou de dividende à leur principal actionnaire : l'État ou, plutôt, la population chinoise. Les entreprises publiques chinoises ont donc utilisé gratuitement des actifs publics pendant plus de vingt ans. Ce type de comportement n'est ni raisonnable ni acceptable. À partir de 2008, la SASAC (Commission d'administration et de contrôle des actifs publics), placée sous l'autorité du Conseil d'État, a commencé à prélever une part des bénéfices des entreprises publiques en guise de dividende. Ce dispositif ne s'applique cependant qu'à 128 entreprises publiques, placées sous le contrôle direct de la SASAC. Les entreprises publiques du secteur financier (y compris les banques publiques), de l'industrie du chemin de fer, des médias, de l'édition et de l'éducation, et les entreprises publiques locales, n'étant pas sous le contrôle de la SASAC, ont donc été exemptées de ce dividende. Pour celles qui le paient, le taux de ce prélèvement varie entre 0 et 10 % de leurs bénéfices nets, en fonction des secteurs dans lesquels elles opèrent. En 2008, 2009 et 2010, les entreprises publiques ont versé respectivement 54,8, 87 et 44 milliards de renminbis à la SASAC. Ce montant ne représentait qu'une petite fraction des bénéfices totaux de ces entreprises. En 2009, par exemple, leur bénéfice total net était de 702,3 milliards de renminbis. Les dividendes payés en 2010 (sur la base des bénéfices réalisés en 2009) ont été de 44 milliards. Ce qui ne représente que 6 % des bénéfices nets réalisés. Si l'on prend en compte l'ensemble des entreprises publiques en Chine, on peut diviser ce taux de moitié. En 2011, la Chine devrait étendre l'assiette et le taux de ce prélèvement sur les bénéfices, 1 631 entreprises publiques devraient y être soumises et le taux devrait varier entre 5 et 15 %. Le montant total des dividendes devrait atteindre 63 milliards de renminbis. Même avec cette hausse, les dividendes payés par les entreprises publiques semblent bien trop modestes. De plus, il faut observer que ces dividendes n'ont pas été injectés dans le budget national de la Chine mais orientés vers un fonds spécial, géré par la SASAC. La principale mission de ce fonds est de soutenir la croissance des entreprises publiques. Ainsi, les dividendes payés par ces entreprises leur sont en réalité réinjectés. Le mécanisme ne fait que redistribuer des fonds entre les entreprises publiques, au lieu d'en faire bénéficier l'ensemble de la société.

Une des principales raisons d'être de la propriété publique, c'est sa capacité à rééquilibrer la répartition du revenu dans un pays. S'il est difficile d'introduire une pleine concurrence ou d'éliminer les externalités des industries monopolistiques et de celles qui dépendent des ressources naturelles, les entreprises publiques peuvent contribuer à canaliser les bénéfices considérables de ces industries vers l'État ou vers l'ensemble de la population. À l'évidence, les entreprises publiques chinoises n'ont pas rempli correctement encore cette fonction de redistribution. Dans les décennies écoulées, quand la Chine poursuivait un objectif de croissance économique tous azimuts, les entreprises publiques justifiaient la rétention de leurs bénéfices par l'urgente nécessité de réaliser des investissements massifs. Ces dernières années, cependant, ces bénéfices ont été de plus en plus gaspillés, du fait de coûts administratifs excessifs et d'investissements redondants. La Chine se trouve aujourd'hui placée à un moment de transition vers un régime de croissance soutenable. Il est donc temps pour elle de renforcer le rôle des entreprises publiques dans la redistribution du revenu national des détenteurs de capitaux vers les ménages. Les bénéfices des entreprises publiques chinoises étant tout à fait considérables, la modification de l'utilisation de ces fonds au détriment de l'investissement et au bénéfice des ménages, aurait un impact immédiat sur toute la structure de l'économie. Il s'agit là d'une des mesures les plus directes et les plus crédibles pour stimuler la consommation intérieure, ralentir l'investissement, réduire l'excédent de la balance des paiements et améliorer la protection sociale à court terme. La Chine ne doit et ne peut ignorer cet instrument exceptionnel si elle veut rééquilibrer son économie et faciliter sa transition vers un régime de croissance « harmonieux ».

La Chine doit donc intégrer une large part des bénéfices des entreprises publiques dans le budget de l'État. Le paiement des dividendes de ces entreprises est un élément indispensable des recettes fiscales du pays. Non seulement elles sont dans l'obligation de payer des dividendes à leur propriétaire en dernier ressort – la population chinoise –, mais ces dividendes, s'ils sont importants et s'ils sont transférés aux ménages chinois, devraient jouer un rôle crucial dans la promotion systématique de la transition en cours d'un régime de croissance extensif vers un régime plus soutenable et plus favorable au bien-être.

Le bien-être social : renforcer l'appartenance à la société

La croissance n'est pas un objectif social en soi. C'est un phénomène général qui permet de réconcilier les exigences de l'accumulation du capital et du profit avec la nécessité de la cohésion et du progrès dans des sociétés salariales. Cette réconciliation ne se fait pas spontanément. La dynamique du capital, cette gigantesque force productive, est telle qu'elle peut aussi devenir une puissance aveugle et sans frein. Le capitalisme, à quelque genre qu'il appartienne, porte en lui la capacité de mobiliser les énergies humaines et de les transformer en croissance économique. Il est néanmoins incapable de faire émerger la cohésion sociale à partir de la rivalité des intérêts privés. Des sociétés très différentes les unes des autres peuvent ainsi avoir des taux de croissance économique assez similaires. Mais certaines sont des enfers, et d'autres des havres de bonheur humain. Certaines sociétés engendrent marginalisation et inégalité sociales, d'autres protègent la population contre les risques économiques. Certaines sociétés sont rongées par l'appât du gain et se lancent dans une quête effrénée de richesses individuelles, d'autres créent des systèmes collectifs de solidarité. Grâce aux institutions issues des conflits engendrés par le capitalisme, le mode de régulation est à même d'orienter la croissance économique afin d'améliorer les conditions de vie des travailleurs. La faisabilité d'un mode de régulation soucieux du progrès social dépend par-dessus tout du système politique.

L'action politique permet aux institutions nées du développement du capitalisme de se constituer elles-mêmes en système. Cela donne de la substance au mode de régulation. Le rôle essentiel de la relation politique résulte de la nature même de la sociabilité. Contrairement à ce que croient ou feignent de croire certains économistes néolibéraux, la société n'est pas une association d'agents économiques individuels. Le contrat social n'est pas un simple échange entre des individus libres et égaux, chacun à la poursuite de son intérêt égoïste. Dans la logique sous-jacente à l'accumulation du capital, le principe de l'égalité des individus en matière de transaction sur le marché se retourne en son contraire : l'oppression sans frein de ceux qui possèdent sur ceux qui ne possèdent rien. C'est pourquoi la solidarité ne peut nullement être garantie pas des contrats d'assurance fondés sur le marché. La solidarité nécessite un ensemble de règles et d'institutions permettant à un pays de faire face aux risques qui constituent une menace envers la vie de la société. Le problème de la cohésion sociale est qu'une société totalement individualiste ne peut pas exister. La démocratie, si souvent mise en avant, ne peut fonctionner de façon correcte si le respect du bien public n'est pas intégré dans les aspirations des citoyens. Et, même ainsi, il faut toujours s'efforcer de comprendre les origines des principes supérieurs qui légitiment les règles sociales et qui améliorent la qualité du mode de régulation.

La politique est tout aussi vulnérable au mythe du contrat social que l'économie au mythe du marché parfait. Le contrat social est une représentation qui a donné naissance au pouvoir de l'État, placé au-dessus des intérêts particuliers. Or le pouvoir de l'État qui s'impose en dernier ressort corrompt les sociétés où les inégalités sont exacerbées par une bureaucratie coupée de la population et par d'âpres conflits d'intérêts. Le pouvoir de l'État doit être légitimé par un ciment collectif qui ne procède pas de lui, une éthique robuste sur laquelle la pensée confucéenne a tant insisté. On ne peut se fier au pouvoir de l'État s'il s'est imposé sans autre légitimité que sa prétention de représenter la volonté du peuple. Et la menace n'est pas moins grande quand l'État est critiqué par ceux qui dissimulent leurs intérêts particuliers sous les couleurs du libertarianisme. Quand l'État n'est plus qu'un champ de luttes entre des coteries partisanes qui ne connaissent pas de retenue, chacune prétendant représenter la volonté du peuple, il n'est plus en capacité de faire en sorte que la population reconnaisse les valeurs communes de l'appartenance à la société.

Entre l'économie et l'État, il y a la société civile. Les règles, les habitudes, les institutions et les comportements qui s'y constituent ne sont pas le fruit de contrats qui auraient été conclus entre ses membres. Ils sont issus d'un patrimoine collectif, d'un système de relations que chaque génération reçoit en héritage et qui perpétue la continuité de la société. La médiation politique représente ce système de relations par le biais de valeurs collectives dans lesquelles les membres d'une société reconnaissent les principes d'appartenance à leur corps social. *Ces valeurs collectives sont incorporées et font de la société une totalité distincte des individus dont elle est composée*. L'action politique est l'instrument par lequel ces valeurs sont extraites du patrimoine historique d'une société. Elles forment l'identité d'une nation et s'expriment dans des symboles, des croyances communes et les normes fondamentales de la loi. L'État, en tant que dépositaire de ces valeurs, est investi d'une autorité qui légitime son pouvoir supérieur à tous les autres pouvoirs.

En nous intéressant à la société civile, il devient possible d'exorciser le spectre d'une globalisation considérée comme un rouleau compresseur qui homogénéise toute la planète. La régulation n'étant pas un jouet mécanique, et les conceptions instrumentalistes de la réforme menant, en réalité, à une impasse, il est vain de fustiger l'État, son inefficacité économique prétendue ou le fait qu'un pays ne se comporte pas comme un autre.

Dans l'Europe de l'après-Seconde Guerre mondiale, le progrès social était la valeur cardinale de l'appartenance à la société. Cette valeur était inscrite dans les programmes en matière de sécurité sociale, d'éducation et de logement. Elle a permis de créer un système d'avantages sociaux qui a joué un rôle actif dans la régulation du régime de croissance de l'Europe. La capacité reproductive de ce mode de régulation était telle que la plupart des partis politiques y ont adhéré. Même quand elle n'était pas exprimée par des slogans politiques, la démocratie sociale était le concept fondamental d'un régime de croissance partenarial, où la croissance bénéficiait à tous les membres de la société. Dans les trente dernières années, les démocraties occidentales ont été affaiblies par la financiarisation, qui a mis en avant une élite politico-financière dont le seul objectif – prélever une énorme rente sur la société – a réussi à entamer la plupart des progrès sociaux réalisés au cours des trente années précédentes. Parallèlement, l'extension de la globalisation a engendré en Chine un régime de croissance qui a eu d'énormes coûts sociaux. Ceux-ci se sont traduits par une exacerbation des inégalités entre les villes et les campagnes, et par l'apparition d'une couche importante de travailleurs privés de droits d'appartenance à la société. Cette tendance a fragmenté la société et mis en cause la légitimité de l'État. C'est pourquoi la création d'un système de protection sociale adapté à la société chinoise est une condition indispensable de la transition vers un régime de croissance soutenable.

BIEN-ÊTRE SOCIAL ET RÉGULATION MACROÉCONOMIQUE

Le principe du bien-être social se justifie d'un point de vue politique, celui de la citoyenneté. Aucun membre d'une société ne doit être laissé de côté. Tous doivent être traités à égalité. Dans les sociétés capitalistes, les modèles de protection sociale qui doivent être institutionnalisés et les mécanismes spécifiques qui doivent être mis en œuvre dépendent du statut du travail. L'étendue de la propriété publique en Chine donnera au modèle choisi des caractéristiques *sui generis*.

Reproduction sociale du travail dans les sociétés capitalistes

Le capitalisme est fondé sur la séparation sociale au sein d'économies de marché, qui crée des rapports de pouvoir et des classes sociales. Les capitalistes sont ceux qui ont accès à l'argent pour financer l'acquisition de moyens de production. Les travailleurs sont ceux qui y ont accès en vendant leur capacité de travail. C'est pourquoi le désir d'accumuler de l'argent pour lui-même, c'est-à-dire de donner pour principal objectif à l'activité économique la transformation de l'argent en capital, entraîne un pouvoir sur autrui. Le salaire est le prix en argent de location de la capacité de travail d'un individu pour une période de temps donnée.

Il s'ensuit que le contrat de travail, contrairement aux apparences, n'a rien d'un contrat de vente. Dans le contrat de vente, les contractants sont sur un pied d'égalité. Ils encourent des risques symétriques en raison de l'incertitude de l'offre et de la demande du produit ou du service vendu. Dans le contrat de travail, le travailleur est subordonné à l'employeur et, en définitive, à l'objectif de l'entreprise dans l'exécution du contrat. Le risque économique supporté par le travailleur n'est pas lié à l'exécution du contrat, mais à la situation financière de l'entreprise et à la situation macroéconomique. Il s'agit du risque économique de perte d'emploi, contre lequel le travailleur n'a pas les moyens, individuellement, de se protéger. La rémunération du travail est fondée, en outre, sur le temps de travail, modulé par l'incitation à travailler, appelée salaire d'efficience, et défini par une norme résultant de la concurrence entre les différents secteurs de production. L'intensité du travail ne fait pas partie du contrat. Elle revient à l'entreprise, dont la direction a tout intérêt à la pousser au maximum. C'est pourquoi l'innovation technologique, bien souvent, n'est pas dans l'intérêt des travailleurs. Elle accroît la subordination en obtenant des gains de productivité du travail qui sont dus à une intensité du travail plus importante mais qui ne se traduit pas par des salaires plus élevés. La propriété publique n'est ici pas plus civilisée que la propriété privée. Seule une législation du travail, des syndicats assez puissants pour en contrôler l'application dans les entreprises, et des juridictions indépendantes pour juger les litiges, peuvent permettre d'atténuer les abus dus aux rapports de pouvoir inhérents au statut du travail.

Le bien-être social doit donc commencer par améliorer le statut du travail dans les entreprises. Pour y parvenir, les travailleurs doivent être en mesure de s'organiser collectivement pour négocier le partage des profits. Cela signifie que la rémunération du travail doit être indexée sur les gains de productivité de l'entreprise, en plus du salaire de base venant rémunérer le temps de travail. Dans un pays comme la Chine, que les dirigeants politiques aiment considérer comme une économie socialiste ayant des traits capitalistes, ces mécanismes de partage du profit doivent être pleinement développés. La négociation collective pluriannuelle doit devenir le pilier d'une économie partenariale et présenter les attributs suivants : indexation des salaires nominaux sur le coût de la vie, lien entre les salaires réels et les gains de productivité, échelle stable des salaires avec une prise en compte de la compétence et de l'ancienneté, mobilité ascendante et sécurité de l'emploi.

L'institution de la négociation collective est également très importante, car elle est la médiation entre l'entreprise et le niveau macroéconomique dans la reproduction sociale du travail. Marx définit celle-ci comme le double processus de reproduction à travers la reproduction de l'argent par lequel les classes sociales reproduisent leurs positions (*cf.* figure 7.9). Les travailleurs reproduisent leurs capacités de travail en dépensant leur revenu en biens de consommation à la fois fongibles et durables, et en investissant dans un logement. Les capitalistes reproduisent, à une plus grande échelle, l'achat des services de capacités des travailleurs en réinvestissant l'argent issu des bénéfices et les ressources financières tirées d'un endettement renouvelé.

Bien-être social et stabilisation macroéconomique

Ce processus de reproduction économique n'est pas immunisé contre le chômage. Si la rémunération du travail est déconnectée des gains de productivité, comme cela fut le cas en Chine pendant la seconde phase de la réforme, ceux-ci n'alimentent que les profits. Le pouvoir d'achat du travail n'augmente pas assez rapidement pour nourrir les attentes des entreprises en matière de consommation au niveau nécessaire à l'emploi de l'ensemble de la population active. C'est pourquoi le plein-emploi a été entretenu par le recours massif aux exportations et par le boom de l'immobilier pour la population riche, lancé après la privatisation du foncier urbain en 1998.

Si la transition vers un régime de croissance soutenable est l'objectif cardinal de cette décennie, la reproduction sociale du travail devrait être le principal vecteur de la croissance de la consommation, capable d'assurer le plein-emploi sans accumulation exagérée de capital (*cf.* figure 7.10). La valeur créée par le travail en associant capital et progrès technologique apparaît dans la productivité du travail, laquelle est partagée entre les profits et les salaires au travers de la négociation collective. Dépenser le revenu du travail et réinvestir le profit sont les principaux éléments de la demande intérieure, modulée par le crédit bancaire. Le niveau agrégé de production qui en résulte est compatible avec le niveau d'emploi qui nourrit le fonds salarial nécessaire au soutien de la consommation.

L'institution de la négociation collective est le principal mécanisme permettant de réguler le revenu du travail en fonction de l'offre potentielle et de la demande agrégée effective. Le faire dans un pays comme la Chine, où la force de travail a une dimension considérable, est une tâche titanesque. Ce ne sera pas possible sans une forte volonté de l'État central et sans un changement de la gouvernance des entreprises, afin de permettre aux revendications collectives des travailleurs de se traduire par de la création de revenu. La régulation du revenu primaire ne sera cependant pas suffisante.

La Chine bénéficie déjà d'institutions financières régulées. Dissuadées de financer la spéculation dans l'immobilier résidentiel, elles sont orientées vers le financement du logement social. Le logement social permet de créer une norme sociale en matière de consommation, car il stimule la demande de toute une série de biens de consommation de masse (ameublement, appareils ménagers, équipements de loisir et de communication). Le système de transferts sociaux est l'autre pilier, et le plus important, du mode de consommation à venir.

Figure 7.9. La double reproduction du capital et du travail.

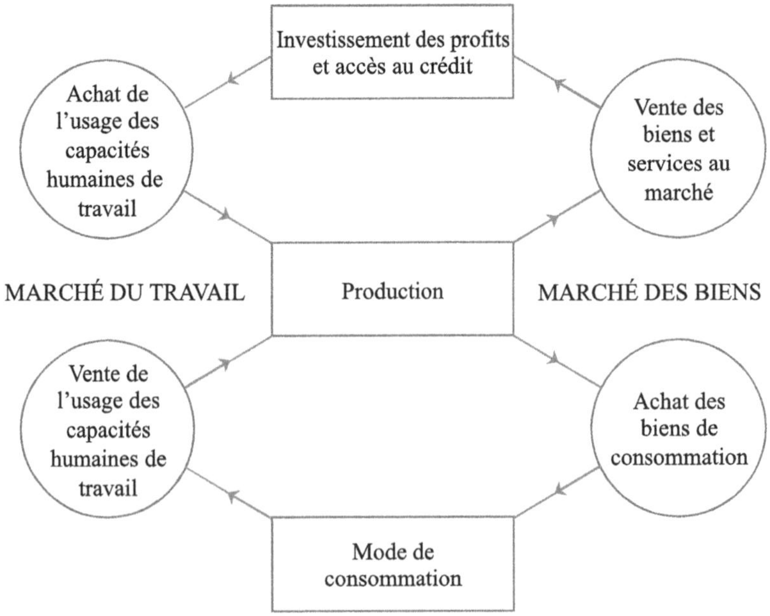

Figure 7.10. Les relations macroéconomiques dans un régime de croissance tiré par la consommation.

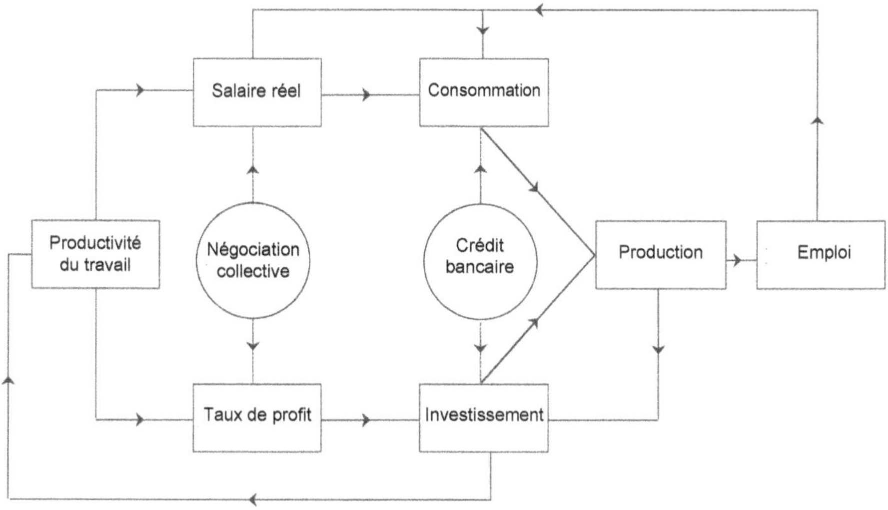

Les institutions de transfert social sont la sécurité sociale, le salaire minimal, l'assurance-chômage, l'impôt progressif sur le revenu et l'aide aux familles à bas revenu. Leur impact macroéconomique vient du lissage des fluctuations de la demande intérieure agrégée. Il s'explique par le découplage partiel du revenu disponible des ménages et des faiblesses temporaires du revenu primaire. L'appareil social est principalement constitué des institutions de l'assurance sociale (sécurité sociale, retraites, indemnités de chômage) qui fournissent un revenu de remplacement. Il offre un revenu aux personnes temporairement (chômage, maladie) ou définitivement (retraite) exclues du marché du travail. L'impôt progressif sur le revenu opère un transfert de revenu des ménages ayant une faible propension à consommer vers ceux ayant une forte propension à consommer. Ces transferts sont assortis de stabilisateurs et sont donc contracycliques. Quand la demande agrégée est fragilisée, ce qui conduit à une baisse du revenu primaire due à la baisse de l'output par rapport à la capacité de production, les recettes fiscales diminuent et les indemnités de chômage augmentent. Un déficit budgétaire endogène temporaire met en marche un multiplicateur positif de la demande, ce qui amortit le choc négatif de demande. L'aide aux familles à faible revenu en matière de logement, d'éducation et de santé poursuit principalement un objectif d'équité, au nom de la cohésion sociale. Elle contribue aussi à soutenir la demande intérieure.

L'absence ou la faiblesse de la protection sociale, associée à un système fiscal régressif, est la principale cause de la croissance instable et inégalitaire de beaucoup de pays en développement. C'est également la principale raison pour laquelle le rattrapage s'est enlisé dans les pays à revenu moyen d'Amérique du Sud, qui, après 1945, étaient bien plus riches que le Japon. Il est donc temps que la Chine prenne des mesures décisives pour mieux rediriger ses considérables ressources financières vers sa population.

Nous allons examiner l'actuel système de protection sociale en Chine et son rôle dans la redistribution de la richesse du pays. La légitimité politique de l'État chinois s'étant toujours fondée sur le concept d'amélioration du bien-être élémentaire de la population, la construction d'une société du bien-être devrait faire partie intégrante du système politique de la Chine. Or, depuis l'effondrement du système de protection sociale socialiste, dans les années 1990, la Chine se débat pour trouver le système social adapté au pays et que celui-ci serait capable de mettre en œuvre. Si l'absence de système de protection sociale général a été compensée, dans une certaine mesure, par la croissance rapide durant la seconde phase de la réforme, la nécessité de créer un État providence se fait chaque jour de plus en plus pressante. Quel doit en être le type ? Les réponses apportées ne sont ni uniques ni complètes. Mais elles soulignent les logiques qui pourraient être à la base des futures réformes de la protection sociale en procédant à un examen croisé du passé, du présent et de l'avenir de la Chine.

APERÇU DE L'ACTUEL SYSTÈME DE PROTECTION SOCIALE DE LA CHINE

Cela fait longtemps que les économistes et les dirigeants chinois ont compris que la création d'un État providence est le principal remède pour améliorer la position des ménages dans la répartition du revenu national et stimuler la consommation intérieure. Le système de protection sociale tend à stimuler la consommation intérieure à travers la hausse du revenu réel des ménages (effet revenu) et la baisse de l'épargne de précaution (effet sécurité). Pour que ces deux effets puissent jouer, il faut au moins que deux conditions aient été réalisées. D'un côté, il faut un transfert financier net en faveur des ménages ; de l'autre, il faut créer des institutions crédibles pour garantir la variabilité du financement des régimes sociaux. À partir de 1978, et notamment après la vaste réforme des entreprises publiques de 1995, le système social socialiste s'est totalement effondré en Chine. Pendant l'essentiel de la seconde phase de réforme, il n'y a pas eu d'approche systématique pour reconstruire un État providence en Chine. Depuis 2008, en revanche, plusieurs réformes importantes du système de protection sociale ont été annoncées. Nous allons procéder à un bref examen de l'actuel système chinois de protection sociale en nous attardant particulièrement sur les réformes en matière de protection du travail, de soins de santé et de retraites.

La protection du travail

La plupart des aides sociales en Chine sont liées à l'emploi. Il est donc nécessaire, avant d'évaluer le système de protection sociale chinois, de comprendre le marché et les protections du travail.

En février 2010, la Fédération chinoise des syndicats affirmait que la quasi-totalité des employés des entreprises publiques et plus de 90 % de ceux des entreprises privées (ayant un revenu annuel de 5 millions de renminbis ou plus) bénéficiaient de contrats écrits. Ce progrès remarquable était dû aux « nouvelles lois sur le travail ». Il s'agit d'un ensemble de lois adoptées en janvier 2008 et concernant la régulation du marché du travail en Chine. En dehors de ces lois sur le contrat de travail, il y a la loi sur l'arbitrage et la médiation des conflits du travail, qui précise les procédures à suivre pour les litiges avec les employeurs devant les tribunaux, et la loi sur la promotion du travail, qui donne aux gouvernements la responsabilité de l'emploi et des services à l'emploi. Cet ensemble de lois a été introduit pour créer une base plus égale en matière de relations du travail et offrir aux employés des protections plus fortes et plus précises en matière d'emploi, notamment pour les employés les moins qualifiés des PME privées. D'après la législation en vigueur, le contrat de travail est donc obligatoire et chaque employé doit bénéficier d'une protection sociale. Les exigences procédurales en cas de modification des conditions de travail sont beaucoup plus strictes et les obligations des employeurs en matière de paiement de la totalité du travail effectué, en temps et en heure, ont été renforcées (notamment pour les heures supplémentaires).

Si les données officielles étaient avérées, et si toutes les dispositions des « nouvelles lois sur le travail » étaient pleinement appliquées en Chine, le marché du travail offrirait aux travailleurs une forte protection et le système de protection sociale chinois aurait déjà une base solide. Mais la réalité est loin d'être aussi rose. Le problème n'est pas que l'État chinois ne dit pas la vérité, mais que l'enquête officielle concerne les seules entreprises grandes et moyennes. La situation dans les entreprises de plus petite taille est beaucoup plus problématique, et la mise en œuvre des « nouvelles lois sur le travail » pour les populations socialement les moins protégées, comme les travailleurs migrants, a progressé bien plus lentement. Une étude portant sur trois cents travailleurs de la ville de Shenzhen montrait que, si les entreprises de plus de mille employés avaient signé des contrats avec la quasi-totalité d'entre eux, c'était le cas de la moitié seulement des entreprises plus petites (Dagongzhe Migrant Workers Centre, 2009). Au premier semestre de 2009, Zhicheng, ONG spécialisée dans l'assistance juridique aux travailleurs migrants, a réalisé une étude portant sur 15 provinces chinoises et 581 travailleurs migrants. Seuls 27,5 % d'entre eux avaient un contrat écrit valide. Certes, ce ratio avait doublé par rapport à 2008 (12,5 %), mais la part de travailleurs migrants privés de toute protection du travail restait alarmante. Dans les grandes entreprises, y compris publiques, des tactiques étaient même utilisées pour éviter ou atténuer l'impact des « nouvelles lois sur le travail », surtout là où seuls des emplois non qualifiés étaient nécessaires.

Très rares sont ceux qui ne reconnaissent pas la nécessité d'améliorer les conditions de travail et de salaire des travailleurs chinois. La question de savoir si la meilleure solution pour ce faire est le recours à la loi est, en revanche, fort controversée. La plupart des chercheurs en science sociale et des activistes que nous avons interrogés à ce sujet affirmaient le rôle positif des nouvelles lois. Ils disaient qu'une référence légale en matière de protection du travail valait mieux que rien. Mais les opposants, et en particulier certains économistes, soulignaient que la loi ne pouvait altérer les fondamentaux, à savoir l'équilibre du pouvoir entre le capital et le travail. Des lois insuffisamment appliquées ne pouvaient guère changer, selon eux, la situation désavantageuse des travailleurs chinois dans la relation de travail. Compte tenu de l'offre abondante de travail, de l'absence de liberté d'association pour les travailleurs (tous les syndicats sont soumis à la Fédération chinoise des syndicats, contrôlée par le Parti communiste), le pouvoir de négociation des travailleurs reste très faible. La situation a été encore aggravée par le mode extensif de croissance économique, caractérisé par une forte dépendance à l'input de capital et par de faibles marges bénéficiaires. La protection du travail, pour être réelle, doit en effet s'appuyer sur la hausse de la productivité globale des facteurs et sur le renforcement du pouvoir de négociation collective des travailleurs, qui passe par la liberté d'association syndicale. La protection légale est donc nécessaire. Sa réalité dépend beaucoup de la volonté des gouvernements locaux de faire appliquer la loi, et du coût que les travailleurs sont prêts à supporter pour porter un conflit devant la justice. L'irruption de la crise économique a donné de bonnes excuses aux gouvernements locaux pour assouplir leur contrôle sur la mise en œuvre des lois nouvelles. Quand l'Inspection du travail et les syndicats officiels sont restés inactifs, les employés n'ont pas eu d'autre choix que de se tourner vers l'arbitrage des tribunaux, alors que les processus légaux étaient souvent, pour eux, trop longs et trop coûteux. À la date où ce chapitre a été rédigé, aucun progrès notable n'avait été rapporté quant à l'application effective des « nouvelles lois sur le travail ».

Le système de sécurité sociale (retraites et santé)

En janvier 2009, le gouvernement annonçait un ambitieux plan de réforme du système de soins médicaux chinois. L'objectif principal était d'atteindre 90 % de couverture d'assurance médicale en 2011 et une couverture universelle en 2020. Nous sommes assez optimistes quant à la réalisation de cet objectif. Les résidents urbains qui avaient un emploi formel ont toujours été couverts par un régime d'assurance médicale. La couverture d'assurance médicale en Chine rurale, en revanche, a toujours été traditionnellement faible. Après l'adoption du « Nouveau Système coopératif médical rural » (NSCMR), en 2003, le nombre de résidents ruraux couverts par un régime d'assurance médicale a augmenté. En 2009, plus de 90 % de la population rurale était déjà couverte par le NSCMR. En 2011, le Conseil d'État a déclaré que plus de 95 % de la population chinoise (1,27 milliard de personnes) étaient couverts par un régime d'assurance médicale. Le premier objectif en matière d'assurance médicale a donc été bien rempli.

S'agissant des régimes de retraites, les améliorations de ces dernières années ont, là aussi, été remarquables. De 40 à 45 % de la population chinoise sont couverts par un régime de retraite. Il y a toutefois de fortes inégalités entre la Chine rurale et la Chine urbaine. Si, en 2010, 90 % des résidents urbains étaient couverts, c'était le cas de moins d'un quart des résidents ruraux. Contrairement à l'optimisme général qui règne à propos de l'assurance médicale, la plupart des observateurs s'accordent à dire qu'une couverture universelle en matière de retraite n'est pas un objectif réaliste à cour terme. Woetzel *et al.* (McKinsey, 2002) estiment que la couverture de retraite pourrait être, en 2025, de 60 %. Sin (Banque mondiale, 2005) envisage une couverture de 90 % d'ici à 2055.

Pour créer un régime de retraite viable, la Chine doit résoudre deux grands problèmes. Elle doit d'abord adapter l'âge de départ à la retraite. L'âge moyen de départ à la retraite est actuellement, en Chine, de 56 ans. Une limite légale a été fixée à 60 ans pour les hommes et à 55 ans pour les femmes. C'est trop tôt par rapport à ce que l'on observe dans les autres pays. Un départ à la retraite précoce accroît le poids du paiement des retraites pour les années à venir, surtout depuis que la Chine est entrée dans une phase rapide de vieillissement de la population. Les régimes de retraite aujourd'hui fragmentés doivent ensuite être unifiés par un régime national. Les régimes de retraite en Chine varient en effet grandement en fonction du type d'emploi (fonctionnaire ou employé du privé), du statut d'enregistrement des ménages (rural ou urbain) et du lieu de résidence. Cette fragmentation empêche l'État central de pouvoir contrôler de façon efficace les régimes de retraite et entrave la mobilité du travail dans le pays.

Si les progrès réalisés en matière de couverture d'assurance médicale et de retraite sont des étapes importantes vers l'établissement d'un État providence en Chine, seul un transfert positif net vers les ménages peut avoir un impact réel sur le revenu disponible des familles chinoises et accroître leur propension à consommer. Les régimes de sécurité sociale en Chine sont-ils généreux ? D'où viennent leurs financements ? Y a-t-il un transfert net des gouvernements et des entreprises vers les ménages ? Le financement du système de sécurité sociale chinois est analysé dans ce qui suit.

Les taux de remboursement des soins médicaux et le taux de remplacement [1] en matière de retraite sont toujours, de loin, trop faibles en Chine. Si le taux de remboursement promis pour les soins hospitaliers est fixé à 70 %, le taux de remboursement réel est en moyenne de 23 % (OCDE, 2010). Quant aux retraites, le taux actuel de remplacement est, en moyenne, de 33 %, contre 77 % dans la période socialiste (OCDE, 2010). Ces dédommagements limités, offerts par les régimes de sécurité sociale chinois, ne sont pas non plus répartis de façon progressive dans la population. Les résidents urbains reçoivent des indemnités bien plus importantes que les résidents ruraux, tout comme les familles les plus riches par rapport aux familles les plus pauvres. Une telle régressivité est principalement due au fait que la contribution et l'indemnité sociales ne sont fondées que sur le salaire individuel. Ainsi, plus on contribue, et plus on reçoit. Le dispositif actuel du système de sécurité sociale chinois est donc peu redistributif et ne joue pas un grand rôle dans le rééquilibrage du revenu des différents groupes de population.

La principale source de financement de la sécurité sociale vient des contributions sociales payées par les individus et les entreprises, sur la base des salaires. Cela signifie que les entreprises intensives en travail sont soumises à un poids social plus lourd que les entreprises intensives en capital. Selon nos calculs, la contribution sociale payée en Chine par les employés et les employeurs représente de 40 à 50 % des salaires totaux. L'État central, au contraire, a peu de responsabilités financières en matière sociale. Ainsi, nous n'avons pas pu mettre en

1. Le taux de remplacement est le ratio entre le salaire annuel net des années d'inactivité et le salaire annuel net des années d'activité.

évidence, dans le système de sécurité sociale chinois, de transfert net significatif de l'État vers les ménages.

Ironiquement, les transferts inverses des ménages vers les gouvernements, et en particulier les gouvernements locaux, à travers les contributions sociales, sont largement répandus en Chine. Ainsi, les contributions sociales payées pour les retraites sont collectées au niveau des provinces depuis 1993. Théoriquement, ces financements devraient être gérés sur deux comptes différents, un compte « individuel » et un compte « social ». Le premier devrait être lié directement au travailleur, qui y contribue à hauteur de 8 % de son salaire chaque mois, et à son employeur, dont la contribution est de 20 % de ce même salaire. Le compte « social » recueille les fonds budgétaires injectés pour un usage social. Or les gouvernements locaux ont largement abusé des comptes « individuels » pour financer les dépenses sociales courantes. Le système de sécurité sociale chinois est ainsi devenu un système par répartition. Jusqu'en 2005, il manquait 800 milliards de renminbis sur les comptes « individuels ». Autrement dit, les ménages chinois ont financé des responsabilités sociales qui auraient dû être assumées par les gouvernements locaux chinois ! En même temps, ces comptes « vides » veulent dire que les risques encourus par les individus concernés se sont accrus. Une fois à la retraite, le danger est aujourd'hui plus important pour eux de ne pas recevoir les pensions promises.

Un État providence ayant des caractéristiques chinoises

Dans son très remarquable *The Three Worlds of Welfare Capitalism* (« Les Trois Mondes du capitalisme providence »), Esping-Andersen identifiait trois types d'État providence : conservateur, libéral et social-démocrate. Les exemples typiques du premier sont l'Allemagne, l'Autriche et la France. Dans ces pays, la protection sociale est universelle et indiscriminée. Mais les différences de statut entre les classes sociales sont préservées. Le système de protection sociale est peu redistributif. L'État est prêt à remplacer le marché comme fournisseur de bien-être. Cependant, il n'interfère pas dans les affaires traditionnellement considérées comme relevant de la responsabilité des familles, à moins que celles-ci ne soient plus en capacité d'aider leurs membres. On trouve le régime libéral de protection sociale en Australie, au Canada et aux États-Unis. Ses traits caractéristiques sont des droits sociaux limités, des indemnités minimales et le rôle central du marché.

Les plus pauvres peuvent recevoir une assurance sociale discriminatrice s'ils remplissent des critères définis de façon stricte. Le régime libéral ne croit pas à la nécessité de la démarchandisation du travail et ne cherche pas à réduire les stratifications sociales. La société constitue une dualité en termes de classes entre la population pauvre, qui reçoit une aide publique sur une base égale, et la majorité de la population, dont la protection sociale passe par les mécanismes du marché. Les pays scandinaves ont un régime de protection sociale « social-démocrate ». Ce mot vient d'un mélange particulier de « socialisme » et de « démocratie ». Dans ce régime, la protection sociale est assurée par l'État et couvre l'ensemble de la population sans discrimination liée au statut social, au statut de l'emploi ou au niveau de revenu. Le degré de démarchandisation du travail est extrêmement élevé et les inégalités sociales sont réduites au maximum. La protection sociale est intégrée à l'objectif de plein-emploi et les coûts familiaux sont socialisés de façon préemptive (Esping-Andersen, 1990, p. 26-29).

La Chine peut-elle s'inscrire dans l'un ou l'autre de ces régimes ? Au premier abord, la réponse semble négative. L'ambition de couverture universelle en matière d'assurance médicale et de retraite ressemble aux régimes conservateur et social-démocrate. L'indemnité minimale évoque, en revanche, le régime libéral. Les régimes de sécurité sociale étant étroitement liés aux relations du travail, les effets de démarchandisation du système chinois sont très faibles. C'est un trait similaire, là encore, au régime libéral. Mais l'État, en Chine, est le principal fournisseur de bien-être social. Les fonctionnaires et les employés des entreprises publiques bénéficient d'un régime spécial de protection sociale, et l'aide sociale offerte aux familles est souvent généreuse. Ces deux particularités se retrouvent dans les pays où domine un régime de protection sociale conservateur, comme la France. Mais, si la Chine ne copie aucun régime existant, quelle forme d'État providence peut-elle se donner pour ambition de bâtir ? Nous présenterons ici une hypothèse préliminaire concernant le futur État providence chinois, à partir des effets interactifs des facteurs historiques, sociétaux et politiques de la Chine.

Si le régime d'État providence est toujours à l'état embryonnaire en Chine, on peut y observer diverses décisions d'ancrage stratégique. La première concerne les droits sociaux. Le gouvernement chinois a montré sa préférence pour une couverture universelle assortie d'aides minimales, et non pour une couverture limitée assortie d'aides sociales élevées. Le but majeur de la couverture universelle n'est pas la démarchandisation mais la fourniture d'une sécurité sociale permettant d'assurer les besoins élémentaires de la population. Ce choix est cohérent avec la très ancienne tradition politique du pays. Depuis la période impériale, l'État chinois fonde sa légitimité sur la fourniture à la population d'une stabilité, d'une sécurité et d'une protection minimales. Faillir dans ce domaine mettrait en danger le régime politique. Mais, en l'absence de contrôle d'une pluralité de groupes d'intérêts, l'État ne se voit pas incité à fournir des droits sociaux allant au-delà des besoins de base.

La deuxième décision concerne le rôle du système de protection sociale dans la stratification de la société. La conception du système actuel montre une forte tendance à renforcer les différences existantes en matière de niveau de revenu et de statut social. Cet effet de renforcement peut être illustré par deux mécanismes. D'abord, le système de protection sociale chinois est fortement centré sur la relation de travail. Le calcul de la contribution et de l'indemnité (notamment des retraites) est basé sur le salaire de chaque individu pendant ses années d'activité, et non sur les revenus moyens de la société. Cela conforte les différences sociales déjà existantes et se traduit par des effets redistributeurs et égalisateurs très faibles. Pire encore, l'autre mécanisme introduit directement le dualisme dans la société. Les fonctionnaires et les employés des entreprises publiques bénéficient ainsi de régimes de protection sociale notablement favorables, par rapport aux employés du secteur privé. En 2004, la pension annuelle d'un retraité d'une entreprise privée était inférieure de 6 830 yuans, en moyenne, à celle d'un employé d'une entreprise publique, et de 8 451 yuans à celle d'un fonctionnaire. Tous les employés de l'État, et une majorité des employés des gouvernements locaux et des entreprises publiques, bénéficient également d'une couverture de soins gratuite, explicitement ou implicitement. L'ancien vice-ministre de la Santé, Yin Dakui, a révélé, lors d'une conférence, que, sur la totalité des dépenses investies dans les soins médicaux, 85 % bénéficiaient aux agents publics. L'indemnisation en matière médicale est plutôt limitée pour la population ordinaire, et il existe dans ce domaine, quelle que soit la gravité de la maladie, un plafond annuel. Cette disparité entre les régimes sociaux généraux et les régimes spéciaux des employés publics a favorisé en Chine un puissant dualisme. Si un certain nombre de mesures ont été prises, depuis 2009, pour le réduire et finalement le supprimer, le traitement différencié des employés publics et privés reste fort répandu. La difficulté qu'il y a à supprimer ce système fortement dual est liée à la structure politique de la Chine. Les autorités chinoises dépendent de leur personnel administratif pour atteindre leurs objectifs politiques. Tant que la Chine reste largement dépendante du capitalisme d'État, le dualisme entre les employés du public et ceux du privé ne pourra pas disparaître.

Le troisième choix essentiel concerne la relation entre l'État, le marché et la famille en matière de fourniture de protection sociale. Comme nous l'avons montré dans le chapitre 1, pendant des millénaires, c'est la famille et d'autres groupes de lignage qui ont répondu avec le plus de souplesse et de résilience aux besoins de la population chinoise. Le fonctionnement de la société a toujours reposé sur des réseaux sociaux informels plutôt que sur des organisations formalisées. Si l'industrialisation a brisé la cohérence de la société fondée sur la famille traditionnelle, les liens sociaux familiaux, au sens large, sont toujours des atouts pour la Chine, et ils méritent d'être intégrés dans la poursuite du bien-être social et du développement soutenable. Les politiques récentes de protection sociale montrent que la Chine ne va pas abandonner le rôle fondamental que jouent les relations et les liens familiaux dans l'offre d'un filet de sécurité minimal pour la population. Dans sa vision de l'État providence, l'État central exploite délibérément les capacités des familles. Il est conscient aussi que la Chine n'est plus un pays agraire fondé sur la famille. Dans une société industrialisée, le système de protection sociale adossé à l'État n'est pas seulement un élément complémentaire du système familial. Il remplit des fonctions macroéconomiques que les familles individuelles ne peuvent assumer. Dans les dix ou vingt ans qui viennent, la Chine devra développer des transferts sociaux importants vers les ménages moyens afin de favoriser la consommation intérieure et permettre la transition vers un nouveau mode de croissance économique. Les familles chinoises ont besoin d'aides plus actives émanant de services professionnalisés, et l'État est indispensable pour fournir une protection sociale égalitaire à la population.

Pour résumer, il y a donc un consensus en Chine sur la relation entre l'État et la famille en matière de fourniture de protection sociale, même si un dosage précis est encore à trouver. La relation entre le marché et l'État en matière de fourniture de protection sociale reste toutefois une question controversée. L'État est, de loin, le principal fournisseur de la plupart des services sociaux en Chine. Mais ce type de système social, dirigé par l'État, est souvent remis en question pour son inefficacité et sa rigidité. L'introduction d'acteurs privés dans le marché de la fourniture de services sociaux peut permettre au système social chinois, croyons-nous, de répondre aux besoins de la population avec plus de souplesse. Il faut cependant se montrer extrêmement prudent quant aux appels à la privatisation de la fourniture des services médicaux publics existants. Si l'on veut favoriser l'efficacité de l'offre de protection sociale en Chine, la question n'est pas de savoir s'il revient aux acteurs publics ou privés de gérer le monopole, mais bien de mettre fin à ce monopole. Toutes choses égales par ailleurs, il est en réalité plus facile d'aligner le système de paiement d'un État providence sur la fourniture de prestations si celles-ci sont principalement fournies par l'État, comme le montre *a contrario* l'exemple désastreux des États-Unis. L'État doit donc cesser d'empêcher les acteurs privés d'entrer sur le marché de la protection sociale et réorienter les fonctions gouvernementales. Celles-ci passeront de la médiation de la gestion quotidienne des fournisseurs de services sociaux à la régulation et au contrôle des marchés, qui doivent comprendre des acteurs publics et privés.

Les choix stratégiques que nous venons de détailler sont susceptibles d'évoluer vers un régime holistique d'État providence ayant des particularités propres à la Chine. L'assurance universelle est le premier pilier de ce régime de protection sociale. Dans la tradition chinoise (*cf.* chapitre 1), l'État est le protecteur et le régulateur de la stabilité du pays. Pour préserver la légitimité de sa souveraineté, il est dans l'intérêt de l'État chinois de créer un système national de sécurité sociale garantissant une assurance universelle minimale. Cette préférence, comme nous l'avons souligné, a déjà été nettement démontrée par l'État central dans son ambition d'étendre la couverture de sécurité sociale. Le deuxième pilier est la maximisation du capital social. Les institutions chinoises, en particulier celles qui ont été développées dans la période impériale, ont toujours préféré la stabilité de l'ordre social à la croissance matérielle. L'État a longtemps été conscient de l'importance de l'accumulation du capital social, notamment humain, pour assurer cette stabilité. Pendant plus de deux mille ans, la Chine a été une société méritocratique où l'importance de l'éducation était largement reconnue. Si Confucius accorde différents niveaux de richesse et de statut social aux personnes ayant différents niveaux de mérite et d'intelligence, la mobilité verticale et l'égalité des chances, en particulier en matière d'éducation, sont toujours encouragées. Aussi la société a-t-elle toujours été redistributive en matière de protection du capital social et humain. Toutes les fois que les inégalités sociales ont atteint un degré tel que l'accumulation collective de capital social et humain de la nation était mise en péril, un vif désir de redistribution est apparu dans le pays. Quand des groupes importants de la population ont dû lutter pour la survie (par exemple en cas de catastrophe naturelle), les normes sociales ont obligé les riches à apporter une contribution et à faire des dons à des fins d'éducation. Si la société chinoise a connu une transformation radicale au cours des cent dernières années, on observe encore ce type de comportement dans la Chine d'aujourd'hui, et nous pensons qu'il est grand temps d'encourager le regain de cette tradition. Le troisième pilier de l'État providence chinois, c'est le rôle indispensable de la société civile en matière de protection sociale. L'essence du confucianisme est de comprendre l'être humain et la société humaine en termes relationnels. La Chine, en tant que société civile auto-organisée fondée sur des relations humaines complexes et superposées, a une tradition forte et ancienne. Si l'État a toujours été responsable de la stabilité de la nation et du bien-être de la population, l'organisation de la société était largement spontanée. Il est vrai que la famille organique, dans une société industrielle, voit sa fonction économique diminuer. Mais la Chine dispose encore de réseaux sociaux dynamiques et étendus. Ce sont des atouts précieux pour compléter le système de protection sociale dirigé par l'État. Le Parti communiste doit apprendre à intégrer activement la société civile dans le système de protection sociale et guider son développement, et cesser de permettre aux gouvernements locaux d'interférer dans son fonctionnement.

L'obstacle le plus inquiétant à cet État providence en devenir, ce sont les transferts de revenu des ménages vers les gouvernements. La réforme du système de protection sociale doit donc absolument assurer l'équité. Il convient pour ce faire de distinguer soigneusement ce qui doit ou non relever de la contribution. Les prestations contributives sont celles qui financent les risques directement liés au travail (accident) et au risque économique (essentiellement la perte d'emploi). Elles doivent être financées par les contributions sociales des employés et des employeurs. Le revenu salarial leur sert de base. Les taux de contribution doivent être définis au niveau de l'industrie, puis négociés et réexaminés d'après un plan précis entre les organisations syndicales et patronales. Les flux de contributions et de prestations doivent être gérés par des agences spécialisées. Les taux de contribution doivent être ajustés de façon périodique, de sorte que le budget des agences reste équilibré tout au long du cycle.

Les prestations non contributives couvrent les risques universels. Il n'y a pas de raison rationnelle pour que leur financement ne porte que sur les salaires. L'essentiel de ces prestations comprend l'assurance-maladie et l'aide aux familles à faible revenu sous conditions de ressources (aide au logement, aide à la petite enfance, aide aux personnes âgées). Leur financement doit être universel, inclure le revenu du travail et du capital, et les rentes imputées dont bénéficient les ménages propriétaires de leur logement. Plus large sera l'assiette des prélèvements, plus bas sera le taux pour un montant donné de prestations.

Si la Chine souhaite bâtir un État providence comprenant l'assurance universelle et favorisant l'accumulation de capital social, les prestations non contributives vont constituer le principal élément de ce système. Le financement social ne peut donc pas venir seulement de contributions sociales basées sur les salaires. Un impôt social assis sur le revenu de tous les ménages et prélevé directement par l'entité économique qui produit le revenu de chacun est à la fois juste et simple. Il peut être prélevé par l'employeur sur la fiche de paie, sur les retraites par les régimes de retraite, sur les intérêts et les dividendes par les institutions fiduciaires. Il est aussi possible de créer un impôt similaire sur le revenu de l'entreprise, indépendamment du coût salarial. La Chine devrait également tirer parti de l'importance de ses actifs publics et de ses entreprises publiques pour enrichir les fonds de protection sociale. Les dividendes de ces entreprises devraient constituer une source importante et stable de financement du système de protection sociale. L'État peut ainsi, dans sa politique sociale, ajuster la progressivité de l'impôt social pour autant qu'il le juge efficace économiquement et juste socialement. Quand cet impôt sera devenu la principale source de financement de la protection sociale, le pays pourra espérer un transfert social positif vers les ménages.

En outre, un impôt social universel doit entraîner l'unification du système de protection sociale, aujourd'hui très fragmenté. En effet, ce système n'est pas unifié au niveau national, et la plupart des opérations – collecte de la contribution sociale, gestion des fonds et versement des prestations – sont traitées au niveau local. Or nombre de provinces n'ont pas les compétences nécessaires en matière de gestion budgétaire. Elles ne peuvent donc pas obtenir un rendement raisonnable pour les fonds dont elles ont la responsabilité. Pire encore, la dispersion de ces fonds fait qu'il est difficile pour l'État central d'en superviser l'usage, ce qui incite les responsables locaux à les allouer à des fins autres que sociales, tout en laissant vides les caisses de la protection sociale. Si les fonds de la protection sociale pouvaient être centralisés, leur gestion ne serait pas seulement plus efficace et plus responsable. Les coûts de transaction de tout le système de protection sociale seraient aussi moins élevés. Avec les technologies actuelles de l'information, il est facile de créer une base de données nationale en matière de sécurité sociale, qui stocke et calcule l'ensemble des informations sur la protection sociale et verse directement le montant des prestations sur les comptes bancaires des bénéficiaires. Un budget national unifié ou, mieux encore, un système national unifié de protection sociale permettrait d'améliorer grandement la mobilité de la main-d'œuvre en Chine. Comme il est à présent difficile de transférer son compte de sécurité sociale d'une province à une autre, ou des campagnes vers les villes, les travailleurs migrants en Chine perdent une grande part des prestations auxquelles ils ont droit. L'unification nationale du régime de protection sociale et de la gestion de son financement permettrait donc d'accroître l'efficacité de l'ensemble de la protection sociale en Chine. Les opposants à cette unification soulignent souvent les différences entre provinces en matière de dépenses courantes de la population. L'argument n'est guère convaincant. Le système de protection sociale chinois ne répondant qu'à la satisfaction des besoins élémentaires, les différences régionales vont, de ce côté, diminuer. Il est vrai que les différences de dépenses courantes peuvent inciter certaines personnes à migrer vers les régions moins chères. Mais ces flux peuvent contribuer positivement au développement équilibré entre régions. Depuis 2001, le comité central du Parti communiste et le Conseil d'État ont décidé de créer un Fonds national de sécurité sociale (FNSS). C'est le premier fonds national dédié, en Chine, au système de protection sociale. Il ne centralise pourtant pas les fonds gérés par les provinces. La plupart d'entre eux proviennent de l'injection fiscale du budget général, des bénéfices du Fonds de loterie nationale et des contributions d'un certain nombre d'entreprises publiques. Fin 2010, le Fonds avait fortement progressé et comptait 856,8 milliards de yuans.

Quand il y aura un flux de transferts des gouvernements et des détenteurs de capitaux vers les ménages, et que la gestion des fonds aura été renforcée, la Chine pourra raisonnablement envisager d'augmenter le niveau des prestations du régime de sécurité sociale. Aujourd'hui, tout allégement du fardeau social reposant sur les familles chinoises ne peut qu'avoir des effets considérables sur la stimulation de la consommation intérieure et sur le rééquilibrage de l'économie chinoise.

Conclusion

Le chapitre 7 est le plus long de ce livre. Il y a une bonne raison à cela. Nous avons ébauché une feuille de route relativement détaillée pour que la Chine réalise une transition du régime actuel de croissance extensive vers un régime soutenable et favorable au bien-être social.

Ce chapitre s'est déployé autour de la principale contradiction du régime de croissance de 1994-1998, à savoir la position désavantageuse des capitaux intangibles par rapport aux capitaux tangibles. Pour toute une série de raisons, les prix des principaux facteurs de production en Chine ont été distordus vers le bas de 1994 à 2008. Cette distorsion a encouragé des investissements massifs dans des projets intensifs en capital, réduisant ainsi le rôle du travail dans l'input de production. Les salaires ont stagné à un faible niveau, limitant le pouvoir d'achat des ménages chinois. La production, gigantesque, ne pouvait pas être absorbée par la demande intérieure, et a donc déferlé sur le marché international, provoquant un déséquilibre, largement discuté, des paiements courants. En même temps, la consommation intérieure a continué de stagner et les inégalités sociales se sont aggravées.

Pour corriger cette contradiction fondamentale, la Chine a besoin d'une planification stratégique nationale qui relève les prix des capitaux intangibles, en particulier du capital humain, par rapport aux prix des capitaux tangibles. Il y a trois grands mécanismes qui permettent un tel ajustement. Premièrement, il faut que le secteur des services soit libéré de la multitude d'obstacles administratifs qui l'entravent encore. Les services de qualité, notamment les services aux entreprises et les services sociaux, seront le pilier du rééquilibrage de l'économie chinoise. Ils permettent en effet de réaliser des gains de productivité totale des facteurs, d'absorber les travailleurs très qualifiés, de renforcer la place du capital humain dans l'économie, d'apporter un soutien cruellement nécessaire à l'urbanisation et au vieillissement de la Chine. Le deuxième mécanisme important, c'est la réforme fiscale. Dans ce chapitre, nous avons discuté du problème de l'amélioration de la structure budgétaire actuelle, de la révision de la relation budgétaire intergouvernementale et de la régulation des ressources hors et extrabudgétaires. Le système fiscal a des fonctions de redistribution qui sont indispensables. Tous les aspects de la réforme budgétaire auront, dans les années qui viennent, une importance systémique pour la trajectoire de l'économie et de la société chinoises. *Last but not least*, la création d'un État providence, à la chinoise, n'est pas seulement un élément clé pour le renforcement de la place des ménages dans la répartition du revenu national. Il doit aussi jouer un rôle fondamental dans la construction de la société harmonieuse à laquelle aspirent les dirigeants chinois.

La Chine sera-t-elle en mesure de rééquilibrer son économie et de réaliser en douceur la transition vers un régime de croissance soutenable et favorable au bien-être social ? Cela dépendra principalement des choix politiques faits par Pékin dans les dix prochaines années. La mise en œuvre des mesures proposées ci-dessus nécessitera une forte volonté politique et un engagement résolu des dirigeants chinois. Dans le prochain et dernier chapitre de ce livre, nous allons examiner la tradition et l'état actuel de la politique en Chine par rapport à ces diverses mesures.

Chapitre 8

DES POLITIQUES AU POLITIQUE

Les temps changent. Il y a vingt ans, l'Union soviétique s'effondrait. Cet événement extraordinaire annonçait le triomphe du capitalisme libéral, qui était en plein essor depuis la contre-révolution ultraconservatrice de Ronald Reagan et de Margaret Thatcher. Aux États-Unis, Francis Fukuyama proclamait la fin de l'histoire. Le monde entier se voyait mis en demeure d'adopter les structures politiques du capitalisme anglo-saxon. Les États-Unis étaient censés incarner la valeur universelle des droits humains, dont l'extension dans le monde entier allait faire advenir ce que les anciens penseurs chinois appelaient « Tous sous le Ciel », ou l'harmonie universelle.

Vingt ans plus tard, le même Fukuyama écrivait dans le *Financial Times* (8 janvier 2011) un article dont le titre était : « Democracy in America has less than ever to teach China » (« La démocratie aux États-Unis n'a jamais eu si peu à apprendre à la Chine »). Pourquoi ce virage à cent quatre-vingts degrés ? C'est qu'entre-temps la guerre avait fait rage en Afghanistan, en Irak et en Libye. La promotion de la démocratie par la guerre n'est pas le meilleur moyen d'en faire accepter l'idée ! L'Afrique est devenue une terre de conflits permanents, et les « révolutions » arabes annoncent tout sauf la démocratie occidentale. Le consensus de Washington, qui avait représenté l'idée de fin de l'histoire, a provoqué une série de crises financières, à commencer par la crise asiatique de 1997. Celle-ci a fini par convaincre l'Asie de retrouver sa souveraineté économique par la croissance extravertie et l'accumulation de devises. *Last but not least,* la libéralisation financière, qui subordonnait la politique des États-Unis aux intérêts de Wall Street, a produit une crise financière dévastatrice, qui a des conséquences durables sur les économies occidentales.

Aux États-Unis, l'impuissance de la démocratie face aux intérêts de certains lobbies, lors de l'épisode tragi-comique du plafond de la dette publique, a stupéfié le monde entier. La politique des partis a paralysé la capacité du pays à prendre des décisions difficiles, après que Wall Street eut été sauvé sans contrepartie. Parallèlement, on a laissé les inégalités sociales se creuser de façon extravagante. Les infrastructures publiques sont en train de s'effondrer, la réforme du système de santé a été réduite à peu de chose et les décisions nationales face au changement climatique sont inexistantes. Par charité on ne discutera pas ici de la situation de la zone euro où l'impuissance politique est proprement stupéfiante.

Il devient donc difficile de faire croire au monde que la démocratie occidentale serait le modèle à suivre. Mais les événements de la première décennie de ce siècle posent des questions encore plus profondes sur le fondement des systèmes politiques du XXIe siècle. Cela nous conduit au problème de l'expression du bien-être social. Les principes du XVIIIe siècle qui sous-tendent encore les systèmes politiques représentatifs permettent-ils vraiment d'exprimer les besoins sociaux à long terme, tels qu'ils sont incorporés dans la croissance soutenable ? Quelle forme doit prendre la démocratie pour être en mesure de légitimer des décisions politiques permettant de modifier le mode de consommation qu'appelle la protection de l'environnement ? Comment la démocratie pourra-t-elle exprimer la volonté des générations à venir, qui seront les plus exposées aux conséquences à long terme des décisions prises aujourd'hui – ou de l'absence de décisions ?

Nous allons examiner les problèmes de l'évolution entre la démocratie représentative, d'un côté, et la démocratie interactive, participative et associative, de l'autre. Puis nous rappellerons les réflexions des anciens philosophes chinois en matière de bon gouvernement, qui pourraient être utiles pour surmonter les impasses politiques actuelles en matière de révélation du bien-être social. Nous suggérerons enfin quelques réformes possibles en Chine en politique intérieure et en politique extérieure.

Démocratie et bien-être social

Même en laissant de côté la question du bonheur, qui échappe aux sciences sociales, la révélation du bien-être économique d'une société dans son ensemble dépasse les prétentions de l'économie. Le bien-être social ne peut pas, en effet, se mesurer ni être interprété dans le cadre de la théorie de l'utilité. La théorie de l'utilité tente d'utiliser les prix pour intégrer dans le bien-être les instruments de mesure de la comptabilité nationale. Or la relation entre les prix de marché et l'utilité marginale est très problématique, en particulier si l'on veut qu'une mesure cardinale de l'utilité agrège les préférences personnelles. Par ailleurs, la recherche de comparaisons des utilités interpersonnelles se heurte à des difficultés insurmontables. Alfred Marshall, déjà, en 1890, dans ses *Principles of Economics*, doutait qu'il fût possible d'appréhender la valeur d'utilité au-delà de la proximité des prix du marché. L'autre approche, qui consiste à considérer les objectifs finals de l'activité économique, n'est pas beaucoup plus prometteuse s'agissant de la mesure agrégée du bien-être économique. Il lui faut définir ce que sont les objectifs finals et trouver les multiples normes « objectives » de mesure physique, dont l'intégration en un agrégat unique est soit impossible, soit arbitraire.

Le problème est encore plus inextricable quand les politiques mises en œuvre cherchent à changer la structure économique à long terme – ce qui est tout l'objet de la croissance soutenable. Comme nous l'avons vu dans le chapitre 7, il faut considérer les politiques sociales visant à réduire les inégalités et améliorer le bien-être des citoyens à faible revenu comme la condition d'une meilleure cohésion sociale de la nation. Une telle orientation politique est légitimée par des critères éthiques, qui sortent du domaine de la théorie de l'utilité. C'est l'approche, principalement, d'Amartya Sen. Dans un article publié dans la *Review of Economic Studies* en février 1976, « Real National Income » (« Le revenu national réel »), Sen se fondait sur un cadre ordinal. Il montrait que le dollar marginal que possède une personne pauvre a une valeur marginale plus élevée que le dollar marginal que possède une personne riche. Il est donc nécessaire de prendre en compte la répartition du revenu, ainsi que la structure et la taille de la population, en fonction de normes qui explicitent des valeurs éthiques. Pour les anciens philosophes chinois, ces valeurs étaient le fondement des principes politiques.

La démocratie affirme que le peuple est l'unique source légitime du pouvoir politique. C'est l'expression indivisible de la souveraineté. Or ce principe signifie l'unanimité. Pierre Rosanvallon, dans un récent ouvrage, *La Légitimité démocratique* (2008), pose la question suivante : comment est-il possible que la volonté générale du peuple soit assimilée au vote de la majorité, qui suppose, elle, la division ? Le principe selon lequel la partie vaut le tout n'a en réalité aucun contenu, mais seulement une justification procédurale. C'est cette justification procédurale qui a fait naître les partis politiques, avec leur cortège de clientèles, de manipulations de l'opinion, de subordination aux intérêts économiques privés. Par ailleurs, le peuple n'est consulté qu'une fois chaque énième année. On suppose ainsi qu'un événement électoral ponctuel représente la volonté du peuple pendant toute la durée d'un mandat électoral. Avec tous ces défauts, l'élection des représentants est prise dans une double contrainte : la procédure, tout en n'étant plus l'expression crédible du bien-être social, est insurpassable.

Les sociétés contemporaines sont de plus en plus ouvertes et de plus en plus complexes. La légitimité de la démocratie représentative a été mise à mal par le triomphe de la privatisation des prérogatives de l'État en matière de régulation financière, de transports et de communications, par la création d'autorités indépendantes non élues comme les banques centrales, par la création d'organisations internationales bureaucratiques comme la Commission européenne. La rhétorique néolibérale prétend en outre que le marché est l'agent du bien-être collectif. Il est démontré que cela est faux. Les fonctionnaires ne se sentent plus investis de la mission publique de servir l'intérêt général. Ils sont honteusement liés à des intérêts privés. Enfin, la fiction d'une majorité homogène, qui exprimerait la volonté collective, est aujourd'hui une coquille vide. La différenciation de la société s'est accrue et l'intérêt public se décline en objectifs spécifiques. C'est pourquoi la défiance vis-à-vis de la procédure électorale se renforce élection après élection dans la plupart des pays. Il est évident que la légitimité démocratique doit être refondée. Sur quelle base ? Comment la citoyenneté peut-elle s'exprimer politiquement ? Que peut faire le pouvoir politique pour assumer la responsabilité des besoins de tous les citoyens ?

Au lieu de considérer la société à travers le prisme de la loi, principe juridique et abstrait d'égalité formelle, la légitimité politique doit être refondée sur la connaissance et le traitement politique de toutes les situations concrètes. Rosanvallon parle d'un intérêt général qui s'exprime par l'« attention à la particularité ». Ce type de démocratie n'accorde pas autant d'importance à la procédure électorale. C'est une démocratie en flux au quotidien, une démocratie de l'interaction et de la participation continue des citoyens. La question de savoir qui de l'Occident ou de la Chine détient le système de valeurs philosophiquement le mieux armé pour créer ce type de démocratie, qui n'existe nulle part, reste ouverte. Là se trouve en tout cas la source de la légitimité qui pourra servir de fondement aux mesures détaillées dans les chapitres 6 et 7 pour la soutenabilité de l'environnement et de la société.

Les citoyens s'intéressent aux décisions qui ont un impact direct sur leur existence. Mais, quand ils comparent les décisions et jugent l'action des institutions, ils se réfèrent à leur perception de l'*équité*, qui repose sur le sentiment que ceux qui ont décidé étaient conscients des particularités de la situation. Nombre de travaux, basés sur des enquêtes, ont souligné cette inclination. Le sentiment d'équité de l'institution nourrit l'estime de soi des individus. On peut l'appeler équité procédurale.

Parce qu'elle procède de l'attention à la particularité, elle est étroitement liée au « *care* », qui est une conception éthique de la relation aux autres. Rosanvallon souligne une dualité éthique : un principe général de justice sociale, d'un côté, une attitude comportementale vis-à-vis des particularités, de l'autre. *Le principal problème que pose la redéfinition de la démocratie est de fonder la légitimité politique sur une base éthique.*

La démocrate interactive implique une proximité du pouvoir politique avec la population. Elle doit fonctionner en temps continu, du bas vers le haut et du haut vers le bas. Elle nécessite que la société civile s'auto-organise dans des structures sociales ayant un objet politique : comités locaux de quartiers, de bourgs, de villages ; *think tanks* et conférences de citoyens se saisissant des problèmes soulevés par le développement urbain ; associations de consommateurs ; universités et ONG ; blogs sur le Web. Toutes ces structures de gouvernance politique font partie et sont une partie de la démocratie participative. Ce mouvement a démarré aux États-Unis dès les années 1960. Mais il n'a jamais été en mesure de mettre fin à la décadence des partis politiques, ni de renouveler la politique nationale. Quels sont les liens institutionnels qui permettront à la démocratie participative de nourrir le débat démocratique national ? Une chose est sûre : elle ne sera pas possible tant que la politique sera fondée sur le seul « État de droit » et sur des « droits humains » abstraits. La démocratie participative, dans tous les domaines de l'action politique pratique, doit être fondée sur l'éthique. Examinons ici ce que les anciens penseurs chinois disaient à ce sujet.

Éthique et bon gouvernement

La philosophie politique chinoise s'est formée au milieu des débats houleux qui ont émaillé la longue période des Printemps et des Automnes (770 av. J.-C.-476 av. J.-C.) puis celle des « Royaumes combattants » (476 av. J.-C.-221 av. J.-C.), qui s'est terminée avec l'unification de l'empire. Confucius, qui vivait à la fin de la première (551 av. J.-C.-479 av. J.-C.), est une des grandes figures de la culture universelle. Il n'a pourtant pas créé de grande religion comme Bouddha ou Jésus-Christ, ni élaboré une philosophie idéale du comportement humain comme Socrate et Platon. Son enseignement a été essentiellement pratique et impliqué dans la politique. Il a pourtant élaboré une conception éthique de l'humanité qui n'a cessé, depuis 2 500 ans, de modeler la culture chinoise, comme nous l'avons montré dans le chapitre 1. La Chine n'a pas conçu de religion qui lui soit propre, ni de normes transcendantes de conduite relevant d'une croyance dogmatique dans une vérité immuable et révélée. La conception chinoise du « Ciel » est celle d'une harmonie cosmologique entre la nature et l'humanité.

L'ENSEIGNEMENT POLITIQUE DES ANCIENS PENSEURS CHINOIS

Confucius s'est principalement intéressé au questionnement politique. Pourquoi les dynasties déclinent-elles, l'ordre politique s'effondre-t-il et l'harmonie de « Tous sous le Ciel » se désintègre-t-elle ? La pensée de Confucius est dans son enseignement. L'éducation est tout. Elle ne doit pas être seulement théorique mais s'intéresser aux réalisations pratiques. Être éduqué, c'est devenir un homme de bien et servir la communauté. Cela signifie que Confucius a une conception relationnelle de ce qu'est un être humain. Il appelle cela le *ren*, le sens ou la qualité d'humanité. On devient humain en relation avec les autres. Comme le souligne Anne Cheng dans son *Histoire de la pensée chinoise* (1997), le *ren* est le lien moral qui constitue la nature de tous les êtres humains. Mais le *ren* n'est pas de source divine. Il est le processus par lequel chacun doit s'efforcer d'agir vis-à-vis d'autrui avec sagesse et équité. Il s'ensuit que les réseaux de relations conformes au *ren* sont réciproques et solidaires, comme dans la famille. Confucius pensait que le sentiment d'humanité peut s'exprimer par des actes si les relations sont ritualisées, c'est-à-dire si elles respectent les normes sociales. Le *ren* et le rituel (*li*) sont entremêlés. Le *li* implique le respect d'autrui et garantit l'harmonie des relations sociales et politiques. Ainsi, devenir humain est le processus par lequel on apprend les relations rituelles avec les autres.

La conception confucéenne du bon gouvernement vient de l'unité du *ren* et du *li*. Gouverner, ce n'est pas exercer le pouvoir, mais montrer une capacité à harmoniser les relations humaines. Les hommes ayant des responsabilités politiques devraient être les plus éduqués et les plus sages de la société, ceux qui sont le plus à même d'accomplir des relations ritualisées. Le bon souverain n'est pas celui qui impose des normes et inflige des châtiments. Quand les rituels sont affaiblis, les individus sont pris de désirs égoïstes et méprisent autrui. La société devient la proie des désordres et de la violence. Malgré tout son pouvoir, le souverain n'est plus respecté. Confucius dit : « Gouverner, c'est être dans la droiture. »

La politique chinoise s'est constituée durant la période des Royaumes combattants, dans le cadre de controverses opposant les partisans et les adversaires de Confucius. L'un des plus célèbres était Mozi, qui a vécu entre la mort de Confucius, en 479 avant Jésus-Christ, et la naissance de Mencius, héritier le plus célèbre de Confucius, en 372 avant Jésus-Christ.

Mozi fut le créateur de l'école moïste, qui a produit un corpus de connaissances élaboré et soigneusement écrit, opposé à l'enseignement de Confucius. Sa philosophie repose sur des thèses rationnelles. Mozi juge le *ren* trop dépendant des sentiments que l'individu peut avoir pour ses proches et estime qu'il s'affaiblit à mesure qu'on s'éloigne de la famille. Mozi affirme que l'attention pour autrui se justifie par l'intérêt commun. À la différence des confucéens, qui défendaient la réciprocité subjective et ritualiste, les moïstes prônent celle d'un contrat social entre le peuple et le souverain. Mozi est plus pessimiste que Confucius sur la nature humaine. Il insiste sur la nécessité de transformer, par la vertu de l'ordre politique, les intérêts individuels conflictuels en intérêt commun. Le bon gouvernement a donc pour tâche d'appliquer un principe moral universel. La génération de ce principe de gouvernement dépend d'un double mécanisme de sélection des compétences : du bas vers le haut pour le recrutement démocratique du personnel politique, du haut vers le bas pour la conformité à la conduite des supérieurs. Le sens de l'équité au sommet de la hiérarchie est le dénominateur commun permettant de réaliser l'intérêt général.

Ce qui est fascinant, c'est que la conception du pouvoir autoritaire issu de la théorie moïste de l'ordre politique inspire encore la Chine du XXIe siècle. Elle a imprégné des institutions politiques impériales millénaires, avec l'institutionnalisation du système d'examen pour recruter, sur des critères de compétence, les fonctionnaires de l'État sur une base sociale la plus large possible. L'interdiction de l'héritage et de l'achat des charges officielles a permis une mobilité sociale ascendante et descendante.

Mencius fut, au IVe siècle av. J.-C., le défenseur le plus important de l'enseignement de Confucius. Il était opposé aux moïstes et aux autres écoles intellectuelles anticonfucéennes. Dans son effort pour convaincre, Mencius a considérablement développé les aphorismes de Confucius pour en faire un discours logique. Il a cherché à enseigner les principes de bon gouvernement aux souverains, c'est-à-dire à gouverner en mettant le *ren* en œuvre. Il l'a fait dans un climat politique très hostile, alors que les rois et les féodaux, poursuivant leurs objectifs stratégiques dans de féroces luttes de pouvoir, refusaient de l'écouter.

Mencius affirme que l'attention portée au peuple est le seul moyen d'arriver à un consensus unificateur qui garantisse la cohésion et la stabilité de la société. Le peuple légitime le souverain s'il peut voir en lui son sentiment d'humanité, en conformité avec « Tous sous le Ciel ». Si le souverain n'est pas fidèle au mandat donné par le peuple, celui-ci est en droit de le renverser. Mencius pousse donc au bout de sa logique la conception de Confucius : *l'éthique est le fondement de la politique*. La hiérarchie politique est légitime à condition qu'elle repose sur le *ren*. La division du travail la plus importante est celle qui sépare les fonctions politiques des autres fonctions sociales. Elle favorise la réciprocité, qui renforce la cohésion de la société.

Au-delà de sa théorie éthico-politique de l'ordre social, Mencius, dans son rejet de toute croyance en un Mal ontologique, a quelque chose de moderne et de non religieux. La moralité est propre à la nature humaine. Elle rend possible l'harmonie entre la nature et l'humanité. Ce thème est constant dans la philosophie chinoise. C'est en réalisant une disposition virtuelle à la moralité à travers l'éducation, et non en vertu d'une origine divine, que l'on devient humain. C'est un processus autogénérateur. Les bonnes et les mauvaises personnes ne se différencient que par leur degré d'humanisation morale. Il n'y a donc pas de dichotomie entre l'âme et le corps, ni de lutte entre le Bien et le Mal en tant qu'entités ontologiques. L'être humain est un tout en relation avec d'autres êtres humains.

La pensée chinoise, qui a développé la théorie politique à partir de la pratique du maintien de l'ordre social, a souligné quels devaient être les moyens permettant de préserver et de renforcer l'État à la fin des Royaumes combattants. Les deux principaux penseurs étaient alors Xunzi et Han Feizi, qui représentent deux pôles opposés en matière d'organisation de la société : les ritualistes confucéens, d'un côté, et les Légalistes, de l'autre. Xunzi a réhabilité les rituels confucéens en introduisant une nouvelle idée théorique : la structure des rituels reproduit l'harmonie de la nature (le Tao). Enseigner le Tao en pratiquant les rituels donne accès à la culture, qui fait notre humanité.

Les Légalistes, dont le principal théoricien est Han Feizi, sont plutôt modernes dans leur analyse de l'histoire, qui remplace la référence aux sages de l'Antiquité. Contrairement à Mencius et à Xunzi, qui estiment que la loi nécessite un fondement éthique, les Légalistes pensent que la loi se suffit à elle-même. Ils affirment que l'équité est contenue dans des lois objectives, écrites et rendues publiques. Chacun doit être soumis à la rigueur de la loi, indépendamment de son rang dans la hiérarchie sociale. Le problème que les Légalistes veulent résoudre est d'assurer la mission de l'État indépendamment de la moralité du monarque. Le pouvoir de l'État repose ainsi dans l'efficacité d'institutions politiques capables d'imposer le respect de la loi, quelle que soit la valeur personnelle du souverain.

La contradiction entre ces deux courants incompatibles de la pensée chinoise est sensible chez Mao Tsé-toung. La loi est forte si elle ne dépend pas de la valeur morale. Une médiation bureaucratique est nécessaire entre le souverain et le peuple. Le pouvoir est délégué à des bureaucrates, qui doivent en même temps être soumis à un contrôle strict. Les compétences et les capacités sont nécessaires pour que les intérêts des bureaucrates soient conformes à l'intérêt général, sanctionné par la loi au moyen de châtiments et de récompenses. Dans la Chine impériale, le système d'examen a été créé pour mesurer les compétences réelles des fonctionnaires devant être recrutés.

Han Feizi essaie de trouver un fondement politique à l'intérêt pratique des Légalistes pour les techniques de pouvoir. Il a recours, pour ce faire, à un présupposé bien ancré dans la pensée chinoise ancienne : *la contiguïté entre l'ordre naturel et l'ordre humain.* La loi objective est amorale, mais elle est efficace pour exprimer et réaliser l'intérêt général parce qu'elle est conforme à l'ordre de l'univers. Pour Han Feizi, l'État de droit et l'État autoritaire sont un seul et même concept. Il n'y a rien dans le concept de loi qui le relie à la démocratie.

PERTINENCE DE L'ÉTHIQUE NÉOCONFUCÉENNE POUR LA CHINE DU XXIe SIÈCLE

Quelles conclusions peut-on tirer de ce rapide panorama de la pensée politique des anciens philosophes chinois par rapport à l'adaptation des institutions politiques à des mesures favorisant la croissance soutenable ? L'éthique néoconfucéenne est prometteuse à condition qu'elle puisse répondre à deux questions fondamentales : celle de la proximité politique avec la population et celle des interactions avec une société civile née des contradictions du régime de croissance existant.

En 2007, le professeur Lily Tsai a publié les résultats d'une remarquable étude de terrain : *Accountability Without Democracy : Solidary Groups and Public Goods Provision in Rural China* (« Responsabilité sans démocratie : groupes de solidarité et fourniture de biens publics en Chine rurale »). Par ce « sans démocratie », Lily Tsai entend démocratie « formelle ». Cette étude détaillée, réalisée par une équipe d'étudiants qui ont conduit des entretiens approfondis avec des officiels locaux et des villageois, montre que des villages ayant un niveau de ressources économiques similaire présentaient des différences considérables en matière de fourniture de biens et de services publics. Qu'est-ce qui pouvait rendre ces villages si différents, alors qu'ils se heurtaient tous à la même rareté de ressources financières ?

Dans certains villages, en effet, les responsables publics sont soumis à des règles informelles et à des normes non écrites qui ne relèvent pas du système étatique. Ces normes sont issues de la société civile. Elles sont forgées par des groupes sociaux et mises en œuvre par les communautés auxquelles appartiennent les officiels. Les officiels qui sont membres de ces réseaux sociaux se sentent obligés de fournir des biens publics parce qu'ils peuvent être sanctionnés, en cas d'échec, en vertu des normes morales du groupe.

Dans la Chine d'aujourd'hui, il y a un manque de responsabilité des gouvernements locaux. Il est dû à la difficulté pour l'État de superviser leurs responsables et à l'inexistence ou à la faiblesse des mécanismes démocratiques formels de responsabilité. Ces mécanismes sont parfois remplacés par des groupes de solidarité, à partir d'obligations morales partagées qui vont au-delà de leurs intérêts communs. Ces relations de solidarité viennent de l'enseignement de la doctrine confucéenne, qui fait de l'intérêt pour autrui l'élément même de notre humanité.

Les normes et les obligations sociales sont des institutions informelles de responsabilité. Elles peuvent renforcer ou remplacer les obligations publiques que le système étatique est censé créer mais qui sont déficientes. Dans beaucoup de comtés, les responsables locaux gaspillent les ressources et dispensent des biens privés à leur clientèle. Ailleurs, les gouvernements locaux manquent de ressources financières parce que les transferts directs de l'État central sont insuffisants et parce qu'il n'existe pas de mécanisme efficace de redistribution. Ce n'est guère mieux que ce qu'on peut observer aux États-Unis, où le dumping fiscal entre États engendre une baisse de l'offre de biens publics et une insuffisance de financements pour les services sociaux.

L'obligation d'offrir des biens publics n'est pas propre à la démocratie formelle. C'est une nécessité du développement soutenable, quel que soit le système politique. On peut certes trouver une première solution en confiant cette responsabilité à des institutions publiques fondées sur une démocratie réelle, où les citoyens interviennent dans la gestion quotidienne des gouvernements locaux à travers leurs interactions avec les assemblées locales élues. Une autre solution possible peut venir des institutions bureaucratiques, où des responsables de haut niveau, formés au rôle de l'éthique en politique, contrôlent étroitement les responsables de rang inférieur selon un processus hiérarchique et les empêchent d'abuser de leur pouvoir. C'est le modèle singapourien de gestion publique. Un mode adapté de recrutement, de formation et d'évolution de carrière doit permettre d'encourager les normes bureaucratiques qui mettent l'accent sur le sens du devoir et de la loyauté au bien commun. La combinaison de salaires compétitifs pour les responsables de haut niveau et de sanctions sévères en cas d'échec doit dissuader les fonctionnaires de céder à la corruption et à la concussion.

La démocratie réelle et le modèle bureaucratique de responsabilité peuvent tous deux s'appliquer à la Chine. À la fin des années 1980, des élections ont été instituées au niveau du village, du comté et de la ville, selon les critères standard de la démocratie formelle. Mais, sans volonté du gouvernement central de contrôler de près les gouvernements locaux, ce système électoral n'a pas eu d'impact majeur sur la fourniture de biens publics dans les campagnes. C'est pourquoi la troisième voie, celle des groupes de solidarité et de la responsabilité informelle, bien ancrée dans la culture chinoise, pourrait avoir un impact significatif. Selon Confucius, une norme morale élevée est une source importante de *soft power*. Les groupes de solidarité ne fonctionnent pas comme les associations de la société civile, qui forment des contre-pouvoirs. Ce sont des groupes englobants et incluants qui incorporent, comme membres, les officiels locaux. Ils partagent un ensemble de normes éthiques et d'obligations morales communes qui aident à juger la conduite de leurs membres. Une des principales obligations de la solidarité est de faire sa part de travail pour le groupe. Cette responsabilité informelle est particulièrement effective dans les systèmes politiques fragmentés, où l'application de la loi est faible et les mécanismes de règlement des litiges insuffisants.

Nous comprenons maintenant pourquoi Fukuyama écrit que les États-Unis au XXIe siècle n'ont pas grand-chose à enseigner à la Chine en matière de démocratie. La Chine n'est pas un régime politique autoritaire comme les autres. C'est un modèle *sui generis*. Il est autoritaire parce que l'autorité du Parti communiste ne procède pas de la règle majoritaire. Mais la politique chinoise s'ancre dans une culture très ancienne, fondée sur une puissante vision éthique de l'harmonie fondamentale entre nature et humanité. Il s'ensuit que le gouvernement est, de bien des façons, responsable devant la population. La question qui se pose est donc la suivante : dès lors que les mécanismes de la responsabilité informelle et de la responsabilité bureaucratique ont été affaiblis par le régime capitaliste de croissance de la seconde phase de la réforme (1994-2008), quelles sont les caractéristiques du régime politique actuel et comment l'améliorer pour mobiliser la conception chinoise de l'humanité en vue de promouvoir le bien-être social ?

La politique en Chine

La politique en Chine ressemble beaucoup à ce qu'elle était sous la période impériale. Il faut rappeler tout d'abord que l'autorité du Parti communiste ne fait face à aucun défi direct, de la part d'aucune entité. La société chinoise, bien qu'elle soit plus diverse qu'à l'époque agraire, n'est toujours pas pluraliste. La structure de la société à deux strates, décrite dans le chapitre 1, subsiste dans la Chine d'aujourd'hui. Le Parti, avec ses quelque 84 millions de membres, est profondément ancré dans la société. Le pouvoir de la finance a été maintenu sous contrôle. Le Parti a été en mesure, comme l'empire, d'empêcher l'accaparement de l'intérêt général par une concentration d'intérêts privés.

Pour préserver la légitimité de son autorité, le Parti a une relation double avec la population. D'un côté, le gouvernement doit répondre à ses aspirations. La réforme économique a permis d'accroître le revenu réel et la croissance de la consommation dans la classe ouvrière et la classe moyenne des zones urbaines. Le mécontentement dans les zones rurales est, il est vrai, très répandu mais dispersé. Il vise principalement les autorités locales. Il est atténué, comme on l'a vu, par des réseaux de solidarité. De surcroît, l'État a commencé à s'attaquer au problème dans le cadre du 12e plan quinquennal. La priorité a été donnée à l'éducation. Un projet éducatif a ainsi été lancé dans les provinces pauvres de l'intérieur avec pour objectif d'offrir neuf années d'éducation gratuite dans tout le pays d'ici à 2015 et d'offrir à 85 % de la population la plus jeune au moins un diplôme scolaire d'ici à 2020.

D'un autre côté, le Parti est tout à fait conscient de la nécessité de renouveler ses membres s'il veut réaliser la nouvelle phase de réforme qui doit mener le pays vers la soutenabilité économique. Or le Parti a déjà été capable de se renouveler considérablement, du bas vers le haut, en cooptant l'élite urbaine. L'effort massif d'éducation alimente une bureaucratie capable de traiter une information objective, d'analyser les tensions à l'œuvre et de changer de politique avec professionnalisme. À partir du milieu des années 2000, il y a eu un renouvellement au niveau des gouvernements des villes, des comtés et des bourgs, ainsi que dans les comités du Parti. Le nombre d'officiels locaux du Parti a été réduit et leur qualification professionnelle s'est améliorée. La nouvelle élite des provinces est plus jeune et mieux formée. Ainsi, le gouvernement peut procéder avec compétence à des expériences et recourir à des critères objectifs de façon progressive. Ce renouvellement vise à contrecarrer le pouvoir des milieux d'affaires.

Ce système politique spécifique présente deux atouts considérables par rapport au régime représentatif. D'abord, le fondement de la politique représentative est la légitimité du pouvoir d'État, souvent issu d'une démocratie procédurale. Quelle que soit la fraction de la société qui remporte les élections, elle a la légitimité pour exercer le pouvoir d'État au nom de ses opinions et de ses intérêts, tout en étant, en même temps, sous le contrôle des autres groupes sociaux et politiques. Si les élections périodiques tiennent lieu de responsabilité pour le mauvais usage du pouvoir, l'État n'est pas responsable des problèmes venant de la société civile, comme le développement soutenable. Les autorités chinoises, de leur côté, ne tirent pas leur légitimité de la démocratie procédurale. Leur légitimité vient directement de l'acceptation de la société civile, fondée sur la performance de l'administration. Le gouvernement chinois est ainsi tenu directement responsable de tout problème venant de la société civile, en particulier quand il s'agit de la sécurité, de la soutenabilité ou du bien-être de la population. L'autre atout du gouvernement chinois, c'est sa vision à long terme et la planification stratégique qui lui est associée. Indépendant du pouvoir de l'argent, il a la possibilité d'adopter une ligne de conduite à long terme dans l'intérêt de la population, au lieu de servir des groupes d'intérêts. Notre optimisme concernant la réalisation des objectifs du nouveau régime de croissance exposés dans le chapitre 6 et la mise en œuvre des politiques analysées dans le chapitre 7 vient du fait que nous avons pleinement conscience de ces deux atouts du système politique chinois. La Chine, si elle continue de donner la priorité au développement urbain et s'attaque en même temps aux questions environnementales, pourrait bâtir une espèce originale de capitalisme.

Mais les inconvénients du système politique chinois ne sont pas, non plus, négligeables. L'absence d'institutions faisant contrepoids au pouvoir d'État menace la responsabilité et la réactivité de la bureaucratie en place. « Le pouvoir corrompt et le pouvoir absolu corrompt absolument. » Afin de favoriser la responsabilité et la réactivité de son administration, la Chine doit renforcer les deux mécanismes que nous avons soulignés : la démocratie réelle et le modèle bureaucratique de responsabilité.

Contrairement à la démocratie formelle, la démocratie réelle prône la participation continue des citoyens dans les situations concrètes de la vie quotidienne. La démocratie, ici, ne doit plus être considérée comme un mode d'être mais comme un processus infini de devenir. Les moyens pour y parvenir ne se bornent pas à l'élection. Ils s'ancrent, sous diverses formes, dans l'auto-organisation de la société civile. Contrairement aux partis politiques, les organisations spontanées de la société ne reposent pas sur une appartenance exclusive. Chacun peut appartenir à plusieurs organisations touchant différents aspects de sa vie ou en fonction des différentes relations qu'il entretient, ou non, avec la communauté. Ainsi, la société se constitue à partir de réseaux de relations humaines d'une grande densité, et non sur la base de la division et de la fragmentation. Heureusement, la Chine a une longue tradition de société civile auto-organisée (*cf.* chapitre 1). Ces dernières années, l'essor rapide des ONG, des communautés rurales et des réseaux sociaux en ligne a montré la capacité que possèdent ces entités civiles spontanées en matière de médiation des conflits politiques, d'offre complémentaire de services sociaux et de contrôle des performances des organismes publics.

Mais, pour que la société civile chinoise puisse évoluer vers une forme de démocratie réelle, deux conditions au moins doivent être remplies, à commencer par la reconnaissance du gouvernement central. Le statut de la société civile dans le système politique chinois est aujourd'hui plutôt ambigu. Au lieu de traiter les organisations civiles spontanées comme des menaces politiques potentielles, il est temps pour Pékin de reconnaître le rôle indispensable qu'elles peuvent jouer déjà dans la promotion d'une société harmonieuse. Sans société civile dynamique, la Chine ne pourra disposer des mécanismes efficaces lui permettant de gérer les problèmes quotidiens de la population, de faire remonter les opinions de la base vers la bureaucratie et de contrôler la conduite des bureaucrates, surtout locaux. Cette lacune pourrait avoir de graves conséquences : stratification de classe ou poussée du mécontentement contre le gouvernement, ou les deux. Ce qui ne peut se traduire, dans les deux cas, que par de violentes frictions. L'autre condition, c'est la réduction du rôle des gouvernements locaux et la réorientation de leurs fonctions. Dans la Chine impériale, les gouvernements locaux relevaient de l'autorité d'un homme. De petites structures politiques formelles au niveau local avaient donné à la société civile assez de place pour se développer. Mais, dans la période socialiste, des gouvernements locaux aux pouvoirs étendus ont été créés afin de faire appliquer les directives économiques et politiques de l'État. Avec le passage de la planification dirigée au marché, ces gouvernements aux pouvoirs étendus ne sont plus nécessaires. Non seulement ils gaspillent de précieuses ressources fiscales, mais ils se comportent en prédateurs et empêchent la croissance saine des entités civiles. Dans le chapitre 7, nous avons fait des suggestions concrètes pour mener à bien le dégraissement des gouvernements locaux et réorienter leurs fonctions. Nul besoin de les rappeler ici. Empêcher les officiels locaux d'interférer avec la société civile est un préalable indispensable pour instituer en Chine une démocratie participative et interactive.

Le modèle bureaucratique de responsabilité est aussi un mécanisme efficace pour favoriser la réactivité de l'administration par rapport à la population. Les sceptiques peuvent bien ici sourire en parlant « de renard dans le poulailler ». Si l'on admet que les êtres humains sont des animaux égoïstes, leur aspect social doit toutefois lui aussi être reconnu. Quand le niveau de rémunération d'un service diligent est correct, que les risques de condamnation morale et de sanction judiciaire sont suffisants, il est tout à fait possible de sélectionner un groupe de bureaucrates compétents et disciplinés. Qui plus est, la corruption en Chine doit être analysée en termes politiques. Convenablement gérée, la corruption est un mécanisme essentiel pour calibrer, sous l'autorité du Parti, les relations entre le pouvoir politique et le pouvoir économique, ainsi que les relations entre la direction centrale et les comités locaux. Le Parti veut accroître les ressources économiques dont il dispose pour atteindre ses objectifs stratégiques à l'intérieur et à l'extérieur, sans renoncer au monopole du pouvoir politique. La corruption est le moyen de résoudre le dilemme. Elle permet de fixer un prix acceptable pour que les choses soient faites. Le pouvoir politique est la capacité de commander à des personnes de faire des choses. Il a besoin de ressources pour agir. Le pouvoir économique est la propriété des ressources permettant de faire des choses. Il lui faut des règles pour protéger ces ressources. En Occident, la médiation se fait par la loi et par la jurisprudence, par le biais des avocats, des tribunaux et des conseillers de toutes sortes, qui tirent une quantité énorme de ressources de la société à mesure qu'elle se judiciarise davantage. En Chine, le Parti ne veut pas recourir au système judiciaire ou à des mécanismes de contrainte qui risqueraient d'aider les détenteurs du pouvoir économique à exercer le pouvoir politique par le biais des tribunaux. Ainsi, la corruption a servi de médiation entre les intérêts de l'État et ceux des milieux d'affaires, dans une hiérarchie largement mêlée. La corruption est aussi le coût du parrainage politique. C'est le prix payé pour aligner les comportements des officiels locaux sur les volontés du gouvernement central. Quand elle reste limitée à un certain seuil, la corruption n'affaiblit pas la légitimité de l'État central, au contraire. Comme l'opinion publique attribue souvent la corruption à des individus plutôt qu'au système, et que le gouvernement central a un rôle d'arbitre en matière de moralité publique, la corruption est un élément clé de la gestion des règles du jeu édictées par le Parti. Les agents économiques et les bureaucrates doivent accepter ces règles. Quand elles sont transgressées, cela signifie que certains acteurs, dans l'économie ou la bureaucratie, essaient de se procurer du pouvoir politique pour eux-mêmes. Alors le Parti sévit durement pour dissuader la multiplication de tels événements, comme il l'a fait à Shanghai et à Chongqing.

Cela étant dit, la gestion de la corruption est une tâche extrêmement ardue. À mesure que la corruption du système bureaucratique s'accroît et se répand, l'opinion publique va sans doute finir par en faire le reproche à l'administration centrale et à l'ensemble du système. Dans ce contexte, c'est tout le régime politique qui est menacé et qui risque de perdre sa légitimité.

Comment la corruption va-t-elle évoluer en Chine ? Considérant que le processus est alimenté par le développement concomitant du pouvoir économique et du pouvoir politique avec la croissance, et que celle-ci consolide la légitimité du Parti, la corruption peut continuer. Mais, avec l'amélioration des conditions économiques, la population exige de plus en plus une certaine justice sociale. Dans une récente enquête en ligne menée à Pékin (CLSA, 2011), « mettre fin à la corruption » était la première priorité des personnes interrogées, devant « diminuer les prix immobiliers », « contrôler l'inflation » et « améliorer l'emploi ». La Chine atteint le point où les gains économiques ne peuvent plus compenser les pertes en matière de justice sociale.

La transition vers la croissance soutenable, par le développement des villes et des services, devrait élargir l'étendue des activités économiques. Il peut y avoir moins de corruption si des réseaux de solidarité, fondés sur une éthique forte, interviennent davantage pour demander des comptes aux bureaucrates. Inversement, il peut aussi y avoir plus de corruption si les intérêts des milieux d'affaires s'emparent du système politique. Aucun de ces résultats n'est inévitable. Pour gérer la corruption tout en améliorant la réactivité du système politique aux aspirations des citoyens, sans affaiblir l'autorité et la légitimité du Parti, il est essentiel de recréer un système national de valeurs morales et de sélectionner les bureaucrates sur cette base. Il faut également introduire la transparence de l'administration, de sorte que la société civile puisse contrôler la bureaucratie. Parmi les défis considérables auxquels la Chine doit faire face en opérant sa transition vers le prochain régime de croissance, l'accélération des réformes de marché, la redistribution de la richesse vers les zones les plus pauvres et la création d'un filet universel de protection sociale ont été discutées dans le chapitre 7. La légitimité philosophique de cette entreprise peut trouver sa source dans une interprétation nouvelle du *ren* confucéen, qui permet d'exprimer concrètement l'équité sociale. L'élargissement de la base de pouvoir du Parti doit se poursuivre par l'intégration des chefs d'entreprise, sans que le Parti devienne pour autant prisonnier de l'élite fortunée qui va sans doute apparaître avec la libéralisation des services et le nécessaire remaniement des prix. L'État va probablement s'attaquer à ce problème en réformant le système fiscal et en instituant un système fort de contrôle financier.

La Chine et le monde

L'ascension de la Chine crée de fortes inquiétudes aux États-Unis. Dans ce pays, les hommes politiques et les spécialistes de sciences politiques ne peuvent penser les relations internationales qu'en termes d'hégémonie. C'est un concept qui a plutôt bien fonctionné après la Seconde Guerre mondiale. La guerre froide a été interprétée comme une lutte larvée pour l'hégémonie entre des idéologies universelles opposées : le capitalisme libéral contre le socialisme. Après l'effondrement de l'Union soviétique, les États-Unis se sont crus justifiés d'affirmer leur idéologie de façon triomphale et de percevoir leur hégémonie comme naturelle.

Avec l'avènement de la Chine, quelque chose d'insolite s'introduit dans les relations internationales. Des idées qui sont incomprises, parce qu'elles n'entrent pas dans le cadre des théories occidentales dans ce domaine, sont mises en avant dans les déclarations des dirigeants chinois : le *soft power* contre le *hard power, i.e.* une hiérarchie de pays liés par des normes internationales dans une harmonie globale contre des pays égaux dont la sécurité dépend d'une seule puissance hégémonique.

Il est indispensable de clarifier ces malentendus si l'on veut comprendre quelle sera l'influence de la Chine sur les relations internationales dans les décennies à venir. La distinction entre *soft power* et *hard power* est cruciale. Dans la philosophie politique chinoise, le *hard power* renvoie au pouvoir militaire et économique. Le *soft power,* au pouvoir politique et culturel. D'après Yan Xuetong (*Ancient Chinese Thought, Modern Chinese Power,* 2011 [*La Pensée chinoise ancienne, le pouvoir chinois moderne*]), le *hard power* et le pouvoir culturel constituent les ressources du pouvoir. Seul le pouvoir politique constitue le pouvoir opérationnel. Cela signifie que le *hard power,* sans la sagesse d'un pouvoir politique fort, est inutile ou destructeur. Le mauvais usage du pouvoir politique renvoie au complexe militaro-industriel des années 1950 aux États-Unis, dont le président Eisenhower dénonçait l'influence excessive sur l'État. Pour les anciens philosophes politiques, le pouvoir politique doit avoir le maître mot. Il doit dominer les pouvoirs économique et militaire, et suivre des principes qui favorisent la confiance et la stabilité de l'ordre international.

En reprenant cette distinction, nous allons résumer les succès de la Chine en matière de *hard power* dans les relations internationales, en nous fondant sur le chapitre 5, où nous avons montré que l'ouverture sur le monde était un élément intrinsèque de la réforme économique. Puis nous introduirons la question de la sécurité, qui est fortement liée au pouvoir militaire. Enfin, nous discuterons le concept de *soft power,* en revisitant le point de vue des anciens penseurs chinois, que nous avons déjà évoqués.

INTÉGRATION ÉCONOMIQUE ET EXPANSION GLOBALE

Dans les vingt dernières années, la Chine a largement diversifié ses partenaires commerciaux et accéléré son intégration dans l'économie mondiale (*cf.* tableau 8.1). L'Asie de l'Est s'est intégrée autour de la Chine tout comme l'Australie, son premier fournisseur de biens primaires. L'intégration du reste de l'Asie progresse rapidement. Dans les autres continents, la Chine a étendu son commerce principalement avec les pays exportateurs de ressources primaires : le Brésil, l'Afrique du Sud et l'Arabie Saoudite. Parmi les pays développés, ses échanges commerciaux avec les États-Unis

Tableau 8.1. La part de la Chine dans le commerce extérieur (% des exportations totales + les importations) des pays pour lesquels cette part dépasse 10 %.

Pays	*1992*	*2010*
Asie de l'Est		
Japon	5	20,4
Corée du Sud	4	22,8
Taïwan	0,5	22,1
Autres pays asiatiques		
Inde	0,4	10,5
Indonésie	3,5	12,7
Malaisie	2,2	16,3
Thaïlande	2,2	12
Pays hors Asie		
Australie	3,7	20,6
Brésil	0,9	14
Arabie Saoudite	0,9	12,8
Afrique du Sud	1,8*	13,1
États-Unis	3,5	14,3

* : 1998
Source : FMI.

sortent largement du lot. Comme les pays européens sont eux-mêmes intégrés, la part de la Chine dans leur commerce extérieur est modeste, excepté l'Allemagne pour les importations de biens d'équipement. Mais la part de l'Europe dans son ensemble fait 17 % des exportations chinoises.

L'expansion du commerce de la Chine, antérieure à la crise financière, a été principalement suscitée par le régime de croissance qui a fait de la Chine l'atelier du monde, notamment après son entrée dans l'OMC. Cela devrait désormais changer, compte tenu de l'affaiblissement du potentiel de croissance des pays occidentaux, dû à l'impact prolongé de la crise financière. La Chine a redéployé ses liens commerciaux vers les pays en développement, tout en améliorant le contenu des produits exportés. Ce n'est que le commencement d'un changement structurel. Dans sa poursuite de la croissance soutenable, la Chine a prévu de devenir un des principaux leaders mondiaux dans les industries stratégiques dont elle a fait ses priorités (*cf.* chapitre 6, dernière partie). La Chine veut forger une nouvelle phase de globalisation, où ses entreprises seront mondiales et où elle sera capable de fixer des normes mondiales. Parce qu'elle a pris la place des États-Unis comme partenaire principal de nombreux pays, la Chine a acquis un poids économique qui va contribuer à modeler les règles et les institutions internationales. Le pouvoir financier est un moyen puissant pour atteindre cet objectif.

Les banques chinoises financent des infrastructures et l'offre d'énergie dans les pays en développement, stimulant leur taux de croissance et étendant le commerce à deux voies qui les lie à la Chine. Dans l'Asie de l'Est, l'objectif est une intégration plus étroite, qui exclut le plus possible les États-Unis. La puissance de feu de cette stratégie, c'est la Banque chinoise de développement (CDB) et la Chinese Exim Bank. En 2009 et 2010, les deux établissements ont accordé pour 110 milliards de prêts à long terme aux pays en développement, soit plus que la Banque mondiale, et sans conditionnalité politique. En outre, la CDB, qui a prêté à elle seule 65 milliards de dollars, est bien gérée et très profitable. La CDB est une banque d'intervention politique (*policy bank*), spécialisée dans l'appui à la ligne politique de la nation. Elle a participé au financement du pipeline pétrolier de Russie, du Kazakhstan et de la Birmanie, ainsi qu'à la ligne de chemin de fer reliant la Birmanie au sud-ouest de la Chine, *via* le Laos et le Vietnam. Elle contribue à la stratégie « Aller à l'ouest » qui vise à développer les régions de l'ouest de la Chine grâce à l'exploitation des ressources. Au-delà de l'Asie, la CDB a des agences dans 141 pays. Son dernier terrain de chasse est l'Amérique latine.

Les prêts de soutien politique (*policy loans*) ne sont pas la seule arme de la Chine dans ses ambitions mondiales. L'objectif de faire du yuan une des principales monnaies internationales d'ici à 2020 signifie que Pékin a tiré les leçons de la crise financière. Les inconvénients de l'hégémonie monétaire des États-Unis étaient absolument évidents à l'automne 2008, quand la liquidité en dollar sur le marché monétaire international s'est brusquement asséchée. En août 2011, la position de la Chine comme principal créancier étranger des États-Unis s'est trouvée compromise par la dégradation de la note des obligations du Trésor américain, le pilier des marchés financiers mondiaux. Ces événements ont convaincu les dirigeants chinois qu'il était temps de réduire la domination des États-Unis dans le système monétaire international.

Nous avons évoqué dans le chapitre 5 les premières mesures prises par Pékin pour promouvoir l'internationalisation du yuan sur le marché offshore de Hong Kong. Ce sont les premières étapes de la stratégie de la Chine. Tant que la monnaie chinoise n'est pas pleinement convertible, le gouvernement utilisera Hong Kong, une des capitales de la finance mondiale, pour permettre aux multinationales et aux investisseurs financiers de détenir, d'emprunter et de vendre des produits financiers libellés en yuan. Depuis la mi-2009, Hong Kong est devenu une sorte de zone spéciale, où l'impact progressif de la libéralisation du yuan est mis à l'épreuve. En juin 2010, le découplage du yuan et du dollar a fortement accéléré l'utilisation du premier dans la finance et les émissions obligataires. S'agissant des importations et des exportations avec les pays asiatiques et les autres pays à marché émergent où le commerce extérieur croît le plus vite, le recours au dollar est réduit au minimum. Les ventes d'obligations libellées en yuan ont été facilitées pour les entreprises chinoises et multinationales, après que le gouvernement chinois eut créé une courbe des taux en émettant, à Hong Kong, toute une série d'obligations publiques à différentes échéances. Enfin, l'investissement en Chine continentale des dépôts en yuan à Hong Kong a été progressivement libéré, ce qui a augmenté les afflux de capitaux. L'interconnexion financière renforce la position de la Banque populaire de Chine, qui réclame une accélération du réaménagement des prix des instruments financiers en Chine afin de stimuler la compétitivité des marchés intérieurs. Cela permettrait aux investisseurs institutionnels chinois de gérer des portefeuilles diversifiés, ce qui les rendrait capables d'exporter des capitaux dans les pays étrangers, et donc d'alléger la pression sur l'accumulation des réserves officielles de change. À ce stade, vers la fin du 12e plan quinquennal (2015), les demandes chinoises de règles monétaires internationales permettant de gérer un système monétaire multipolaire seront de plus en plus crédibles.

LES QUESTIONS DE SÉCURITÉ

Les critiques des États-Unis concernant la modernisation du système de défense de la Chine, en particulier de sa marine, sont de plus en plus fréquentes. On accuse la Chine de faire en sorte que les États-Unis se voient chassés du Pacifique Ouest. Robert Gates, le secrétaire à la Défense, a eu le mérite de parler franchement en faveur du maintien de l'hégémonie de son pays : « Les investissements que fait la Chine en matière de nouveaux missiles et d'armes antinavales pourraient menacer le principal moyen dont disposent les États-Unis pour projeter leur puissance et aider leurs alliés dans le Pacifique. » Il a affirmé, dans la même veine, que cette nouvelle rivalité « pourrait mettre fin à la sanctuarisation opérationnelle dont notre marine bénéficie dans le Pacifique Ouest

Tableau 8.2. Comparaison des puissances maritimes.

Rubriques	*Chine*	*E.-U.*
Armes de surface :	**80**	**110**
Porte-avions	0	11
Croiseurs	0	22
Destroyers	28	56
Frégates	52	21
Sous-marins	**65**	**71**
Vaisseaux amphibies	**1**	**33**
Avions	**290**	**900**
Personnel militaire actif	**255 000**	**335 822**

Source : Institut international pour les études stratégiques, département américain de la Défense.

depuis bientôt soixante ans ». Un responsable militaire chinois, qui reflète le sentiment de Pékin, a réagi à ces propos par une métaphore : « Il y a une personne avec un fusil et une autre avec un couteau. Celle qui a le fusil accuse celle qui a le couteau de se comporter de façon dangereuse. » Cela signifie que la disproportion des forces est si grande que les accusations des États-Unis sont ridicules. Il est vrai que l'équilibre de la puissance maritime penche largement du côté des États-Unis (*cf.* tableau 8.2). Mais le déséquilibre des forces armées se réduit. Les inquiétudes des États-Unis sont donc cohérentes avec l'idée qu'il ne peut y avoir d'ordre international sans une hégémonie, et qu'ils ont une vocation « naturelle » à être cette puissance hégémonique.

Certes, tant qu'il n'existe pas de règles internationales contraignantes susceptibles de garantir la sécurité des routes commerciales, la Chine doit développer ses moyens militaires afin de protéger ses importations de ressources primaires et son commerce manufacturier. Aux États-Unis, l'establishment militaire exagère grossièrement les capacités militaires de la Chine afin d'obtenir une part plus importante des ressources budgétaires du pays, dans un contexte de restrictions. La Chine ne va pas devenir une puissance militaire mondiale pour obtenir l'hégémonie. En prétendant le contraire, les États-Unis assimilent l'ascension de la Chine à celle de l'Union soviétique après la Seconde Guerre mondiale. Pour eux, le seul moyen de réagir, c'est l'endiguement (*containement*). C'est une erreur fatale, surtout si l'on considère les liens économiques et financiers entre les deux pays. Les États-Unis et l'Union soviétique étaient deux économies séparées, régulées par des principes contraires. Les États-Unis et la Chine sont étroitement liés. Si le Congrès essayait de nier unilatéralement cette réalité, il perdrait la confiance de ses alliés et susciterait l'opposition des milieux d'affaires américains. L'hégémonie des États-Unis serait mise à mal, et le monde entier souffrirait d'une croissance moindre et de graves perturbations.

Le problème, cependant, c'est la manière dont les voisins de la Chine en Asie regardent l'ascension militaire chinoise dans la région, sachant qu'il y a encore un certain nombre de litiges territoriaux qui ne sont pas réglés en mer de Chine méridionale. Leurs inquiétudes nouvelles dans ce domaine offrent à Washington une occasion pour réaffirmer sa présence militaire et avoir une politique asiatique plus active. Cela peut, en retour, tendre sérieusement les relations avec la Chine. Le risque, c'est que les États-Unis aillent trop loin et tirent parti de la méfiance de certains pays vis-à-vis de la Chine, ce qui pourrait conforter les faucons au sein du Parti communiste chinois et renforcer l'influence des militaires. Dans un souci d'apaisement des tensions, une action diplomatique dans le cadre de groupements régionaux pourrait permettre d'arriver à un consensus et d'adopter un code de conduite contraignant. Il serait nécessaire alors de créer des institutions régionales qu'aucun État n'aurait intérêt à contourner. Cependant, en se référant à la pensée chinoise ancienne, si cet édifice n'était fondé que sur les intérêts nationaux, il resterait fragile. L'intérêt commun doit être cimenté par des valeurs morales, dans les affaires internationales comme dans les affaires intérieures. C'est une occasion à saisir pour que la politique internationale passe de la poursuite de l'hégémonie à la construction d'une « autorité humaine » en politique internationale.

La raison pour laquelle les voisins de la Chine pourraient approuver cette évolution, c'est qu'ils ne veulent pas avoir à choisir entre leurs liens économiques avec la Chine, qui leur apportent la prospérité, et leur besoin de sécurité, qui les incite à désirer le maintien de la présence des États-Unis dans la région. À mesure que l'intégration économique sera plus étroite et plus complexe, le dilemme se fera plus aigu. Le seul moyen de concilier les deux, c'est de s'accorder sur un concept d'ordre international qui puisse garantir des relations pacifiques durables entre les États-Unis et la Chine. Cela exclut toute hégémonie. Ce concept ne peut avoir de chance de fonctionner que s'il permet de répondre au défi global du XXIe siècle, qui sera dominé par des questions environnementales.

LA SOUTENABILITÉ ET L'ORDRE POLITIQUE INTERNATIONAL

Pour les anciens philosophes chinois, la période des Royaumes combattants fut une expérience particulièrement riche en matière de relations internationales. Mencius et Xunzi sont les deux penseurs qui ont le plus contribué à la théorie des configurations internationales, mais aussi à la pratique des relations internationales : ils ont, en effet, prodigué des conseils aux empereurs pour que ceux-ci se comportent de façon à faire advenir un ordre international harmonieux. Ils ont pensé les relations internationales dans la continuité des relations sociales. Pour eux, l'éthique du souverain devait être le principal instrument de relations internationales pacifiques. Pour qu'il y ait une harmonie de « Tous sous le Ciel », le souverain ne devait pas chercher l'hégémonie mais une « autorité humaine ». C'est l'essence même du *soft power*.

JUSTIFICATION MORALE ET INSTRUMENTS MODERNES DU *SOFT POWER*

Mencius croyait que la moralité avait un impact direct sur la politique. C'est le fondement du *soft power*. Seul celui-ci permet d'utiliser les ressources économiques, militaires et culturelles en conformité avec l'équité dans les relations internationales. Il prônait le respect de certains rites et conventions entre souverains pour corriger les attitudes, réformer les relations biaisées et supprimer les conflits. Xunzi se montrait plus circonspect en la matière. Il croyait que l'augmentation de la richesse entretient le désir de richesses toujours accrues et durcit la compétition pour les ressources. Mais il croyait aussi que le guidage moral stimulé par la création de normes sociales pouvait réguler les désirs humains. À ses yeux, il ne pouvait y avoir d'ordre viable si le sens de l'équité n'était pas partagé de sorte que « Tous sous le Ciel » puissent obtenir plus de satisfaction avec une même quantité de ressources. S'agissant des affaires internationales, il y avait, comme en matière sociale, des hiérarchies. Pour parvenir à une autorité humaine, les normes devaient être plus exigeantes à mesure qu'on s'élevait dans la société, ou à mesure que les États étaient plus riches et plus puissants dans le système international.

Contrairement aux théories actuelles en matière de politique internationale, la philosophie chinoise ancienne contestait que l'hégémonie fût la forme la plus élevée de pouvoir dans le système international. L'hégémonie est définie par le pouvoir d'influencer ou de contrôler d'autres États pour les lier aux intérêts de la puissance hégémonique. Ce système a un statut plus élevé que la rivalité incessante entre États égaux. Il peut être stable si la puissance hégémonique est bienveillante, au sens où elle reconnaît l'intérêt de ses alliés lorsqu'ils sont menacés par des États hostiles. En ce sens, l'hégémonie a une valeur. Elle a cependant moins de valeur que l'« autorité humaine », qui renvoie à un système commun de normes qui ne sont pas légitimées par la conciliation des intérêts mais par le sens de la justice.

Le *soft power* fournit toute une série d'instruments pour traiter les obstacles auxquels la Chine doit faire face dans ses relations avec ses voisins et dans son ascension sur la scène politique mondiale. D'un côté, les litiges territoriaux ont donné de la Chine l'image d'une puissance régionale agressive qui recherche l'hégémonie en Asie. Tout en ne pouvant faire concurrence aux États-Unis, la Chine s'est en effet dotée d'une puissance militaire très supérieure à tous les autres pays de la région. D'un autre côté, la propagande occidentale ne cesse jamais de souligner l'autoritarisme du régime politique et l'absence de toute préoccupation pour la liberté d'expression individuelle et le droit de propriété, qui jouissent d'une valeur formelle importante dans les démocraties représentatives.

La diplomatie chinoise du *soft power* s'est focalisée jusqu'à présent sur des mesures permettant de susciter la confiance en Asie : résolution des litiges territoriaux, investissement et construction de liens économiques plus étroits pour montrer un engagement accru dans la région, et, enfin, politique culturelle.

Côté diplomatie, le *soft power* s'explique par la priorité donnée à la stabilité des relations avec les pays d'Asie. La diplomatie d'État en Chine bénéficie d'organismes puissants : Bureau d'information du Conseil d'État, Bureau de la propagande extérieure du Parti communiste chinois, Bureau de la diplomatie publique du ministère des Affaires extérieures. La diplomatie chinoise a développé un nouveau concept de sécurité qui a reformulé les principes de la coexistence pacifique. Il a été mis en œuvre dans le cadre de la négociation d'un réseau d'accords multilatéraux et bilatéraux. La Chine fait partie des groupes multilatéraux régionaux suivants : ASEAN + 1 (Philippines, Indonésie, Malaisie, Singapour, Thaïlande, Brunei, Vietnam, Laos, Birmanie, Cambodge + Chine), ASEAN + 3 (ASEAN + Chine, Corée du Sud, Japon), Forum régional de l'ASEAN, Groupe de vision de l'ASEAN, Réunion des hauts responsables de l'ASEAN, Sommet d'Asie de l'Est. La Chine propose de forger des relations plus étroites, en vue d'une interdépendance plus grande, à travers des cadres multilatéraux qui remplaceraient les groupes trans-Pacifique et permettraient d'affaiblir l'influence des États-Unis.

Cette offensive diplomatique s'appuie sur une aide économique, fournie sans conditionnalité politique. L'aide porte sur le développement des infrastructures, le commerce et les investissements transfrontaliers dans toute la région. Elle a un large impact sur les pays à faible revenu : Vietnam, Laos, Cambodge, Myanmar, Thaïlande et Philippines.

S'agissant de la culture, le riche patrimoine de la Chine exerce un attrait vif et profond. La diplomatie culturelle est devenue un instrument stratégique vis-à-vis des pays voisins, où les populations peuvent la comprendre. Elle vise à neutraliser l'impact négatif des litiges à propos de la mer de Chine méridionale et de la hausse des dépenses militaires de la Chine. Les jeux Olympiques de Pékin en 2008 et l'Exposition universelle de Shanghai en 2010 ont permis à la Chine de renforcer son prestige dans le monde entier.

L'autre instrument important du *soft power*, c'est l'éducation et l'apprentissage de la langue. La Chine met en place un réseau mondial d'« Instituts Confucius ». Il y en a aujourd'hui 295, dans 78 pays, dont 21 en Asie du Sud et 13 dans la seule Thaïlande. Plusieurs autres doivent voir le jour. Ils visent à projeter à l'étranger la tradition culturelle de la Chine, à travers l'éducation et l'apprentissage de la langue. Il est vrai que l'enseignement de la tradition confucéenne présente un certain nombre d'attraits, ne serait-ce que parce qu'elle est fondée sur des valeurs laïques : l'humanité, l'éducation, les règles morales conduisant à l'harmonie. La Chine attire également de plus en plus d'étudiants étrangers à travers ses programmes et ses bourses d'études. L'aide financière a été accrue dans ce domaine et la politique des visas a été fortement assouplie, avec des résultats spectaculaires au Cambodge, au Vietnam et en Indonésie.

Conclusion : de l'hégémonie aux régimes internationaux

La plupart des théories occidentales des relations internationales ne font pas de différence entre les ressources du pouvoir (le *hard power*) et la légitimation politique du pouvoir (le *soft power*). Elles soutiennent que les principaux facteurs d'hégémonie sont la puissance économique, la puissance militaire ou les deux. Certaines ne voient l'hégémonie que dans la domination des forces armées ; d'autres, dans la part du pays dans le PIB mondial. Les théories des régimes internationaux sont autrement plus subtiles. Keohane et Nye (*Power and Interdependence*, 2001) attribuent l'hégémonie à l'État qui est capable de préserver les règles gouvernant les relations entre États, de les changer quand il lui semble bon, d'empêcher l'adoption de règles dont il ne veut pas. Il est aussi plus influent que les autres dans la création de règles nouvelles. Ces deux auteurs estiment que la puissance militaire a été affaiblie par la globalisation et qu'elle joue un rôle de plus en plus mineur. Wallerstein pense que la puissance économique est plus importante que la puissance militaire. Cependant, en réfléchissant à partir des concepts de la théorie des jeux, qui repose sur l'existence de groupes fragmentés de joueurs, et sur le fait qu'on ne saurait prendre en compte, en termes politiques, le point de vue du système pour la seule raison qu'en termes d'intérêts aucun joueur ne peut avoir ce point de vue, ces penseurs sont incapables de concevoir des principes situés au-delà du principe d'hégémonie. Pour eux, l'hégémonie politique est considérée comme une stratégie qui consiste à collaborer avec des alliés pour que l'hégémonie soit reconnue au niveau mondial.

Si la Chine veut montrer qu'elle s'écarte de la poursuite de l'hégémonie et qu'elle dirige sa politique étrangère sous la bannière de l'autorité humaine, elle a besoin de forger un idéal moral universel qui lui fait encore défaut. Mencius pensait que l'autorité humaine peut établir un modèle pour le monde qui ait une force d'attraction, non parce que c'est le modèle du pays le plus riche, mais parce qu'il propose un idéal politique et un principe de développement social fondé sur cet idéal.

En ce début de XXIe siècle, l'urgence d'agir ensemble pour lutter contre des périls auxquels le monde n'a jamais eu à faire face ne cesse de progresser dans l'opinion publique, à travers des réseaux internationaux qui lient les individus dans la société civile. Ce type de démocratie concrète et interactive doit encore se traduire sur la et les politiques. Les enjeux sont si élevés qu'ils rationalisent un principe généralisé de précaution. Ce principe apporte la légitimation morale indispensable pour une transition radicale du capitalisme mondial. Si la Chine prend la tête de la transition vers le modèle de croissance soutenable, et si elle propose des règles internationales pour combattre le changement climatique que ses propres actions auront rendues crédibles, elle sera en mesure de bâtir des relations de confiance et de réciprocité avec d'autres pays, sur une autre base que l'hégémonie.

Ce principe international porte un nouveau modèle politique. Privés de fondements éthiques solides, ni les démocraties représentatives formelles ni les régimes autoritaires ne suffiront à organiser le débat social nécessaire pour légitimer la vision à long terme qui seule pourra faire émerger les politiques dont nous avons besoin. L'éthique doit prendre le dessus dans le choix et la reproduction des élites. Les critères du mérite et de la reconnaissance sociale doivent changer radicalement. Une démocratie participative, socialement plus responsable, et plus approfondie, est appelée à naître.

BIBLIOGRAPHIE

Aghion, P., Hemous, D. et Veugelers, R. (2009), « No Green Growth without Innovation », *Bruegel Policy Brief*, novembre, n° 7.

Aglietta, M. (2007), « Developing the Bond Market in China : The Next Step Forward in Financial Reform », *Économie internationale*, 111, p. 29-53.

Aglietta, M. (2007), *La Chine vers la superpuissance*, Paris, Economica.

Aglietta, M. (2011), « Internationalization of the Chinese Currency », *China Perspectives*, Hong Kong, n° 3, p. 79-83.

Aglietta, M. (2011), « Sustainable Growth : Do we really measure the challenge ? », *in Measure for Measure*, comptes rendus de la 8th AFD-EUDN Conference, décembre 2010, Paris.

Allen, F., Jun Qian et Meijun Qian (2008), « China's Financial System : Past, Present and Future », *in* L. Brandt et T. Rawski (éd.), *China's Great Economic Transformation*, New York, Cambridge University Press, p. 506-568.

Anand, S., Fan, V., Zhang, J., Zhang, L., Ke, Y., Dong, Z. et Chen, L. (2008), « China's Human Resources for Health : Quantity, Quality and Distribution », *The Lancet*, vol. 372, n° 9651, p. 1774-1781.

Ao, X. et Fuginiti, L. (2003), « Productivity Growth in China : Evidence from Chinese Provinces », *Econ WPA Series Development and Comp Systems*, n° 0502024.

Arrighi, G. (2007), *Adam Smith in Beijing : Lineages of the Twenty-First Century*, Londres, Verso.

Arrow, K., Dasgupta, P., Goulder, L., Mumford, K. et Oleson, K. (2007), *China, the US and Sustainability : Perspectives Based on Comprehensive Wealth*, Stanford US, Stanford Center for International Development, janvier.

Aziz, J. et Suenwald, C. (2002), « Growth Financial Intermediation Nexus in China », *IMF Working Paper*, n° 194.

Bahl, R. et Martinez-Vazquez, J. (2007), « The Property Tax in Developing Countries : Current Practice and Prospects », *Lincoln Institute of Land Policy Working Paper*.

Batson, A. et Zhang, J. (2011) « Managing the Debt Mountain », *China Economic Quarterly Review*, Dragonomics, p. 41-47.

Bell, D. (2008), *China's New Confucianism*, Princeton University Press.

Belttrati, A. et Caccavaio, M. (2007), « Asset Float and Stock Prices : Evidence from the Chinese Stock Market », *SSRN Working Paper* Id 971721.

Bergère, M. C. (2007), *Capitalismes et capitalistes en Chine*, Paris, Perrin.

Bernanke, B. (2005), *The Global Saving Glut and the US Current Account Deficit*, Washington DC, Board of Governors of the Federal Reserve System, 10 mars.

Bertaud, A., http://alain-bertaud.com/, site Internet consacré aux structures des espaces urbains.

Bian, Y. (1994), *Work and Inequality in Urban China*, Albany, State University of New York Press.

Bornstein, M. (1977), « Economic Reform in Eastern Europe », *Eastern European Economies Post-Helsinki*, Washington, USGPO, p. 102-34.

Brandt, L. et Zhu, X. (2000), « Redistribution in a Decentralizing Economy : Growth and Inflation in Reform China », *Journal of Political Economy*, vol. 108, n° 2, p. 422-451.

Brandt, L. et Rawski, T. (éd.) (2008), *China's Great Economic Transformation*, Cambridge, Cambridge University Press.

Brender, A. et Pisani, F. (2007), *Les Déséquilibres financiers internationaux*, Paris, La Découverte.

Brueckner, J. K. (2000), « Urban Sprawl : Diagnosis and Remedies », *International Regional Science Review*, 23, p. 160-171.

Cai, F., Park, A. et Zhao, Y. (2008), « The Chinese Labor Market in the Reform Era », *in* L. Brandt et T. Rawski (éd.), *The Great Transformation of China*, Cambridge, Cambridge University Press.

CCICED (2009), *Efficacité énergétique et développement urbain. Chine*, rapport du Conseil chinois pour la coopération internationale sur l'environnement et le développement.

Ch'u, T. (1962), *Local Government in China under the Ch'ing*, Cambridge, Harvard University Press.

Chen, G. et Duan, W. (éd.) (2009), *China's Experience : The Endogenous Path and Sustained Development*, Pékin, Economic Science Press.

Cheng, A. (1997), *Histoire de la pensée chinoise*, Paris, Seuil.

Cheung, S. (2008), *The Economic System of China*, Hong Kong, Arcadia Press, 2de édition.

Chieng, A. (2006), *La Pratique de la Chine*, Paris, Grasset.

Chow, G. (2004), *Knowing China*, Londres, World Scientific.

Chow, G., (2002), *China's Economic Transformation*, Maiden, MA, Blackwell Publishing.

CLSA (2011), « Getting Easier : China Starts Pumping the Economy », *China Strategy*, décembre.

CLSA (2010), *China's Energy Binge. Moving to a Greener, Low-carb Diet*, rapport spécial, septembre.

Coale, A. J. et Chen, S. (1987), *Basic Data on Fertility in the Provinces of China, 1942-1982*, Honolulu, East-West Population Institute Paper Series.

Corrado, A., Hulten, C. et Sichel, D. (2006) « Intangible capital and Economic growth », *NBER Working Paper*, janvier, n° 11948.

Dagongzhe Migrant Workers Centre (2009), *New Ongoing Violations After the Implementation of Labor Contract Law in China*, Shenzhen, DMWC. Online. Accessible sur http://www.workerempowerment.org/en/newsletter/18 (consulté le 3 janvier 2010).

Davoodi, H. et Zou, H. (1998), « Fiscal Decentralization and Economic Growth – A Cross-Country Study », *Journal of Urban Economics*, vol. 43, p. 244-257.

Dooley, M., Folkerts-Landau, D. et Garber, P. (2003), « An essay on the Revived Bretton Woods System », *NBER Working Paper*, septembre, n° 9971.

Dunaway, S., Leigh, L. et Xiangming Li (2006), « How Robust Are Estimates of Equilibrium Exchange Rates : The Case of China », *IMF Working Paper*, octobre, n° 220.

Duttagupta, R., Fernandez, G. et Karasadag, C. (2004), « From Fixed to Float : Operational Aspects of Moving Toward Exchange Rate Flexibility », *IMF Working Paper*, juillet, n° 04/126.

Ebrey, P. B. (1996), *Cambridge Illustrated History of China*, Cambridge, Cambridge University Press.

Eichengreen, B. (2004), « Chinese Currency Controversies », *CEPR Discussion Paper Series*, n° 4375.

Elvin, M. (1973), *The Pattern of the Chinese Past*, Stanford, Stanford University Press.

Elvin, M. et Liu Ts'ui-jung (éd.) (1998), *Sediments of Time : Environment and Society in Chinese History*, New York, Cambridge University Press.

Esping-Andersen, G. (1990), *The Three Worlds of Welfare Capitalism*, Cambridge/Oxford, Polity Press/Blackwell Publishers.

Fairbank, J. K. et Reischauer, E. O. (1979), *China : Tradition and Transformation*, Sydney, George Allen & Unwin.

Fan Gang (1994), « Incremental Change and Dual-track Transition : Understanding the Case of China », *Economic Policy*, vol. 19 (suppl.), p. 99-122.

Fan, G., Zhang, X., Wei, Q., Liu, P. et Lv, Y. (2010), *Zhongguo Jingji Zaipingheng Zhilu : Neiwai Junheng yu Caishui Gaige*, Shanghai, Shanghai Far East Publishers.

Feng, Y. (1948), *A Short History of Chinese Philosophy*, New York, Macmillan Company.

Fong, T., Wong, F. et Yong, I. (2007), « Share Price Disparity in Chinese Stock Markets », *HK Monetary Authority Working Paper*, n° 11.

Frankel, J. (1999), « No Single Currency Regime is Right for all Countries or at all Times », *NBER Working Paper*, septembre, n° 7338.

Fujita, M. et Thisse, J. F. (2000), « The Formation of Economic Agglomerations : Old Problems and New Perspectives », *in* J. M. Huriot et J. F. Thisse (éd.), *Economics of Cities. Theoretical Perspectives*, Cambridge, Cambridge University Press, p. 3-73.

Garnaut, R., Golley, J. et Song, L. (éd.) (2010), *China : The Next Twenty Years of Reform and Development*, Pékin, Social Sciences Academic Press.

Gerber, H. (2006), « Exchange Rate Arrangements and Financial Integration in East Asia : On a Collision Course ? », Springer-Verlag, novembre, p. 359-377.

Girardin E. et Liu, Z. (2003), « The Chinese Stock Market : A Casino With Buffer Zones », *Journal of Chinese Economic and Business Studies*, vol. 1, n° 1, p. 57-70.

Glaeser, E. (2011), *Triumph of the City*, Londres, MacMillan.

Goldstein, M. (2004), « Adjusting China's exchange rate policies », *Institute for International Economics Working Paper*, 04/1.

Gong, G. (2009), « The Formation and Evolution of China's Planning Economy », *in* G. F. Chen et W. B. Duan (éd.), *China's Experience : The Endogenous Path and Sustained Development*, Pékin, Economic Science Press.

Goodhart, C. et Xu, C. (1996), « The Rise of China as an Economic Power », *National Institute Economic Review*, vol. 155, n° 1, p. 56-80.

Guesnerie R. (2004), « Calcul économique et développement durable », *Revue économique*, vol. 55, n° 3, p. 363-382.

Hale, G. (2007), « Prospects for China's Corporate Bond Markets », *FRBSF Economic Letter*, n° 2007-07.

Han Fei Zi (2010), *L'Art de gouverner*, Paris, Presses du Châtelet.

Harvey, D. (2000), *Spaces of Hope*, Berkeley, University of California Press.

Harvey, D. (2003), *The New Imperialism*, New York, Oxford University Press.

He, Z. *et al.* (2008), *Political Reform in China*, Pékin, Central Compilation & Translation Press.

Ho, P. (1960), *The Ladder of Success in Imperial China*, New York, Columbia University Press.

Holz, C. (2006), « China's Economic Growth To-Morrow », décembre, *SSRN Working Paper*.

Hongyi Chen, Wensheng Peng et Chang Shu (2009), « Renminbi as an international currency : Potential and policy considerations », *HKIMR Working Paper*, mai, n° 18.

Hougaard, J. L., Osterdal, L. P. et Yu, Y. (2011), « The Chinese Healthcare System : Structure, Problems and Challenges », *Applied Health Economics and Health Policy*, vol. 9, n° 1, p. 1-13.

Huang, P. (2002), « Development or Involution in 18th century Britain or China ? A Review of Kenneth Pomeranz's the Great Divergence. China, Europe and the Making of the Modern World Economy », *The Journal of Asian Studies*, vol. LXI, n° 2, p. 501-538.

Huang, Y. (2010), « China's Great Ascendancy and Structural Risks : Consequences of Asymmetric Market Liberalization », *Asian-Pacific Economic Literature*, vol. 24, n° 1, p. 65-85.

Huang, Y. (2011), « Learn From Li Na », *Caixin*, en ligne. Accessible sur http://english.caixin.com/2011-06-28/100273823.html (consulté le 30 juin 2011).

Islam, N., Dai, E. et Sakamoto, H. (2006), « Role of TFP in China's Growth », *Asian Economic Journal*, vol. 20, n° 2, p. 127-159.

Jefferson, G., Rawski, T. et Zhang, Y. (2008), « Productivity growth and convergence across China's Industrial Economy », *Journal of Chinese and Business Economic Studies*, vol. 6, n° 2, p. 127-159.

Jiang, S., Liu, S. et Li, Q. (2010), *China's Land Policy Reform : Policy Evolution and Local Innovation*, Shanghai, Shanghai Joint Publishing Company.

Jullien, F. (2009), *Les Transformations silencieuses*, Paris, Grasset.

Kalecki, M. (1943), « Political Aspects of Full Employment », *Political Quarterly*, vol. 14, n° 4, p. 322-330.

Kam Wing Chan (2009), « Measuring the Urban Millions », *China Economic Quarterly*, mars, p. 21-46.

Kane, P. (1988), *Famine in China 1959-61 : Demographic and Social Implications*, Basingstoke, Hants, Macmillan Press.

Keohane, R. (1984), *After Hegemony*, Princeton, Princeton University Press.

Keohane, R. et Nye, J. (2001), *Power and Interdependence*, Londres, Longman Pearson.

King, S., Henry, J., Qu Hongbin, Yetsenga, R. (2005), « China's Dilemma. Options for the Renminbi », *HSBC Global Research*, 20 mai.

Knight, J. et Song, L. (1999), *The Rural Urban Divide. Economic Disparities and Interactions in China*, Oxford, Oxford University Press.

Kracke, E. A. (1964), « The Chinese and the Art of Government », *in* R. Dawson (éd.), *The Legacy of China*, Oxford, Oxford University Press.

Krugman, P. (1995), *Development, Geography and Economic Theory*, Cambridge, MIT Press.

Lardy, N. (1983), *Agriculture in China's Modern Economic Development*, New York, Cambridge University Press.

Lardy, N. (1998), *China's Unfinished Economic Revolution*, Washington DC, Brookings Institution.

Lemoine, F. (2006), *L'Economie chinoise*, Paris, La Découverte, 4e éd.

Leonard, M. (2008), *What Does China Think ?*, Londres, Fourth Estate.

Levathes, L. (1994), *When China Ruled the Seas : The Treasure Fleet of the Dragon Thrones, 1405-1433*, Londres, Simon and Schuster.

Lewis, A. (1954), « Economic Development with Unlimited Supplies of Labor », *Manchester School of Economic and Social Studies*, vol. 22, p. 139-191.

Li, H. (2011), *Equity, Efficiency and Sustainable Development : China's Energy Subsidy Reform Theory and Policy Practice*, Pékin, China Economic Publishing House.

Li, W. et Yuan, Z. (2010), « Cujin Disan Chanye Jiuye Zengzhang de Zhengce Xuanze », *Journal of Shandong University of Finance*, n° 2, p. 44-49.

Lim, M., Yang, H., Zhang, T., Zhou, Z., Feng, W. et Chen, Y. (2002), *The Role and Scope of Private Medical Practice in China*, rapport final de l'Organisation mondiale de la santé et du Programme de développement des Nations unies (UNDP, OMS et MOH China).

Ma, G. (2006), « Who Pays China's Bank Restructuring Bill ? », *Cepii Working Paper*, n° 4.

Ma, G., Ho, C. et MacCauley, R. (2004), « The Market for Non-Deliverable Forwards in Asian Currencies », *BIS Quarterly Review*, juin, p. 81-94.

MacKinnon, R. (2005), « Exchange Rate or Wage Changes in International Adjustment ? Japan and China Versus the United States », *China and World Economy*, Institute of World Economics and Politics, Pékin, septembre-octobre, vol. 13, n° 5, p. 11-27.

MacKinnon, R. et Schnabl, G. (2008), « China's Exchange Rate Impasse and the Weak US Dollar », *CESIFO Working Paper*, août, n° 2386.

McKinsey Global Institute (2011), *Urban World : Mapping the Economic Power Cities*, mars.

Maddison, A. (2007), *Contours of the World Economy, 1-2030 A.D.*, Oxford, Oxford University Press.

Man Kwong Leung (2011), « Hong Kong and the Internationalization of the RMB », *China Perspectives*, Hong Kong, n° 3, p. 67-77.

Marshall, A. (1920), *Principle of Economics*, Londres, MacMillan, 1966, 8e édition.

Meyer, C. (2010), *Chine ou Japon. Quel leader pour l'Asie ?*, Paris, Presses de Sciences-Po.

Ministère des Finances de la République populaire de Chine (1987), *Zhongguo Caizheng Tongji 1950-1985*, Pékin, China Financial & Economic Publishing House.

Mooney, T. (2009), « Sticky Supply Chains », *China Economic Quarterly*, Dragonomics, vol. 13, n° 4, p. 45-49.

Mu, H. (2006), « The Development of China's Bond Market », *BIS Economic Paper*, n° 26.

National Audit Office of China (2011), *Guanyu 2010 Niandu Zhongyang Yusuan Zhixing he Qita Caizheng Shouzhi de Shenji Gongzuo Baogao*, Pékin, National Audit Office, en ligne. Accessible sur http://www.audit.gov.cn/n1992130/n1992165/n2032598/n2376391/2754043.html (consulté le 6 septembre 2011).

National Bureau of Statistics of China (2011), *2010 nian Diliuci Quanguo Renkou Pucha Zhuyao Shuju Gongbao (No.1)*, NBS, Beijing, en ligne. Accessible sur http://www.stats.gov.cn/tjfx/jdfx/t20110428_402722253.htm (consulté le 5 juin 2011).

National Development and Reform Commission (2009), *China's Policies and Actions for Addressing Climate Change*, Pékin.

Naughton, B. (2007), *The Chinese Economy : Transition and Growth*, Cambridge/London, The MIT Press.

Naughton, B. (2008), « A political economy of China's economic transition », *in* L. Brandt et T. Rawski (éd.), *The Great Transformation of China*, Cambridge, Cambridge University Press.

Needham *et al.* (1971), *Science and Civilization in China*, New York, Cambridge University Press.

Nordhaus, W. (2007), « A Review of the Stern Review on the Economics of Climate Change », *Journal of Economic Literature*, vol. 45, n° 3, p.686-702.

North, D. C. (2005), *Understanding the Process of Economic Change*, Princeton, Princeton University Press.

OCDE (2006), « Challenges for China's Public Spending », *Policy Brief*, mars 2006.

OCDE (2010), *Economic Survey of China 2010*, Paris.

Olson, M. (1982), *The Rise and Decline of Nations : Economic Growth, Stagflation, and Social Rigidities*, New Haven/London, Yale University Press.

Palit, P. S. et Palit, A. (2011), « Strategic Influence of Soft Power : Inferences for India from Chinese Engagement of South and South East Asia », *ICRIER Policy Series*, août, n° 3.

Park, A. et Cai, F. (2011), « The Informalization of the Chinese Labor Market », *in* S. Kuruvilla, C. K. Lee et M. Gallagher (éd.) (2011), *From Iron Rice Bowl to Informalization : Markets, State and Workers in a Changing China*, Ithaca, Cornell University Press.

PBoC (2011), *China Regional Financial Performance Report 2010. China Regional Financial Performance Report 2010*, PBoC, Pékin, en ligne. Accessible sur http://www.pbc.gov.cn/image_public/UserFiles/zhengcehuobisi/upload/File/2010.pdf (consulté le 3 juin 2011).

Pearce, D. W. et Atkinson, G. (1993), « Capital Theory and the Measurement of Sustainable Development : An Indicator of Weak Sustainability », *Ecological Economics*, n° 8, p. 103-108.

Pomeranz, K. (2000), *The Great Divergence : China, Europe and the Making of the Modern World Economy*, Princeton, Princeton University Press.

Qiao, B. (2002), *The Trade-Off Between Growth and Equity*, Pékin, People's Publishing House.

Rosanvallon, P. (2008), *La Légitimité démocratique*, Paris, Seuil.

Sassen, S. (2000), *Cities in a Word Economy*, Thousand Oaks, Sage, Pine Forge Press.

Schurmann, F. (1966), *Ideology and Organization in Communist China*, Berkeley et Los Angeles, University of California Press.

Sen, A. (1976), « Real National Income », *Review of Economic Studies*, février, vol. 43, n° 1, p. 19-39.

Shi, R. *et al.* (2009), *From Elite Education to Mass Education : Studies on Efficiency and Fairness Question in the Development of Higher Education*, Pékin, Higher Education Press.

Shih, V. (2010), « Big Rock Candy Mountain », *China Economic Quarterly Review*, Dragonomics, juin, 14 (2).

Sin Y. (2005), « China : Pension Liabilities and Reform Options for the Old Age Insurance », Washington DC, The World Bank, *Working Paper Series*, n° 2005-1, en ligne. Accessible sur http://www-wds.worldbank.org/external/default/WDSContentServer/WDSP/IB/2005/08/03/000090341_20050803142802/Rendered/PDF/331160CHA0Working0paper0P0583080Pension.pdf (consulté le 5 janvier 2010).

Spitaes, G. (2007), *Chine-USA. La guerre aura-t-elle lieu ?*, Paris, Luc Pire.

Statistic Bureau of Wuhan (1989), *Wuhan Sishi Nian*, Wuhan, Wuhan University Press.

Stern, N. (2007), *The Economics of Climate Change. The Stern Review*, New York, Cambridge University Press.

Stern, N. (2008), « The Economics of Climate Change », Richard T. Ely Lecture, *American Economic Review Papers and Proceedings*, vol. 98, n° 2, p. 1-37.

Stiglitz, J., Sen, A. et Fitoussi, J.-P. (2009), *Rapport de la Commission sur la mesure de la performance économique et du progrès social*, Paris, OFCE.

Stockholm Environment Institute (2009), *Going Clean. The Economics of China's Low-Carbon Development*, Stockholm.

Sugihara, K. (2003), « The East Asian Path of Economic Development : A Long-Term Perspective », *in* Arrighi, Hamashita et Selden (éd.), *The Resurgence of East Asia : 500,150 and 50 Year Perspectives*, Londres, Routledge, p. 78-123.

The Economist Intelligence Unit Limited (2009), *China Hand.*

Tsai, L. L. (2007), *Accountability Without Democracy : Solidary Groups and Public Goods Provision in Rural China*, Cambridge, Cambridge University Press.

Twitchett, D. et Mote, F.W. (1998), *The Cambridge History of China, 1368-1644*, New York, Cambridge University Press, partie 2.

Walter, C. et Howie, F. (2011), *Red Capitalism*, John Wiley and Sons (Asia).

Wang, R. (2005), *China's Pension System Reform and Capital Market Development*, Cambridge, Harvard University Asia Center.

Wang, Y. et Yao, Y. (2003), « Sources of China's Economic Growth 1952-99 : Incorporating Human Capital Accumulation », *China Economic Review*, vol. 14, n° 1, p. 32-52.

Wang, F. et Manson, A. (2008), « The Demographic Factor in China's Transition », *in* L. Brandt et T. Rawski (éd.), *The Great Transformation of China*, Cambridge, Cambridge University Press.

Wang, S. et Hu, A. (2001), *The Chinese Economy in Crisis : State Capacity and Tax Reform*, Armonk, M. E. Sharpe.

Weitzman, M. (2009), « On Modeling and Interpreting the Economics of Catastrophic Climate Change », *Review of Economics and Statistics*, février, vol. XCI, n° 1.

Weizsäcker, E., Young, O. et Finger, M. (2005), *Limits to Privatization : How to Avoid Too Much of a Good Thing*, Londres, Earthscan.

Wensheng Peng, Chang Shu et Yip, R. (2006), « Renminbi Derivatives : Development and Issues », *China Economic Issues*, HK Monetary Authority, novembre, n° 5/06, p. 1-17.

Will, P. et Wong, R. B. (1991), *Nourish the People : The State Civilian Granary System in China, 1650-1850*, Ann Arbor, University of Michigan Center for Chinese Studies.

Williamson, J. (2005), « A Currency Basket for East Asia », *Policy Briefs in International Economics*, Institute for International Economics, Washington D.C., juillet, n° 1.

Woetzel, J. *et al.* (2009), *If You've Got It, Spend It : Unleashing the Chinese Consumer*, McKinsey Global Institute Report.

Wong J. (1999), *China's Dynamic Economic Growth in the Context of East Asia*, Singapour, East Asian Institute.

Wong, J. et Lu, D. (2002), *China's Economy into the New Century*, Singapour, Singapore University Press.

Wong, R. B. (2009), « La Chine et l'économie politique de son empire agraire dans l'histoire globale, mondialisations et capitalisme », *in* Beaujard, Berger et Norel (éd.), *Histoire globale, mondialisation et capitalisme*, Paris, La Découverte.

Wong, C. P. W. et Bird, R. M. (2008), « China's Fiscal System : A Work in Progress », *in* L. Brandt et T. Rawski (éd.), *The Great Transformation of China*, Cambridge, Cambridge University Press.

Wong, R. B. (1997), *China Transformed : Historical Change and the Limits of European Experience*, Ithaca/Londres, Cornell University Press.

World Bank (2006), *Where Is the Wealth of Nations ? Measuring Capital for the 21st Century*.

Wu, H. (2011), « Accounting for China's Growth in 1952-2008 », *Rieti Discussion Paper Series*, 11-E-03.

Wu, Y. (2008), « The Role of Productivity in China's Growth : New Estimates », *Journal of Chinese Economic and Business Studies*, vol. 6, n° 2, p. 141-156.

Wu, J. (2010), *Understanding and Interpreting China's Economic Reform*, Shanghai, Shanghai Far East Publishers.

Wu, J. et Reynolds, B. L. (1988), « Choosing a Strategy for China's Economic Reform », *The American Economic Review*, vol. 78, n° 2, Papers and Proceedings of the One-Hundred Annual Meeting of the American Economic Association, mai, p. 461-466.

Wu, J., Zhou, X., Lou, J. *et al.* (1986), *Zhongguo Jingji Gaige de Zhengti Sheji*, Pékin, China Social Sciences Press.

Wu, X. *et al.* (2011), *Transformation and Rise of China : Exploring the Road to a Financial Power*, Beijing : China Financial Publishing House.

Xin, X. (1996), *Daguo Zhuhou – Zhongguo Zhongyang yu Difang Guanxi zhi Jie*, Pékin, China Social Sciences Press.

Xuetong, Y. (2011), *Ancient Chinese Thought, Modern Chinese Power*, Princeton University Press.

Yang, Z. *et al.* (2006), *Theory of Fiscal Decentralization and Reform of Local Public Finance in China*, Pékin, Economic Science Press.

Yao, Y. (2011), *Global Implications of the Chinese Experience*, Pékin, Peking University Press.

Yin-Wong Cheung, Menzie, D. Chinn et Eiji Fujii (2009), « China's Current Account and Exchange Rate », *NBER Working Paper Series*, janvier, n° 14673.

Yueh, L. (2004), « Wage Reforms in China During the 1990s », *Asian Economic Journal*, vol. 18, n° 2, p. 149-164.

Zhang, T. et Zou, H. (1998), « Fiscal Decentralization, Public Spending and Economic Growth in China », *Journal of Public Economics*, vol. 67, n° 2, p. 221-240.

Zhang, W. et Wu, N. (2010), « Caizheng Jiaoyi, Yishixingtai Yuesu yu Jijin de Gongyouhua : Zhongguo 1950 Niandai de Zhengzhi Jingji Xue », *Economic Research Journal*, Issue 2010 (2), p. 137-151.

Zhang, Y. (2009), « Central-Local Governmental Relationship : A Theoretical Framework and its Application », *Comparison of Economic and Social System* (en chinois), vol. 2, p. 65-71.

Zhao Ziyang (2009), *Prisoner of the State. The Secret Journal of Zhao Ziyang*, Londres, Simon and Schuster.

Zheng, J., Bigsten, A. et Hu, A. (2006), « Can China's Growth be Sustained ? A Productivity Perspective », *Scandinavian Working Paper in Economics*, n° 236.

Zhou, T. (1984), *Dangdai Zhongguo de Jingji Tizhi Gaige*, Pékin, China Social Sciences Press.

Zhou, Y. et Tan, Y. (2008), *Zhongguo Jumin Shouru Fenpei Chaju Shizheng Fenxi*, Tianjin, Nankai University Press.

INDEX

TABLE

Achevé d'imprimer par Dupli-Print (95)
à Domont (95) en octobre 2012
N° d'imprimeur : 213223

Imprimé en France